TEXT+KRITIK

Heft 47 / 48
MAX FRISCH
Vierte Auflage: Neufassung
Dezember 2013

Herausgeber: Hermann Korte

INHALT

Roman Bucheli

Die Verbesserung des Ich
Max Frischs biografische und ästhetische Metamorphosen

1 Ein amerikanisches Vorspiel

Zu den herausragendsten Werken der deutschsprachigen Literatur im 20. Jahrhundert gehört ohne Zweifel Uwe Johnsons vierbändiges Epos »Jahrestage«. Während vieler Jahre entstanden – der erste Band erschien 1970, der vierte und letzte unter großen Mühen 1983 und nicht lange vor Uwe Johnsons frühem Tod – erzählt dieses grandiose Werk im Kreislauf eines Jahres aus dem Leben der nach New York emigrierten Gesine Cresspahl. Mit dem 21. August 1967 beginnt die Erzählung, und sie rundet sich am 20. August 1968 zum Jahreskreis. Eingelassen in die fast 2000 Seiten umfassende Darstellung des Lebens von Gesine Cresspahl finden sich die politischen Meldungen des Tages – vom Vietnamkrieg bis zum Prager Frühling (das Buch endet am Vorabend der Zerschlagung des Aufstands durch die Truppen des Warschauer Paktes); aus den täglichen Eintragungen geht außerdem ein politisch-gesellschaftliches Panorama hervor, das die europäische Geschichte des 20. Jahrhunderts vom Ersten über den Zweiten Weltkrieg bis zu den neuen totalitären Staaten im Einflussbereich der Sowjetunion im Überblick darstellt.

Die »Jahrestage« erzählen freilich nicht nur die Tage eines ganzen Jahres, sie sind auch im strengen Sinn des Wortes Gedenktage. Sie erinnern an Ereignisse, sie gedenken der Toten, und gelegentlich begehen sie ganz beiläufig den Geburtstag eines Freundes. Im dritten Band der »Jahrestage« erreicht die Erzählung den 15. Mai, also Frischs Geburtstag. Johnson berichtet bei der Gelegenheit von Mrs. Ferwalter, einer Überlebenden des KZ Mauthausen, mit der Gesine Cresspahl sich in New York seit Längerem angefreundet hat. Mrs. Ferwalter hat es an dem Tag eilig, Gesine Cresspahl eine »Glücksbotschaft« mitzuteilen: Sie habe nicht einen ihrer verschollenen Verwandten wiedergefunden, auch sei ihrem Mann nicht das Gehalt erhöht worden, sie sei an diesem Tag amerikanische Staatsbürgerin geworden, oder, mit den lakonischen Worten Johnsons: »sie hat ihre Papiere«.[1]

Das ist in einem 2000-seitigen Epos keine weltbewegende Sache; auch wenn nach dieser kurzen Mitteilung das Ereignis auf immerhin zwei Seiten wort- und gestenreich, mit vielen Einschüben, traurigen Erinnerungen, Seitenhieben gegen staatliche Niedertracht und manchem mehr ausgebaut wird. Und niemand, kein Leser, wie denn auch!, wird bei alledem an jemand anderen als an die glückliche neue Staatsbürgerin der Vereinigten Staaten, Mrs. Ferwalter, gedacht haben. Vielleicht nicht einmal Max Frisch selbst. Frisch war mit dem um 23 Jahre jüngeren Uwe Johnson seit 1962 und bis zu dessen Tod 1984 befreundet. Ein umfangreicher Briefwechsel legt davon Zeugnis ab. Nun hat Johnson dem Freund mit diesem Kassiber eine versteckte Geburtstagsbotschaft und gute Wünsche übermittelt. Auch er möge endlich zu seinen Papieren finden, auch ihm möge es beschieden sein, mit einem solchen Ausweis der Zugehörigkeit gleichzeitig zur Gelassenheit im Umgang mit einer wie auch immer beschaffenen Identität zu finden, sei sie brüchig oder vorläufig, sei sie komplex oder gar gespalten.

Wir wissen nicht, ob Max Frisch die Stelle aus den »Jahrestagen« kannte. Der Briefwechsel gibt darüber keinen Aufschluss. Wir können nur dies mit Gewissheit sagen: Max Frisch besaß zeit seines Lebens Ausweispapiere, von denen er im Übrigen ausgiebigen Gebrauch machte, seit den frühen 1930er Jahren und seit die Grenzen nach dem Zweiten Weltkrieg wieder offen waren – und bis ins hohe Alter hinein. Wir wissen aber auch, dass sich dieser Staat, der Max Frisch die Ausweispapiere ausgestellt hatte, von diesem ein Bild gemacht hatte, das Frisch zutiefst und am Ende vollends verstört hatte. Es blickte ihm aus den Akten des Schweizer Nachrichtendienstes, der ihn während vieler Jahre mit dem Argwohn und Dilettantismus einer so paranoiden wie dünkelhaft-stümperhaften Behörde beschattet hatte, eine Fratze entgegen, in der er durchaus nicht sich selbst wiedererkennen konnte. Als ihn 1991 Marco Solari, der Delegierte des Bundesrates für die 700-Jahr-Feier der Schweizer Eidgenossenschaft, mit harmlos zuvorkommender Schmeichelei zu den Feierlichkeiten einladen wollte, erteilte ihm Frisch öffentlich eine Absage: Die Feier missfalle ihm aus ernsten Gründen, schrieb Frisch. Die Schweiz sei 1848 eine große Gründung des Freisinns gewesen, sie sei heute »ein verluderter Staat«. Die Einladung empfand er als Affront, und darum verbat er sie sich vehement. Dann fügte er als ein letztes Ceterum censeo hinzu: »Was mich mit diesem Staat heute noch verbindet: ein Reisepass (den ich nicht mehr brauchen werde).«[2] Mrs. Ferwalters Freude über die endlich erlangten Papiere hätte Frisch, wenn er davon Kenntnis gehabt hätte, gewiss verstanden, teilen konnte er sie – am Ende – nicht mehr. Uwe Johnsons Geburtstagswünsche fielen – wie so vieles in dieser unerfüllten Freundschaft – ins Leere.

Dass Identitätspapiere keinen Identitätsersatz darstellen, das wusste Johnson, und auch Frisch wusste es. Gleichwohl strebte der junge Frisch nach einer Zugehörigkeit, wie sie ihm unter anderem ein Heimatschein zu versprechen schien. Er suchte Anschluss – und er suchte eine Heimat bis zuletzt. Seine Auseinandersetzung mit der Schweiz zeugt vielleicht weniger von einer Hassliebe als von dem fortgesetzten und durchaus erfolglosen Versuch, sich mit den vorgefundenen und den eigenen Widersprüchen ins Benehmen zu setzen. Die Geschichte Max Frischs ist darum immer auch eine Geschichte der angetragenen Liebe und der Zurückweisung, nicht nur im Privaten, auch im Politischen. Johnson hatte Frischs existenzielles Kardinalthema durchaus richtig erkannt, und seine Geburtstagswünsche zielten ins Zentrum von Frischs literarischem Schaffen: Die Identität war ihm sowohl Aufgabe wie Trauma. Er zerschlug, was er vorfand, und setzte wieder neu zusammen, was zurückblieb. Die Verbesserung des Ich hatte er sich zur Lebensaufgabe gemacht; im Schreiben gestaltete er dazu die Versuchsanordnungen: sachlich wie ein Mathematiker, mit den Kenntnissen des geduldigen Menschenbeobachters, schöpfend aus den Erfahrungen mit sich selbst.

2 Was oder wer bin ich?

Schon in einem der ersten überlieferten Texte steht Max Frischs Kardinalthema im Mittelpunkt: die Frage nach dem Ich und der Identität. Das erklärt sich einerseits aus der lebensgeschichtlichen Situation. Eben ist Max Frischs Vater gestorben, mit dem ihn ein schwieriges Verhältnis verband. Unter die Trauer muss sich auch ein Gefühl der Befreiung gemischt haben, doch befreit von der väterlichen Autorität – die den Schreibversuchen des Sohnes immer mit Herablassung und Geringschätzung begegnet ist – stellt sich umso dringlicher die Frage nach der eigenen Identität. Sie kann sich nicht mehr einfach nur in Auflehnung gegen die Normen und Gebote der Vaterwelt ausprägen, sie muss aus sich selbst heraus zu Substanz und Gestaltung finden. Eine nur wenige Tage nach dem Tod des Vaters 1932 entstandene Aufzeichnung trägt den Titel »Was bin ich?«. Frisch berichtet darin von einem Besuch in der Zeitungsredaktion, für die er gerne literarisch und journalistisch tätig werden möchte. Man schickt ihn mit einem ersten Auftrag los: 15 Druckzeilen über ein neu dekoriertes Schaufenster unten beim Bahnhofplatz. Der junge Mann ist sich nicht zu schade für den Auftrag, auch wenn er dem Redakteur zu bedenken gibt, er habe zwei Jahre studiert, Literatur, immerhin, und auch etwas Malerei, nicht zu vergessen die Journalistik, dann einiges aus der Jurisprudenz. Aber er geht hin, stellt sich vor das Schaufenster: »Und im Glas steht mein Spiegelbild.« Erst jetzt, da er durch den Regen im spiegelnden Glas sein eigenes Gesicht erkennt, packt ihn die Wut: »Teufel, könnte ich diese Scheibe einboxen und dich packen, Max, und dich erschlagen, Max! So lächle doch nicht immer ...«[3]
Bemerkenswert an diesem frühen Text ist die Leichtigkeit, mit der Frisch Ich sagt; wie rasend schnell jedoch verwandelt sich diese Leichtigkeit in eine Problemlage. Kaum hat das Ich sich zu artikulieren gewagt, wird es auch schon zum brüchigen und zugleich herausfordernden Gegenüber, das man

in seinem präpotenten Gehabe lieber gleich erschlagen möchte. »Was bin ich?«, lautet zwar die Überschrift zu dem Text. Man hätte indessen auch die Frage »Wer bin ich?« erwarten können. Damit nimmt der von Frisch gewählte Titel geradezu die Unmöglichkeit einer Antwort auf jene Frage vorweg, die sich stillschweigend in den Text eingeschlichen hat. Denn von nichts anderem handelt diese Aufzeichnung als von der Frage nach dem eigenen Standort in der Gesellschaft, nach den möglichen Tätigkeiten, die der junge Mensch übernehmen könnte, die ihm zu Status und Ansehen verhelfen könnten. Die schockartige Begegnung mit sich selbst im Spiegelbild des Schaufensters wird zur Urform einer Erfahrung, die sich wiederholen sollte.

Zu diesem suchenden und vor allen Dingen auch verunsicherten Ich aus einem sehr frühen Text findet sich in einem wiederum sehr späten Text ein Gegenbild, das vielleicht nicht eine unmittelbare Kontinuität erkennen, aber doch im Verborgenen Verbindungslinien vermuten lässt. Zu seinem 75. Geburtstag fand 1986 während der Solothurner Literaturtage eine Feier für Max Frisch statt, in deren Verlauf er selbst eine Ansprache hielt. Er stellte sie unter den pessimistischen, desillusionierten Titel »Am Ende der Aufklärung steht das Goldene Kalb«[4]. Es ist eine nüchterne Bestandsaufnahme am Ende des Lebens und am Ende der Moderne. Frisch bilanziert darin Verluste und Defizite. Vieles sei schiefgelaufen, hält er fest, um dann gegen die Ernüchterung und Mutlosigkeit noch einmal seinen rebellischen Geist zu mobilisieren: »Ein Aufruf zur Hoffnung ist heute ein Aufruf zum Widerstand.«[5] Gegen Ende seiner Rede kommt Frisch dann auf seine eigene Situation zu sprechen. Und auch hier bilanziert er vollkommen schonungslos, ohne große Zuversicht. Immerhin lässt er seinen Schalk aufblitzen. Er zeichnet ein kleines Porträt des alten Ezra Pound in Venedig, der tagelang stumpfsinnig am Fenster saß, um von Zeit zu Zeit »Disorder« auf die kleine Piazza hinunterzurufen und danach wieder in Trübsal zu verstummen. Und nun fügt Frisch hinzu: »Hoffentlich gröle ich nie! / – bloß weil ich aufgehört habe zu schreiben.«[6] Frisch macht hier, was er als Schriftsteller immer wieder getan hat: Er zeichnet als Schreckgespenst jenes Schicksal an die Wand, von dem er verschont bleiben möchte. Wir werden dieses Modell in der Anwendung von den frühesten Werken (etwa »Antwort aus der Stille«) bis zu »Der Mensch erscheint im Holozän« erkennen können. Aber ich glaube, hier, in dieser kleinen Miniatur, kommt überdies ein Körnchen Selbstironie hinzu. Denn lässt sich Frisch mit dieser Rede in Solothurn nicht gerade zu dem hinreißen, was er seinen Zuhörerinnen und Zuhörern von Pound berichtet: Ein wenig trübselig resümiert er das Jahrhundert der Moderne, enttäuscht bilanziert er das Scheitern der Aufklärung, niedergeschlagen äußert er sich zum eigenen Leben (müde sei er, ja, und verbraucht), und da hinein, in die Geburtstagsrunde ruft er dann seine Sätze. Sie müssen in den

Ohren seiner Kolleginnen und Kollegen auch ein wenig wie Pounds über die Piazza hallendes »Disorder« klingen, von dem man nicht richtig weiß, ist es Hohn auf das Gewühl der Menschen, ist es Aufforderung zu Ungehorsam oder ist es eine kleine Tragikomödie des Abschieds.

Aber es kommt noch etwas hinzu: Frisch ergänzt, jetzt etwas heiterer, er tue, was Voltaire prophezeit habe: den Garten bestellen. »Alles übrige, mit Ausnahme der Freundschaft, hat wenig Bedeutung.«[7] Das Schlüsselwort heißt: »Mit Ausnahme der Freundschaft«. Er habe, so Frisch, die vier Wörter in seinem Buch unterstrichen. Am Ende bleibt der Wunsch nach Zugehörigkeit, und es bleibt die Genugtuung des Wissens um die Freunde.

3 Der Fisch im Kaninchenstall

Max Frisch stammte aus einer kleinbürgerlichen, beim Tod des Vaters außerdem durch die hinterlassenen Schulden verarmten Familie. Seine erste Etappe aus dem Herkunftsmilieu hinein ins Bürgertum spielte sich an der Universität ab: Er studierte, seiner Neigung zum Schreiben und zur Literatur folgend, Germanistik. Die Schrift war denn zugleich das erste und dringlichste Medium, dem eigenen Ich einen Halt und der Suche nach einem Ort in der Gesellschaft eine Richtung zu geben. Der Kompass wies den Weg zur Literatur – näherliegend aus Erwerbsgründen und fürs Erste darum zum Journalismus. Das hatte sich mit dem Tod des Vaters um eine existenzielle Dimension verschärft. Denn es galt, das eigene und das Auskommen der Mutter zu sichern. Er müsse Brot verdienen, heißt es in dem Text »Was bin ich?«, aber er wolle sich nicht lebendig begraben. Oder anders gesagt: Nicht jede Arbeit kommt infrage. Mit Snobismus hat das nichts zu tun; es steckt dahinter die nüchterne Analyse der eigenen Fähigkeiten und Neigungen. Auch dafür liefert der angehende Journalist und Schriftsteller die angemessene Begründung, die an pointierter Bildlichkeit keine Wünsche offen lässt: »Fische bilden sich nicht ein, edlere Geschöpfe zu sein als Kaninchen; aber wenn man einen Fisch in den Kaninchenstall setzt, geht er eben kaputt.«[8]

1932 also spricht Frisch in der Redaktion der »Neuen Zürcher Zeitung« vor. Man lässt ihn über dies und jenes schreiben; er lässt sich die Herablassung gefallen, aber er gibt sich selbstbewusst bis zur Keckheit. Die Frequenz seiner Beiträge steigt rasch, auch das Spektrum der Themen weitet sich. Er schreibt über Ereignisse in der Stadt, rezensiert Neuerscheinungen, veröffentlicht Feuilletons und gibt beispielsweise mit Impressionen aus dem Wallis eine Kostprobe seiner schon da erstaunlich ausgebildeten sprachlichen Fähigkeiten. Im Jahr 1933 geht er die Sache dann entschieden professionell an. In Prag finden die Eishockey-Weltmeisterschaften statt. Er bewirbt sich beim »Tages-Anzeiger« und bei der NZZ als Berichterstatter (auch wenn er mit der Sportart, wiewohl sportlich interessiert, kaum vertraut ist). So reist er im Februar 1933 mit Aufträgen in der Tasche nach Prag und berichtet laufend bis Ende des Monats von den Spielen. Doch einmal aus der Schweiz weggekommen, denkt er nicht daran, nach Abschluss der Weltmeisterschaft so schnell wieder zurückzukehren. Er begibt sich auf eine längere Reise, die ihn über Budapest und Belgrad auf den Balkan und über Istanbul nach Griechenland führt. Erst acht Monate nach seiner Abreise nach Prag kehrt er wieder zurück. In der Zwischenzeit hat er regelmäßig Reportagen und Reiseberichte, Impressionen und Feuilletons nach Zürich geliefert, wo wiederum seine Mutter, mit der er brieflich laufend Kontakt hielt, wie ein Impresario über die Veröffentlichung und Honorierung seiner Arbeiten wachen musste. So erschrieb sich einer seinen Platz in der renommiertesten Zeitung des Landes. Die erste Etappe auf dem Weg ins Bürgertum war vollbracht.

Freilich nimmt die Geschichte des Verhältnisses zwischen Max Frisch und der NZZ gleichsam im Kern bereits alle anderen Etappen auf seinem Weg in die Bürgerlichkeit vorweg: Es ist eine Geschichte der Anziehung und Abstoßung, der Zuneigung und Ablehnung; das beruhte, wohlverstanden, auf herzhafter Gegenseitigkeit. Als hätte der Sohn aus den ärmlichen Verhältnissen den Vertretern des Bürgertums ihren Dünkel nie verzeihen können, und als hätten umgekehrt manche Vertreter dieses Bürgertums, die ihrerseits in spießiger Attitüde den Emporkömmling zwar förderten, aber gleichzeitig auch immer wieder zurechtstutzten, den ehrgeizigen jungen Mann stets an seine Herkunft erinnern wollen.

Kleiner Exkurs: Frisch und die NZZ

Eduard Korrodi, Feuilletonchef der NZZ und früher Förderer von Max Frisch, spielte in dieser Hinsicht eine besonders seltsame Rolle. Er erteilte dem begabten Schützling, von dem er viel hielt, regelmäßig Aufträge, und Frischs Beiträge erschienen denn auch regelmäßig im Feuilleton der NZZ. Jedoch im November 1934 – gerade war Max Frischs Erstling »Jürg Reinhart« erschienen und in die Buchhandlungen ausgeliefert worden – entblödete sich Korrodi nicht, dem jungen Autor mit einer, man kann es gar nicht anders nennen, kindischen Attacke eins auszuwischen. In einer im Lokalteil am 4. November veröffentlichten Glosse parodierte Korrodi (mit dem pseudonymen Kürzel -o-) unter dem Titel »Traum des jungen Dichters« den Gang eines Schriftstellers durch die Zürcher Buchhandlungen auf der Suche nach seinem eben erschienenen ersten Buch. Leicht konnten die Leser in der Figur Max Frisch erkennen, umso mehr als Korrodi in seinem lächerlichen Beitrag überdeutliche Signale setzte. In einem wütenden Brief an seinen Bruder Franz lässt Frisch darauf seinem Ärger freien Lauf: »Der schafsäckel namens -o- (…) ist ein gewisser doktor eduard korrodi. (…) am samstag dieses artikelchen (…), das mir insofern peinlich ist, als mich jeder zweite frägte (sic), was für ein kalb das geschrieben hätte, und ich, abhängig mit meiner ganzen existenz, darf nicht sagen, wer der mutige mann ist, der 20 jahre e.k. schreibt, und wenn's drauf ankommt: -o-.«[9]

Doch auch Frisch ließ sich im Gegenzug nicht lumpen. In seinem »Tagebuch mit Marion« hat er der Figur Cesario unübersehbar manche Züge Korrodis – und vornehmlich negative Charakteristiken – verliehen. Im Juni 1947 gab er Korrodi den Text »Unsere Vorliebe für das Skizzenhafte« zum Abdruck. Das Feuilleton wird danach unter dem Titel »Beim Lesen« in das »Tagebuch mit Marion« wie in die spätere Fassung »Tagebuch 1946–1949« eingehen. Darin skizziert Frisch seine Vorliebe für das Fragment, für die Auflösung überlieferter Einheiten, eben »für das Skizzenhafte«. Diesen tastenden Versuchen nach einer neuen Poetik jenseits der konventionellen erzählenden Epik tritt Cesario mit einer Widerrede entgegen, in der er das Fragment als etwas Ruinenhaftes missversteht und dieser Poetik des Skizzenhaften die Fähigkeit abspricht, ein Ganzes hervorzubringen.

Korrodi konnte sich in diesem kurzen Auszug natürlich nicht in der Figur des Cesario wiedererkennen. Darum wird er das Feuilleton auch bedenkenlos abgedruckt haben. Erst nach Erscheinen des »Tagebuchs mit Marion« im Herbst des gleichen Jahres wird ihm klar geworden sein, dass er unwissentlich seine eigene Karikatur ins Blatt gebracht hatte. Immerhin wird das Buch von Werner Weber noch einigermaßen wohlwollend, wenn auch durchaus knapp besprochen. Eine Rezension der erweiterten Neuausgabe von 1950 weiß dann Eduard Korrodi zu verhindern. So kommt es, dass eines der bedeutendsten Werke des frühen Max Frisch in der bedeutendsten Zeitung der Schweiz und zumal in jenem Feuilleton, das ihn maßgeblich gefördert und auch mitgeformt hatte, nie besprochen worden ist.[10]

4 Weiterhin unterwegs ins Bürgertum

Zurück zu dem jungen Max Frisch auf seinem Weg ins Bürgertum. Die Lohnschreiberei, das sah er bald ein, brachte ihn nicht voran. Die Existenzsorgen drückten; mit den Zeitungshonoraren konnte er kaum den Lebensunterhalt bestreiten, noch weniger aber ließ sich von der literarischen Ambition leben. Was also war zu tun? Frischs Freund Werner Coninx riet zu einer bürgerlichen Tätigkeit. Der Journalismus sei der literarischen Tätigkeit ohnehin abträglich. Er brauche vielmehr ein Widerlager im Konkreten, im Handwerklichen gewissermaßen, um den Kopf für das Künstlerische freizuhalten. Schließlich empfahl auch Frischs Verlobte Käte Rubensohn die Aufgabe von Journalismus und Germanistik. Stattdessen solle er – ausgerechnet – den Beruf seines Vaters aufnehmen und Architektur studieren. Der aus wohlhabender Familie stammende Werner Coninx unterstützte das Vorhaben, indem er Frisch für die Dauer des Studiums ein jährliches Stipendium von 4000 Franken aussetzte. So kam Frisch 1936 an die ETH Zürich, wo die zweite Etappe der Verbürgerlichung begann. Die Architektur sollte das Gegenprogramm zur künstlerischen Tätigkeit sein, aus der bürgerlichen Pflichterfüllung sollte die dichterische Neigung ihre Beglaubigung gewinnen. So erschien denn noch im Jahr 1937 Frischs zweites Buch, »Antwort aus der Stille« – eine Art Bergroman und der Versuch, die Zweifel und Ängste eines im bürgerlichen Leben gefesselten jungen Mannes darzustellen. Das Buch jedoch fand wenig Beachtung, und auch Frisch selbst hielt bald nicht mehr viel davon. Die Freude, die er nach dem Erstling empfunden hatte, wiederholte sich beim zweiten Buch nicht, vielmehr verstärkten sich nun auch die künstlerischen Selbstzweifel. Im Herbst 1937 machte er einen Strich unter seine bisherigen literarischen Versuche; ein harter Schnitt sollte ihm eine Denkpause ermöglichen. Er verbrannte, was er bis dahin geschrieben hatte, und trennte sich davon in einem theatralischen Akt. Im ersten Tagebuch schildert er die Verbrennungsaktion mit einer Portion Koketterie und Selbstironie. Zweimal habe er in den Wald hinaufsteigen müssen, und eine ganze Schachtel Streichhölzer habe er verbraucht, ehe das Feuer an dem regnerischen Tag richtig entflammte. Dann fügte er im Tagebuch hinzu: »Das heimliche Gelübde, nicht mehr zu schreiben, wurde zwei Jahre lang nicht ernstlich verletzt.«[11]

5 Der Bürgerdarsteller

»Ich bin nun also schwarz auf weiß – Architekt«, schreibt er im Sommer 1940 seinem Freund und Mäzen Werner Coninx.[12] Und erstmals also scheint die Frage »Was bin ich?« eine Antwort gefunden zu haben. Fast zwangsläufig und jedenfalls folgerichtig ergibt sich aus dieser glücklich bestandenen Etappe ins Leben als Bürger eine weitere Konsequenz, die dritte und letzte Etappe. Das Ich muss nun vollends domestiziert werden. Zum bürgerlichen Beruf gehört die bürgerliche Familie. Aber Frisch heiratete keine beliebige Frau; die Wahl schien gleichsam in kühler Abwägung und Berechnung erfolgt zu sein. Gertrude Anna Constanze von Meyenburg stammte aus einer wohlhabenden Familie, die ein ansehnliches Vermögen erwirtschaftet hatte. Der Argwohn lag nahe, Frisch habe nicht in erster Linie aus Liebe geheiratet. In »Montauk« hat er versucht, den Vorwurf zurückzuweisen: »1942 heirate ich eine Architekturkollegin, weil ich sie liebe, Tochter aus großbürgerlichem

Haus, Gertrud Constanze v. Meyenburg. Der Verdacht der Freunde, dass ich Geld heirate, berührt mich nicht.«[13]

War jetzt Frisch dort, wo er hinstrebte? Er hatte einen Beruf, er hatte eine Familie, bald kamen Kinder. Er hatte sich eine bürgerliche Verfassung gegeben. Aber war er nicht vielmehr lediglich ein Bürgerdarsteller? So wie Thomas Mann auf seine Art das Leben eines Großbürgers als Selbstinszenierung sich und seiner Umwelt vorgespielt hatte? Die kleinliche Art, wie Frisch seine Familie – Mutter, Bruder und Schwägerin – vor der Hochzeit mit peniblen Kleider- und Benimmvorschriften drangsalierte, lässt immerhin erahnen, welche Anstrengung er sich selbst abverlangt haben wird, um nur ja nicht aus der Rolle zu fallen. Noch einmal wiederholte sich das gespenstische Theater 1943 vor der Taufe des ersten Kindes. Sein Bruder Franz durfte auf keinen Fall mit einem Straßenanzug zur Taufe erscheinen, das sei in der Kirche unschicklich. Er müsse mit einem dunklen Anzug kommen, »zur Not hätte ich noch einen älteren«, schreibt er der Mutter, die wiederum die Verhandlungen mit Franz zu führen hatte.

Und musste sich Frisch nicht wie der Fisch vorkommen, der im Kaninchenstall verenden würde, wie er es 1932 in dem Text »Was bin ich?« als Schreckgespenst formuliert hatte? Ja und nein. Denn das Gelübde, nicht mehr zu schreiben, hielt nicht lange vor. Kaum hatte Frisch seine Manuskripte verbrannt, wurde er Mitglied beim Schweizerischen Schriftstellerverein. Er verstand sich weiterhin und wohl vor allem anderen noch immer als Schriftsteller. In einem Brief an Werner Coninx aus dem Aktivdienst schreibt er im Juni 1940 über sein Architekturstudium: »Im Ganzen hat es mir gezeigt, dass mein Drang zum Schreiben durch eine rege Betätigung nicht verdrängt, eher gesteigert werde.«[14] Kurz: Mit der Verbrennungsaktion schaffte sich Frisch Altes vom Hals, es war eine Form der Befreiung; was danach kommen könnte, müsste sich zeigen. Aber es schrieb weiter in ihm und mit ihm. Hinzu kam damals, 1937, die erstmalige Lektüre von Gottfried Kellers »Grünem Heinrich«. Der Roman habe ihn, so Frisch, »seitenweise bestürzt wie eine Hellseherei«[15]. Er muss da hinein wie in einen Seelenspiegel geschaut haben. Die nagenden Zweifel, das Hochfahrende des angehenden Künstlers, die deprimierende Rückkehr und das Eingeständnis des Scheiterns der künstlerischen Ambition: Frisch kannte die Gefühlslage aus eigener Anschauung und Erfahrung. So schrieb er denn unverdrossen weiter, ungeachtet des Gelübdes.

Aber das Schreiben veränderte sich. Der Anspruch an das literarische Schaffen gewann einen neuen, künstlerisch wie existenziell verschärften Impetus. War bis dahin das bürgerliche Leben das Gegenprogramm wider die Gefährdungen durch die künstlerischen Neigungen, so avancierte die Literatur mehr und mehr zum Widerlager einer verbürgerlichten, verhockten Existenz.

6 Die Wiedergeburt des Bürgers als Rebell und Schriftsteller

Liest man bloß Volker Weidermanns Frisch-Biografie, könnte leicht der Eindruck entstehen, Frisch habe zwar zwischen 1937 und 1939 noch einiges Wenige geschrieben, doch erst mit dem Kriegsbeginn und vor allem mit seiner Einberufung als Kanonier am Tag der Mobilmachung habe er wieder ernsthaft zu schreiben begonnen. Gar habe dies zu tun mit seiner Abkommandierung zum Führen des Kompanietagebuches. Weidermann erweckt den Eindruck, als seien die »Blätter aus dem Brotsack« von 1940 nahtlos daraus hervorgegangen.[16] Und er findet dazu auch das passende Zitat aus einem Brief Frischs an den Freund Coninx: »Natürlich fühlt man sich wie ein Fisch, den man ins Wasser zurückwirft – wenn es auch nur das Wasser in der Fischerbüchse ist!«[17] Soll man sich also vorstellen, Frisch habe dank Krieg, Mobilmachung und der Weitsicht eines Kompaniekommandanten wieder zum Schreiben gefunden? Soll man sich gar denken, Frisch habe im Aktivdienst zu jener literarischen Form gefunden, die gleichsam zu einer Form *sui generis* werden sollte, zum Tagebuch? Es wäre eine schöne Pointe. Nur trifft sie leider nicht zu. Wie wir wissen, setzte sich nach der Verbrennungsaktion das literarische Schreiben fast nahtlos fort. Julian Schütt berichtigt in seiner Biografie des jungen Max Frisch außerdem weitere Einzelheiten: Der Befehl zum Führen des Diensttagebuchs scheint weniger eine Begünstigung als eine Strafaktion des Kommandanten gegen den Kanonier Frisch gewesen zu sein; täglich eine Stunde sollte für das Diensttagebuch aufgewendet werden. Darin wurden protokollartig die Tagesereignisse festgehalten, die Truppenbestände nachgeführt, die wichtigsten Befehle stichwortartig notiert; am Ende folgte jeweils ein Wetterbericht.[18] Das hatte wenig damit zu tun, was Frisch seinerseits unter dem Führen eines Tagebuchs verstand. Mochte Frisch also zu der Aufgabe verdonnert worden sein; gleichwohl wird es ihm eine Erleichterung und Wohltat gewesen sein, täglich an einer Schreibmaschine sitzen zu können. So mag denn Weidermanns Pointe falsch sein, sie regt doch immerhin zu dem reizvollen Gedankenspiel an, Frisch sei durch das protokollartige Festhalten der täglichen Ereignisse seinerseits dazu inspiriert worden, ein inneres Diensttagebuch zu führen. Aus seinen »Blättern aus dem Brotsack« wäre nach dem Krieg gleichsam in Anlehnung an das äußere Protokoll als versachlichte innere Mitschrift eine neue ästhetische Form hervorgegangen.

Er schreibe, so sagte Frisch in seiner Rede »Öffentlichkeit als Partner« 1958, um »schreibend der Welt standzuhalten«, um »Dämonen zu bannen«, »indem ich sie darzustellen versuche«.[19] Betrachtet man Frischs frühe Prosawerke – vom Zweitling »Antwort aus der Stille« über »J'adore ce qui me brûle oder Die Schwierigen« bis hin zu »Stiller« und »Homo faber« –, so kann man sich des Eindrucks nicht erwehren, hier schreibe einer gegen

Gespenster und Dämonen an. Das Gespenst heißt in diesem Fall: bürgerliche Existenz; es heißt: unausweichliches Schicksal; oder es heißt: verlorene Lebenschancen. In den Schreckensfiguren, die Frisch hier an die innere Wand seiner Lebensängste projiziert, flackern immer auch ein wenig seine eigenen Züge auf. Hat er nicht am Ende des Krieges erreicht, was seine Lebensbahn auf Jahre hinaus festzulegen scheint: bürgerlichen Beruf und Anstellung, Ehefrau und Kind? Erbarmungslos lässt er seine Helden an ihren Hoffnungen und Illusionen zerschellen, als könnte er mit diesem literarischen Gegenzauber seine eigene Haut retten. Im Augenblick, da sich Frischs Identität zu verfestigen drohte, begann er dagegen anzuschreiben; und im Maß, wie ihm das Selbstbild zu missfallen und wie er mit der verbürgerlichten Existenz zu hadern begann, demontierte er seine Helden. Er ließ sie aufbegehren gegen ihr Schicksal, er ließ sie hochmütig das Fatum herausfordern, sie gefielen sich im Glauben, stärker als die inneren Kräfte der Existenz zu sein; und er ließ sie fürchterlich oder lächerlich scheitern.

Die männliche Tat sucht Balz Leuthold in »Antwort aus der Stille«, um sich und anderen zu beweisen, dass er, der kurz vor der Heirat stehende Schullehrer, im Grunde zu Höherem berufen sei. Kläglich zerbricht er an dem Vorhaben. Lädiert und reuevoll kehrt er dahin zurück, von wo er aufgebrochen ist. Ernüchtert von Illusionen und Hoffnungen, erleichtert auch um einen erfrorenen Fuß und einen erfrorenen Arm. In »J'adore ce qui me brûle oder Die Schwierigen« zeichnet Frisch den Lebensweg eines gescheiterten Künstlers nach, der vergeblich den Weg in die bürgerliche Existenz sucht und am Ende in jeder Hinsicht erfolglos ist: Als verhinderter Mörder seines Vaters kommt er in die Psychiatrie, wird zuletzt Gärtner, ehe er sich, einer krausen Lebensphilosophie folgend, umbringt, um nur ja zu verhindern, dass sich sein elendes Schicksal in Nachkommen fortpflanzt. Die Pointe setzte Frisch ganz aufdringlich und unübersehbar ans Ende seines Romans. Denn ohne es zu wissen, hatte Jürg Reinhart ein Kind gezeugt, und der Sohn zeigt bereits erste Anzeichen grüblerischer Neigungen: Ihrem vorbestimmten Schicksal entkommen Frischs Helden umso weniger, je hartnäckiger sie sich ihm zu entziehen versuchen. Solches ereilt auch Walter Faber in dem Buch »Homo faber«: Dem Ingenieur werden die Grenzen der Machbarkeit und der Verfügbarkeit aufgezeigt. Dem Techniker entgleitet das Leben, blind für das Schicksal, ereilt ihn das Unerhörte. Eine unwahrscheinliche Verkettung von Zufällen führt ihn mit seiner Tochter zusammen, von der er zwar wusste, dass er sie gezeugt hatte, von der er aber geglaubt hatte, seine einstige Freundin habe sie abgetrieben; er verliebt sich in die junge Frau, und wie an einem umgekehrten Ödipus vollzieht sich an ihm das grausame Schicksal (tatsächlich phantasiert Faber gegen den Schluss hin einmal, sich mit zwei Gabeln zu blenden[20]). Die Tochter stirbt, und Faber erkrankt an Krebs. Nun hält er Rückschau; Frischs Roman heißt denn im Untertitel »Ein Bericht«: Der Held bilanziert sein verfehltes Leben. Das Buch endet mit den Worten »Sie kommen.«[21] Gemeint sind die Ärzte, die den Patienten für die Operation abholen, vorstellen kann man sich auch Todesengel.

Bereits drei Jahre zuvor, 1954, war der Roman »Stiller« erschienen. Zusammen mit »Homo faber« begründete er Frischs Weltruhm. Auch hier bilanziert einer seine Existenz. In Aufzeichnungen für den Verteidiger konstruiert sich Anatol Stiller, der sich White nennt, seine Identität hartnäckig leugnet und darum in Haft sitzt, eine neue Existenz. Doch der Aufbruch ins Neue und der Ausbruch aus dem Alten misslingen; White ergibt sich und endet als Stiller in einem kitschigen, mit Gartenzwergen geschmückten Chalet über dem Genfersee. Noch einmal hat Frisch mit Anatol Stiller und Walter Faber zwei Figuren gezeichnet und ihnen jene eigenen Ängste eingeschrieben, die seinen Dämon verkörpern. Beide Figuren werden am Ende mit der Höchststrafe belegt. Allein diese ins Groteske getriebene Bestrafung zeigt die existenzielle Dringlichkeit des Anliegens.

7 Ein Leben als Nomade des Intellekts

Mit der Veröffentlichung des »Stiller« bricht Max Frisch aus seiner bürgerlichen Existenz aus. Er gibt das inzwischen gegründete Architekturbüro auf, er verlässt die Familie, fortan wird er als freier Schriftsteller und als Nomade des Intellekts eine Existenz außerhalb bürgerlicher Normen zu leben versuchen.

In der Lebenspraxis gelingt die Verwandlung, unter Schmerzen zumal für die Beteiligten, für Frau und Kinder; im Ästhetischen hingegen bleibt Frisch noch weit hinter den eigenen Prämissen zurück. Sein Erfolg beim Publikum gibt ihm einstweilen Recht. Er hat freilich anderes im Sinn und er findet mit dem zunehmenden Ruhm den Rückhalt, auch im Ästhetischen die Verwandlung zu suchen.

Denn mögen »Stiller« und »Homo faber« im Vergleich zu den vorangehenden Erzählwerken mit avancierteren ästhetischen Mitteln arbeiten, mögen hier auch Kitsch und aufdringliche Theatralik einer ihrerseits etwas aufgesetzt wirkenden nüchternen Sachlichkeit gewichen sein, so sind die beiden Romane noch immer und weitgehend nach einem konventionellen Erzählmodell geformt: Ein Protagonist erzählt seine Geschichte. Gewiss blendet der Autor vor und zurück, natürlich verfügt er über raffinierte Mittel der Verzögerung und Beschleunigung, gelegentlich schiebt er eine Geschichte dazwischen, mit der die untergründigen Motive hervorgehoben werden. Sie verrichte »Scherbenarbeit«, antwortet Hanna einmal auf die Frage Walter Fabers, was sie in Athen mache, sie »kleistere die Vergangenheit zusammen«.[22] Erst 20 Seiten später hält Faber dieser Arbeit an der Vergangenheit seine eigene Lebensauffassung entgegen: Irgendeine Zukunft, so sagt er, gebe es immer, »die Welt ist noch nirgends einfach stehengeblieben, das Leben geht weiter«.[23] Solcherart lässt Frisch die gegensätzlichen Positionen in scharfer Abgrenzung miteinander kontrastieren; und trotzdem werden solche Widersprüche fast nebenbei in die Geschichte eingebaut. Frisch ist hier noch ganz der gewiefte Erzähler, der mit allen Mitteln der Kunst einen illusionistischen Raum schafft. Sowohl »Stiller« wie auch »Homo faber« könnten nach einer ganz anderen erzählerischen Ästhetik verlangen. Während »Homo faber« die Gattungsbezeichnung »Ein Bericht« erhielt, wird im »Stiller« der Eindruck erweckt, der Leser habe es mit Notizheften zu tun, die Stiller während seiner Haft geschrieben habe (die Kapitelüberschriften des mit »Stillers Aufzeichnungen im Gefängnis« bezeichneten ersten Teils lauten denn auch »Erstes Heft« bis »Siebentes Heft«). Doch weder im »Stiller« noch im »Homo faber« wird diese formale Prämisse rigoros eingelöst. Vielmehr begnügt sich Frisch damit, diesem Erzählmodell da und dort und nur in Ansätzen Genüge zu tun (im »Homo faber« etwas dezidierter gegen das Ende hin, wo tatsächlich berichtartige Aufzeichnungen in die Handlung eingeschoben werden). Im Übrigen aber folgt er dem linearen Erzählmodell. Er fügt seinen Stoff in einen großen Erzählbogen. Der Widerspruch zwischen formaler Prämisse und ihrer Umsetzung in der Praxis des Romans ist eklatant und evident. Ich will nicht geradezu behaupten, Frisch sei vor der Radikalität des eigenen ästhetischen Anspruchs zurückgeschreckt und habe – womöglich aus Rücksicht auf den Geschmack des Publikums – nach einer Zwitterlösung gesucht. Vielmehr, so meine Vermutung, hat man es hier bei diesem ›mittleren‹ Frisch seinerseits mit einem Zwitterwesen zu tun. Der naive Erzähler von »Antwort aus der Stille« befindet sich auf dem Weg zum späten, Aufklärung suchenden Erzähler von »Montauk«. »Stiller« und »Homo faber« wären also Zwischenetappen in diesem Prozess der Verwandlung und Neuerfindung des Schriftstellers Max Frisch. Noch vertraut er auf die illusionistische Kraft der Literatur, auf die sinnstiftenden Geschichten, auf die Zusammenhänge schaffenden Konstruktionen des linearen Erzählens. Noch sieht er seine vornehmste Aufgabe in der gehobenen Unterhaltung und nicht darin, mit Selbstaufklärung eine Form der Selbsterlösung zu versuchen. Noch zählt er im Sinne von Schillers ästhetischer Erziehung des Menschengeschlechts auf die sittliche Wirkungskraft der schönen Literatur: »Weil es die Schönheit ist, durch welche man zu der Freiheit wandert«, wie es bei Schiller heißt.[24]

8 Der ästhetische Durchbruch oder das Bekenntnis zur Wahrhaftigkeit

»Mein Name sei Gantenbein« von 1964 markiert die Wende: Nun wird die Biografie zum Spiel (wie es in einem Theaterstück drei Jahre später heißen wird), das Leben eine Spielform und das Ich zur Spielfigur. Eine Figur probiert Geschichten an wie Kleider, so heißt es im Roman – und ein Autor löst seine Geschichte auf in Anekdoten. Nun schreibt er nicht mehr an gegen die Dämonen einer verhockten Existenz, denn das Leben ist zum selbstbestimmten Experiment geworden. Nun gilt es die Freiheit nicht mehr zu gewinnen; es gilt sie zu bewahren, zu gestalten, immer neu zu formen. »Gantenbein« ist Frischs wildestes Buch, er experimentiert darin mit einer bis dahin nicht gekannten Fabulierlust. Alles Pädagogische hat er abgelegt, das Spielerische dominiert, und die lineare Erzählung lässt Frisch in die unüberschaubare Fülle der Geschichten ausfransen. Der Roman zelebriert und feiert das nicht mehr festzulegende Ich, und die unablässigen Spiegelungen und Permutationen des als fortgesetzte Täuschung inszenierten Selbstbildes lassen sich auch formal nachvollziehen. »Jeder Mensch erfindet sich früher oder später eine Geschichte, die er für sein Leben hält.«[25] Nicht anders verfährt der Romanautor, der nicht mehr einen großen Erzählbogen formt, sondern den Plot in immer neue Varianten und Möglichkeitsformen aufbrechen lässt. Wie in dem Theaterstück »Biographie. Ein Spiel« muss die Fortschreibung des Plots fortwährend neu erfunden werden. Das sinnstiftende Erzählen kommt hier im konjunktivischen Erzählen an ein Ende, weil es (anders als im »Stiller« oder »Homo faber«) kein Ende mehr finden kann. Gantenbein zerbricht an seinem Selbsterfindungsfuror, und der Roman scheitert an seiner unbezähmbaren Auswucherung.

Die traditionelle Romanerzählung war den veränderten Identitätsfragen Max Frischs nicht mehr gewachsen. Doch auch das Romanexperiment vermochte allenfalls die Schmerzzone des vermeintlich aus allen Bindungen befreiten Individuums mimetisch nachzubilden, freilich nur um den Preis des Scheiterns; eine im stilistischen Sinne wahrhaftige, eine aufrichtige Form war damit nicht gefunden. Dabei hätte Frisch gar nicht suchen müssen. Seit Langem schon kannte er das stilistische Repertoire, das ihm den Ausweg weisen konnte, längst hatte er es im Tagebuch erprobt.

Die weiter oben bereits erwähnte kleine Skizze über das fragmentarische Schreiben, die als Vorabdruck aus dem Tagebuch in der NZZ erschienen ist, nimmt gedanklich bereits vorweg, was Max Frisch in seinen Tagebüchern als modernes, zeitgemäßes Erzählmodell erprobte und schließlich in seinen späteren Werken – »Montauk« und »Der Mensch erscheint im Holozän« – als Wahrhaftigkeitsstil zur künstlerischen Vollendung brachte. Es sei wohl das Zeichen eines »späten Geschlechts«, heißt es in dem Text, dass die Moderne der Skizze bedürfe.[26] Die Vorliebe für das Fragment sei keine

Koketterie, sie zeige sich auch nicht zum ersten Mal. Bereits die Romantik sei vor dem Vollendeten zurückgeschreckt. In der Skizze komme daher ein Weltbild zum Ausdruck, »das sich nicht mehr schließt oder noch nicht schließt; als Scheu vor einer förmlichen Ganzheit, die der geistigen vorauseilt«.[27] Das entspricht nun in der Tat auch Frischs Lebensgefühl – oder genauer vielleicht: seinem Selbstbild. Solange das Ich nur skizzenhaft dargestellt werden kann, solange kann es auch noch nicht zur Ganzheit erstarren. Die Skizze wäre darum der geradezu schamanistische Versuch, mit der »förmlichen« auch die geistige Erstarrung in Abrede zu stellen. Dem hält Marion – Frischs Alter Ego im Tagebuch – folgenden Einwand entgegen (und wir müssen uns vergegenwärtigen, dass diese Zeilen in den frühen 1940er Jahren, also während des Zweiten Weltkriegs geschrieben wurden): »Es fallen die Wände ringsum, die vertrauten und sicheren, sie fallen einfach aus unserem Weltbild heraus, lautlos, nur die Andorraner schreiben noch immer auf diese Wände, als gäbe es sie, immer noch mit dem Anschein einer Vollendung.«[28] Das war sarkastisch gesprochen – und leicht kann man sich denken, an welche andorranischen, also Schweizer Autoren Frisch gedacht haben könnte. Aber meinte er damit nicht auch sich selbst? Hatte er mit seinen frühen Romanen nicht seinerseits unverdrossen an die einstürzenden Wände geschrieben und dem »Anschein der Vollendung« gehuldigt und würde es da noch eine ganze Weile tun? Seine Überlegungen beschließt Frisch sodann mit der recht apodiktischen Feststellung, die Haltung der meisten Zeitgenossen (er meinte damit wohl in erster Linie sich selbst) sei die Frage, und die Form dafür könne, solange es noch keine ganzen Antworten darauf gebe, »nur vorläufig sein«. Für diese Zeitgenossen »ist vielleicht das einzige Gesicht, das sich mit Anstand tragen lässt, wirklich das Fragment«.[29]

In seinem ersten Tagebuch hat Frisch seine Poetik des Fragments nicht nur entworfen, sondern zugleich auch bereits in Teilen verwirklicht. Der Modus des Fragens, genauer des vorläufigen Fragens, sollte jedoch erst in den Fragebögen des 1972 erschienenen zweiten Tagebuchs vollends mit dem fragmentarischen Schreiben eine ästhetisch folgenreiche Verbindung eingehen. Doch der Stil als Modus der Darstellung und Quintessenz der Formgebung ist bei Frisch nie nur eine Frage der Kunstfertigkeit und des Handwerks, und das fragmentarische Schreiben erschöpft sich darum nicht in der virtuosen Zersetzung der Erzählkunst. Bereits im ersten Tagebuch und also denkbar früh macht sich Frisch einen moralischen Begriff zunutze und verwandelt ihn in eine ästhetische Kategorie: Wahrhaftig soll die Kunst sein. Wird im Tagebuch diese Wahrhaftigkeit noch als das zwar Erstrebenswerte, aber Unerreichbare dargestellt,[30] so formuliert Frisch in seiner Dankesrede zur Verleihung des Büchner-Preises 1958 geradezu einen moralisch-ästhetischen Imperativ: »Die Wahrhaftigkeit der Darstellung (...) ist das einzige, was wir entgegenstellen können: Bilder, nichts als Bilder, verzweifelte, unverzweifelte, Bilder der Kreatur, solange sie lebt.«[31]

Dem Einwand Cesarios übrigens, dieser fragmentarische Stil könne kein Ganzes mehr hervorbringen, trat Frisch bereits in der Vorrede zum ersten Tagebuch entgegen. Darin bittet er den Leser, die Skizzen nicht »nach Laune und Zufall hin und her blätternd« zu lesen, sondern auf das Ganze zu achten und die einzelnen Teile als Steine eines Mosaiks zu verstehen – auf Letzteres nämlich käme es an.[32] Das Ideal eines in sich abgeschlossenen Ganzen opferte Frisch darum keineswegs; die Linearität der progressiven Erzählung mochte er preisgeben, an ihre Stelle trat die Ästhetik eines komplexen Bildes.

9 Späte Triumphe, spätes Leid

»Dies ist ein aufrichtiges Buch, Leser«, heißt es mit Montaigne im Motto zu Frischs Erzählung »Montauk« von 1975. Nie zuvor und nie danach hat Frisch die ästhetische Forderung nach Wahrhaftigkeit ernsthafter, rigoroser, ja rücksichtsloser gegen sich selbst und sein Umfeld durchgesetzt als in diesem Buch. Nun stellt er seine eigene Existenz im Modus des Fragens dar, und war im »Gantenbein« das Erfinden von Lebensgeschichten ein erzählerisches und existenzielles Spiel mit dem Konjunktiv, so unternimmt Frisch nun mit den Mitteln des Erzählens eine geradezu rabiate Selbsterforschung. Konfession wäre dafür das falsche Wort, auch wenn die Erzählung gelegentlich – zumal wenn es um Liebe und um den Verrat an ihr geht – das Genre streift; es handelt sich vielmehr um den Versuch, aus dem eigenen Lebensmaterial im Weg der Selbsterforschung Kunst zu schaffen. Und letztlich also um den Versuch, das Ich nicht als Kunstfigur zu erfinden, sondern die eigene Existenz mit dem Lebensstoff kunstvoll zur Wahrhaftigkeit und Kenntlichkeit zu bringen – um über sich im Besonderen und das Menschliche im Allgemeinen Genaueres zu erfahren. Indiskretionen jenseits der Schamgrenze waren hier unvermeidlich, nicht nur Frisch selbst betreffend.

Um allfälligen Einwänden von Marianne Frisch zuvorzukommen, bat Max Frisch seinen Freund Uwe Johnson in einer grotesken, ja lächerlichen Scharade um Beistand und Unterstützung. Johnson ließ nichts anbrennen. In einem langen Brief an Marianne Frisch begründete er mit einem rhetorischen Kraftakt, wieso sie im Interesse der Kunst in Kauf nehmen müsse, dass Frisch seine eigene wie auch Mariannes Intimsphäre mit diesem Buch verletze. Zugleich gab er eine ebenso präzise wie hellsichtige Charakterisierung des Werkes: »Diese Leistung, aus dem eigenen Leben mit Mitteln der Literatur ein Kunstwerk herzustellen, ohne der Form noch dem Inhalt Gewalt anzutun, er muss sie in der nächsten Arbeit übertreffen.«[33]

Als Johnson dies schrieb, war die »nächste Arbeit« tatsächlich seit Langem und parallel zu »Montauk« bereits am Entstehen; Johnson wusste davon, wenn er auch mit diesem Satz kaum daran gedacht haben wird. Denn Frisch hatte ihm bisher bloß wenige Andeutungen gemacht, zu wenig jedenfalls, um davon bereits eine genauere Vorstellung haben zu können. Im Sommer 1972 hatte Johnson dem in Berzona lebenden Freund ein Geschenk gemacht: Es handelte sich um das 1910 in Leipzig erschienene Buch »Der Lago Maggiore und seine Täler«. Frisch bedankte sich am 28. August: »Es kann sein, daß Sie mir mit dem Geschenk (…) etwas eingebrockt haben, etwas wie eine Erzählung. (…) Jetzt müßte es nur noch gelingen, nämlich: ein Tal zu erzählen.«[34] Ein Jahr später, im Juli 1973, heißt es dann in einem Brief wiederum an Uwe Johnson: »Wir also sitzen in diesem Tal, das sich sonnig gibt, aber nicht erzählbar. Ich habe es nochmals versucht. Erzähler-position, Optik. Marianne ist noch gar nicht überzeugt und hat gute Gründe dafür, ich selber bin noch ungeheilt und habe das Thema noch nicht ausgeschwitzt, morgens erwache ich daran.«[35] Abermals zwei Monate später schreibt Frisch an Johnsons Gattin. Nun hat die Figur der geplanten Erzählung immerhin bereits einen Namen erhalten, aber es geht trotzdem nicht vorwärts: »Jetzt regnet und regnet es, aber mein Herr Geiser liegt tro-cken in einem Fach, vergessen, nachdem ich ihm dann noch einmal aus einer veränderten Erzählposition zugesetzt habe; er mag nicht mehr, und ich verstehe das.«[36] Fünf Jahre verstreichen, da taucht die verlorene Erzäh-lung erneut in einem Brief auf. Frisch hält sich in Küsnacht auf und schreibt im September 1978 einen trostlosen Brief an Johnson. Er wolle in ein paar Tagen zurück nach Berzona und nach einem misslungenen Aufenthalt im Frühjahr noch einmal versuchen, allein im Haus zu sein, »ohne zu saufen«. Sollte es seine Kraft übersteigen, reise er. »Wohin? Keine Ahnung.« Schreibt er, ganz defätistisch und mutlos. Dann fügt er hinzu: »Ich habe nochmals die alte KLIMA-Geschichte geschrieben; sie ist, vermute ich, zum vierten Mal und somit endgültig mißraten.«[37]

Doch bereits ein Jahr später veröffentlichte Frisch unter dem Titel »Der Mensch erscheint im Holozän« die Erzählung, an der er seit 1972 mit Unterbrechungen und so erfolglos gearbeitet hatte, zu der Johnson den Anstoß gegeben hatte und die in der Tat jenes schmale, gewaltige Alterswerk wurde, mit dem Frisch – wie es Johnson in seinem Brief an Marianne gefor-dert hatte – »Montauk« übertreffen musste. Wir wissen nicht, was den Umschwung gebracht hat. Wollten wir spekulieren, so könnten wir vermu-ten, dass ein Perspektivenwechsel den Durchbruch gebracht haben könnte. Es müsste ein Perspektivenwechsel sein, wie Frisch ihn in seiner bereits zitierten Büchner-Preis-Rede gefordert hatte. Dort hieß es: Das Engage-ment für die Wahrhaftigkeit sei »ein immer wieder zu leistender Bann gegen die Abstraktion«.[38] In den frühen Entwürfen hieß die Erzählung »Klima«, was allerdings recht abstrakt anmutet. Es ist nicht auszuschließen, dass die Erzählung im Augenblick gelang, als Herr Geiser (und nicht das Klima) zum Angelpunkt des Erzählens wurde, als mithin die Abstraktion durch das menschlich Konkrete anschaulich und also wahrhaftig wurde.

Frisch hat mit dieser späten Erzählung »Montauk« nicht übertroffen (wie es Johnson gefordert, Frisch aber gewiss nicht beabsichtigt hatte); vielmehr hat er nach der autobiografischen Selbsterforschung den Weg zurück ins fiktionale Erzählen gefunden und seiner Ästhetik der Wahrhaftigkeit noch einmal eine neue Form und einen neuen Inhalt abgerungen. In diesem Werk von immenser Schönheit und Traurigkeit kommt denn alles noch einmal zusammen, was Frischs Lebenswerk ausmacht: das trotzig insistierende Erzählen und Befragen aus dem Tagebuch; die Lebensängste des Schriftstellers, die er mit präzisen Strichen – nicht anders als im »Stiller« oder im »Homo faber« – wie Dämonen in seiner Figur zu bannen versucht; schließlich der fragmentarisch skizzenhafte Erzählstil, der aber noch einmal einen großartigen, in sich geschlossenen Erzählbogen hervorzubringen vermag.

»Es müsste möglich sein, eine Pagode zu türmen aus Knäckebrot, nichts zu denken und keinen Donner zu hören, keinen Regen, kein Plätschern aus der Traufe, kein Gurgeln ums Haus. Vielleicht wird es nie eine Pagode, aber die Nacht vergeht.«[39] Das Buch beginnt mit einer ungeheuerlichen, unerbittlichen Bloßstellung der Figur. Herr Geiser hat sich im Ruhestand zurückgezogen in sein Haus in einem Tessiner Tal; seit Tagen regnet es, fast ununterbrochen. Herr Geiser fürchtet allmählich um sein Leben. Man sei nicht am Ende der Welt, hatte seine Frau oft gesagt, eingedenk der Abgeschiedenheit des Ortes. Nun aber wähnt Herr Geiser sich selbst am Ende. Und er sieht das Ende der Welt heraufkommen. Da die Straße talauswärts unterbrochen ist, unternimmt Herr Geiser einen wahnwitzigen Ausbruchsversuch über die Berge. Natürlich scheitert er; durchnässt, verschmutzt und erschöpft kehrt er zurück. Und erleidet einen Schlaganfall. Mit Lähmungserscheinungen und hilfsbedürftig, so findet ihn seine Tochter.

Es ist ein Werk des Abschieds – und zugleich unternimmt Frisch noch einmal den Versuch zu einem Abwehrzauber. Vielleicht klingen in dem trübseligen Brief an Johnson auch die Ängste vor einem einsamen Tod in Berzona an, wie übrigens Uwe Johnson wenige Jahre später in Sheerness on Sea in trostloser Einsamkeit gestorben ist. Aber »Der Mensch erscheint im Holozän« ist nicht nur ein Alterswerk über die Ängste vor dem Altern und dem Rückfall in die Unbeholfenheit. Es erzählt nicht nur über den Schrecken vor einem Leben, das vor seiner Zeit zu Ende geht und sich nicht mehr zur Erfüllung und Vollendung runden kann. Frisch mokiert sich auch ein wenig darüber, wie Herr Geiser den sintflutartigen Regen als ein Zeichen für das nahende Weltende missdeutet. In seiner Vorstellung konvergiert darum die zu Ende gehende Lebenszeit mit der zur Neige gehenden Weltzeit. Wenn er selbst schon sterben müsse, so solle auch die Welt an ihr Ende kommen. Herr Geisers Pathos erinnert darum entfernt an Balz Leuthold aus »Antwort aus der Stille«.

Aber Frisch hat seinem Text eine weitere Pointe mitgegeben. Auch sein Wahrhaftigkeitsstil kommt mit »Der Mensch erscheint im Holozän« an eine Grenze: Weiter lässt sich das Skizzenhafte, das Fragmentarische nicht mehr radikalisieren. Jenseits liegt nur noch das Verstummen. Mit »Der Mensch erscheint im Holozän« kommt auch der Erzähler an ein Ende, und es konvergieren nicht nur Lebens- und Weltzeit in der naiven Sicht des Herrn Geiser; auch die Zeit des Erzählens nähert sich – ästhetisch, lebensgeschichtlich – dem Nullpunkt.

Herr Geiser mag am Ende zwar seine Körperkräfte eingebüßt haben; die Klarheit im Geist scheint er eher zurückgewonnen zu haben: »Die Natur braucht keine Namen. Das weiß Herr Geiser. Die Gesteine brauchen sein Gedächtnis nicht.«[40] Es ist das Letzte, was wir von Herrn Geiser erfahren. Wir können nur vermuten, dass Frisch vor solcher Gelassenheit nicht zurückgeschreckt wäre. War es Altersmilde, Nachsicht oder stille Verbundenheit: Für einmal hat Frisch seine Figur nicht mit der Höchststrafe verabschiedet.

---

1 Uwe Johnson: »Jahrestage. Aus dem Leben von Gesine Cresspahl«, Frankfurt / M. 1973, Bd. 3, S. 1165. Diesen Fund verdanke ich Thomas Schmidt, Marbach. — **2** »WochenZeitung«, Zürich, 15.3.1991. — **3** Max Frisch: »Gesammelte Werke in zeitlicher Folge«, 7 Bände, hg. von Hans Mayer und Walter Schmitz, Frankfurt / M. 1976 / 86, Bd. 1, 15 (nachfolgend zitiert als GW sowie mit Angabe der Band- und Seitenzahl). — **4** Max Frisch: »Am Ende der Aufklärung steht das Goldene Kalb«, in: Ders.: »Schweiz als Heimat? Versuche über 50 Jahre«, hg. von Walter Obschlager, Frankfurt / M. 1990, S. 461–469. — **5** Ebd., S. 468. — **6** Ebd., S. 469. — **7** Ebd. — **8** GW 1, 12. — **9** Zitiert nach Daniel Foppa: »Max Frisch und die NZZ«, Zürich 2003, S. 117 f. — **10** Das gleiche Schicksal war im Übrigen auch Frischs zweitem Tagebuch beschieden, das aus wiederum anderen Gründen in der NZZ ebenfalls nicht rezensiert worden ist. — **11** GW 2, 588. — **12** Zitiert nach Volker Weidermann: »Max Frisch. Sein Leben, seine Bücher«, Köln 2010, S. 94. — **13** GW 6, 733. — **14** Zitiert nach Weidermann: »Max Frisch«, a. a. O., S. 94. — **15** Zitiert nach Julian Schütt: »Max Frisch. Biographie eines Aufstiegs«, Frankfurt / M. 2011, S. 225. — **16** Weidermann: »Max Frisch«, a. a. O., S. 85 ff. — **17** Ebd., S. 86. — **18** Schütt: »Max Frisch«, a. a. O., S. 255 f. — **19** GW 4, 248. — **20** GW 4, 192. — **21** GW 4, 203. — **22** GW 4, 139. — **23** GW 4, 159. — **24** Friedrich Schiller: »Über die ästhetische Erziehung des Menschen in einer Reihe von Briefen«, in: Ders.: »Sämtliche Werke«, Bd. 5, hg. von Wolfgang Riedel, München 2004, S. 573. — **25** GW 5, 49. — **26** GW 2, 447. — **27** GW 2, 448. — **28** GW 2, 450. — **29** GW 2, 451. — **30** GW 2, 376. — **31** GW 4, 242. — **32** GW 2, 349. — **33** Max Frisch / Uwe Johnson: »Der Briefwechsel. 1964–1983«, hg. von Eberhard Fahlke, Frankfurt / M. 1999, S. 106. — **34** Ebd., S. 50. — **35** Ebd., S. 66. — **36** Ebd., S. 69. — **37** Ebd., S. 206. — **38** GW 4, 243. — **39** GW 7, 207. — **40** GW 7, 296.

Thomas Strässle

Frisch als Redner

Das Korpus der Reden von Max Frisch ist beträchtlich und gewichtig. In seiner Qualität steht es dem Korpus seiner Romane, Erzählungen, Tagebücher und Dramen in nichts nach. Einige der berühmtesten Titel von Max Frisch sind Titel seiner Reden: »Öffentlichkeit als Partner«, gehalten zur Eröffnung der Frankfurter Buchmesse 1958, »Emigranten«, die Rede zur Verleihung des Georg-Büchner-Preises, ebenfalls 1958, »Die Schweiz als Heimat?«, gehalten bei der Verleihung des Großen Schillerpreises im Schauspielhaus Zürich 1974, »Wir hoffen«, anlässlich des Friedenspreises des Deutschen Buchhandels 1976, und schließlich der beinahe schon sprichwörtlich gewordene Titel »Am Ende der Aufklärung steht das Goldene Kalb«, die Rede an den Solothurner Literaturtagen 1986 zu seinem 75. Geburtstag. Frisch hielt Reden, die nicht weniger als epochal waren: So hat er 1965, als er den Man's Freedom Prize der Stadt Jerusalem bekam, die erste offizielle deutschsprachige Rede in Israel gehalten. Bereits den Untertiteln der Reden beziehungsweise den Angaben, bei welcher Gelegenheit sie gehalten wurden, ist anzusehen: »Frisch als Redner« ist nicht nur ein Kapitel zu Frisch als einer öffentlichen Figur, sondern es ist auch ein Kapitel zu Frisch als einer von der Öffentlichkeit geehrten Figur.

Politische Rhetorik

Der Schriftsteller als Redner: Was geschieht mit einem Schriftsteller, wenn er zum Redner wird? Er kann zum Festredner werden, der seinem Publikum einen schön geflochtenen Wörterstrauß überreicht. Darum geht es Schriftstellern aber selten, wenn sie Reden halten, und einem wie Max Frisch schon gar nicht. Selbst wenn er geehrt wurde und sich mit einer Rede dafür bedanken musste, hat er sich nicht darauf beschränkt, sich bloß von seiner sonntäglichen Seite zu zeigen.

Als er sich 1976 auf seine Dankesrede für den Friedenspreis des Deutschen Buchhandels in Frankfurt (Abb. 1) vorbereitete, schrieb er in einem Brief an Uwe Johnson: »Die Rede, die in der Paulskirche zu halten ist, sollte eine nützliche sein; eine halbe Stunde, aber sie fordert, dass ich mir über den Stand meiner politischen Erwartungen klar werde, also vor mir selber antrete. Darin liegt wohl der einzige Sinn einer solchen Verleihung, und

Abb. 1: Max Frisch 1976 bei der Dankesrede für den Friedenspreis des Deutschen Buchhandels in der Frankfurter Paulskirche (© Max Frisch-Archiv an der ETH-Bibliothek, Zürich)

diesen Sinn muss ich ihr selber geben.«[1] Dass von ihm als Preisträger eine »nützliche« Rede erwartet wurde, war Frisch mehr als bewusst, zu halten in einem hochehrwürdigen sonntäglichen Rahmen, der ihm »ziemlich widerwärtig« war, wie er im Nachhinein bekannte, vor lauter Leuten mit toten und maskenhaften Gesichtern, die »nicht in jedem Fall unbedingt diejenigen (waren), die ich mir wünschte …«[2] Welche Zuhörerschaft er sich stattdessen gewünscht hätte, bleibt ebenso unklar, wie was das Wort »nützlich« im Brief an Johnson genau besagen soll. Jedenfalls hat Frisch es in eine gewisse Spannung gebracht zu dem, was er für die Pflicht des Schriftstellers bei solchen Anlässen hielt: »Die Rede (…) sollte eine nützliche sein (…), *aber* sie fordert, dass ich mir über den Stand meiner politischen Erwartungen klar werde, also vor mir selber antrete.« Bevor der Schriftsteller vor sein Publikum tritt, muss er also, wie es sein Geschäft ist, zuerst einmal vor sich selbst antreten – will er mehr tun, als sich bloß nützlich zu erweisen.

Frisch hat nicht nur Dankes- und Eröffnungs- und Geburtstagsreden gehalten, und außerdem Lobreden (auf Alfred Andersch oder Peter Bichsel) und Totenreden (auf Kurt Hirschfeld oder Peter Noll), sondern er ist auch immer wieder als Redner ins politische Tagesgeschäft eingestiegen. So trat er beispielsweise in den 1970er Jahren mehrfach als Redner auf den Parteitagen der schweizerischen und der deutschen Sozialdemokratie auf. Er tat dies, weil er sich nicht denken konnte, dass »Politik ohne die lästige Assistenz der Intellektuellen eine geschichtliche Chance hat«.[3] Mit diesen Worten hat er sich 1977 in einer Rede vor den Delegierten des SPD-Parteitages in Hamburg geäußert, vor den versammelten SPD-Granden der Zeit, vor Herbert Wehner, Willy Brandt und Helmut Schmidt, dem damaligen Kanzler, im November 1977, also inmitten der hitzigen Nachgefechte des ›Deutschen Herbstes‹, unmittelbar nach der Entführung und Ermordung des Arbeitgeberpräsidenten Hanns Martin Schleyer durch die RAF, der Entführung der Lufthansa-Maschine Landshut durch ein palästinensisches Terrorkommando und deren Stürmung durch die GSG 9 in Mogadischu und der Todesnacht im Hochsicherheitsgefängnis von Stuttgart-Stammheim.

In dieser höchst aufgeladenen Stimmung, in der die Politik zu sehr weitgehenden Abwehrmaßnahmen gegen die Bedrohung der Demokratie auf Kosten der Demokratie bereit war, stellte sich Max Frisch hin, bekundete zunächst einmal, ausdrücklich »auch im Namen schweizerischer Kollegen«, seine Solidarität mit allen als »Vorbeter des Terrorismus« in Verdacht geratenen deutschen Schriftstellern und Intellektuellen (Heinrich Böll, Günter Grass, Jürgen Habermas und anderen) und sprach dann an die Adresse der anwesenden Politprominenz:

»Sozialdemokraten!

Die Zukunft, so scheint es im Augenblick, gehört der Angst und nicht der Hoffnung auf Mehr-Demokratie. Diese unsere Hoffnung, die wir nicht aufgeben, gilt zur Zeit als Verharmlosung des Terrorismus, Angst als des Bürgers erste Pflicht. Was damit zu betreiben ist: Abbau der Demokratie (wie es heißt: zur Rettung der Demokratie) – das alles, ich weiß, braucht Ihnen kein Hergereister zu erzählen. Hingegen habe ich drei Fragen.«[4]

Erstens, zweitens, drittens.

In dieser Eröffnung zeigt sich ein wesentliches Moment der Rhetorik von Max Frisch: die Technik, keine plakativen Forderungen oder moralischen Anklagen zu erheben, sondern öffentlich Fragen zu stellen – eine Technik des öffentlichen Fragens, das sich ebenso auf eine vorgängige Analyse stützt, wie es die Absicht verfolgt, mit der Rede gleich Vorschläge für die Antworten zu unterbreiten.

Diese rhetorische Fragetechnik, in der sich ein archetypischer Frisch-Gestus widerspiegelt, kommt im Verlauf der Rede vor dem SPD-Parteitag immer wieder zum Zug: »Wie unschuldig sind wir an der Wiederkunft des Terrorismus oder schuldig – nicht als Sympathisanten, was wir als Reform-Demokraten ja nie haben sein können, sondern als Biedermänner schuldig durch familiären und institutionalisierten Unverstand gegenüber einer ganzen Generation? Ich frage. Wieviel Wirkungsraum wurde dieser Generation eingeräumt, um ihre Epoche zu gestalten, zusammen mit den Vätern?«[5] Und so weiter.

Frischs rhetorische Fragetechnik im Angesicht der Mächtigen hat ihre Wirkung nicht verfehlt: Schon kurz nach seiner Rede erhielt er ein ausführliches, auch als Pressemitteilung der SPD verschicktes Schreiben des damaligen Parteivorsitzenden und ehemaligen Bundeskanzlers Willy Brandt, in dem dieser die drei Fragen Frischs eine nach der anderen durchgeht: die Frage nach der ethischen Legitimation eines Rechtsstaats, zum Schutze seiner Ordnung notfalls Menschenleben zu opfern; die Frage nach dem politischen Entwurf eines Zusammenlebens der Menschen, das Menschwerdung fördert und Lebenswerte stiftet; und schließlich die Frage, was aus einer Partei wird, wenn sie nicht willens oder fähig ist, den Beitrag der Intellektuellen in ihre pragmatische Arbeit einzubinden.[6] In der Stellungnahme Willy Brandts kommt auch zum Ausdruck, wie sehr man es seitens der Politik, zumindest der sozialdemokratischen Politik, als Auszeichnung empfand, wenn Frisch sich in die eigenen herrschaftspolitischen Belange einmischte. Frisch war es ernst, um mit Peter Bichsel[7] zu reden, und sein Wort hatte Gewicht, wie man ergänzen kann.

Max Frisch war selbst dann noch, wenn er als Redner im engsten parteipolitischen Rahmen auftrat, nicht besserwisserisch und verbiestert, wie manchmal behauptet wurde und wird, sondern mitunter selbstironisch und verspielt. So hat er auf dem Parteitag der Sozialdemokratischen Partei der Schweiz im Jahr 1976 eine Rede zur Frage »Haben wir eine demokratische Öffentlichkeit?« mit den Sätzen begonnen:

»Genossinnen und Genossen,

Bevor Sie zum Mittagessen gehen, möchte ich Sie noch aufmerksam machen auf die Tatsache, daß die Schweiz, unser Land, zurzeit in Bewegung ist …«[8]

Das Beispiel Grass

Der Schriftsteller als politischer Redner: Was geschieht mit einem Schriftsteller, wenn er zum Redner wird, der etwas zu sagen hat? Der ein Anliegen verfolgt und Stellung beziehen will? Worin unterscheidet er sich dann noch von einem Politiker? Und inwiefern ist seine Rede noch ein literarischer Text? – Das sind mit Blick auf Max Frisch keine rhetorischen Fragen.

Die Figur, an der Frisch als Redner, und insbesondere als politischer Redner, sich gemessen hat, war Günter Grass. Grass, der junge Grass, war für Frisch der Inbegriff eines redenden Schriftstellers, der den Spagat schafft zwischen literarischer Ambition und politischer Mission.

Im »Tagebuch 1966–1971«, unter den Einträgen von 1970, gibt es eine längere Passage mit dem Titel »Album«. Frisch blättert in einem Album mit Fotografien von Günter Grass und schildert in einer Serie von scharfen Beobachtungen und knappen Feststellungen, was er vor sich sieht – ob nun tatsächlich oder bloß in der Vorstellung, spielt keine Rolle. Zum Beispiel: »Hier steht er (Grass) am eignen Herd, schmeckt ab; man sieht es von hinten, daß er sich in seinem Körper wohlfühlt.« Oder: »Hier lacht er. Das bedeutet nicht Einverständnis, auch nicht Gemütlichkeit. Meistens lacht er nicht mit, sondern gegen.« Oder: »Hier trägt er einen leichten Bart, was bedeutet, daß er sich gerade im Tessin befindet und an einem Buch arbeitet.« Fast alle der insgesamt 47 Albumblätter beginnen mit diesem »Hier« oder mit einem »Das ist …« (»Das ist in Zürich …«, »Das ist im Schiller-Theater, Berlin …« usw.). Immer kann man sich sofort vorstellen, was das betrachtende Ich auf den Fotografien sieht.

Nur ein einziger Eintrag schert aus, indem er eine allgemeine Frage aufwirft, bevor er konkret wird. Dieser Eintrag lautet: »Soll ein Schriftsteller usw.? Seine Antwort: sein Beispiel. Kann einer als Wahlkämpfer eindeutig sein, als Schriftsteller offen bleiben? Das ist zuhause; er liest vor.«[9] Noch der private Grass, zu Hause beim Vorlesen, evoziert zunächst einmal die Frage nach dem öffentlichen Grass – und damit auch die allgemeine Frage nach dem öffentlichen Schriftsteller: nach dem Schriftsteller, der sich hinstellt und eine Sache verficht, die in ihrer politischen Eindeutigkeit möglicherweise nicht seiner literarischen Offenheit entspricht.

»Soll ein Schriftsteller usw.?« Soll er wirklich? Auf die Gefahr hin, seine Offenheit einzubüßen und sich vor einen Karren spannen zu lassen? Die Aposiopese, der unvermittelte Abbruch des Fragesatzes, zeugt von der Selbstverständlichkeit dieser Erwartung an den Schriftsteller ebenso wie von der Unschlüssigkeit Frischs darüber, ob dies tatsächlich zu seinen Aufgaben gehört.

Grass gibt die Antwort mit seinem Beispiel. Um zu wissen, wie diese Antwort lautet, muss man einen kurzen Text beiziehen, den Frisch 1965 im Feuilleton der »Zeit« veröffentlicht hat. Sein Titel: »Grass als Redner«. Der zeitgeschichtliche Hintergrund ist die Bundestagswahl von 1965, als Willy Brandt, damals noch Regierender Bürgermeister zu Berlin, gegen den amtierenden Kanzler Ludwig Erhard antrat und trotz der Unterstützung von Grass die Wahl verlieren sollte. Zu Beginn seines Feuilletons zeigt sich Frisch nicht ohne Skepsis, was das politische Engagement von Grass betrifft: »Günter Grass als Wanderredner zur Bundestagswahl – auch in der Ferne hat man reichlich davon gelesen, dazu geplaudert: Alle Achtung! oder aber: Schon wieder eine Grass-Show?«[10]

Frisch hat von den Wahlkampfauftritten des Schriftstellerkollegen aber nicht nur gelesen, sondern er hat sie – und das ist für ihn das Entscheidende – auch gehört. Freunde haben Grass auf Band von Lübeck nach Zürich gebracht, seine Rede samt Echo im Saal: »Das ist wichtig: Reden muß man hören, und zwar als Ereignis an einem Ort, nicht als Gesang über den Wassern.«

Wenn aber die Rede eine Textform ist, die als Ereignis an einen Ort gebunden ist und bei der es nicht ausreicht, dass man sie liest: Was bedeutet dies für den *Schrift*steller, dessen eigentliches Medium ja gerade das geschriebene und örtlich ungebundene Wort ist? Bedenkt man diesen Umstand, so erstaunt Frischs einigermaßen verheerende Diagnose nicht, die da lautet: »Die meisten Reden deutscher Schriftsteller (beispielsweise aus Anlaß einer Preisverleihung) sind keine; bemerkenswert als Text, lesenswert, sogar hörenswert, da ihre Sprache durch Aussprechen an spezifischem Gewicht gewinnt, sind es Vorträge und nicht Reden; das Dialogische daran bleibt Floskel, es wird durch die höfliche Anrede zwar versprochen und gelegentlich durch Wiederholung dieser Anrede als unerfüllt in Erinnerung gebracht, und am Schluß, wenn der Redner sich bedankt, ist es zwar sympathisch wie immer, wenn jemand sich bedankt, aber eigentlich stilwidrig: Nämlich der Zuhörer war die ganze Zeit nicht einbezogen als Partner, und jetzt dankt uns ein Einsamer dafür, daß wir seinen Monolog belauscht haben.«

Der Zuhörer als Partner, die Öffentlichkeit als Partnerin: Das sind die Kategorien, in denen Frisch die literarische Rhetorik denkt. Wird der Schriftsteller zum Redner, muss er sein Metier grundsätzlich wechseln: weg vom Monolog und hin zum Dialog, aus der einsamen Schreibstube hinaus und auf die Bühne hinauf. Obwohl der Redner natürlich als Einziger spricht, muss er es verstehen, sein Publikum in ein Gespräch zu verwickeln: indem er ihm nicht einfach Meinungen auftischt wie ein Politiker oder ihm Vorträge hält wie – nach Frisch – die meisten Schriftsteller, sondern indem er das Publikum in die offene, öffentliche Zwiesprache mit sich selbst einzubeziehen versucht.

Die literarische Rede ist für Frisch die öffentliche Anzettelung eines Gesprächs. Im Feuilleton »Grass als Redner« schreibt er: »Rede ist nicht Hymnus, sondern Szene: zwischen einem Mann (oder einer Frau …), der vierzig Minuten lang das Wort hat, und einer Zuhörerschaft, der er auf suggestive Weise (…) Meinungen unterstellt, um sie zu widerlegen oder zu bestätigen, zu verspotten, zu ermutigen. Kontakt ist nicht Einverständnis, das kann sich daraus ergeben; Kontakt entsteht aus der suggestiven Fiktion, es handle sich um ein Gespräch und die Rede antworte spontan auf die Gedanken und Gefühle im Saal, dabei entstehen die Gedanken und Gefühle im Saal eben durch die Rede selbst.« Es muss für den redenden Schriftsteller also darum gehen, gerade die Offenheit seiner Rede auszuspielen: die Offenheit, die es ihm erlaubt, ein Schriftsteller zu bleiben und nicht zum Politiker zu werden, und die Offenheit, die es umgekehrt dem Publikum erlaubt, das Gesagte als seine eigene Rede produktiv misszuverstehen.

Das kann natürlich verfänglich sein, doch ist die literarische Rede weder Predigt noch Statement, weder Anklage noch Plädoyer, sondern sie ist eine Einladung an die Waghalsigen unter der Zuhörerschaft, für die eigenen Gedanken und Gefühle haftbar zu werden – welche sie auch immer sein mögen. Die literarische Rede arbeitet mit der Suggestion, sie sei eigentlich gar keine Ansprache, sondern eine Antwort – wie Frisch nebenher in einer Klammer bemerkt: »die Suggestion kommt nicht aus der Deklamation, sondern aus der Konzeption der Rede als Antwort«. Frischs rhetorisches Ideal ist keine Rhetorik der Manipulation, sondern eine Rhetorik der aufklärerischen Selbstbewusstwerdung.

Um den abgebrochenen Fragesatz aus dem zweiten Tagebuch wieder aufzunehmen: »Soll ein Schriftsteller usw.?« Ja, er soll – aber eigentlich nur, wenn er es so kann, wie Frisch es vorschwebt und Grass es damals vorgemacht hat.

Citoyen wider Willen?

Der Schriftsteller als Redner: das meint den Schriftsteller, der seine Schreibklause verlässt und auf die Agora hinaustritt, um sich gesellschaftliches Gehör zu verschaffen – und der im Idealfall auch tatsächlich gehört wird. Insbesondere in der Schweiz ist Frisch zur Ikone dieses Schriftstellertypus erstarrt – mit der Folge, dass den Schriftstellerinnen und Schriftstellern hierzulande und heutzutage bei jeder Gelegenheit der Name Max Frisch unter die Nase gerieben wird, sobald es darum geht, sich sogenannt ›einzumischen‹. Kaum je ist Frisch als historische Figur in der Gegenwart so präsent (von Gedenkjahren und Aufregungen um den Nachlass einmal abgesehen), wie wenn sich wieder das öffentliche Bedürfnis nach dichterischen Verlautbarungen zu drängenden gesellschaftspolitischen Fragen regt. In der breiteren, auch von den Medien stark beförderten Wahrnehmung beherrscht *Max Frisch, Citoyen* das Bild von *Max Frisch, Ecrivain*.

Das ist nicht nur unangebracht gegenüber den heutigen Schriftstellergenerationen, die in einem völlig anderen diskursiven – politischen, medialen, ökonomischen, mentalitären usw. – Umfeld zu agieren haben als Max Frisch, sondern es blendet auch aus, dass Frisch selbst diese Rolle weit weniger enthusiastisch annahm, als heute kolportiert wird.

Das zeigt sich in seinen Beobachtungen zu Grass so gut wie in seinen eigenen Reden. Die Rede zur Eröffnung der Frankfurter Buchmesse von 1958, »Öffentlichkeit als Partner«, seine erste große Rede vor großem Publikum, die er im selben Jahr bei der Entgegennahme des Literaturpreises der Stadt Zürich (Abb. 2) in Auszügen und mit geringfügigen Änderungen wiederholte, beginnt Frisch mit dem Bekenntnis: »Gehört man zu den Schriftstellern, die das leichte Glück haben, daß sie auch in Fällen von Gelingen keinerlei Berufung empfinden, sondern den Beruf des Schriftstellers ausüben, weil ihnen Schreiben noch eher gelingt als Leben und weil für diesen Versuch, das Leben schreibend zu bestehen, der Feierabend nicht ausreicht – gehört man zu dieser Art von Schriftstellern, wie der Redende, so ist man

Abb. 2: Max Frisch 1958 bei der Rede zur Entgegennahme des Literaturpreises der Stadt Zürich in der Tonhalle (© ETH-Bibliothek Zürich, Bildarchiv)

weniger beglückt als verdutzt, wenn man die Folgen sieht: – man soll, zum Beispiel, Reden halten, man soll sich zeigen. Das wird verlangt. Und noch mehr: plötzlich soll man etwas zu sagen haben, bloß weil man Schriftsteller ist. So rächt sich die Öffentlichkeit dafür, daß wir sie angesprochen haben!«[11]

Weniger beglückt als verdutzt sieht sich Frisch einer Forderung gegenüber, die nicht seine eigene ist, sondern die der Öffentlichkeit – einer Öffentlichkeit, die vom Schriftsteller nicht bloß erwartet, dass er ›etwas zu sagen hat‹, sondern die von ihm vor allem erwartet, dass er es ihr tatsächlich auch sagt.

Bei aller Verdutztheit über diese Forderung weiß Frisch sich zu helfen, und zwar mit einer rhetorischen Volte: Er packt den Stier bei den Hörnern und fragt sich, wer oder was diese Öffentlichkeit denn überhaupt ist, der sich der Schriftsteller aussetzt und ausgesetzt sieht – indem er, zum Beispiel, Reden halten muss.

Dabei spricht Frisch jedoch nicht nur von der Öffentlichkeit, die der Schriftsteller in der besonderen Situation vor sich hat, wenn er eine Rede hält, sondern er spricht von der Öffentlichkeit in einem allgemeinen Sinn: von der Öffentlichkeit, die der Schriftsteller spätestens dann sucht oder zu gewärtigen hat, wenn er seinen Text veröffentlicht.

Der Kontakt zum Publikum kann auf ganz unterschiedlichen Ebenen stattfinden, zunächst auf einer sehr unmittelbaren und bisweilen sogar bedrängend persönlichen Ebene. In einer Bemerkung, die ebenso Einblick in Frischs Alltagsschlauheiten gibt, wie sie als ein kleines Psychogramm des Autors gelesen werden kann, fragt er sich: »Was haben denn wir, das reale Publikum und ich, miteinander zu schaffen? Wie einer, dessen Steckbrief an öffentlichen Mauern klebt, versucht man an den Leuten vorbeizukommen oder tarnt sich, einmal gestellt, mit Bescheidenheit, man verwirrt seine liebenswürdigen Verfolger durch unverblümte Geringschätzung des eignen Werkes gerade dort, wo es dem Verfolger oder der Verfolgerin so sehr am Herzen liegt, und redet sofort über Ionesco.«[12]

Warum schreibt ein Schriftsteller? Einige Schriftsteller wehren sich mit der Behauptung: »Um Geld zu verdienen.« Andere mit dem Anspruch: »Um die Welt zu verändern.« Frisch bekennt sich zu einer dritten Fraktion: »Um zu schreiben!«

Wer als Schriftsteller Geld verdienen oder die Welt verändern will, muss an die Öffentlichkeit treten; das ist klar. Was aber bewegt einen Schriftsteller der dritten Fraktion, der schreibt, um zu schreiben, dazu, seinen Text zu veröffentlichen? Ist es die Eitelkeit, in der Öffentlichkeit zu stehen? Dazu Frisch, einigermaßen kokett: »Wieso dies eine Ehre sein soll, bleibt rätselhaft; in der Öffentlichkeit zu sein gelingt auch jedem Rennfahrer und jedem Minister.«[13]

Für sich selbst reklamiert er einen ganz anderen Antrieb, nicht nur zu schreiben, sondern damit auch an die Öffentlichkeit zu gelangen: »Es muß noch etwas andres sein, was uns drängt, (…) nicht nur die naive Machlust, die ja auch hinter geschlossenen Türen sich austoben könnte, sondern etwas anderes, was über das Machen hinaus zur Veröffentlichung des Gemachten drängt, etwas ebenso Naives: Bedürfnis nach Kommunikation … Man möchte gehört werden; man möchte nicht so sehr gefallen als wissen, wer man ist. Bin ich ausgefallen, so wie ich meine Zeit erfahre, oder bin ich unter Geschwistern? Man gibt Zeichen von sich. Man ruft über jene Sprache hinaus, die Konvention ist und die Einsamkeit nicht aufhebt, sondern nur verbirgt, man schreit aus Angst, allein zu sein im Dschungel der Unsagbarkeiten. Man hat Durst nicht nach Ehre, aber nach Menschen, nach Menschen, die nicht im persönlichen Leben mit uns verstrickt sind. Man hebt das Schweigen, das öffentliche, auf (…) im Bedürfnis nach Kommunikation. Man gibt sich preis, um einen Anfang zu machen. Man bekennt: Hier steh ich und weiß nicht weiter. Und all dies ungefragt!«[14]

»Bedürfnis nach Kommunikation«, zwei Mal: Das ist eine andere Formulierung für das Gesprächsangebot, das der Schriftsteller macht, wenn er sich an die Öffentlichkeit wendet. Er tut dies, so schildert es zumindest Frisch für sich selbst, weniger, um Wirkung nach außen zu erzielen, als vielmehr nach innen, im Sinne einer Selbstvergewisserung im Spiegel des veröffentlichten Ichs. Daraus aber kann umgekehrt eine gesellschaftliche Verantwortung des Schriftstellers erwachsen, die sich »anständigerweise ja erst von einer gewissen Wirkung an«[15] stellt. Und das wiederum heißt: Verantwortung ist eine Folge des Erfolgs.

Worin besteht die gesellschaftliche Verantwortung des Schriftstellers? Frisch hat sie für sich selbst so definiert: Sie besteht darin, Widerspruch einzulegen im Namen des Lebendigen, zersetzend zu sein mit den eigenen Mitteln, nämlich mit den Mitteln der Sprache und des Denkens, zersetzend gegenüber Phrasen, gegenüber Ideologien, gegenüber allen Formeln einer in Angst und Misstrauen erstarrten Welt.

In seiner Rede »Öffentlichkeit als Partner« von 1958, zu einem Zeitpunkt also, da Frisch als Schriftsteller schon lange tätig und inzwischen weltweit erfolgreich war und eine entsprechend breite gesellschaftliche Wirkung entfaltete, gibt er sich mit dieser Verantwortung noch auf eigenartige Weise unvertraut: »Spreche ich (um mich nicht wichtig zu machen, sondern um mich auf die Dinge zu beschränken, die ich weiß) von mir selbst, so müßte ich sagen, daß ich die gesellschaftliche Verantwortung des Schriftstellers nicht bloß angenommen, sondern mich, rückläufig sozusagen, sogar zum Irrtum verstiegen habe, daß ich überhaupt aus solcher Verantwortung heraus schreibe …«[16]

Gesellschaftliche Verantwortung als rückläufiger Irrtum: Das passt nicht gerade ins Bild von Max Frisch, Citoyen. Und dennoch nahm Frisch diese Verantwortung an, ohne sie aber letztlich zu seinem Schreibimpetus zu erklären. Denn dieser war ein ästhetischer und kein pamphletischer, und genau darin unterschied er sich als Künstler vom Politiker: »Natürlich hat man seine Meinungen, manchmal sogar leidenschaftliche, die moralischen und die politischen Interessen als Mensch und Staatsbürger; das Interesse des Künstlers aber gilt der Darstellung.«[17]

Das ist der entscheidende Punkt: die Frage der Darstellung. Um mit dieser Frage zu Rande zu kommen, braucht der Schriftsteller, brauchte zumindest Max Frisch eine Form der Öffentlichkeit, eine fiktive, internalisierte Öffentlichkeit, ein öffentliches Gegenüber in sich selbst, vor dem er zuerst einmal antreten musste: ein Gegenüber in der Gestalt des ›erfundenen Lesers‹, der nie als leibhaftige Person auftritt und dem Autor auch keine Briefe schreibt, der ihn aber beim Schreiben widerlegt von Satz zu Satz und ihn bindet, sodass sich der Autor immer wieder davon befreien muss, um nach jeder Befreiung wieder infrage gestellt zu werden und so weiter. Kurzum: Es ist eine Partnerschaft mit einem erfundenen, aber öffentlichen Leser, eine Partnerschaft, die für den Schriftsteller, wie Frisch sich ausdrückt, »eine Ehe-Frage mehr als eine Talent-Frage«[18] ist.

Als Fiktion ist die Öffentlichkeit somit immer schon da, sobald ein Schriftsteller wie Max Frisch schreibt, und unweigerlich ist sie es auch als Realität, da der Schriftsteller, selbst wenn er sich in den fernsten Winkel zurückzieht, gar nicht anders kann, als in seiner Art des Sagens durch seinen geschichtlichen Ort bedingt zu sein.

So richtig meldet sich die reale Öffentlichkeit aber erst, wenn der Schriftsteller (auch) vor ihr antritt. Er ist also gut beraten zu wissen, mit wem er es zu tun hat.

Thomas Strässle

Die Schweiz als Öffentlichkeit

Max Frisch hat es so gut gewusst wie kaum ein anderer Schriftsteller. In seinem Fall war diese Öffentlichkeit als Realität, trotz seines internationalen Ruhms, zunächst einmal die schweizerische Öffentlichkeit. In seiner Rede »Öffentlichkeit als Partner«, zuerst gehalten in Deutschland, nachher in der Schweiz, charakterisiert er sie wie folgt: »Die Partnerschaft, die beispielsweise die schweizerischen Schriftsteller vorfinden, ist heute noch eine ziemlich intakte Bürgerlichkeit, die, wenn uns auch mancherlei als Atavismus erscheinen mag, nicht nur Persönlichkeiten aufweist – Persönlichkeiten gibt es überall und überall wenige –, sondern die Physiognomie einer Gesellschaft, und das ist unter anderem, wie wir wissen, die Voraussetzung der Komödie.«[19]

Die Gesellschaft als Antlitz und die Schweiz als Schauspiel: Damit hat sich Frisch, wie man weiß, stärker und schärfer auseinandergesetzt, als manchen lieb war, gerade als Redner. Aber er tat dies durchaus in seinem Verständnis von Partnerschaft, die im Idealfall – Stichwort »Ehe-Frage« – auf lebendiger Gegenseitigkeit beruht.

1957 hielt Max Frisch eine 1. August-Rede, in der er unübertrefflich und sehr präzise herleitet, was er sich seinem Land gegenüber herauszunehmen gewillt ist und mit welcher Rechtfertigung er dies tut, mit Blick auf die »ziemlich intakte Bürgerlichkeit« der Schweiz ebenso wie auf ihre Atavismen, zum Beispiel ihre mythologischen. Die Rede zum Nationalfeiertag von 1957, gehalten in Zürich[20] und lange vor der Etablierung einer kritischen Nationalgeschichtsschreibung, beginnt er folgendermaßen:

»Liebe Eidgenossinnen und liebe Eidgenossen. Wir sind heute abend zusammengekommen, um uns darüber zu freuen, daß wir Schweizer sind. Was heißt das: Ein Schweizer sein? Wenn Sie nochmals hören möchten, wie mutig der Wilhelm Tell antwortete, als ihm der Landvogt über den Weg kam, wie nobel Winkelried sich opferte für seine Landsleute, wenn Sie alle die sehr schönen Heldengeschichten nochmals hören möchten, sind Sie an die falsche Augustfeier geraten.

Mich interessiert, was für Helden wir heutigen Schweizer sind. Es wird, wie Sie schon merken, eine nicht sehr feierliche Rede geben. Wenn ich mir vorstelle, wie heute abend überall von der Freiheit gesprochen wird, die wir Schweizer haben; wenn ich mir vorstelle: in jeder Stadt und in jedem Dorf wird heute abend unsere Schweiz gelobt, in jedem Hotel klopft einer an sein Glas und steht auf, während die Kinder und vielleicht auch die Erwachsenen lieber ihr Glace fertiglöffeln würden, wenn wir uns das vorstellen: Schweiz und Freiheit und Freiheit und nochmals Freiheit und nochmals Schweiz, dann lockt es mich, die Freiheit nicht zu loben, sondern von unserer gelobten Freiheit etwas Gebrauch zu machen.«[21]

Ein genialer Einstieg: Eleganter und überzeugender lässt sich die Lizenz zur Kritik nicht einholen – zur Kritik an einem Land, das, so Frisch, sich selbst überschätzt und, was damit zusammenhängt, Angst hat: Angst vor Kritik, Angst vor allem Neuen, Angst vor Ideen, Angst vor dem Risiko.

Wer oder was aber ist, in Analogie zur Frage nach der sogenannten Öffentlichkeit, überhaupt gemeint, wenn von ›der Schweiz‹ die Rede ist? Frisch hat sich diese Frage in seiner Ansprache zum Nationalfeiertag gestellt (die er übrigens frei und in Mundart gehalten hat und die von einem unbestellten Berichterstatter stenografiert worden ist): »Was meinen wir, wenn wir unsere Schweiz besingen? Meinen wir die Heimat oder das Vaterland? Ich meine eher die Heimat, die Leute und die Landschaft. Vaterland ist bei mir etwas, das beim Zeughaus beginnt und aufhört auf einem Soldatenfriedhof.«[22]

Heimat also, nicht Vaterland: Die Schweiz als Heimat. So lautet der berühmte Titel der Rede, die Frisch 1974, mehr als anderthalb Jahrzehnte nach der 1. August-Rede, bei der Entgegennahme des Großen Schillerpreises im Zürcher Schauspielhaus hielt. Der Titel der Rede ist als Frage formuliert: »Die Schweiz als Heimat?« Das Fragezeichen gibt der ganzen Rede ihren Charakter vor:

»Herr Präsident, meine Damen und Herren.

Da es die Schweizerische Schillerstiftung ist, die uns versammelt, ließe sich über Friedrich Schiller sprechen, der, als schwäbischer Dichter, nicht die historisch-reale Schweiz zu besingen hatte, und also über Wilhelm Tell; es ließe sich darlegen, warum dieser Armbrust-Vater mit Sohn (bei Hodler ohne Sohn, nie aber ohne Armbrust) von Zeit zu Zeit demontiert werden muß: nicht weil er nie existiert hat – das kann man ihm nicht verargen –, sondern weil er, lebendig als Gestalt der Sage, die eine skandinavische ist, und so wie Friedrich Schiller ihn mit deutschem Idealismus ausgestattet hat, einem schweizerischen Selbstverständnis heute eher im Weg steht –

Ich möchte aber von etwas anderem reden.

Eine Ehrung aus der Heimat (und so sehe ich diesen Anlaß)[23] weckt vor allem die Frage, was eigentlich unter Heimat zu verstehen ist.

Laut Duden:

›Heimat, die (Plural ungebräuchlich): wo jemand zu Hause ist; Land, Landesteil oder Ort, in dem man (geboren und) aufgewachsen ist oder ständigen Wohnsitz gehabt hat und sich geborgen fühlt oder fühlte.‹ Was der Duden sagt, gilt auch für die Mundart: ›Wird oft angewandt, um eine besonders gefühlsbetonte Stimmung auszudrücken oder zu erwecken.‹ Seit einiger Zeit allerdings nehmen wir das Wort ungern in den Mund; man beißt auf Anführungszeichen: ›Heimat-Stil‹, ›Glocken der Heimat‹ usw., es erinnert an die Maxime: ›Wer nicht schweigen kann, schadet der Heimat‹, es riecht weniger nach Land oder Stadt, wo man, laut Duden, zu Hause ist, als nach einer heilen Welt und somit nach Geschichtsfälschung als Heimatkunde.

Liebe Landsleute: …«[24]

Frisch war, das dürfte inzwischen deutlich geworden sein, ein Meister des rhetorischen Auftakts. Auch hier: Er kommt sofort zur Sache, leitet diese Sache aber geradezu deduktiv aus den Umständen ab, in denen er als Redner und die Zuhörerschaft als Partnerin sich befinden: Schauspielhaus Zürich, Schweizerische Schillerstiftung, Friedrich Schiller, Wilhelm Tell, Nationalmythos, Selbstverständnis, Heimat, liebe Landsleute. Vom ersten Moment an stellt Frisch eine Verbindlichkeit und eine Fraglichkeit her, von denen er während der ganzen Redezeit zehren kann.

Es geht ihm zuerst einmal darum, wie er den Anlass, zu dem er spricht, verorten kann und sein Publikum ansprechen soll. Er verwendet den gesamten Redeeinstieg, volle zweieinhalb Minuten, darauf, für seine Zuhörerschaft die passende Anrede zu finden, um mit ihr das Gespräch aufnehmen zu können. Das ist in diesem Fall ebenso angemessen wie geschickt: Denn es geht um eine Ehrung aus der Heimat, so sieht Frisch diesen Anlass, und also geht es um etwas, was dem redenden Schriftsteller und der anwesenden Zuhörerschaft gemeinsam ist oder gemeinsam sein könnte.

Erneut ist damit eine Frage verbunden: Hatte Frisch in seiner 1. August-Rede von 1957 noch gefragt: »Was meinen wir, wenn wir unsere Schweiz besingen?«, und geantwortet: »Ich meine eher die Heimat«, so fragt er sich nun in der Großen Schillerpreisrede von 1974: Was heißt Heimat?

Frisch fächert den Begriff auf und dekliniert ihn für sich durch: Quartier als Heimat, Landschaft als Heimat, Erinnerung als Heimat, Mundart als Heimat, Ideologie als Heimat (»dann könnte man sie wählen«), Freunde als Heimat, Literatur als Heimat, Speisen und Weine als Heimat und so weiter. Frisch spielt das alles durch, kommt mit einer Festlegung des Begriffs der Heimat aber nicht an ein Ende. Was bleibt, ist, bei aller Unklarheit, ein Verlangen nach so etwas wie Heimat: »Außer Zweifel steht das Bedürfnis nach Heimat, und obschon ich nicht ohne weiteres definieren kann, was ich als Heimat empfinde, so darf ich ohne Zögern sagen: Ich habe eine Heimat, ich bin nicht heimatlos, ich bin froh, Heimat zu haben – aber kann ich sagen, es sei die Schweiz?«[25]

Wenn er sagen können soll, es sei die Schweiz, so muss es eine Schweiz sein, die Heimat nicht als Behaglichkeit missversteht, nicht als Kompensation für eine versäumte oder verhinderte Identitätsbildung des Individuums oder des Kollektivs, sondern es muss eine Schweiz sein, die den Begriff der Heimat als ihren eigenen Spiegel versteht und erträgt, was sie darin zu Gesicht bekommt.

Dieses Verständnis des Begriffs der Heimat ebnet Frisch, nachdem er geduldig alle Spielarten des Heimatgefühls erwogen hat, den Weg zur Kritik, zu scharfer Kritik. Am Ende seiner Rede geht er in die Vollen: »Wage ich es dennoch, mein naives Bedürfnis nach Heimat zu verbinden mit meiner

Staatsbürgerschaft, nämlich zu sagen: ICH BIN SCHWEIZER (nicht bloß Inhaber eines schweizerischen Reisepasses, geboren auf schweizerischem Territorium usw., sondern Schweizer aus Bekenntnis), so kann ich mich allerdings, wenn ich HEIMAT sage, nicht mehr begnügen mit Pfannenstiel und Greifensee und Lindenhof und Mundart, nicht einmal mit Gottfried Keller; dann gehört zu meiner Heimat auch die Schande, zum Beispiel die schweizerische Flüchtlingspolitik im Zweiten Weltkrieg und anderes, was zu unsrer Zeit geschieht oder nicht geschieht. Das ist, ich weiß, nicht der Heimat-Begriff nach dem Schnittmuster der Abteilung HEER UND HAUS; es ist meiner. Heimat ist nicht durch Behaglichkeit definiert. Wer HEIMAT sagt, nimmt mehr auf sich. Wenn ich z.B. lese, daß unsere Botschaft in Santiago de Chile (…) in entscheidenden Stunden und Tagen keine Betten hat für Anhänger einer rechtmäßigen Regierung, die keine Betten suchen, sondern Schutz vor barbarischer Rechtlosigkeit und Exekution (mit Sturmgewehren schweizerischer Herkunft) oder Folter, so verstehe ich mich als Schweizer ganz und gar, dieser meiner Heimat verbunden – einmal wieder – in Zorn und Scham.«[26]

So sehr diese Worte im Schlussteil der Rede, in der *peroratio*, aus dem Modus des rhetorischen Fragens herausfallen und ihren direkten politischen Adressaten haben: Frisch verfällt trotzdem nicht in Besserwisserei und Dogmatismus. Der Heimat-Begriff, den er propagiert, ist immer noch seiner, sein eigener, persönlicher, nicht einer, den er der Allgemeinheit aufnötigen will. Er sagt es ganz deutlich: »Das ist, ich weiß, nicht der Heimat-Begriff nach dem Schnittmuster der Abteilung HEER UND HAUS; es ist meiner.« Indem er seine Kritik gleichzeitig scharf formuliert und als persönliche zurücknimmt, wahrt er die Position dessen, der nicht belehren, sondern seine eigene Haltung demonstrieren will – freilich in der Hoffnung, seine Zuhörerschaft von dieser Haltung überzeugen zu können.

»FUCK FRISCH«

Und dennoch: Wer so redet, muss mit Reaktionen rechnen, auch mit erbosten bis unflätigen. Das Thema »Frisch als Redner« hat denn auch sehr unschöne Seiten. Ich komme noch einmal auf die Rede zur Verleihung des Friedenspreises des Deutschen Buchhandels von 1976 zurück, auf jene Rede, die Frisch so schwer im Magen lag, wie der Briefwechsel mit Uwe Johnson zeigt. Johnson hat Frischs Redemanuskript im Vorfeld auch Abschnitt für Abschnitt kommentiert, spürbar erleichtert darüber, dass ihm selbst eine solche Aufgabe erspart geblieben war.[27]

Kaum hatte Johnson von der Auszeichnung Frischs erfahren, gratulierte er ihm per Telegramm[28], und wenige Zeit später schrieb er ihm in einem

Brief:« »Den Glückwünschen, die wir Ihnen zum Börsenpreis – ein Dauer-versprecher – zum Friedenspreis des westdeutschen Buchhandels telegrafierten, fügen wir nun pflichtschuldigst unsere Kondolenz bei. Denn bei aller Ehre, es bleibt da doch der Auftrag zur Rede, zu halten für alle Fernseher in den Ländern der Eurovision, ohnehin kein kleines Kunststück, jetzt aber verschärft durch den nahen Termin der Wahlen zum Bundestag.«[29]

Wohl nicht eben beruhigt durch diese freundschaftliche Anteilnahme, sprach Frisch in der Paulskirche unter dem Titel »Wir hoffen« über Frieden, Freiheit und Utopie, und vor allem über Feindbilder: über Feindbilder-Paarungen im Europa des Kalten Krieges, über Feindbilder gegen die Linke, über historische und nationalistische und antizipatorische und systemhegemonielle Feindbilder.

Der Tonfall der Rede ist ernst, die Argumentation vertrackt, die Anforderung an das Publikum hoch. Man merkt der gesamten Rede an, welche Last auf Frischs Schultern lag oder er auf seinen Schultern fühlte, und wenn er am Ende, beim Dank, sagt: »Ich danke dem Börsenverein des Deutschen Buchhandels für die Verleihung einer Würde, die zu tragen ich versuchen will«[30], so ist dies keine Demutsfloskel, sondern, nach vollbrachter Rede, Ausdruck einer Belastung und Erschöpfung, die, mit Johnson zu reden, der Auftrag zur Rede bei aller Ehre mit sich brachte.

Wollte man böse sein, würde man sagen: Frisch versucht auf Adorno zu machen.[31] Er sagt Sätze wie: »Die parlamentarisch-demokratische Apparatur, eingespielt auf Kompromiß in Permanenz, erzieht nicht nur zur Toleranz, was ja eine humane Qualität wäre über den staatsbürgerlichen Bezirk hinaus, mehr noch erzieht sie zur Resignation, zur Preisgabe jeder Utopie.«[32] Oder: »Plausibel ist auch, daß die multi-nationale Eigentümer-Macht, traumatisiert durch die späten Sechzigerjahre, die Evidenz nämlich, daß Eigentum zwar Macht gibt, aber keine Autorität, die diese de facto-Macht legitimiert, in ihrer Terminologie sich besonders vaterländisch gibt.«[33]

So hat Frisch sonst nie geredet. Das ist kein Gestus des Fragens mehr, sondern einer des Erklärens.

Trotzdem: Frisch hielt in der Paulskirche eine zwar anspruchsvolle, aber ausgewogene Rede, staatsmännisch auch im szenischen Auftritt. Doch das Echo darauf ließ sich hören: Es war heftig. Das kann man wiederum im Briefwechsel mit Uwe Johnson nachlesen. In einem Brief vom 20. Oktober 1976, gut einen Monat nach der Rede, berichtet Frisch an Johnson über die Reaktionen:

»Lieber Uwe!

Die Rede ist gehalten, das Echo wirr, zum Teil wie erwartet. ›Sie Arschloch aus der Schweiz, vom Kommunismus gevögelt‹, schreibt einer, Absender: FUCK FRISCH. Willy Brandt reagierte positiv. Ein Korb voller Zuschriften. Theo Sommer, DIE ZEIT, nachsichtig mit der Feststellung, dass da eben ein Laie schwätzt. Zustimmung aus der DDR mit Zitaten: wobei gestrichen wird, was denen nicht passt; dieselbe Fälscher-Methode in Moskau. Gleichzeitig hat der Bundesrat mich zu einem Ehren-Diner im Palais von Wattenwyl empfangen, um nicht hinter Walter Scheel zurückzustehen; ich bin hingegangen nicht ohne Hemmung, ganz ohne Lust, nicht ohne die Hoffnung, dass man, einmal im Gästebuch des Bundesrates eingetragen, bei Gelegenheit auch vorgelassen werden muss mit einer Beschwerde. Wir werden sehen.«[34]

Die Partnerschaft mit der Öffentlichkeit kann also, wie jede Partnerschaft, auch völlig aus dem Ruder laufen: sei es mit obszöner Beschimpfung, mit arroganter Geringschätzung oder mit ideologischer Vereinnahmung. Nach der positiven Reaktion Willy Brandts war die bundesrätliche Einladung zum Diner ins Palais von Wattenwyl wohl noch die angenehmste Folge der Rede. Und es zeugt von Frischs strategischem Geschick, dass er diese anscheinend lustlos – nicht ohne Hemmung, aber auch nicht ohne Hoffnung – entgegengenommene Ehrung sogleich in politisches Kalkül umzumünzen suchte: dass nämlich der Bundesrat ihn vielleicht künftig auch empfangen möge, »wenn ich einmal keinen Appetit habe, sondern einen Fall«, wie er in einem anderen Brief an Johnson schreibt.[35]

Frisch hatte seine Erfahrungen mit Beschwerden beim Bundesrat: Zwei Jahre zuvor, 1974, hatte er einen »Offenen Brief an den Schweizerischen Bundesrat« geschickt.[36] Es ging um die (auch in der Großen Schillerpreisrede angeklagte) Visumspraxis gegenüber chilenischen Flüchtlingen nach dem Sturz Salvador Allendes, weggeputscht und ermordet durch den nachmaligen Diktator Augusto Pinochet, mutmaßlich mit tätiger Mithilfe der CIA. Der offene Brief an den Bundesrat war unbeantwortet geblieben. Noch 1978, vier Jahre später, hat Frisch dies in der legendären Fernsehdebatte unter der Leitung von Heiner Gautschy seinem Kontrahenten Kurt Furgler vorgehalten, an dessen Departement der Brief damals gerichtet war.

Reden über das Schreiben hinaus

Frisch als Redner ist schließlich auch deshalb ein aufschlussreiches Thema, weil es über die Phase von Frischs schriftstellerischer Produktivität hinaus- und in die Phase seines literarischen Verstummens hineinreicht. Das gilt natürlich vor allem für die Rede an den Solothurner Literaturtagen von 1986, »Am Ende der Aufklärung steht das Goldene Kalb« (Abb. 3). Hier *war* Frisch nicht nur bereits ein älterer Herr von 75 Jahren, sondern er gab sich auch als ein solcher, als Rentner, der nicht mehr schreibt, aber auf ein schriftstellerisches Werk zurückblickt und sich fragt, wie er sich denn heute dazu verhalten solle.

Abb. 3: Max Frisch 1986 bei seiner Rede an den Solothurner Literaturtagen (© Hannes Fluri/Max Frisch-Archiv an der ETH-Bibliothek, Zürich)

Hatte Frisch seine Friedenspreisrede von 1976 noch unter den blochschen Titel »Wir hoffen« gestellt – im Sinne einer radikalen, revolutionären Hoffnung auf eine friedensfähige Gesellschaft, die ohne Feindbilder auskommt –, so ließe sich seine Geburtstagsrede zehn Jahre später auf die Frage bringen: Was habe ich gehofft?

Es ist ein skeptischer bis desillusionierter oder gar resignierter Frisch, der in Solothurn sprach. Seine Hoffnung war es immer gewesen, dass am Ende der Aufklärung der mündige Mensch stehe, geleitet von seiner sittlichen Vernunft und zugleich fähig zu Inspiration, Emotionalität und Subjektivität. Anstelle des mündigen Menschen steht jetzt dort aber das Goldene Kalb: das Götzenbild dafür, dass »vernünftig ist, was rentiert«.[37]

Hier ist etwas schiefgelaufen, vieles ist schiefgelaufen, wie Frisch mehrfach sagt. Aber er hat letztlich keine Erklärung dafür, wie es so gekommen ist, er kann es nur feststellen. Und auch wenn Frisch sich selbst, aus der Sicht des alten Mannes auf die jungen Jahre, von seiner Kritik keineswegs ausnimmt (auch er wollte beim Fahneneid 1939 und im Aktivdienst »nicht wissen, sondern glauben«[38]): Seine letzte große Rede ist nicht ohne Bitterkeit. Manchmal streift sie die Grenze zum Zynismus.

So verabschiedet sich Frisch als Redner und Rentner am Ende in Voltaires Garten und in die Freundschaft. »Müde, ja. Verbraucht.«[39] Aber er tut dies, und das ist typisch für seine Redeschlüsse, nicht ohne vorher noch ein paar Sprengsätze am Rednerpult hinterlassen zu haben: »Ich weiß mich solidarisch mit allen, die, wo immer in der Welt und somit auch hier, Widerstand leisten, auch Widerstand gegen Rechtsstaatlichkeiten als Kniff – ich meine

Widerstand auf allen Etagen dieser profitmanischen Gesellschaft, Widerstand mit dem Ziel, daß der Geist der Aufklärung sich durchsetzt und zwar zeitig genug: nicht als historische Reprise, sondern durch historische Erfahrung erweckt zu neuen und anderen Versuchen eines Zusammenlebens von mündigen Menschen. Und Ansätze dazu gibt es. Viel Zeit bleibt unserer Gattung vielleicht nicht, kein Tausendjähriges Reich nochmals und weltraumweit. Ohne einen Durchbruch zur sittlichen Vernunft, der allein aus Widerstand kommen kann, gibt es kein nächstes Jahrhundert, fürchte ich. Ein Aufruf zur Hoffnung ist heute ein Aufruf zum Widerstand.«[40]

Der vorliegende Text erschien zuerst in: Daniel Müller Nielaba, Yves Schumacher, Christoph Steier (Hg.): »›Man will werden, nicht gewesen sein‹. Zur Aktualität Max Frischs«, Zürich 2012, S. 15–34. Eine stark gekürzte Fassung erschien unter dem Titel »›Soll ein Schriftsteller usw.?‹ Über die Reden von Max Frisch«, in: »Die Zeit« 20 (2011), S. 12 f.

1 Max Frisch / Uwe Johnson: »Der Briefwechsel 1964–1983«, hg. von Eberhard Fahlke, Frankfurt / M. 1999, S. 164 (Brief vom 1.6.1976). — **2** Zitiert nach Volker Hage (Hg.): »Max Frisch. Sein Leben in Bildern und Texten«, Berlin 2011, S. 159. — **3** Max Frisch: »Forderungen des Tages. Porträts, Skizzen, Reden 1943–1982«, hg. von Walter Schmitz, Frankfurt / M. 1983, S. 351. — **4** Ebd., S. 347. — **5** Ebd., S. 349. — **6** Die Antworten Willy Brandts sind nachzulesen ebd., S. 388–392. — **7** Vgl. dazu die Äußerung Peter Bichsels zu Beginn von Matthias von Guntens Film »Max Frisch. Citoyen«, Schweiz 2008. — **8** Frisch: »Forderungen des Tages«, a. a. O., S. 343. — **9** Alle Zitate aus Max Frisch: »Tagebuch 1966–1971«, Frankfurt / M. 1972, S. 325–335. — **10** Dieses und alle weiteren Zitate aus »Grass als Redner«, in: Frisch: »Forderungen des Tages«, a. a. O., S. 64 f. — **11** Ebd., S. 298. — **12** Ebd. — **13** Ebd., S. 299. — **14** Ebd., S. 299 f. — **15** Ebd., S. 299. — **16** Ebd., S. 300. — **17** Ebd., S. 301. — **18** Ebd., S. 304. — **19** Ebd., S. 303. — **20** Frisch hielt seine Rede vor dem Klingenschulhaus, auf Einladung des Vereinskartells Industriequartier (vgl. die Morgenausgabe der »Neuen Zürcher Zeitung« vom 1.8.1957, Blatt 2). Unter dem Titel »Heldentum – heute? Max Frisch sprach über die Freiheit« fasste die NZZ Frischs Rede anderntags, nicht ohne polemische Untertöne, zusammen. — **21** Frisch: »Forderungen des Tages«, a. a. O., S. 293. — **22** Ebd., S. 296. — **23** Der veröffentlichte Redetext weicht an einigen Stellen geringfügig von der tatsächlich gehaltenen Rede ab. Im Falle dieser Klammerbemerkung allerdings hat Frisch auf dem Podium spontan eine nicht unbedeutende Kürzung vorgenommen, die vielleicht seine Stimmungslage wiedergibt: Statt »und so sehe ich diesen Anlaß hier und bin bewegt« sagte er bloß »und so sehe ich diesen Anlaß«. — **24** Frisch: »Forderungen des Tages«, a. a. O., S. 324. — **25** Ebd., S. 328. — **26** Ebd., S. 330 f. — **27** Vgl. dazu Frisch / Johnson: »Der Briefwechsel 1964–1983«, a. a. O., S. 170–176 (Brief vom 29.7.1976). — **28** Vgl. ebd., S. 162 (Telegramm vom 18.5.1976). — **29** Ebd., S. 167 (Brief vom 12.6.1976). — **30** Frisch: »Forderungen des Tages«, a. a. O., S. 342. — **31** Nach mündlicher Auskunft von Marianne Frisch-Oellers hat Max Frisch im Vorfeld seiner Friedenspreisrede Jürgen Habermas besucht, um sich mit ihm über die Rede zu beraten. — **32** Frisch: »Forderungen des Tages«, a. a. O., S. 333. — **33** Ebd., S. 338 f. — **34** Frisch / Johnson: »Der Briefwechsel 1964–1983«, a. a. O., S. 179. — **35** Ebd., S. 177 (Brief vom 27.8.1976). — **36** Nachzulesen in: Max Frisch: »Schweiz als Heimat? Versuche über 50 Jahre«, hg. von Walter Obschlager, Frankfurt / M. 1990, S. 374–376. — **37** Ebd., S. 461. — **38** Ebd., S. 462. — **39** Ebd., S. 469. — **40** Ebd., S. 468.

Monika Albrecht

Max Frisch, postkolonial

Anmerkungen zur Verortbarkeit seines Werks in gegenwärtigen
Wissenschaftsdiskursen

Max Frischs Diktum aus dem Jahr 1965, man habe »Arbeitskräfte gerufen«
und »Menschen« seien gekommen,[1] hat Eingang in den allgemeinen Sprachgebrauch gefunden, so weit, dass ein konkreter Quellennachweis sich meist
zu erübrigen scheint. Denn dass der Autor auch darüber hinaus zu dem
Thema etwas zu sagen hat, wird kaum mehr in Erwägung gezogen – was
allerdings auch für andere Aspekte seiner Politik-, Wirtschafts- und Sozial-
kritik gilt. Zudem gibt es, wie Peter von Matt vor Kurzem bemerkte, »wenige
große Schriftsteller (...), über die heute so klischierte Vorstellungen zirku-
lieren wie über Frisch. Jeder weiß, was man weiß, und hält es daher für
bewiesen.«[2] Wenn dieser Schriftsteller bereits in die Nähe eines »Klassikers«
mit »durchschlagender Wirkungslosigkeit«[3] rückt – ein weiteres Frisch-
Bonmot, auf Brecht gemünzt, doch mit dem Wissen um die eigene Gefähr-
dung –, dann dürften hierbei gleichermaßen gesellschafts- und wissenschaftspolitische Momente eine Rolle spielen. Beide Faktoren werden in
dem Dokumentarfilm »Wenn es die Literatur nicht gäbe« aus dem Jahr
1998 immer wieder umkreist: Mit einigem Erstaunen fragt eine Studentin
dort beispielsweise, warum Frischs Ideen »auf einer gesellschaftspolitischen
Ebene nicht vermehrt aufgegriffen« werden, käme man doch »sehr viel weiter, wenn man solche Gedanken auch einbeziehen würde«.[4] Tatsächlich
sprechen die meisten seiner Essays und Statements zur sozialpolitischen und
wirtschaftlichen Situation der Zeit Probleme an, die auch heute, 15 Jahre
nach dieser Dokumentation, keineswegs an Bedeutung verloren haben.[5] In
der Realität der jeweiligen Tagespolitik hat jedoch jene sozial- und wirt-
schaftspolitische »Alternative zum Bestehenden«[6], die er »demokratischen
Sozialismus«[7] genannt und sich gewünscht hat, keine Chance, die »real exis-
tierende Demokratie nach bürgerlicher Art«[8] abzulösen – eine Art von
Demokratie, die den Namen »Volksherrschaft« seiner Ansicht nach nicht
verdient, da es neben den »gewählten Regierenden (...) die anderen (gibt),
die die tatsächliche Macht ausüben und die nie gewählt worden sind, sondern (...) die Macht (haben) durch ihr wirtschaftliches Privileg«.[9] Max
Frischs »Kunst des Fragenstellens«[10], ein weiteres Versatzstück aus dem Fundus des scheinbar Bekannten, ist vor allem auch eine Kunst des Brisante-
Fragen-Stellens: »Die Probleme, die das Zeitalter stellt, sind vielgestaltig,«

schreibt er 1971 in einem »Manifest«, »aber sie haben eins gemeinsam: sie sind nicht nur dringlich, sondern neu von Grund auf, das heißt sie sind nicht nach bisherigem Muster zu lösen. Sind sie überhaupt zu lösen? Erwiesen ist lediglich: sie sind innerhalb des bisherigen Profitsystems unlösbar.«[11]

Neben gesellschaftspolitischen wären vor allem auch wissenschaftspolitische und -praktische Momente zu nennen, die sich in jüngerer Zeit ungünstig auf die Rezeption von Max Frischs Werk ausgewirkt haben. Schon zu seinen Lebzeiten sorgte eine sich rasch verändernde Wissenschaftslandschaft mit wechselnden Theoriepräferenzen dafür, dass einige Autoren offenbar zunehmend als veraltet empfunden wurden. Während andere, wie etwa Frischs zeitweilige Gefährtin Ingeborg Bachmann, in den 1970er Jahren vor dem Hintergrund dekonstruktivistischer und feministischer Ansätze wiederentdeckt wurden, scheinen solche Anschlussmöglichkeiten im Fall von Max Frisch eher nicht gesucht worden zu sein. In dem bereits genannten Dokumentarfilm bringt eine andere Studentin dies auf den Punkt, wenn sie Frisch als den Aufklärer »im klassischen Sinn« charakterisiert und dagegenhält: »(…) wir sind eigentlich keine Generation, die aufklären will, wir sind eine Generation, die auflösen will (…), wir dekonstruieren (…), aber aufklären, so im guten klassischen Sinne, das ist eben vielleicht auch so ein Punkt, wo wir Max Frisch theoretisch nicht mehr aufgreifen.«[12] Offenkundig geht das Phänomen eines politisch »oft zu milde verstandenen Frisch«[13] eine unglückliche Symbiose mit dem eines theoretisch für uninteressant erklärten Autors ein.

Inzwischen ist allerdings schon darauf aufmerksam gemacht worden, dass beispielsweise postmoderne Theorien – auch wenn seine eigenen Äußerungen dazu gelegentlich den Eindruck erwecken, dass er sie »auf das Konzept des anything goes« reduziert – »insbesondere für Max Frischs Spätwerk eine herausragende Rolle« spielen.[14] Und wenn seine Texte vielen im Licht kulturwissenschaftlicher Ansätze bislang noch als unfruchtbar erscheinen, dürfte dies eher eine Frage der Terminologie als der Inhalte sein – sind doch nicht zuletzt die scheinbar hinlänglich bekannten Aspekte seines Werks geradezu dazu prädestiniert, in aktuelle Begrifflichkeit ›übersetzt‹ zu werden. Denn zwar klingt es für den heutigen Verständnishorizont vertrauter, dass Realität und Bedeutung in der »ständig wiederholenden und zitierenden Praxis« zuallererst geschaffen werden;[15] dies meint jedoch im Wesentlichen nichts anderes als das, was Max Frisch in immer neuen Ansätzen umkreist hat. Tatsächlich wäre es ein lohnendes Unterfangen mit erhellendem Potenzial in beide Richtungen, die Bildnis- und Identitätsproblematik in die Terminologie von Diskurs und Performanz zu übertragen. Auch unter interkulturellen oder postkolonialen Vorzeichen ließe sich, wie hier gezeigt werden soll, mit dem Vorurteil eines in theoretischer Hinsicht überholten Max Frisch aufräumen, wobei man mit dem Hinweis beginnen könnte, dass das Verhältnis zu einem differenten Anderen in dem Denkmodell der Bildnisproblematik nicht auf die Ebene zwischenmenschlicher Beziehungen beschränkt ist, sondern ausdrücklich auch für »unsere Vorstellung« von »ganzen Völkern« gilt.[16]

Im Kontext postkolonialer und interkultureller Fragestellungen dürften allerdings neben wissenschaftspolitischen und -praktischen Momenten auch ideologische hinzukommen,[17] wenn Max Frisch kein postkoloniales Potenzial zugetraut wird.[18] Denn der geringste Verdacht – beispielsweise der Klischeereproduktion – reicht hier oft schon aus, um selbst einen Schriftsteller als unakzeptabel zu brandmarken, der sich, wie Frisch, den heute postkolonial genannten Fragestellungen durchweg mit Vorsicht und großem Ernst genähert hat. Dabei ist es gerade im Fall vermeintlicher oder tatsächlicher Entgleisungen aufschlussreicher, den Zeithintergrund und Frischs Auseinandersetzung mit dem damals Gegebenen zu analysieren, als vorschnell unangemessene Verdikte auszusprechen. So wäre ihm beispielsweise, so sehr sich dies aus postkolonialer Sicht aufzudrängen scheint, nicht notwendig vorzuwerfen, dass er in dem Essay »Begegnung mit Negern« amerikanische Staatsbürger sozusagen ›afrikanisiert‹, wenn er solche in damaliger Sicht naheliegenden Assoziationen gerade von verschiedenen Seiten her thematisiert und auslotet – und zwar vor dem Hintergrund der Tatsache, dass »die intellektuelle Schicht« der Afroamerikaner in dieser Zeit selbst »bewußtermaßen die afrikanische Herkunft betont«.[19]

Oft wird in diesen und verwandten Arbeitsfeldern auch nicht gesehen, dass Max Frisch sich in seinen Darstellungen schlichtweg auf anderen Ebenen der Argumentation bewegt als seine Kritiker. Missverständnisse, die sich aus solchen Konstellationen ergeben, hat er im ersten »Tagebuch« in einem erhellenden Vergleich parodiert, der auf das Vorgehen vieler Rezensenten abzielt: »(…) man schneidet eine Kartoffel zurecht, bis sie wie eine Birne aussieht, dann beißt man hinein und empört sich vor aller Öffentlichkeit, daß es nicht nach Birne schmeckt, ganz und gar nicht!«[20] Wenn Frisch etwa in dem eingangs zitierten Essay »Überfremdung« behauptet, die Italiener seien »ein Menschenschlag, der höflich ist noch in der Beschwerde«,[21] oder wenn er sich an anderer Stelle für die Grazie afroamerikanischer Tänzer begeistert,[22] geht er ebenso wenig wie vermutlich die meisten Zeitgenossen, die sich solcher ›Fehltritte‹ schuldig machen, davon aus, dass die Italiener beziehungsweise die Afroamerikaner diese Eigenschaften und Fähigkeiten im Blut oder in den Genen haben. Er operiert nicht einmal notwendig mit Vorstellungen von stabilen und in sich geschlossenen Kulturen, wie in diesem Kontext immer gleich beanstandet wird. Dass Kulturen und kulturelle Identitäten grundsätzlich veränderbar sind, muss man einem Schriftsteller, dessen größte Angst essenzialistische Festlegungen und Wiederholung des immer Gleichen waren, nicht erst theoretisch offenbaren. Gerade dieser

Sorge wegen war er zwar einerseits sehr an der Tatsache interessiert, dass kulturelle Identität im Prinzip ständig neu entworfen und ausgehandelt wird, mehr jedoch noch an dem empirisch sehr viel häufigeren Fall, dass die Akteure in dem weltweiten ›Theaterstück Kultur‹ dazu neigen, hierbei gerade diskursiv und performativ auf die immer gleichen Effekte hinzuarbeiten – die dann den Eindruck erwecken, dass beispielsweise die Italiener ›von Natur aus‹ höflich sind oder die Afroamerikaner grandiose Tänzer. Vor diesem Hintergrund soll am Beispiel postkolonialer Fragestellungen paradigmatisch skizziert werden, wie Max Frischs Werk für gegenwärtige Wissenschaftsdiskurse anschlussfähig zu machen wäre. Dabei sollen seine Texte generell – und in diesem Fall nicht zuletzt auch wegen problematischer Verallgemeinerungen in Prämissen der Postcolonial Studies[23] – nicht mit dem Ziel gelesen werden, theoretische Vorannahmen zu bestätigen; Literatur wird im Gegenteil, mit Sabine Wilkes Worten, »zum Prüfstein von Theoriekonstrukten, die sich in der konkreten Arbeit an Texten bewähren müssen«.[24]

Um Max Frisch zunächst politisch im postkolonialen Horizont zu verorten, wäre festzuhalten, dass er spätestens seit Kriegsende bewusst vor dem Hintergrund der weltweiten Dekolonisierungsbewegungen schreibt, die er als einen »Aufstand der Völker« charakterisiert, »die durch die Geringschätzung, welche die herrschenden Völker ihnen gegenüber bewiesen haben, sich wie eine Familie empfinden. Auf gegen die Weißen!«[25] In dem Bericht über den »Congrès Mondial des Intellectuels pour la Paix« im August 1948 in Warschau, wo auch »Vertreter der Kolonialvölker endlich einmal ihr höchst berechtigtes Anliegen vorbringen« konnten,[26] verurteilt er den Kolonialismus als ein »Unrecht, das (den farbigen) Rassen widerfährt« und »das im Widerspruch steht zum großen Gerede von Freiheit und Menschenrechten«.[27] Der Kolonialismus, so Frisch noch einmal einige Jahre später am Ende eines Erzähltexts über »Cortez und Montezuma«, »ist eine Geschichte, die sich nicht verteidigen läßt«.[28]

Interessant unter postkolonialen Fragestellungen sind dann vor allem koloniale Konstellationen und Probleme der Kulturdifferenz, die in seinen Reisetexten und Romanen der 1950er Jahre vergleichsweise häufig auftauchen. In den Essays und Radiofeatures mit den Titeln »Cortez und Montezuma« und »Orchideen und Aasgeier« beispielsweise, in denen die Mexikoreise von 1951 ihren Niederschlag gefunden hat, ist er den Auswirkungen der Kulturdifferenz in der kolonialen Situation auf der Spur und kommt interessanterweise zu ganz ähnlichen Ergebnissen wie einer der postkolonialen Theoretiker der ersten Stunde, Tzvetan Todorov, in seiner Studie über die »Eroberung Amerikas« und das »Problem des Anderen«.[29] Auch in der Gegenwart der Reiseerzählungen aus dieser Zeit lotet Frisch Kulturdifferenzen in ihren Tiefendimensionen aus und formuliert dabei Einsichten, die sich, wenn man sich auf seine Textstrategien und Denkbewegungen einlässt, auf überraschende Weise in gegenwärtige Wissenschaftsdiskurse übersetzen lassen: »Auf einmal ist Frisch als Grenzgänger zwischen Universalismus und Kulturrelativismus (…) zu erkennen.«[30]

Begegnungen mit kulturellen ›Anderen‹ in Max Frischs Texten lassen sich darüber hinaus auch in den Kontext jener neueren Diskurse um Differenz stellen, die sich in den 1990er Jahren als Teil eines »Anti-Hybridity Backlash« zu formieren begannen, wie der Soziologe Jan Nederveen Pieterse die Gegenbewegungen zu den davor favorisierten Hybriditätsdiskursen genannt hat.[31] Ursprünglich meinte das Konzept eines differenten Anderen die eine Seite der kolonialen Dichotomie: Auf der Basis einer als selbstverständlich angenommenen Überlegenheit aufseiten der Kolonisatoren erfolgten kulturelle Zuschreibungen und Abwertungen der Kolonisierten, die nicht zuletzt auch dazu dienten, den Kolonialismus zuallererst zu rechtfertigen. Die koloniale Welt des 19. und 20. Jahrhunderts war »durchdrungen von dem eurozentrischen Pathos der Differenz, der Verachtung, der Unterscheidung«.[32] Im postkolonialen und multikulturellen Kontext hingegen wurde daraus – auf dem Weg über ein grundsätzliches Infragestellen der universalen Gültigkeit menschlicher Werte – ein Konzept des differenten Anderen, das Differenz gleichzeitig bestätigt und radikal aufwertet. Anderssein wird in dieser neueren Diskursformation gleichsam zu einem (Mehr-)Wert an sich, während konkrete Inhalte naturgemäß keine Rolle mehr spielen. Der »Krieg um Anerkennung« von Differenz, so Zygmunt Bauman, ist kein Kampf um Gleichwertigkeit, sondern wird um Anerkennung der Höherwertigkeit von »Differenz« geführt.[33] Erste Anzeichen könnten allerdings darauf hindeuten, dass die Vorrangstellung jener postkolonialen Differenzdiskurse, die diese realen Kämpfe begleiten, theoretisieren und nicht selten verabsolutieren,[34] allmählich zu Ende geht. Postkoloniale Theorien sind kultureller Sensibilität, Affirmation und dem *empowerment* verpflichtet, und insofern haben Diskurse um Differenz eine soziale und politische Funktion. Als theoretische Erklärungsmodelle einer komplexen Realität sind sie jedoch häufig unbefriedigend, in diesem Fall vor allem, weil sich das postkoloniale Konzept des differenten Anderen, was die Grenzziehung selbst betrifft, im Grunde nicht von dem kolonialen unterscheidet und damit seinerseits in Gefahr ist, kulturelle Andersartigkeit, nunmehr lediglich mit positivem Vorzeichen, zu essenzialisieren. Vor diesem Hintergrund wird dem postkolonialen Differenzkonzept zumindest im deutschsprachigen Raum derzeit das komplementäre Konzept der »Ähnlichkeit« an die Seite gestellt, »nicht als neues Paradigma«, da der Begriff Ähnlichkeit ja bis in die Antike zurückgeht, »wohl aber« angesichts seiner Vernachlässigung und Missachtung in den letzten Jahrzehnten »als ein innovatives Konzept«.[35]

Max Frisch in diesem neuen Spannungsfeld der Diskurse um Differenz und Ähnlichkeit zu lesen, hieße zunächst einmal, die normativen Vorgaben aufzubrechen, an denen literarische Werke in postkolonialen Studien meist gemessen werden, hier also insbesondere das Postulat, Kritik am Eigenen mit der Anerkennung und Aufwertung eines als grundsätzlich different verstandenen Anderen zu verbinden. Während der erste Aspekt, Kritik, in Frischs Werk eine zentrale Rolle spielt, ist er mit Blick auf den zweiten kaum postkolonial anschlussfähig, scheint er doch mehr daran interessiert zu sein, differente Andere zu verstehen und Ähnlichkeiten in den Blick zu nehmen, als ihre Andersartigkeit als solche zu zelebrieren. Dies lässt sich sowohl in seinen Romanen und Reiseessays der 1950er Jahre als auch in seinen späteren Auseinandersetzungen mit Migranten in der Schweiz beobachten, die heute ja auch postkolonial konzeptualisiert werden – sei es mit Blick auf einen »Kolonialismus ohne Kolonien«[36] oder generell im Sinne einer Argumentation, die davon ausgeht, dass Machthierarchien in gegenwärtigen Gesellschaften koloniale Hierarchien *per definitionem* sind.[37] Aus der Sicht eines Postkolonialismus im oben beschriebenen Sinne macht Max Frisch sich also einer »indifference to difference« schuldig – eine Formel, die der indische Germanist Anil Bhatti geprägt hat, einer der Initiatoren bei dem Unterfangen, das Konzept Ähnlichkeit neu zu etablieren.[38]

Max Frischs einschlägige Kritik hingegen, etwa in dem kurzen Essay, dem das eingangs zitierte Diktum entstammt, kann durchweg als postkoloniale Kritik gelten oder zumindest als kritische Auseinandersetzung mit der quasi neokolonialen Haltung vieler Schweizer. »Ein kleines Herrenvolk sieht sich in Gefahr: man hat Arbeitskräfte gerufen, und es kommen Menschen«,[39] heißt es zu Beginn dieses Essays, und im Folgenden werden die, die gerufen haben, das »Herrenvolk«, denen, die gekommen sind, den »Hilfsvölkern« gegenübergestellt. Die mit Bedacht gewählte Terminologie zeigt, dass Frisch die Arbeitsmigration der 1950er und 1960er Jahre in demselben Feld ineinander verschränkter Herrschaftsverhältnisse verortet, in dem er im »Tagebuch 1946–1949« auch den Kolonialismus ansiedelt. Dort hatte er bereits darauf hingewiesen, dass »die Deutschen (…) jene völkische Geringschätzung«, die dem Kolonialismus zugrunde liegt, »bis zur planmäßigen Ausrottung entwickelt haben« und damit – wie um diese Zeit auch Hannah Arendt oder Aimé Césaire[40] – einen denkbaren Zusammenhang zwischen Kolonialherrschaft und Faschismus angesprochen. In dem Essay »Überfremdung« bringt der Terminus »Herrenvolk« dann, auch wenn von der Schweiz die Rede ist, einmal mehr die nationalsozialistische Vorstellung von einer »Herrenrasse« ein, während der Begriff »Hilfsvölker« den kolonialen Hintergrund aufruft. Denn dieser Terminus ist, worauf Frisch in dem Essay auch ausdrücklich hinweist, »von den Deutschen« geprägt worden,[41] und zwar in der Zeit des Kolonialismus, in der man, dem »Deutschen Koloniallexikon« von 1920 zufolge, darunter eine »Verstärkung der Gefechtstruppe durch Eingeborenenstämme« verstand.[42] Die Gegenüberstellung von »Herren-

volk« und »Hilfsvölkern« evoziert also sowohl faschistische als auch koloniale Hierarchien und verweist auf mögliche Kontinuitäten, die heute auch
von Historikern zentral diskutiert werden.[43] Wenn Frisch die multikul-
turelle Gegenwart seiner Zeit in den Zusammenhang der Geschichte des
Kolonialismus stellt, ist dies zudem auch insofern mit dem postkolonialen
Paradigma kompatibel, als er eines der Kerntheoreme zu bestätigen scheint,
das besagt, dass die Mechanismen des einen, des Kolonialismus, auch im
Fall des anderen, der multikulturellen Gesellschaften, greifen.[44]

Nicht vereinbar mit ›klassischen‹ postkolonialen Positionen im oben
beschriebenen Sinn ist dagegen Frischs Auseinandersetzung mit der Alterität
der Migranten. Das auffallend häufige »Sie sind anders« – dreimal in einem
Text von nur drei Seiten – ist kein normativ-deskriptives Statement, sondern
ruft zunächst einmal eine Haltung in der Schweizer Öffentlichkeit auf, die
den Einwanderern im neokolonialen Sinn Differenz *vorwirft*, anstatt sie im
postkolonialen Sinn als differente Andere anzuerkennen. Doch auch Frisch
selbst scheint die Vorstellung fremd, dass die Differenz der Migranten als
solche einen Wert ausmachen könnte. Seine Art der Anerkennung besteht
vielmehr darin, Differenzzuschreibungen der Schweizer Öffentlichkeit zu
dekonstruieren und die Ähnlichkeit der »Fremden« in den Vordergrund zu
rücken. Vor allem die Rhetorik des »das kann man ihnen nicht übel nehmen«, ebenfalls in dem kurzen Text dreimal wiederholt, entlarvt das vermeintlich Andere als etwas dem Schweizerischen doch sehr Ähnliches. Von
der vermeintlichen »Differenz« bleibt also zunächst einmal nur, wie Frisch
lakonisch feststellt: »Die Fremden singen. Zu viert in einem Schlafraum.«[45]
Erst gegen Ende des Essays wendet er sich nunmehr auch dem Anderssein
der Migranten zu – erliegt also nicht der Gefahr, Ähnlichkeit mit Gleichheit
zu verwechseln – und versucht eine möglichst genaue und abwägende
Beschreibung dessen, was er tatsächlich als anders empfindet – und zwar
nicht bei Migranten schlechthin, sondern bei denen, die sich in dem Band
»Siamo Italiani – Die Italiener«, für den der erste Text »Überfremdung« als
Einleitung geschrieben wurde, auf rund 230 Seiten zu Wort melden konnten.[46] Das Verhältnis von Differenz und Ähnlichkeit wird jedoch auch hier
nicht in die Richtung einer Profilierung von grundsätzlich differenten Anderen verschoben; Frischs Bezugspunkt bleibt allgemein menschliche Möglichkeiten des Denkens und Handelns wie beispielsweise – in der Reihen-
folge seines Texts – der Bezug zur Religion, die Erfahrung als Lohnabhängige,
die Beziehung zur Familie oder die Reaktion auf die Migrationssituation.
Differenz und Ähnlichkeit sind in diesem Sinne also nur Variationen auf
Grundmöglichkeiten des Handelns und Denkens, die in dieser konzeptio-
nellen Offenheit durchaus als universal verstanden werden können.

Vergleichbare, um Differenz und Ähnlichkeit kreisende Gedankenbewe-
gungen finden sich auch in dem zweiten, längeren Essay mit demselben

Titel »Überfremdung«, der ein Jahr später und vor dem Hintergrund inzwischen auf »14 Prozent« gestiegener Einwandererzahlen entstanden ist,[47] »Fremdlinge in Scharen«, wie es bei Frisch heißt, und »immer kleinere und immer schwärzere, Calabresen, Griechen, Türken«.[48] Dieser zweite Text geht noch ausführlicher auf die Vorstellung vom Anderssein ein und liefert – in der Frisch eigenen Terminologie und ohne Anspruch auf Theoriebildung – im Grunde auch Bausteine zu einem theoretischen Rahmen für die Konzeptualisierung von »Differenz«. Dabei ist einmal mehr zu erkennen, dass Max Frisch, wenn er sich damals schon mit postkolonialen Theoremen hätte auseinandersetzen müssen, das, was heute als Konzept eines differenten Anderen diskutiert wird, vermutlich eher kritisch betrachtet hätte. Der zweite Essay »Überfremdung« bringt in diesem Kontext unter anderem auch »Eigenart« ins Spiel und bestimmt »Eigenart« und »Differenz« als relationale Begriffe – konkret dahingehend, dass »Eigenart« das »ist, was uns von 800 000 Ausländern unterscheidet«.[49] Darüber hinaus parodiert ein Wortspiel wie das mehrfach wiederholte »Also wir sind eigenartig«[50] nicht nur die öffentliche Debatte in der Schweiz der 1960er Jahre, sondern bringt vor allem auch einen merkwürdigen Widerspruch ans Licht: Während den differenten Anderen eine ganze Reihe von Charakteristika des Andersseins zugeschrieben werden, scheint der Begriff »Eigenart« im Fall der Schweizer selbst zunächst einmal keine konkreten Inhalte zu haben.

Warum Max Frisch ein solches Konzept höchst suspekt ist, zeigt vor allem die Erinnerung daran, dass die Berufung auf »Eigenart« in den 1930er Jahren in der Schweiz in bedenkliche Nähe zu »dem Völkischen« auf der anderen Seite der Grenze geriet. Mit dem Bestehen auf »Eigenart« hat man sich damals »dem Völkischen« »völkisch« widersetzt und »Eigenart als sakrosanktes Positivum« etabliert.[51] Dieses Beispiel aus der Zeit der »Geistigen Landesverteidigung« der Schweiz macht darauf aufmerksam, dass die abstrakte Vorstellung von »Eigenart« in der Praxis mit beliebigen Inhalten gefüllt werden kann – und das gilt ja auch für das postkoloniale Konzept eines differenten Anderen, auch wenn sich diese Frage dort so gar nicht stellt. Wenn Zygmunt Bauman jedoch in dem oben erwähnten Kontext darauf besteht, dass »nicht jede Differenz den gleichen Wert hat und manche Lebens- und Zusammenlebensweisen anderen überlegen sind«[52], geht er auf genau diesen Punkt ein, der in dem postkolonialen Differenzkonzept vorsätzlich ausgeklammert wird. Dass der polnisch-britische Soziologe und Philosoph damit ebenso wenig wie Max Frisch mit seiner Warnung vor dem Begriff »Eigenart« neokolonialen Ideologien Vorschub leisten will, muss nicht betont werden. Bauman besteht anschließend darauf, dass es keinen anderen Weg gibt herauszufinden, welche Lebens- und Zusammenlebensweisen die überlegene ist, als allen die gleiche Chance zu geben, sich so weit zu entfalten, dass sich die Betroffenen selbst auf die beste einigen können[53] – differente Lebensweisen also sozusagen den »sozialen Test« passieren zu lassen.[54]

Max Frisch verlässt auch in dem zweiten Text »Überfremdung« immer wieder die Ebene der abstrakten Diskussion von »Eigenart« und »Differenz« und geht zu konkreten differenten Inhalten über. In einer Mischung aus Ernst und Spott klopft er gängige Argumente der damaligen Debatte ab und bringt unerwartete Aspekte ans Licht: »Man ist tüchtig, aber nun zeigt sich, daß andere es auch sind: aber ohne die Mißmutigkeit, die wir nördlich der Alpen als Voraussetzung oder schon als Beweis für Tüchtigkeit zu betrachten gewohnt sind«,[55] heißt es etwa einmal, oder: »jedenfalls sind sie anders begabt, beispielsweise begabter in Lebensfreude«.[56] Diese Beispiele erklären einerseits, warum Frisch an anderer Stelle behauptet, dass »die Konfrontation mit der Eigenart anderer Menschen (…) die Ahnung (fördert), daß Eigenart noch keine unbedingte Auszeichnung ist«.[57] Andererseits wird deutlich, dass auch der zweite Text »Überfremdung« Vorstellungen von »Differenz« und »Ähnlichkeit« lediglich als graduell unterschiedliche Variationen auf universale Möglichkeiten des Denkens und Handelns konzipiert.

Vor dem Hintergrund der beiden Texte »Überfremdung« aus den mittleren 1960er Jahren – um mit einem Gedankenspiel zum Schluss zu kommen – ist auch vorstellbar, wie Max Frisch auf heutige Fragen des Multikulturalismus reagieren würde. Ein Thema, das in der Mitte der 1960er Jahre noch keine Rolle spielte, war die Verwandlung von Türken in Muslime in der öffentlichen Wahrnehmung; dafür erfüllte es manche Schweizer, wie Max Frisch berichtet, jedoch »mit Sorge, daß die Italiener (…) Katholiken sind«, was er, mit einem weiteren Blick in die schweizerische Geschichte, dahingehend kommentiert, dass man »aus dieser Sorge« heraus »einmal aufs Veltlin verzichtet« hat.[58] Wenn Frisch sich heute in einschlägige Themen und Debatten einmischen könnte, wenn er sich etwa im Jahr 2009 an der Diskussion um das Schweizer Referendum gegen den Bau von Minaretten hätte beteiligen können, wäre er vermutlich auch da bemüht gewesen, den öffentlichen Unmut über die wachsende Zahl von Moscheen im Land zu entdramatisieren – in diesem Fall etwa in der Weise, wie es die »taz« in ihrem Bericht über diese Volksabstimmung in dem Nachbarland vorgeführt hat. Wie dieser Artikel das »Ja« der Schweizer zum Baustopp für Minarette mit ihrem »Nein« zu der Initiative »Für ein Verbot von Kriegsmaterial-Exporten« verbunden hat,[59] war ganz im Geiste Max Frischs.

Dagegen ist anzunehmen, dass Frisch den enormen Anstieg des Interesses an Differenz und Diversität bei gleichzeitiger Vernachlässigung wirtschaftlicher Fragen, die schon in seinen letzten Jahren begonnen hat, mit großem Misstrauen verfolgt hätte. Heute beklagen Kritiker wie Walter Benn Michaels, dass ein nicht geringer Teil der Linken auf die dramatisch ansteigende Ungleichheit der Vermögensverhältnisse in den letzten Jahrzehnten mit dem Zelebrieren von kultureller Identität reagiert hat.[60] Zwei Argumente in den Essays »Überfremdung« lassen daran denken, dass Max Frisch sich dieser Kritikrichtung heute anschließen würde. Erstens war er im Kontext des beginnenden Multikulturalismus in den 1960er Jahren gegen die Verwendung des Terminus »Rasse« und nicht damit einverstanden, von »Rassenhaß in der Schweiz« zu sprechen, »wie es in italienischen Zeitungen heißt«. Er war vielmehr der Ansicht, dass der Begriff »Fremdenhaß genügt. Das ist keine Ideologie, sondern ein Reflex.«[61] Wer heute darauf besteht, die Diskriminierung von Minoritäten als Rassismus zu bezeichnen, geht meist auch davon aus, dass gesellschaftliche Probleme gelöst wären, wenn die diskriminierten ›Rassen‹ nur als solche positiv anerkannt würden.[62] Zum Zweiten lässt Max Frischs Argumentation an anderer Stelle darauf schließen, dass er sich durch Debatten um kulturelle Identität nicht von seinen eingangs skizzierten politischen Grundüberzeugungen hätte ablenken lassen. Denn die öffentliche Kontroverse um »Überfremdung« hat damals naturgemäß auch den politischen Max Frisch auf den Plan gerufen, der ökonomische Gesichtspunkte der Migration angesprochen und immer wieder daran erinnert hat, wer die »tatsächliche Macht«[63] in diesem Land innehatte: »Überfremdung«, so Frisch in dem zweiten der Texte, war in der Schweiz damals genau dann *kein* Thema, wenn es um die »Überfremdung der Wirtschaft und des Grundeigentums« ging:[64] »Eine schweizerische Wochenzeitung etwa, die mit einem deutschen Konzern verschwistert ist«, heißt es in diesem Sinne etwas später im Text, »schiene mir in Fragen der Überfremdung gewichtiger als ein ganzes Dorf von Griechen, die uns die Kehrrichtabfuhr abnehmen und sich im übrigen mit sich selbst unterhalten müssen.«[65] Vor diesem Hintergrund – seiner Entdramatisierung der ›Rassen‹-Frage und sein Bestehen auf der Klassenfrage – ist es nicht sehr wahrscheinlich, dass Max Frisch sich heute davon überzeugen ließe, dass kulturelle Differenz, und nicht etwa wirtschaftliche Ungleichheit, unser wirkliches Problem ist.

1 Max Frisch: »Überfremdung 1«, in: Ders.: »Gesammelte Werke in zeitlicher Folge«, hg. von Hans Mayer unter Mitwirkung von Walter Schmitz, Frankfurt / M. 1976, Bd. V.2 (10), S. 374–376, hier S. 374. — **2** Peter von Matt: »Nachwort«, in: Max Frisch: »Entwürfe zu einem dritten Tagebuch«, hg. und mit einem Nachwort von Peter von Matt, Berlin 2010, S. 185–197, hier S. 192. — **3** Max Frisch: »Der Autor und das Theater. Rede auf der Frankfurter Dramaturgentagung 1964«, in: Ders.: »Gesammelte Werke in zeitlicher Folge«, a. a. O., Bd. V.2 (10), S. 339–354, hier S. 342. — **4** So die Studentin Esther Kilchmann in dem Dokumentarfilm von Peter K. Wehrli: »Wenn es die Literatur nicht gäbe. Stichwörter zu Max Frisch« (DRS 1998). — **5** Vgl. auch Thomas Strässle: »100 Jahre Frisch. ›Soll ein

Schriftsteller usw.?‹ Max Frisch gilt als Ikone des Schriftstellers, der sich engagiert und einmischt. Wie aber sah er selbst diese Rolle?«, in: »Die Zeit«, 12.5.2011. — **6** Max Frisch: »Demokratie ohne Opposition«, in: »Die Weltwoche«, 11.4.1968, zitiert nach: Ders.: »Schweiz als Heimat?«, hg. und mit einem Nachwort von Walter Obschlager, Frankfurt/M. 1990, S. 250–259, hier S. 251. — **7** Peter André Bloch/Rolf Bussmann: »Gespräch mit Max Frisch«, in: Peter André Bloch/Edwin Hubacher (Hg.): »Der Schriftsteller in unserer Zeit. Schweizer Autoren bestimmen ihre Rolle in der Gesellschaft«, Bern 1972, S. 17–35, hier S. 26. — **8** Max Frisch: »Demokratie – Ein Traum?«, in: »einspruch« 2:11 (1988), S. 1–4, hier S. 1, zitiert nach: Frisch: »Schweiz als Heimat?«, a.a.O., S. 489. — **9** Max Frisch: »Rede bei einer Wahlkampfveranstaltung 1975 für Adolf Muschg«, in: Wehrli: »Wenn es die Literatur nicht gäbe«, a.a.O.; vgl. auch Max Frisch: »So wie jetzt, geht es nicht«, in: Ders.: »Gesammelte Werke in zeitlicher Folge«, a.a.O., Bd. VI.2 (10), S. 504–506, hier S. 503. — **10** Julian Schütt: »Max Frisch. Biografie eines Aufstiegs«, Berlin 2011, S. 425. — **11** Frisch: »So wie jetzt, geht es nicht«, a.a.O., S. 503. — **12** So die Studentin Catherine Newmark in dem Dokumentarfilm »Wenn es die Literatur nicht gäbe«, a.a.O. — **13** Wolfgang Schneider: »In jeder Nullstunde fühlt er sich in seinem Element«, in: »Frankfurter Allgemeine Zeitung«, 18.3.2011. — **14** Sonja Arnold: »Max Frisch und die postmoderne Philosophie«, in: »Germanica« 48 (2011), S. 163–182, hier S. 165 und 181. — **15** Judith Butler: »Körper von Gewicht. Die diskursiven Grenzen des Geschlechts«, Frankfurt/M. 1997, S. 22. — **16** Max Frisch: »Tagebuch 1946–1949«, in: Ders.: »Gesammelte Werke in zeitlicher Folge«, a.a.O., Bd. II.2 (4), S. 371. — **17** Wolfgang Reinhard weist beispielsweise darauf hin, dass es in der Auseinandersetzung mit der postkolonialen Situation »eine besondere Art darüber zu denken und zu schreiben gibt, die bereits wirkungsvolle Denkgebote und -verbote hervorgebracht hat«. Vgl. ders.: »Kolonialgeschichtliche Probleme und kolonialhistorische Konzepte«, in: Jörn Leonhard/Rolf G. Renner (Hg.): »Koloniale Vergangenheiten – (post-)imperiale Gegenwart«, Berlin 2010, S. 25–41, hier S. 25. — **18** Vgl. dagegen Monika Albrecht: »›Europa ist nicht die Welt‹. (Post)Kolonialismus in Literatur und Geschichte der westdeutschen Nachkriegszeit«, Bielefeld 2008; den Terminus »postkoloniales Potenzial« hat Herbert Uerlings in die Debatte eingebracht in seiner Studie »›Ich bin von niedriger Rasse‹. (Post)-Kolonialismus und Geschlechterdifferenz in der deutschen Literatur«, Köln 2006, S. 1. — **19** Max Frisch: »Begegnung mit Negern«, in: Ders.: »Gesammelte Werke in zeitlicher Folge«, a.a.O., Bd. III.1 (5), S. 248. Selbst Formulierungen aus dieser Zeit, die aus heutiger Sicht befremdlich wirken, sind nicht einfach als rassistische Entgleisungen abzutun. Wenn Frisch den Gottesdienst einer afroamerikanischen Sekte etwa als »Geschrei wie aus dem Urwald«, gleich danach aber als »ein Gekreisch von hundert überschnappenden Stimmen, ohrenbetäubend, wild und tierisch wie an einer Börse« (ebd.) bezeichnet, kann man ihm durchaus zutrauen, dass hier auch sprachliche Arbeit an dem geleistet wird, was *man* sich in dieser Zeit so vorstellte. Zur dennoch notwendigen kritischen Diskussion dieses Essays vgl. Monika Albrecht: »›Afrika hin und her‹? Spurensuche zur Fremdwahrnehmung in der deutschsprachigen Literatur der 1950er Jahre«, in: Moustapha Diallo/Dirk Göttsche (Hg.): »Interkulturelle Texturen. Afrika und Deutschland im Reflexionsmedium der Literatur«, Bielefeld 2003, S. 101–159, bes. S. 111–117. — **20** Frisch: »Tagebuch 1946–1949«, a.a.O., S. 639. — **21** Frisch: »Überfremdung 1«, a.a.O., S. 376. — **22** Frisch: »Begegnung mit Negern«, a.a.O., S. 248. — **23** Vgl. Monika Albrecht: »Doppelter Standard und postkoloniale Regelpoetik: Eine kritische Revision Postkolonialer Studien«, in: Herbert Uerlings/Iulia-Karin Patrut (Hg.): »Postkolonialismus und Kanon«, Bielefeld 2012, S. 67–111. — **24** Sabine Wilke: »Zwanzig Jahre Germanistik postkolonial«, in: »Monatshefte« 103, 3 (Herbst 2011), S. 425–439, hier S. 432. — **25** Frisch: »Tagebuch 1946–1949«, a.a.O., S. 620. — **26** Max Frisch: »Aus den Notizheften V: Votum«, in: »Max Frisch. Jetzt ist Sehenszeit. Briefe, Notate, Dokumente 1943–1963«, hg. und mit einem Nachwort von Julian Schütt, Frankfurt/M. 1998, S. 68–70, hier S. 69f. — **27** Frisch: »Tagebuch 1946–1949«, a.a.O., S. 619. — **28** Max Frisch: »Cortez und Montezuma«, in: »Max Frisch. Jetzt ist Sehenszeit«, a.a.O., S. 140–149, hier S. 149. — **29** Tzvetan Todorov: »Die Eroberung Amerikas – Das Problem des Anderen (1982)«, Frankfurt/M.

1985. Zu einer vergleichenden Untersuchung von Frisch und Todorov in dieser Hinsicht vgl. ausführlich Albrecht: »Europa ist nicht die Welt««, a.a.O., S. 163–171. — **30** Wilke: »Zwanzig Jahre Germanistik postkolonial«, a.a.O., S. 432 (über meine Studie »Europa ist nicht die Welt«). — **31** Jan Nederveen Pieterse: »Hybridity, So What? The Anti-Hybridity Backlash and the Riddles of Recognition«, in: »Theory, Culture & Society« 18, 2–3 (Juni 2001), S. 219–245. — **32** Ebd., S. 225. — **33** Zygmunt Bauman: »The Great War of Recognition«, in: »Theory, Culture & Society« 18, 2–3 (Juni 2001), S. 137–150, S. hier 145. — **34** Vgl. auch Neil Lazarus' Einwand, dass »Differenz« bei manchen Theoretikern der Postcolonial Studies regelrecht zum Fetisch geworden ist. Lazarus: »Introducing postcolonial studies«, in: Ders. (Hg.): »The Cambridge Companion to Postcolonial Literary Studies«, Cambridge, UK, New York 2004, S. 1–16, hier S. 10. — **35** Vgl. Anil Bhatti / Dorothee Kimmich / Albrecht Koschorke / Rudolf Schlögl / Jürgen Wertheimer: »Ähnlichkeit. Ein kulturtheoretisches Paradigma«, in: »Internationales Archiv für Sozialgeschichte der deutschen Literatur (IASL)« 36, 1 (2011), S. 233–247. — **36** Patricia Purtschert / Barbara Lüthi / Francesca Falk (Hg.): »Postkoloniale Schweiz. Formen und Folgen eines Kolonialismus ohne Kolonien«, Bielefeld 2012. — **37** Zur Kritik an dieser Position vgl. vor allem Benita Parry: »The Institutionalization of Postcolonial Studies«, in: Lazarus (Hg.): »The Cambridge Companion to Postcolonial Literary Studies«, a.a.O., S. 66–80. — **38** Anlässlich der Konferenz »After Postcolonialism. Similarities in an Entangled World«, Oktober 2012 an der Universität Konstanz (http://streaming.uni-konstanz.de/talks-events/after-postcolonialism-similarities-in-an-entangled-world/; zuletzt aufgerufen am 18.7.2013). — **39** Frisch: »Überfremdung 1«, a.a.O., S. 374. — **40** Vgl. Hannah Arendt: »Elemente und Ursprünge totaler Herrschaft«, Frankfurt / M. 1955 (1951), bes. S. 304–335; Aimé Césaire: »Über den Kolonialismus«, Berlin 1968 (1955), S. 11. — **41** Frisch: »Überfremdung 1«, a.a.O., S. 375. — **42** Vgl. »Deutsches Kolonial-Lexikon«, hg. von Heinrich Schnee, Leipzig 1920, auf der Website »Der Bildbestand der Deutschen Kolonialgesellschaft in der Universitätsbibliothek Frankfurt am Main« (http://www.ub.bildarchiv-dkg.uni-frankfurt.de/Bildprojekt/Lexikon/Standardframeseite.php; zuletzt aufgerufen am 18.7.2013). — **43** Als Beispiel sei ein Themenheft der Zeitschrift »The European Studies Journal« mit dem Titel »German Colonialism: Another ›Sonderweg?‹« (16, 2) genannt, das die Debatte im Herbst 1999 erstmals bündelte. — **44** Sneja Gunew: »Haunted Nations. The Colonial Dimensions of Multiculturalism«, London, New York 2004, S. 37. Zur Kritik an den Vereinfachungen dieses Theorems vgl. meinen Aufsatz »Doppelter Standard und postkoloniale Regelpoetik«, a.a.O., bes. S. 93–111. — **45** Frisch: »Überfremdung 1«, a.a.O., S. 375. — **46** Alexander J. Seiler (Hg.): »Siamo Italiani – Die Italiener«, Zürich 1965. — **47** Max Frisch: »Überfremdung 2«, in: Ders.: »Gesammelte Werke in zeitlicher Folge«, a.a.O., Bd. V.2 (10), S. 377–399, hier S. 379. — **48** Ebd., S. 377. — **49** Ebd., S. 384. — **50** Ebd. — **51** Ebd. — **52** Bauman: »The Great War of Recognition«, a.a.O., S. 146. — **53** Ebd. — **54** Rainer Döbert: »Welche Wertsysteme / Weltbilder überleben den diskursiven Test?«, in: Wilhelm Lütterfelds / Thomas Mohrs (Hg.): »Eine Welt – eine Moral? Eine kontroverse Debatte«, Darmstadt 1997, S. 77–103, hier S. 78. — **55** Frisch: »Überfremdung 2«, a.a.O., S. 387. — **56** Ebd. — **57** Ebd., S. 383. — **58** Ebd., S. 385f. — **59** Andreas Zummach: »Volksabstimmung: Schweizer für Minarett-Verbot«, in: »die tageszeitung«, 29.11.2009. — **60** Walter Benn Michaels: »The Trouble with Diversity: How We Learned to Love Identity and Ignore Inequality«, New York 2006, S. 7. — **61** Frisch: »Überfremdung 2«, a.a.O., S. 387. — **62** Michaels: »The Trouble with Diversity«, a.a.O., S. 5 u. ö. — **63** Frisch: »Rede bei einer Wahlkampfveranstaltung 1975 für Adolf Muschg«, a.a.O., S. 503. — **64** Frisch: »Überfremdung 2«, a.a.O., S. 383. — **65** Ebd., S. 388.

Christa Grimm

Elemente des Traumes in »Santa Cruz« und »Bin oder Die Reise nach Peking« von Max Frisch[1]

> Wahrheit läßt sich nicht zeigen, nur erfinden.
> (Bischof im 5. Akt von »Don Juan oder
> Die Liebe zur Geometrie«)

Kurz nacheinander schrieb der Schweizer Architekt Max Frisch im Jahr 1944 einen Prosatext und ein Theaterstück: »Bin oder Die Reise nach Peking« und »Santa Cruz«. Damit war die zweite, wesentliche Phase seiner schriftstellerischen Tätigkeit eingeleitet.[2] Was bewog den erfolgreichen Architekten, zu einem Medium zurückzukehren, dem er Ende der 1930er Jahre vehement abgeschworen hatte? Der Antwort auf diese Frage kommen wir näher, indem wir zuerst die Aufmerksamkeit auf die Entstehungsgeschichte der beiden Werke richten. Der Dramaturg und Regisseur am Zürcher Schauspielhaus, Kurt Hirschfeld, hatte Frisch direkt aufgefordert, ein Stück zu schreiben. Hirschfeld war 1933 aus Deutschland in die Schweiz emigriert und gehörte am Zürcher Schauspielhaus zur Gruppe namhafter Emigranten wie Wolfgang Langhoff, Wolfgang Heinz, Teo Otto, Karl Paryla, Mathilde Danegger und Therese Giehse, die unter anderen zur progressiven Inszenierungspraxis am Zürcher Schauspielhaus in der Zeit zwischen 1933 und 1945 wesentlich beitrugen.[3] Hirschfeld beschrieb kurz vor Ende des Exils die Aufgabe dieses speziellen Theaters in Zürich wie folgt: »Es galt, das Bild des Menschen in seiner ganzen Mannigfaltigkeit zu wahren und zu zeigen und damit eine Position gegen die zerstörenden Mächte des Faschismus zu schaffen.«[4] Wesentlich ist die inspirierende Wirkung der deutschen Emigranten auf das poetische Schaffen von Max Frisch. Kurt Hirschfeld suchte offensichtlich unter den Schweizer Künstlern nach Personen, die in der Lage seien, die eigene nationale Tradition, die kaum über die Ländergrenzen hinaus bekannt war, fortzusetzen und auszubauen. Er wusste, dass der erfolgreiche Zürcher Architekt Max Frisch sich schon frühzeitig als Stückeschreiber erprobt hatte.[5]

Nun also, 1944, erbat Hirschfeld von Frisch ein Theaterstück. Auf dem Spielplan in Zürich standen unter anderem »Wir sind noch einmal davongekommen« (Wilder), »Der seidene Schuh« (Claudel), die Wallenstein-Trilogie (Schiller), »Das Licht leuchtet in der Finsternis« (Tolstoi) und »Galileo Galilei« (Brecht). Dazu kam ein einziger Schweizer: Cäsar von Arx mit

»Land ohne Himmel«, einem Stück, das den Freiheitskampf der Schweizer im Jahre 1241 behandelt.[6]

In diesem Kontext nahm der Architekt die Aufforderung zum Schreiben an. Das ist zugleich als Hommage der Emigranten an das Gastland zu begreifen. Damit wurde bei Frisch ein starker Impuls freigesetzt: »Santa Cruz« (1944) entstand, kurz darauf »Nun singen sie wieder. Ein Requiem« (1945, wegen des direkten Zeitbezuges vor »Santa Cruz« uraufgeführt und veröffentlicht), »Die Chinesische Mauer« (1946) und »Als der Krieg zu Ende war« (1948), wenig später die Prosaskizze »Der andorranische Jude« (1946/49).

Mit den Inszenierungen am Zürcher Schauspielhaus begann die Geburt des modernen Schweizer Theaters, dies zu einer Zeit, da der junge Friedrich Dürrenmatt ebenfalls für die Bühne zu schreiben begann. Es ist auffällig, wie stark die äußere Anerkennung die Schreiblust aktivierte. Und es wird deutlich, welche intensive Bild- und Wortwelt sich in den Jahren des literarischen Verstummens nicht nur im Inneren von Max Frisch angereichert hatte.

Parallel zu dem dramatischen Text »Santa Cruz« schrieb Frisch 1944 die Erzählung »Bin oder Die Reise nach Peking«, eine scheinbar sehr persönliche, intime Prosa (seiner Frau Constanze gewidmet), die sogleich die öffentliche Aufmerksamkeit erregte. Das lag mit Sicherheit nicht nur daran, dass Frisch reale Erfahrungen seiner Dienstzeit beim Schweizer Militär verarbeitete, zumal diese nur imaginär im Text ablesbar sind. Hans Mayer, ebenfalls deutsch-jüdischer Emigrant in Zürich, erkannte die Qualität des Textes und schrieb eine begeisterte Rezension.[7] Beide Texte entstanden zu einer Zeit höchster politischer Spannungen, in denen das Ende des Zweiten Weltkriegs und damit verschiedener Formen von Diktaturen in Europa absehbar, aber nicht konkret voraussehbar war. Zugleich verband sich die Hoffnung auf eine friedvolle Zukunft mit der Ungewissheit, wie dieser Prozess nach all dem Grauen stattfinden sollte.[8]

In der wissenschaftlichen Diskussion spielen die beiden Arbeiten von 1944 eine eher untergeordnete Rolle. Das ist wohl darauf zurückzuführen, dass sie nicht konkret und direkt Bezug auf die allgemeine geschichtliche Situation nehmen – jedenfalls nicht auf den ersten Blick.

Unverkennbar ist jedoch ihre poetische Substanz. Gerade darum lohnt es sich, sie genauer zu betrachten. Denn der fördernde Einfluss deutsch-jüdischer Emigranten und die Akzeptanz des von ihnen Vorgelegten setzten einen Schaffensprozess in Gang, der dem Schweizer Architekten zu literarischem Weltruhm und der Schweizer Dramatik zu internationaler Geltung verhalf. Kurzfristig führte dieser Weg zu dem berühmten Foto, das Max Frisch mit seinen architektonischen Skizzen auf dem Sprungturm des Zürcher Bades Letzigraben zeigt, neben ihm Bertolt Brecht, mager, aufmerksam, auf dem Sprung von Kalifornien mit Zwischenstation in Zürich nach Berlin, zum Berliner Ensemble.

Wodurch also wurden »Santa Cruz« und die Erzählung »Bin oder Die Reise nach Peking« zur Initialzündung der eigenständigen künstlerischen Leistung Max Frischs? Zunächst verbindet sie eine Gemeinsamkeit: die Reise, ein für Frisch typisches Motiv. Im epischen Text steht die Ferne, die fremde Welt, die exotische Kultur Chinas für das Andere, Gegenpol für Europa und die Europäer seit Jahrhunderten. Der andere Kontinent, seine Orte und Personen erscheinen dem Protagonisten im Schlaf, in Traumszenen, deren Bilder durch Worte plastisch geformt sind. Im Stück übernehmen Erinnerungen die Form von Traumszenen, ferne Länder ohne direkten geografischen Bezug lassen der Phantasie Raum. Das Unterwegs-Sein zu anderen Kontinenten ist zugleich ein Zurückfinden zum Eigenen, zum Selbst der zentralen Figur. Während in der Erzählung Möglichkeiten der Existenz für einen jungen Schweizer Soldaten in eine offene Perspektive münden, werden in den Dialogen des Stückes Bilanzen aus Lebenswegen gezogen. Die Thematik ist existenzieller angelegt, betrifft Grundmuster von Verhaltensweisen, unterschiedliche Wahrnehmungs- und Denkformen, eine offene Perspektive wird angedeutet.

»Santa Cruz«, ein Stück in fünf Akten, beginnt mit einem Vorspiel. In einem kleinen, düsteren Gasthof, einer Kneipe (»Pinte« in der Regieanweisung genannt), sitzen Männer beim Kartenspiel, abseits von ihnen der Doktor und ein Mann, Pelegrin oder Vagant genannt, sein Patient. Das Gespräch der beiden Letzteren kreist um Erinnerungen: an ein früher gehörtes javanisches Lied, das sogleich erklingt, an eine frühere Liebe, ein Mädchen. Das schon lange Vergangene wird in die Gegenwart geholt durch das Lied, durch Worte. Im Gespräch über das Erinnerte kommt es zu einer Engführung, die beinahe eine wichtige Erkenntnis über die Identität des Mädchens produziert. Diese letzte, eigentlich fast ausgesprochene Konsequenz wird unterbrochen durch die jähe Aufforderung »Still!«, mit der Pelegrin, der Vagant, die Enthüllung der Wahrheit verhindert.

Wäre die Erkenntnis zu früh gekommen? Wäre sie zu direkt? Würde sie dem weiteren Gang der Ereignisse ein vorzeitiges Ende bereiten? Pelegrin will nicht erkannt werden, er weiß selbst nicht genau, was ihn antreibt. Zugleich bleiben für Leser und Zuschauer die weiteren Geschehnisse offen, also vorübergehend vage.

Die Spannung, die erzeugt wird, lenkt die Aufmerksamkeit von der Pinte auf ein höher gelegenes Schloss und seine Bewohner, die dort oben lange schon eine isolierte Existenz führten – fast eine kafkaeske Konstellation. Ein kleiner, scheinbar banaler Dialog zwischen dem Doktor und der Wirtin, die den Namen Josephine trägt, öffnet eine neue Spur für die Lesart des Textes.

»Doktor: Unser Freund hat mehr erlebt, als eine Josephine träumen kann.

Wirtin: Wissen Sie denn, was ich träumen kann?« (SC 8)
Erlebtes und Traum stehen einander gegenüber, und der Arzt scheint die Wirklichkeit (und erinnerte Wirklichkeit) dem Traum vorzuziehen. Die forsche Entgegnung der Wirtin – »Wissen Sie denn, was ich träumen kann?« – suggeriert wiederum eine besondere Form des Selbst, das seiner Fähigkeit zum Träumen (Sichausdenken, Sichvorstellen, Sichwünschen, Im-Inneren-sich-ereignen-Lassen) schier unendliche Möglichkeiten einräumt innerhalb eines geschützten inneren Raumes.

Wenig später entwickelt Pelegrin zwei Visionen: Er möchte eine zerstörte Farm in Kuba bewirtschaften und zur Blüte bringen; und er möchte die Frau im Schloss, Elvira, seine frühere Liebe, noch einmal treffen. Während er sich auf den Weg dorthin macht, weiß der Zuschauer, dass es draußen dauerhaft schneit, und er erfährt die Prognose des Arztes, die sich am Ende des Stückes erfüllt: Pelegrin wird sterben.

In der permanenten Polarität von Tod und Leben im Text gewinnen Zeit und Ort eine neue Dimension. Synchrone Vorgänge, Wiederholungen, sprachliche Doppelungen, geografische Sprünge rund um die Erde haben ihren Kontrapunkt im ständig fallenden Schnee, der die Vorgänge begleitet und mehr ist als nur ein Hinweis auf eine Jahreszeit. Er schafft ein Endzeitbewusstsein. Der Text produziert ständig wechselnde Zeitebenen. Die Handlung des Stücks spielt sich in sieben Tagen ab, von denen nur einer das Hauptgeschehen bildet, das aber zugleich Ereignisse lebendig werden lässt, die 17 Jahre früher geschehen sind.

Wirklichkeit, Traum und Visionen verbinden vergangene, gegenwärtige und zukünftige Erlebnisse, Reflexionen und Elemente der Phantasie zu gleichberechtigter Wirksamkeit im Hirn, die laut Bewusstseinsforschung denen realer Erlebnisse gleichzusetzen sind. Hirnforscher gehen davon aus, dass im Traum Signale abgegeben werden, die denen von Aktivitäten im Wachzustand beinahe gleichen.[9]

Die Erinnerungen der drei Hauptpersonen Pelegrin, Elvira und Rittmeister sind gekennzeichnet von einer Mischung aus subjektiv angestrebter Objektivität und gleichzeitiger Manipulation der Vergangenheit. Denn alle drei versuchen sich aus der Gegenwart heraus gewissermaßen zu rechtfertigen bzw. sich selbst zu formen, zu begreifen und auf eine mögliche Zukunft hin auszurichten.[10]

Erinnerung und Gedächtnis vereinen sich mit utopischen Hoffnungen zu einer besonderen Form der Realität, in der Früheres vergegenwärtigt und weitergedacht wird zu einem Wissen, das diese besondere Gegenwartsform erst ermöglicht. Vor allem diese Art des Bewusstseins lässt Beweglichkeit und Lebendigkeit zu, die Denken und Handeln in Einklang mit dem Aktuellen bringen, das nie pure Gegenwart ist. Nachdem Pelegrin den Gasthof verlassen hat, beginnt das eigentliche Stück. Die fünf Akte haben eine symmetrische Struktur. In den Akten 1, 3 und 5 ereignet sich das Geschehen auf der gedachten Wirklichkeitsebene, die Akte 2 und 4 zeigen auf der Bühne Erinnerungs- und Traumsequenzen, die sich im Bewusstsein der zentralen Personen der »Wirklichkeitsebene« ereignen, ihr »Ort« sind ein Schiff und Santa Cruz, von dem Frisch in seinen Anmerkungen zum Stück schrieb: »Santa Cruz, das ist der Name eines fremden und offenbar spanischen Hafens, aber man suche ihn nicht auf der Karte – am ehesten, wenn überhaupt, findet man ihn in der eigenen Erfahrung, in der Gegend jener Erkenntnis, die jedermann schon gemacht hat, jener traumhaft überraschenden, wenn man vor einer bestimmten Lebenslage steht und weiß: Das alles habe ich schon einmal erlebt, ich weiß nicht wann und nicht wo, aber im Grunde genau so, und wohin ich auch gehe, ich werde es immer wieder erleben –.

Das ist Santa Cruz.

(…) (wir gewinnen) die Erkenntnis, daß wir offenbar ein Schicksal haben, ein Kreuz, das man auf sich nehmen muß, eine crux oder cruz, um spanischer zu reden.« (Anm. SC 70)

Auf der einen Seite: ein Wachzustand in einer Welt, in der das Ordnungsprinzip dominiert. Mehrfach wird der Satz, die Aufforderung, die These wiederholt: »Ordnung muß sein.« Das ist eine Ordnung, durch Verstand, guten Willen, aber auch Befehl hergestellt und aufrechterhalten, deren Gefahrenpotenzial ebenfalls benannt wird: »Da pulvern (schießen, C. G.) sie schon wieder, diese Idioten der Ordnung.« (SC 36) Und im Kleinen: Das jahrelange Stibitzen einer Prise Tabak wird dem Diener zum Verhängnis, führt zu seiner Bestrafung, der Entlassung – Ordnung muss sein. Auch die Ehe erscheint als Ordnungssystem, das Schloss wird als Haus der Ordnung bezeichnet.

Auf der anderen Seite: ein Schlaf- beziehungsweise Traumzustand, der gekoppelt ist an Vorgänge der Erinnerung und der Phantasie, die das Stück ins Land der Musik und der Märchen transponieren und damit das streng disziplinierende Ordnungsgefüge überwinden. Erinnern erscheint als eine Mischung aus Denken und Träumen und Wünschen und ergibt eine vielschichtige Wahrnehmung des eigenen Ichs in unterschiedlichen Varianten, in denen Geschehenes (Traum-Bilder) und Gesprochenes (Traum-Worte) eine Einheit bilden. Pelegrin sieht die schlafende Elvira und bittet: »Stören Sie sie nicht, solange sie träumt, wecken Sie sie nicht.« (SC 42) Diese ›andere‹ Realität ist nicht bloß Aufarbeitung von früher Erlebtem, sondern eine Konkretisierung des Gedächtnisses, in dem neben subjektiven Elementen geografisches und kulturgeschichtliches Wissen »überleben«, »Geist« (C. G. Jung) werden und geworden sind. Einem solchen Denken widersetzt sich im Stück der Schreiber des Rittmeisters, indem er ein einfaches, überschaubares, bequemes Ordnungssystem befürwortet: »Was vergangen ist, das ist vergangen.« (SC 41) Und Viola, ein junges Mädchen, fürchtet

Träume, weil sie die »schlechten« erlebte, die als Albträume »so gräßliches Zeug« (SC 65) vor das innere Auge bringen können.

Das Geschehen, in dem innere und äußere Welt einander durchdringen, vereint einen kleinen Personenkreis: den Vaganten Pelegrin, der endlich auf dem Schloss angekommen ist, und dessen Besitzer – Rittmeister und seine Frau Elvira, dazu deren Tochter Viola. Pelegrin, Elvira und Rittmeister sind einander vor 17 Jahren begegnet, in einer Hafenstadt. Vor die Wahl gestellt, sich für eine Lebensform zu entscheiden, wählte Pelegrin die Bindungslosigkeit und den Aufbruch zu neuen Ufern dauerhafter Veränderungen, seiner Sehnsucht. Rittmeister und seine Frau wählten den Hafen der Ehe, die Einsicht in die Notwendigkeiten einer bürgerlich-familiären Existenz. Wie sich nun zeigt, sind ihre Träume zwar gebändigt worden, jedoch nicht völlig untergegangen. Die erneute Begegnung lässt die Vergangenheit lebendig werden (Akt 2 und 4), aber nicht als Projektion in ein Früher, sondern als Erlebnis im Jetzt, in dem die Vorstellungen von einem glücklichen Leben, einer erfüllten Liebe, miteinander kollidieren.

Die Vermischung von realer und geträumter Welt folgt literarischen Vorbildern. In den Dialogen taucht der Name »Rosinante« für ein Pferd auf, der Autor Cervantes wird genannt. Frisch gab dem Stück den Untertitel »Eine Romanze«. Ähnlich wie in »Don Quijote« vermischen sich Elemente von Elegie, Parodie und abenteuerlichem Geschehen. Die Ironie kippt nie in Zynismus um, eher noch gelegentlich in Bitternis. Der Diener des Rittmeisters zitiert einen Ausspruch seines Herren: »… das Leben ist ein großer Traum«, eine direkte Anspielung auf Calderóns Stück.

Sehnsucht nach Weite, Abenteuer, »ewiger« Liebe ist auch Flucht aus der Enge. Bis als vierte Person Viola ins Spiel kommt und damit das ›Weibliche‹ in den Vordergrund rückt, dominieren die männlichen Hauptpersonen. Sie ist die Tochter von beiden Männern, leibliche Tochter von Pelegrin, der nun erst von ihrer Existenz erfährt, und Tochter des Rittmeisters, bei dem sie seit 17 Jahren lebt.

Dieser und andere Gegensätze bringen Dynamik in die eigentlich eher statisch angelegte Handlung. Kalt und warm, unten und oben, jung und alt, arm und reich, schnell und langsam, Mann und Frau, Geist und Natur werden in ihren Annäherungen diskutiert. Symbole wie Wasser und Schiff und der Name »Vagant« stehen für Bewegung, das Schloss für Dauer, der Schnee (gefrorenes Wasser) für Stillstand und Tod und zugleich für einen ewigen Rhythmus, in dem Vergehen und Werden sich abwechseln.[11]

C. G. Jung, bei dem Max Frisch als Student der Architektur ein fakultatives Seminar an der ETH in Zürich besucht hatte, hielt 1945 in Zürich den Vortrag »Zur Phänomenologie des Geistes im Märchen«, der wenig später Teil der Schrift »Symbolik des Geistes« wurde. Der zweite Teil dieser

Abhandlung trägt den Titel »Die Selbstdarstellung des Geistes in den Träumen«. Was scheinbar realitätsfern ist (Träume, Märchen) und mit dem Bezug zur Bild-, Sprach- und Denkwelt des Christentums eine religionsphilosophische und psychologische Dimension erhält, wird im Anhang plötzlich in einen direkt gegenwartshistorischen Zusammenhang gebracht. Da bezieht sich C. G. Jung auf den nationalsozialistischen Wahnsinn und die Frage, ob dem Dilemma, der Katastrophe, in die europäische und Weltgeschichte gerieten, beizukommen sei, indem man sich dem Verlauf von Bewusstseinsstrukturen widmet. »Andererseits aber zeigt das Märchen, dass die Erreichung der Totalität im Sinne einer Ganzwerdung des Menschen nur durch die Einbeziehung des dunkelen Geistes möglich ist, ja dass dieser letztere sogar eine causa instrumentalis der erlösenden Individuation darstellt. In völliger Verkehrung dieses nicht nur von der Natur erstrebten, sondern auch von der christlichen Doktrin präfigurierten Zieles der geistigen Entwicklung hat der Nationalsozialismus die sittliche Autonomie des Menschen zerstört und die widersinnige Totalität des Staates aufgerichtet.«[12] In ebendieser Schrift ist ein weiterer Vortrag von C. G. Jung enthalten, den er 1943 schon in den »Mitteilungen der Schweizerischen Gesellschaft der Freunde ostasiatischer Kultur« veröffentlicht hatte: »Zur Psychologie östlicher Meditation«.[13] Geradewegs beispielhaft dazu liest sich Max Frischs Prosatext »Bin oder Die Reise nach Peking«, ein phantasievolles Märchen, der Traum eines jungen Mannes, der in der realen Welt Soldat ist und während des Wartens auf den Zug, der ihn zu einem kurzen Besuch bei Frau und Kind bringen soll, einschläft. Die einzelnen Traumsequenzen, Fragmente von starker optischer Eindringlichkeit, lassen dem Leser eine fremde Welt und fremde Kultur wirklich erscheinen. Die Faszination des Anderen, des fernen Landes und der Tradition Chinas, die im Traum des Soldaten aufleuchtet, wirkt alternativ zum straff und streng organisierten Alltag (der Ordnung) unter Kriegsbedingungen: »Es gab die Soldaten, die eigenen und die feindlichen, und was allenfalls sonst noch lebte, das arbeitete in Lagern … Wir haben vergessen, es gab auch noch Partisanen … Drüben ist immer noch Krieg … Niemand weiß, wann er aufhören wird, und wie.« (»Bin« 69 ff.) Der Traum befreit aus dem Eingeschlossensein, ein Grundgefühl, das viele Schweizer im Zweiten Weltkrieg hatten.

Hier begegnet also gleichermaßen wie in »Santa Cruz« der direkte Bezug zur Entstehungszeit des Textes, aber nicht vordergründig, sondern eingewoben in ein Netz von Bezügen, das sich zusammensetzt aus den erwähnten Beispielen sowie Anklängen an die Romantik, dem ehemaligen Germanistikstudenten Frisch wohl vertraut. Unverkennbar die Referenz an den im Schweizer Exil lebenden Hermann Hesse, seine 1932 erschienene Erzählung »Morgenlandfahrt« und seine zahlreichen Märchen. Anknüpfungen gibt es zur Literatur der Existenzialisten Sartre und Camus. So liest man den

Epilog, der das Stück abschließt, nicht als tragischen Abgesang, sondern als eine Revue des Vergangenen, in der nicht die »zerstörerischen Kräfte« (Hirschfeld) ihren Sieg trotz Niederlage feiern. Dagegen die Erkenntnis von Elvira: »Wir haben uns Unrecht getan, wir alle zusammen. Gott hat das alles viel schöner gemeint ... Wir dürfen uns lieben, wir alle, jetzt kann ich es sehen: das Leben ist anders, die Liebe ist größer, die Treue ist tiefer, sie muß unsere Träume nicht fürchten, wir müssen die Sehnsucht nicht töten, wir müssen nicht lügen.« (SC 68 f.)

Mit diesem kurzen Nachwort schließt das Stück. Wieder wird die reale Welt ausgeblendet, abstrakt erscheinen anonyme Personen mit knappen Sätzen, eine davon die Mutter von Pelegrin, die er nie sah, weil sie bei seiner Geburt starb; einen Satz spricht der eigentlich Tote selbst, die letzten Worte gehören der Tochter, durch die das Leben fortgesetzt wird – ein kräftiges Bild aktivierter Erfahrung über die Schmerzen hinweg, wie sie Montaigne im Sinne hatte, und eines Mutes, dessen es bedurfte, um den Herausforderungen der Nachkriegsjahre gerecht zu werden, in denen sich rasch zeigte, dass die Illusionen eines vertraglich geregelten Friedens zerstoben vor der ständig neuen Aufgabe, ihn wieder und wieder herzustellen und dauerhafte Formen des Miteinanders zu entwickeln und zu erhalten.

Mit »Santa Cruz« und »Bin oder Die Reise nach Peking« schuf Max Frisch Gleichnisse auf das Leben und damit Motive, Symbole und Denkkonzeptionen, die strukturbildend für seine künftigen Werke wurden.[14] Zugleich erprobte er ästhetische Formen, mit deren Hilfe er den Grenzbereich zwischen Wahrnehmung und Vorstellung[15], zwischen Erinnerung und Traum und zwischen Erfahrung und Denken literarisch gestalten konnte.[16] Und er fragt nach der Rolle der Künstler in der Gesellschaft, dem Verhältnis von Intellektuellen und Gemeinschaft, problematisiert die Kluft, die gerade nach 1933 verschärft wurde, das Verhältnis von Masse und Macht, über das Elias Canetti forschte und schrieb.

Im zweiten Akt von »Santa Cruz« tritt die Figur des Pedro, des Poeten, auf. Er wurde von den Matrosen gefesselt. Einer von ihnen fragt höhnisch: »Pedro, was gibt es Neues im Lande der Märchen?« Er bekommt seine Antwort:

»Pedro: Ihr glaubt mir ja nichts, kein Wort, und dennoch soll ich immer erzählen, ihr ärgerliches Gesindel, ihr, die ihr mich fesselt, wenn ich die pure Wahrheit sage!

Dritter: Du sollst uns nicht sagen: die Sterne singen. Wenn man es gar nicht hört. Es ist nicht wahr, was du erzählst. Darum haben wir dich gefesselt.

Pedro: Wenn es nicht wahr ist, was ich sage, warum wollt ihr denn, daß ich erzähle? Warum hört ihr denn zu?

Erster: Weil es uns langweilig ist ...

Pedro: Und warum ist es euch langweilig?

Zweiter: Er ist ein Poet! Laß ihn.

Dritter: Das eben vertrage ich nicht, das verdammte Geflunker! Immer redet er von Sachen, die ich mit den eigenen Augen nicht sehe – jawohl! sage ich: wir fahren dich um die ganze Erde herum, bis wir es sehen, daß es wahr ist, was du erzählst, eine einzige von all deinen Geschichten! Dann binden wir dich los –

Pedro: Bis ihr es seht, was wahr ist?

Dritter: Keinen Augenblick früher! Lache nicht!

Pedro: Bis ihr es seht, ihr Blinden! Ihr mit dem unheilbaren Besserwissen eurer Mehrheit, ihr gräßliches Pack, ihr mit dem unverschämten Anspruch eurer Öde und Langweile, ihr Leere, ihr Faß ohne Boden, ihr Publikum!« (SC 29 ff.)

Nach dieser massiven ›Publikumsbeschimpfung‹ (vor Handke) beginnt Pedro, der Künstler, trotzdem die Geschichte von Pelegrin, Elvira und Rittmeister zu erzählen, immer wieder unterbrochen von dem Ruf »Alles erlogen, erfunden und erlogen«, mit dem die Matrosen seine Worte begleiten, ein einseitiges, simples Realismusverständnis demonstrierend. Das gegenseitige Unverständnis, das weit hinter die Errungenschaften der Aufklärung zurückreicht, geht so weit, dass die Matrosen den Poeten gefangen nehmen. Die Gegensätze zwischen isoliertem Individualismus und grobem Massenverhalten scheinen unüberwindbar. Pedro erzählt weiter, er kann und will nichts anderes, setzt auf das Reservoir der Poesie, der Phantasie, der Träume, aus denen er die Kraft der Hoffnung ableitet. Wir beobachten »eine Reihe von jenen Kunstgriffen (…), die Frisch damals dem zeitgenössischen Theater absah: den Zeitsprung und das Überspielen der Rampe durch die direkte Adresse an die Zuschauer; die Ordnung des Materials durch eine Art von Spielleiter, der in diesem Fall auch noch ›Poet‹ ist; die Verwirrung von Realität und Traum; und die Auflösung des kausalen Nacheinanders in ein assoziatives Nebeneinander.«[17] Erinnerung und Traum sind verbunden mit Ahnung, Prophetie, Hellseherei und lassen eine Geschichte sich ereignen. Das alles geschieht auf der Bühne zu einer Zeit, in der theoretisch reflektiert wurde, ob die Möglichkeiten der Poesie als erschöpft angesehen werden müssten angesichts der konkreten historischen Geschehnisse. Frisch lässt in dramatischen und epischen Szenen die lyrische Sprache und eine beinahe märchenhafte Struktur aufleben, eine erfundene Wahrheit, in der sich die Wirklichkeit farbig und zugleich schattenhaft spiegelt, eine ästhetische Lebendigkeit, deren Möglichkeiten unendlich sind.

1950 reiste Frisch nach Sevilla, sah ein Santa Cruz und machte einen Plan für sein Stück »Don Juan oder Die Liebe zur Geometrie«, das er eigentlich mit Brecht zusammen schreiben wollte. Eine Vision erfüllte sich in der Realität, ebenso die Reise nach Peking, die Frisch als Mitglied der Delegation von Bundeskanzler Helmut Schmidt 1975 erlebte. Das Thema der Emigration in die Schweiz nahm er auf in der berühmten Rede zur Verleihung des Büchner-Preises 1958,[18] seinen Dank an die Emigranten wiederholte er mehrfach.

Mit den beiden Texten von 1944 hat er sich freigeschrieben. Ein Vergleich mit Shakespeares »Wintermärchen«, besonders 1. Aufzug, 2. Szene, und Jean Pauls Notizzetteln Nr. 610–612 aus dem Nachlass, vor allem aber zu Arnold Zweigs Roman »Traum ist teuer« wäre lohnend.

1 Text- und Zitiergrundlage sind Max Frisch: »Santa Cruz«, in: Ders.: »Stücke 1«, Berlin 1981 (im Folgenden SC) und Max Frisch: »Bin oder Die Reise nach Peking«, in: Ders.: »Erzählende Prosa 1939–79«, Berlin 1980 (im Folgenden B). — **2** Den eigentlichen Anfang machte 1943 der Roman »Die Schwierigen oder J'adore ce qui me brûle«; eine Überarbeitung und Erweiterung des 1934 erschienenen Romans »Jürg Reinhart«; vgl. auch »Tagebuch 1946–49«, darin die Skizze »Autobiographie«. Es wird an dieser Stelle auf die 13-bändige, von Hans Mayer herausgegebene Werkausgabe Max Frischs aufmerksam gemacht. Max Frisch: »Gesammelte Werke in zeitlicher Folge«, 7 Bde., hg. von Hans Mayer unter Mitw. von Walter Schmitz, Frankfurt / M. 1986. — **3** U. a. Werner Mittenzwei: »Exil in der Schweiz«, 2. Aufl., Leipzig 1981 und: Ders.: »Das Zürcher Schauspielhaus 1933–1945 oder die letzte Chance«, Berlin 1979. — **4** Kurt Hirschfeld: »Dramaturgische Bilanz«, in: »Über die Grenzen. Zeitschrift und Schriftenreihe«, H. 4: »Theater. Meinungen und Erfahrungen«, Affoltern 1945, S. 11–16. Vgl. Werner Mittenzwei: »Kommentar«, in: »Über die Grenzen. Von Flüchtlingen – für Flüchtlinge«, Reprint der Originalausgaben 1944–1945, Leipzig 1988, S. 3–14. Kurt Hirschfeld blieb 1945 in Zürich und am Schauspielhaus und setzte sich weiterhin für Max Frisch ein. Beide fuhren 1948 zu Langhoff und dem Deutschen Theater nach Berlin, um Brechts Rückkehr nach Deutschland vorzubereiten. Vgl. Esther Slevogt: »Wolfgang Langhoff – ein deutsches Künstlerleben im 20. Jahrhundert«, Köln 2011, S. 316 ff. — **5** 1927 sandte der damals 16-Jährige sein Stück »Stahl« an Max Reinhard nach Berlin und musste sich mit einer freundlichen Absage begnügen. — **6** Vgl. hierzu: Klaus-Dieter Schult: »Dominanz des Historischen im Drama«, in: Klaus Pezold (Hg.): »Schweizer Literaturgeschichte. Die deutschsprachige Literatur im 20. Jahrhundert«, Berlin 1991; in der erweiterten Ausgabe Leipzig 2007, S. 139 ff. — **7** Vgl. Hans Mayer: »Über Friedrich Dürrenmatt und Max Frisch«, Pfullingen 1977. — **8** Vgl. hierzu Stein Ugelvik Larsen / Beatrice Sandberg / Ronald Speirs (Hg): »Fascism and European Literature / Faschismus und europäische Literatur«, Bern, Berlin, Frankfurt / M., New York, Paris, Wien 1991. — **9** Owen Flanagan: »Hirnforschung und Träume. Geistestätigkeit und Selbstausdruck im Schlaf«, in: Thomas Metzinger (Hg.): »Bewußtsein. Beiträge aus der Gegenwartsphilosophie«, Paderborn, München, Wien, Zürich 1995, S. 491 ff. — **10** Vgl. hierzu Jacques Le Goff: »Geschichte und Gedächtnis«, aus dem Französischen von Elisabeth Hartfelder, Frankfurt / M., New York, Paris 1992, S. 148 ff. — **11** Vgl. ebd., S. 112 ff. — **12** C. G. Jung: »Zur Phänomenologie des Geistes im Märchen«, in: Ders.: »Bewußtes und Unbewußtes«, Frankfurt / M., Hamburg 1957, S. 141 ff. Das sind die »zerstörten Mächte«, die Kurt Hirschfeld meinte – vgl. Anm. 4. — **13** Ebd., S. 144–163. — **14** Manfred Jurgensen: »Leitmotivische Sprachsymbole in den Dramen Max Frischs«, in: Thomas Beckermann (Hg.): »Über Max Frisch I«, Frankfurt / M. 1971, S. 274 ff. — **15** Hans Rainer Sepp: »Phänomen Traum. Ein innerphänomenologischer Dialog«, in: Ulrike Kadi / Brigitta Keintzel / Helmuth Vetter (Hg.): »Traum, Logik, Geld. Freud, Husserl und Simmel zum Denken der Moderne«, Tübingen 2001,

S. 110 ff. — **16** Interessant hierzu ist die Parallele zu Romain Rollands »Reise nach Innen«, dem Werk, das größtenteils zwischen 1924 und 1926 am Schweizer Ufer des Genfersees entstand und 1942 bzw. kurz nach Ende des Zweiten Weltkriegs in der Schweiz erschien. Besonders der Abschnitt »Der Schütze« lässt die Verwandtschaft der Gedanken erkennen. — **17** Alexander Stephan: »Max Frisch«, München 1983, S. 34. — **18** Max Frisch: »Emigranten. Büchnerpreisrede 1958«, in: Ders.: »Gesammelte Werke«, a. a. O., Bd. 4 / 1, S. 229–243.

Nadine Jessica Schmidt

»Die Wahrheit, die es nun einmal liebt, zweischneidig zu sein«

Zu einem Leitthema in Max Frischs Farce »Die Chinesische Mauer«

Um Max Frischs drittes veröffentlichtes Drama, das 1945 / 46 entstandene und am 19. Oktober 1946 in Zürich uraufgeführte Stück »Die Chinesische Mauer«, ist es still geworden. Im Gegensatz zu den stark kanonisierten dramatischen Werken »Biedermann und die Brandstifter« und »Andorra«, die seit Jahrzehnten die Theaterbühnen und Klassenzimmer beherrschen, fand dieses Stück bei Kritik und Publikum weitaus weniger Beachtung und hat sich bis heute keinen festen Platz in den Spielplänen deutschsprachiger Bühnen sichern können.[1] Auch sind seit den 1970er und 1980er Jahren kaum mehr Forschungsbeiträge zu diesem Stück erschienen.[2]

Ein Grund mehr, sich dem Stück aus aktueller Sicht zu nähern. In dem vorliegenden Beitrag, der die vierte und letzte Fassung der »Chinesischen Mauer« zur Textgrundlage nimmt,[3] geht es um einen spezifischen Aspekt im Drama, der bislang in der Forschungsliteratur nur am Rande behandelt wurde, obgleich es sich hierbei um ein Leitthema handelt: Das Thema der »Wahrheit«. Cegienas de Groot geht im Jahr 1977 davon aus, dass »die Wahrheit und das Ignorieren der Wahrheit« »die beiden Pole des Dramas«[4] bilden würden und es folglich um »zwei verschiedene Arten von Wahrheit« ginge: »die der Tyrannen, die nur ihre eigene, auf sie selbst zugeschnittene Wahrheit anerkennen wollen, und die, die der Heutige an den Mann zu bringen versucht« – hierin liege »die Zweischneidigkeit der Wahrheit«.[5] Doch so einfach gestaltet sich das Thema der »Wahrheit« in »Die Chinesische Mauer« nicht. Es gilt weiter zu differenzieren. Vielfach ist von »Wahrheit« die Rede, die aber als erkenntnistheoretisches Problem nichts anderes als eine bloße Hülse, eine phrasenhafte Begriffskonstruktion bleibt, unter der jede der Figuren und Masken etwas anderes versteht – daher dominiert im Drama, auch im scheinbaren Zwiegespräch, das Aneinander-Vorbeireden.[6] Wenn sich der Heutige im »Vorspiel« an das Publikum wendet und betont: »Gemeint (Ehrenwort!) ist nur die Wahrheit, die es nun einmal liebt, zweischneidig zu sein« (145), dann ist in ironischer Manier schon das eigentliche Grundthema, von dem aus sich der Plot entfalten kann, genannt: *Die* »Wahrheit« ist nicht zu fassen. Die Figuren und Masken machen sich jeweils ihr eigenes Bildnis von dem, was unter der sprachlichen Konstruktion »Wahrheit« zu verstehen ist. Die Suche nach »Wahrheit«, das spiegelt sich in der Struktur des Dramas deutlich wider, wird in ihrer Sinnlosigkeit gezeigt, als eine end- und ergebnislose Kreisbewegung – »wie sich Figuren einer Spieluhr drehn« (146 f.).

Das Thema der »Wahrheit« steht mit dem für Frischs literarisches Œuvre charakteristischen Bildnis-Thema in einem komplexen Sinnzusammenhang. Auch das Drama »Die Chinesische Mauer« setzt sich mit der für Frischs Werk zentralen, für das Denken und Schreiben des Schriftstellers maßgeblichen Thematik des Bildnisses auseinander, das sich im Übrigen bereits seit seinem ersten, von der Forschung bislang weitestgehend vernachlässigten Drama »Santa Cruz« (1944) andeutet.[7] Während das Thema des Bildnisses für die dramatischen Stücke »Don Juan oder Die Liebe zur Geometrie«, »Andorra«, »Biografie: Ein Spiel« sowie für die Prosawerke »Homo faber«, »Stiller« und »Mein Name sei Gantenbein« bereits ausführlicher untersucht wurde,[8] fehlt es zur »Chinesischen Mauer« an vergleichbaren Analysen und Interpretationsansätzen. Zwar geht Hans Jürg Lüthi in seiner Publikation »Max Frisch. Du sollst dir kein Bildnis machen« von 1981 auf »Die Chinesische Mauer« näher ein, dies jedoch vor dem Hintergrund der meiner Ansicht nach in dem vorliegenden Beitrag kritisch zu hinterfragenden These von den »neuen Möglichkeiten zur Befreiung vom tödlichen Zwang des Bildnisses«, die in den folgenden dramatischen Werken vorerst nicht weitergeführt würden.[9]

Mit dem Wahrheits- und Bildnis-Thema wiederum ist ein weiterer Komplex eng verbunden: die Sprachkritik in Frischs literarischem Schaffen. Auf der, letztlich tautologisch anmutenden, Suche nach »Wahrheit« bedient sich der Mensch der Sprache, die nie individuell markiert ist, sondern sich aus kollektiv vorgefertigten Bildnissen und Mustern konstituiert. Denn, so hat es Manfred Schröter einmal treffend formuliert: »Jeder Satz, jedes Wort, das wir sprechen, entwirft ein Bildnis des Menschen und der Welt. Wir alle, als Sprechende und Schreibende, versündigen uns fortwährend, indem wir das vorgefertigte Bildnis des Wortes mit der unvergleichbaren Wahrheit identifizieren. Wir lügen mit der Sprache und die Sprache lügt mit uns, denn ›jedes Wort ist falsch und wahr, das ist das Wesen des Wortes‹ (Stiller)«.[10]

Die Sprachkritik ist zentral für »Die Chinesische Mauer«; aber nicht nur hier, sondern sie kommt, was die frühe Schaffensphase Frischs anbelangt, vor allem in seinem vierten Drama »Als der Krieg zu Ende war« (1949) und im »Tagebuch 1946–1949« (1950) zum Tragen. In seinem »Tagebuch« berichtet Frisch unter anderem von einer Welt, »die auf Schablonen verhext ist, gegen eine Zeit, deren Sprache heillos geworden ist, keine menschliche Sprache, sondern eine Sprache der Sender und eine Sprache der Zeitungen, eine Sprache, die hinter dem tierischen Stummsein zurückbleibt.«[11] Diese Kritik an einer Sprache, die sich aus schablonenhaften Phrasen zusammen-

setzt und zur Unwahrhaftigkeit und Lüge des menschlichen Daseins beiträgt, spiegelt sich in der »Chinesischen Mauer« deutlich wider.

Vor der Folie des Bildnis-Themas und der Sprachkritik wird im Folgenden das komplexe Thema der »Wahrheit« in Frischs drittem Drama näher
untersucht.

Die Figur des Heutigen und das Prinzip der Faktentreue

Die Figur des Heutigen, die im Drama die Rolle des Spielleiters, Ansagers
und Kommentators einnimmt und zugleich als eine »allegorische Personifi-
kation des zeitgenössischen Intellektuellen«[12] zu verstehen ist, verkörpert
das Prinzip der rigorosen Faktentreue und des ›Wahrheitsverkünders‹: »Verlangen Sie, Majestät, daß ich die Wahrheit sage (soweit sie bekannt ist), oder
verlangen sie, daß ich zum Schau-Prozeß rufe?« (174) Der Heutige, der aus
der modernen Zeit in die Epoche der 200 Jahre vor Christus spielenden
chinesischen Handlung tritt,[13] um die ihm bekannte, ›heutige‹ Wahrheit,
die er als Geist erkannt hat – die unerhörte Wahrheit »im Zeitalter der
Wasserstoffbombe« (205) –, zu verkünden, steht im Drama für die Maxime
der ›faktischen Wahrheit‹ der technologischen Zeitenwende, die er dem
tyrannischen Kaiser Hwang Ti, »der immer im Recht ist« (142), mitteilen
möchte. Er »hält es für seine Aufgabe, als ein Intellektueller mit Verantwor-
tungsbewußtsein die Meinung des Volkes zu vertreten und vor den Gefahren des heutigen Entwicklungsstandes zu warnen«[14], um zu schlussfolgern:
»Sie alle, meine Herrschaften, Sie sollten nicht wiederkehren. Es ist zu
gefährlich«. Denn: »Wer heutzutage auf einem Thron sitzt, hat die Menschheit in der Hand, ihre ganze Geschichte (…).« (149) Der Heutige – Frisch
zufolge »irgendein durchschnittlicher Intellektueller als Teilhaber am heutigen Bewußtsein«[15] – verweist auf den Stand der modernen wissenschaftlichen Forschung und auf die Gefährlichkeit der technischen Möglichkeiten
für die Welt: »Energie gleich Masse mal Lichtgeschwindigkeit im Quadrat,
das heißt: Masse ist Energie, eine ungeheuerliche Ballung von Energie, und
wehe, wenn sie losgeht! Und sie geht los. Schätzungsweise seit zwei Milliar-
den Jahren. Was ist unsere Sonne? Eine Explosion. Es stiebt auseinander.
Sozusagen. Und was wird bleiben? Die Wahrscheinlichkeit (so lehrt die
moderne Physik) spricht für das Chaos, für den Zerfall der Masse. Die
Schöpfung (so lehrt die moderne Physik) war ein Ereignis der Unwahrscheinlichkeit. Und bleiben wird Energie, die kein Gefälle mehr hat, die
nichts vermag. Wärme-Tod der Welt, so nennt man das: das Endlose ohne
Veränderung, das Ereignislose.« (163)

Der Heutige ist ein Intellektueller, der »alle Möglichkeiten, aber auch alle
Gefahren der Moderne, vor allem soweit sie in der modernen Naturwissen-

schaft und Technik, in der Massengesellschaft und in der Diktatur liegen, kennt«.[16] Mit dieser Figur wird im Stück Kritik an dem naturwissenschaftlich-technischen Fortschritt geübt, der die Welt bis an den Rand ihrer Selbstausrottung führt – hier reagiert Frisch als erster deutschsprachiger Dramatiker auf die möglich gewordene völlige Vernichtung der Menschheit im Hinblick auf die Atombomben von Hiroshima und Nagasaki sowie die Atomversuche auf der Insel Bikini. Die Tatsache, dass diese modernen Möglichkeiten der globalen Zerstörung enorme Gefahren mit sich bringen, impliziert jedoch nicht – und hier schließt sich wiederum der für das Drama charakteristische Teufelskreis –, dass die Welt ohne den technischen Fortschritt besser ausgesehen hätte, denn die »Wasserstoffbombe verhindert (...) nicht den Krieg ohne Wasserstoffbombe« (165). Die diktatorischen Regimes und modernen Massengesellschaften können mit dem Mittel der Gewalt alles bewältigen, durchschauen und für sich beanspruchen; nur eben die »Wahrheit« nicht, weil sie schlichtweg nicht zu fassen ist: »Min Ko: Stimme des Volkes – Sein Kopf auf die Lanze ... Das riecht nach Krise einer Macht, die alles besiegt hat, bloß die Wahrheit noch nicht.« (144)

Das Wissen des Heutigen, als Verkörperung der modernen Zivilisation, bleibt letztlich »ohnmächtig«[17] und ohne etwaige Konsequenzen für die Menschheit; seine Verkündung der ›Wahrheit‹ aus der Sicht eines heutigen Intellektuellen vermag es am Ende nicht, etwas zu verändern. Mee Lan muss er gestehen: »Du findest: Ein Mann, der nicht imstande ist, die Welt zu ändern –« (199). Zwar ringt sich der Heutige – nicht zuletzt, um der von ihm enttäuschten Tochter des Kaisers zu imponieren – gegen Ende des Stückes dazu durch, dem Kaiser Hwang Ti die faktische »Wahrheit« zu verkünden; womit er allerdings nicht rechnet, ist, dass die Figuren der chinesischen Handlung, und ebenso die Masken[18], jeweils ihre eigene Vorstellung von dem haben, was unter dem sprachlichen Bild »Wahrheit« zu verstehen ist, und für jegliche Veränderungsansätze in ihren Wahrnehmungs- und Denkmustern taub bleiben. Deswegen kann sich der Heutige auch nicht mit den übrigen Figuren und Masken des Dramas über die Wahrheitsfrage unterhalten.

So hätte die chinesische Bäuerin Olan, die Mutter des Stummen aus der Provinz, durchaus die einmalige Gelegenheit gehabt, vor allen Anwesenden zu bezeugen, dass ihr Sohn nicht sprechen kann: »Der Heutige Es wird nie wieder geschehen. Wenn du vor allen, die uns hören, die Wahrheit sagst – dein Sohn ist stumm, nicht wahr? (...) Bezeuge die Wahrheit, nichts weiter. Bezeuge mit einem einzigen Wort, daß er stumm ist.« (210) Olan fühlt sich allerdings in ihrem Ehrgefühl und mütterlichen Stolz verletzt, weil man ihrem Sohn die Abfassung der vermeintlichen politischen »Sprüche« nicht zutraut. ›Wahr‹ ist für die Mutter, was ihren Sohn in ein gutes Licht rückt und für beide von Vorteil ist: Ruhm. Es schmeichelt ihr angesichts der Aufruhr im Volk, dass ihr Sohn mit dem Idol »Min Ko« – dem Sinnbild für Mut, Stärke und Revolte – identifiziert wird, dass er also ein wichtiger Mann ist. In der Folge beteuert sie blindlings, dass er tatsächlich die heldenhafte »Stimme des Volkes«, und damit eine wichtige Persönlichkeit, sei. Ein Jubelschrei des aufständischen Volkes entzündet sich, der zuvor brutal Gefolterte wird auf Schultern getragen und der Machtmechanismus dreht sich erneut im Kreise. Hätte die Mutter im entscheidenden Moment den im Drama als ›wahr‹ präsentierten Sachverhalt kundgetan,[19] nämlich, dass ihr Sohn »stumm« (vgl. 143) ist, hätte sie den »Charakter des Prozesses und des verantwortlichen Regimes öffentlich entlarvt«.[20] Die »Wahrheit«, so scheint es hier auf, wird einerseits mit dem Instrument der Sprache manipulativ auf das übertragen, was – aufgrund diverser individueller Vorteile und Interessen – ›wahr‹ zu sein hat. Andererseits ist das, was der Einzelne unter »Wahrheit« versteht, stets kollektiv geprägt: ›Wahr‹ ist das, was die Mehrheit, die Masse des Volkes, öffentlich als ›wahr‹ anerkennt; die Zuschreibung von »Wahrheit« vollzieht sich hier innerhalb bestimmter diskursiver Regelsysteme.

Die Urmutter des Volkes, der »Archetypus des ausgebeuteten Volkes«[21], steht nach de Groot »exemplarisch für alle anderen Leute aus dem Volk«: Auch wo sich die Möglichkeit einer günstigeren Wendung ergibt, »verharren sie in der Verblendung und lösen sie selbst eine Fortsetzung der Tyrannei aus«.[22] Olan liefert dem neuen Unterdrücker, dem Prinzen Wu Tsiang, ein Opfer, auf das er sich berufen kann, wenn er die Diktatur unveränderlich weiterführt.[23] Das für das literarische Werk von Max Frisch bedeutsame Bildnis-Thema findet hier seinen zentralen Ausgangspunkt. So wie später der Junge Andri aus dem Stück »Andorra« (1961) aufgrund des Bildnisses, das sich die Andorraner von ihm konstruiert haben, zum Juden ›gemacht‹ wird, so wird in der »Chinesischen Mauer« der »Stumme« zur »Stimme« des chinesischen Volkes stilisiert. Die Macht der kollektiv geprägten Sprache, die vorgefertigte Bildnisse ›nach außen‹ trägt und kommuniziert, gelangt hier zu ihrem Kulminationspunkt.

Auch die Mission des Heutigen, den Kaiser über die unerhörte »Wahrheit« seines modernen Wissensstandes zu unterrichten, endet nicht nur völlig erfolg- und sinnlos, sondern wird in ironischer Manier verkehrt: Die ›wahre‹ Warnrede des Heutigen über die apokalyptische Ausmalung der »Erde, die keine mehr ist« (207) – ein grausiges Bild von der Erde nach der Atomkatastrophe –, wird von Hwang Ti, dem eigentlich die furchtbaren Folgen seiner Herrschaftsgewalt bewusst werden sollen, so umgedeutet, dass sich diese in seine subjektive Wahrheitskonstruktion einfügen lässt: Dem Heutigen wird für sein rhetorisches ›Wahrheitsbekenntnis‹ vom Zeremonienmeister eine goldene Ehrenkette um den Hals gelegt – den großen Staatspreis des Kung Fu Tse –, weil er auf vorbildliche Weise »den Tyrannen jenseits der Chinesischen Mauer die vollkommene Wahrheit« (208) verkündet habe, nämlich, »was dieser Welt bevorsteht, wenn sie es wagen sollte, unser Feind zu sein« (208). Aus Angst vor einer möglichen Hinrichtung bleibt der Heutige wiederholt tatenlos, was im Widerspruch zu seinem eigenen Wahrheitsbild steht. Immer wieder muss er seine individuellen Denk- und Wahrnehmungsschemata untergraben, um bestehen zu können (vgl. bes. 174 f., 181). Die ›Wahrheitsverkündung‹ der intellektuellen Geistesmacht scheitert letztlich im Drama.

Die »Wahre Ordnung«? Sprache, Bildnisse, Ideologien, Phrasen
und Formeln

Im Drama wird die Sprache als ein Werkzeug genutzt, um die »Wahrheit« zum eigenen Vorteil und Nutzen zurechtzuformen. Dies kommt vor allem in einer Äußerung des Heutigen zum Ausdruck, die dem chinesischen Kaiser Hwang Ti in ironischer Manier Zündstoff bietet, indem er seine, recht einfach zu durchschauenden und auf sein Wahrheitsbildnis fixierten Denk- und Verhaltensmuster übernimmt: »Terroristen, Elemente, Agitatoren. Sehr nützliche Worte, Majestät; sie ersticken die Wahrheit im Keime.« (182) Dies impliziert zunächst, dass die Sprache die Macht hat, »Wahrheit« zu konstituieren. Für Hwang Ti, dem Archetypus eines grausamen Tyrannen und totalitären Herrschers, gilt jeder als Feind, der nicht mit dem Mittel der Sprache ein von ihm vorgefertigtes Bildnis von »Wahrheit«, seine individuelle Wahrheitskonzeption, paraphrasieren kann. Die ›wahre‹ Antwort, die von dem stummen Wasserträger, auf den der kaiserliche Diktator sein ominöses Feindbild »Min Ko« projiziert hat, abgefordert wird, ist nichts anderes als die bloße Replikation fertiger, sprachlicher Redemuster:

> Hwang Ti Die Folter wird ihn sprechen lehren!
> Der Heutige Und was, Majestät, soll er sprechen?
> Hwang Ti Die Wahrheit!
> Der Heutige Wozu?
> Hwang Ti Meint man, ich kenne die Wahrheit nicht? (192)

Nichts wirkt verräterischer als die Sprachlosigkeit des »Stummen«, der nicht wie alle anderen öffentlich »den Braven« spielen und hinter vorgehaltener Hand »Sprüche des Spottes« munkeln kann (vgl. 172 f.). Hwang Ti hat ein fertiges Bildnis von »Min Ko« – der vermeintlichen »Stimme des Volkes« – entworfen, dafür braucht er ihn weder zu kennen noch je etwas von ihm gehört zu haben. Die »Wahrheit«, so wie er sie sich zurechtgelegt hat, spricht gegen den chinesischen Bauernsohn aus der Provinz. Dem »Stummen« wird damit zum Verhängnis, dass er nicht mit dem Instrument der Sprache das »Wahrheits«-Bildnis des Kaisers reproduzieren beziehungsweise nicht leugnen kann, was alle vermutlich denken. Ironischerweise dreht sich hier wieder alles im Kreise, denn noch im »Vorspiel« hatte Olan kundgetan: »Vielleicht ist es sein Glück, daß er stumm ist … Wirklich, mein Sohn, wirklich! Es wird soviel dummes Zeug geredet, bloß weil die Leute reden können.« (143)

Die Konsequenzen, die Hwang Ti aus der Unfähigkeit des »Stummen« zieht, die kaiserlichen »Wahrheits«-Floskeln sprachlich zu artikulieren, sind unmenschlich und sollen seine Wahrheitskonstruktion als die einzig richtige und gültige offenbaren: »Foltert ihn! Das ist nicht wahr! Foltert ihn! Das ist gelogen wie alles, was er je gesagt hat. Foltert ihn.« (193) Foltern meint hier, der Forderung der Folterer unter Preisgabe des eigenen Wahrheitsbildnisses nachzukommen, sich der herrschenden Übermacht zu beugen, sich ›schuldig‹ zu bekennen und sprachlich vorgeformten Wahrnehmungs- und Verhaltensmustern zu folgen. Die Mittel zur Wahrheitsfindung, derer sich Hwang Ti bedient, sind Erpressung, Drohung und brutalste Folterung. Wir haben es hier letztlich mit einer kollektiv akzeptierten, doch im Grunde genommen subjektiv verhafteten Wahrheitskonzeption des Unterdrückers Hwang Ti zu tun. Die Aussagen, Behauptungen, Argumente und Normen, die sprachlich manipuliert und vermittelt werden, beruhen – aufgrund seiner extremen Machtposition – auf einem kollektiv (vom Volk blindlings und aus Angst) anerkannten ›Wahrheitswert‹. Das Bezugssystem der »Wahrheit« und seine Möglichkeiten werden radikal eingeschränkt und auf normative Konstruktionen und Bildnisse einer einzigen Person begrenzt – unter dem phrasenhaften Deckmantel der vermeintlich humanen Ideologie eines »wahren Friedens« (169) und der »Wahren Ordnung« (169).

Aufgrund der drohenden Strafe vermag es letztlich niemand aus dem Volk, vermittels der Sprache das zu artikulieren, was vermutlich die meisten erkennen, aber in einer Diktatur nicht öffentlich kundgeben dürfen. Dies ist, um die Paradoxie des Themas »Wahrheit« auf den Höhepunkt zu treiben, lediglich dem Kaiser vorbehalten, der die Verfügungsgewalt über das Volk hat, das er in demütigender und grausamer Knechtschaft hält. In einer grandiosen Szene verfällt der Tyrann von China in eine immer sinnlosere Wut: »Genug! Die Wahrheit, denke ich, ist erwiesen – Ich, Tsin Sche Hwang Ti, ich: ein Blutegel, ich mäste mich von eurer Kraft! Ich: der Henker meiner Freunde, der Mörder meines Volkes – ich schicke euch in den Krieg, sagst du mir ins Gesicht! Ich selbst mache den Krieg, sagst du, um eure Wut auf die andern zu lenken, um mich zu retten mit eurer Vaterlandsliebe – mir ins Gesicht! Meinst du, ich lasse unser Heiligstes in den Schmutz ziehen, unseren Kampf für den Frieden? Die hündischen Barbaren der Steppe, sagst du, sie hätten uns gar nichts getan, wenn ich sie nicht überfallen hätte.

Woher weißt du das? Was niemand wissen kann, du Maulaffe, der keine Zeitung zu lesen versteht, du Wasserträger, du Eseltreiber, du verlumpter, woher weißt du, wie es gekommen wäre, wenn ich sie nicht überfallen hätte – überfallen, ja! ja! natürlich haben wir sie überfallen!« (196)

Diese hysterische Wutrede ist nicht etwa als ein Zugeständnis eigenen Fehlverhaltens, als eine »indirekte Selbstanklage«[24], zu verstehen, sondern vielmehr als eine weitere Illustration der kaiserlichen Macht sowie als ein Zeugnis der unausgesprochen vorhandenen Angst des Kaisers, die »Stimme des Volkes« – als Sinnbild für Aufruhr, Revolte und Neubeginn – könnte an seiner Wahrheitsvorstellung rütteln oder sie gar zunichte machen. Die Rede impliziert vor allem eins: Nur Hwang Ti ist letztlich imstande das auszusprechen, was alle anderen bloß zu denken vermögen, aber in einem diktatorisch regierten Staat nicht aussprechen dürfen. So wird das ›Eigentliche‹ unsagbar. Der totalitäre Kaiser ist derjenige, der die »Wahrheit« formt und sie dem Volk einhämmert. Wenn Hwang Ti auf tyrannische Weise fragt: »Meine Getreuen, ist das wahr? Ich frage euch ganz offen: Ist einer in dieser Versammlung, der mir ins Gesicht speien möchte?« (194), so wagt es niemand, diesen mutigen Schritt zu tun. Ironischerweise findet lediglich die Maske »Brutus«, der Prototyp eines gescheiterten Tyrannenmörders, die Courage dazu. Er stammt jedoch aus einer anderen Zeit und steht nicht als Handelnder auf der Bühne, sondern als ein Teil unseres kollektiven Bewusstseins[25]: »*Brutus tritt vor.* /[HWANG TI:] Ich meine: von meinen Zeitgenossen, die es können … / *Brutus tritt zurück.*« (Ebd.) Andere Masken wie beispielsweise Cleopatra (vgl. 175 ff.) nehmen jedoch – und das treibt die Ironie und Gesetzlosigkeit der dramatischen Vorkommnisse auf die Spitze – aktiv am chinesischen Geschehen teil.

Auch die Szenen mit Mee Lan, der kaiserlichen Tochter, sind aufschlussreich im Hinblick auf das Thema »Wahrheit«. Wenn sie Hwang Ti anfleht: »Papa! Hör auf! Das ist doch Wahnsinn. Wozu das? Ein jeder weiß, du hast die Macht. Papa! Du änderst doch nichts an der Wahrheit. Wer glaubt das denn? Ich halte das nicht aus. Was soll das denn?« (194), dann ist diese verzweifelte Rede durchaus, mit den Worten des Heutigen im »Vorspiel«, »zweischneidig« (145). Die Vereinnahmung der »Wahrheit« im Interesse des Kaisers bleibt uneingeschränkt anerkannt und gültig, egal was geschieht – seine Reaktion ist also gar nicht notwendig. Oder: Er kann, egal wie viel Macht er hat, nichts an *der* »Wahrheit« ändern, weil sie für uns Menschen nicht zu fassen ist und eine bloße unantastbare Konstruktion bleibt. Egal wie: Die Wahrheitssuche mündet in eine Tautologie. Hwang Tis subjektiv konstruierte Wahrheitsvorstellung besitzt im totalitären Staat uneingeschränkte Gültigkeit.

Alles andere, insbesondere das, was in literarischen Texten steht, gilt schlichtweg als ›unwahr‹. Wenn seine Tochter versucht, ihm »die Wahrheit«

(171) im Sinne des Heutigen nahezubringen, dass er nämlich »2000 Jahre zu spät« komme, da die Zukunft »schon stattgefunden« habe, so antwortet er, väterlich blickend: »Du hast zuviel gelesen, mein Kind, und du weißt, das mag ich nicht, Literatur …« (Ebd.) Hier wird indirekt der Literatur die zentrale Wirkungsmacht zuerkannt, bestimmte Wahrheitsvorstellungen zu vermitteln. Die Textstelle kann zugleich als ein literarischer Metakommentar gelesen werden und verweist damit selbstreflexiv auf das eigene Drama, das dem Theaterbesucher stets als Fiktion im Bewusstsein bleiben soll. In seiner kurzen Abhandlung »Theater ohne Illusion« (1948) schreibt Frisch diesbezüglich: »Das Theater ist eine Lästerung, wenn es nicht Theater bleibt. Das Spiel offenbart sich als der einzig mögliche Ausdruck eines reinen Ernstes, als Ausdruck unseres Bewußtseins, daß alles, was die Bühne geben kann, bestenfalls ein Vergleich ist, ein Zeichen, das Zeichen bleibt.«[26] So ist vor allem die Illusionsdurchbrechung, der brechtsche Verfremdungseffekt als Regiemaßnahme, für die »Chinesische Mauer«, aber auch schon für die beiden ersten Dramen Frischs – »Santa Cruz« und »Nun singen sie wieder« –[27] von maßgeblicher Bedeutung, etwa wenn der Heutige im »Vorspiel« zu verstehen gibt: »Ort der Handlung: diese Bühne. Zeit der Handlung: heute abend.« (145) Die Vorstellung eines Illusionstheaters wird grundlegend zerstört; »(…) die Schauspieler fallen aus der Rolle, das Publikum wird direkt angesprochen, die Kulissen stürzen ein, und die Bühnenmaschinerie wird sichtbar.«[28]

Die Wahrheit, »die unser Hirn bevölkert«.
Die Masken als Bewohner des »kulturellen Gedächtnisses«

Das »kulturelle Gedächtnis« hat mythische, die Gemeinschaft fundierend interpretierende Ereignisse zum Gegenstand, die in einer fernen Vergangenheit liegen. Seine Fixpunkte sind schicksalhafte Ereignisse in der Vergangenheit, deren Erinnerung durch kulturelle Formung – Texte, Riten, Denkmäler und Bilder (= die Medien) – sowie institutionalisierte Kommunikation – Rezitation, Begehung und Betrachtung – wachgehalten wird. Jan Assmann bezeichnet als »kulturelles Gedächtnis« »die Tradition in uns, die über Generationen, in jahrhunderte-, ja teilweise jahrtausendelanger Wiederholung gehärteten Texte, Bilder und Riten, die unser Zeit- und Geschichtsbewußtsein, unser Selbst- und Weltbild prägen.«[29]
Genau dies repräsentieren die Masken; sie verkörpern eine »Wahrheit«, die im überindividuellen Kollektivgedächtnis verankert ist. Der Zuschauer wird im Theaterstück mit den im »kulturellen Gedächtnis« gespeicherten, gefestigten Bildnissen konfrontiert. Die Masken sind daher nicht als Individuen konzipiert, sondern sie verkörpern verschiedene Epochen der Weltge-

schichte von der Vergangenheit bis zur Gegenwart[30], vertreten also Kultur-
und Geschichtsinhalte unterschiedlicher Zeiten oder, anders ausgedrückt,
»Figurationen geronnener historischer Vorstellungen oder poetischer Kris-
tallisationen«[31]. De Groot schreibt diesbezüglich: »An die Stelle ihrer Individualität tritt eine typenhafte Funktion: sie vertreten ihre Zeit und deren
Kultur.«[32] So zählt der »junge Mann von Heute« (hier noch »Min Ko« – der
Vorläufer des Heutigen) in der Urfassung die *personae dramatis* auf: »Alexander der Grosse … das haben wir verändert, wir geben ihn als Napoleon,
was keinen Unterschied macht; wir müssen uns an unseren Fundus halten …«[33] In ihrer Funktion sind die Masken auswechselbar, sodass einfach
Napoleon an die Stelle Alexander des Großen tritt, da er den gleichen Typus
eines totalitären Herrschers darstellt. Die Masken werden zu austauschba-
ren Repräsentanten, Inkarnationen des immer gleichen, des sich nicht
ändernden Archetypus.[34]

Es sind vor allem zwei Masken, die immer wieder auf die »Wahrheit« zu
sprechen kommen: Columbus und Pontius Pilatus. Columbus hat eine
ganz bestimmte Vorstellung von »Wahrheit«, die letztlich darauf zu reduzieren ist, die eigene Weltanschauung unter Beweis zu stellen, also aufzuzeigen,
dass er ›im Recht‹ ist: »Es ging nicht um Indien, nicht um die Schätze von
Indien; es ging um die Wahrheit.« (154) Die Wahrheitsvorstellung von
Columbus bleibt auffällig unspezifisch und stellt eine bloße Floskel dar.
Indes erscheint der ›Wahrheitssucher‹ Pilatus, der die Passionsgeschichte
referiert und vor allem die Situation, in der er sich widerstandslos vom jüdischen Volk zur Verurteilung Jesu drängen ließ, nie anders als mit den Worten des Johannes-Evangeliums: »Was ist Wahrheit?«: »Da ich nun auf dem
Richterstuhl saß (was auf Hebräisch Gabbatha heißt), antwortete ich und
sprach zu ihm: Was ist Wahrheit?« (190) Die Maske Pilatus erinnert daran,
dass der Mensch nicht fähig ist zu entscheiden, was ›wahr‹ oder ›falsch‹ ist,
es aber dennoch von ihm verlangt wird: »Wie kann ich entscheiden, was
Wahrheit ist?« (152) Die rhetorische Frage der antiken Figur kann als ein
ironisch anmutendes Motto für das gesamte Drama gelten und findet sich
leitmotivisch, als ein literarischer Metakommentar, an verschiedenen Stellen des Stücks wieder.

Die Masken wiederholen letztlich die Worte, die ihnen Dichter und His-
toriker in den Mund gelegt haben und die fest in unserem »kulturellen
Gedächtnis« gespeichert sind. Es kommt daher darauf an, »daß sie als Zitat
erkannt werden«[35] – als Zitat unseres Bewusstseins: »So treten also Romeo
und Julia im Maskenzug als ewiges, Raum und Zeit vergessendes Liebespaar
in Shakespearescher Fassung auf, desgleichen Brutus als der Verkünder poli-
tisch-demokratischer Freiheit schlechthin und Cleopatra als Weib, das die
Sieger lähmt; Pontius Pilatus als der Wahrheitssucher tritt mit Bibelworten
auf, der das Christentum mit den Mitteln der Gewalt verteidigende Philipp

von Spanien spricht Schiller-Text, Napoleon erscheint als der aus den gängigen Geschichtsbüchern bekannte Heldenkaiser (…), die Inconnue kommt als die allgemein bekannte Verkörperung rührender Liebes- und Lebenssehnsucht einer in der Masse anonym Gebliebenen und Columbus als der im Irrtum Beharrende und Gestorbene.«[36]

Frisch selbst verdeutlicht zu seiner Einmontierung von Zitaten beziehungsweise Stil-Imitationen in seinen Erläuterungen »Zur Chinesischen Mauer« aus dem Jahre 1955: »Die Figuren, die unser Hirn bevölkern, haben ihre Existenz ausschließlich in der Sprache. Daher die Stil-Zitate: Brutus nach Shakespeare, Philipp von Spanien nach Schiller. Pilatus kennen wird aber nicht aus der römischen Geschichte, sondern aus der Bibel. Daher das Bibelzitat.«[37] Die Masken sind letztlich nichts anderes als »Spielfiguren, wie sie uns im Gedächtnis haften«.[38] So spricht der Heutige zur Maske »Napoleon«: »Sie sind uns vertraut. Sie gehören zu den Figuren, die unser Hirn bevölkern, und insofern, als Figur unseres Denkens, sind sie durchaus noch lebendig – wie könnte ich sonst mit Ihnen sprechen (…).« (148)

In einem veröffentlichten Brief an die Darstellerin einer Nebenrolle hat Frisch aufschlussreiche Anmerkungen über die Masken in seinem Stück gegeben: »Sie (die Masken) sind, glaube ich, überhaupt nicht gemeint. Sie sind einfach da. Zum Beispiel so: in der vergangenen Nacht träumte mir von einem Düsenflugzeug, es war widerlich wie ein urweltliches Getier, und später fahre ich an meine alltägliche Arbeit, sehe einen Zeitungsmann, denke an die Köpfe, die demnächst gehängt werden, und während ich einen Bekannten grüße, der seine entschiedenen Meinungen hat, unterhalte ich mich mit Napoleon, mit einer flüchtigen Geburt aus allgemeinen und unzureichenden Kenntnissen, gewissermaßen mit einer Maske, die plötzlich in mein Bewußtsein tritt und durch meinen Alltag spaziert, und ich hoffe inständig, daß sich aus solchen umherlungernden Masken nicht abermals ein handelnder Feldherr entpuppt, ja, ich bitte ihn darum, daß er nicht wiederkehre oder anders gesprochen, ich bekämpfe den Irrtum meines Bekannten, daß ein Feldherr weiterhin unsere Hoffnung sein könnte, ein Napoleon mit Düsenflugzeug, und unterdessen, wie gesagt, fahre ich Straßenbahn und weiß, daß auch die andern, die Straßenbahn fahren, ebenfalls eine solche Bühne in ihrem Kopfe tragen, größer und kleiner, idyllischer oder dramatisch, so oder so bevölkert.«[39]

Frisch setzt die Bühne, und das ist durchaus nicht neu, sondern wird bereits in seinen Anmerkungen zum ersten Stück »Santa Cruz« akzentuiert,[40] mit unserem Bewusstsein gleich; sie stellt einen »Spiegel unseres erstarrten Menschenbildes«[41] dar. Die eigentliche Ebene des Theaterspiels ist die subjektive Vorstellungs- und Bewusstseinswelt des Zuschauers: »Spielplatz (des Theaters) ist immer die menschliche Seele!« (575) Die Masken verkörpern Urbilder menschlicher Verhaltensweisen, so wie sie uns im

Gedächtnis herumspuken und fest verankert sind. Als Spielfiguren unseres »kulturellen Gedächtnisses« sind sie »lebendig« und »gefährlich« (148) zugleich, denn es besteht die Gefahr, dass sie als bloße Denk- und Sprachschablonen für weiteres Handeln dienen.[42] Die Menschheit nimmt sich durch die im Gedächtnis haftenden Masken im Grunde genommen »die Möglichkeit, neue Verhaltensmuster zu entwickeln und ihrem kollektiven Bewußtsein einzuverleiben. Der Rückgriff auf die immer gleichen Denkschemata führt zur Wiederholung der immer gleichen Handlungen, also zum Kreislaufcharakter der Geschichte, und erlaubt kein Überschreiten des bereits fixierten Rahmens.«[43] Mit dem Thema der Wiederholung der immer gleichen Erfahrungs- und Wahrnehmungsmuster beschäftigt sich Frisch in seinen Werken häufiger, so beispielsweise in dem 1967 erschienenen Stück »Biografie: Ein Spiel«, in dem die Hauptfigur Kürmann immer wieder dem Weg der im Gedächtnis gespeicherten Bildnisse folgt und deshalb nichts an seinen fertig konstruierten Lebensmustern zu ändern vermag: »REGISTRATOR: Sehen Sie: Sie verhalten sich nicht zu der Gegenwart, sondern zu einer Erinnerung. Das ist es. Sie meinen die Zukunft schon zu kennen durch Ihre Erfahrung. Drum wird es jedesmal dieselbe Geschichte.«[44] In »Die Chinesische Mauer« müssen die »Lemuren« (158) der Vergangenheit letztlich nichts anderes tun, als abzuwarten: Sie können sich darauf verlassen, »daß sie über kurz oder lang wieder das Rollenmuster für menschliches Handeln abgeben werden«.[45] Die dargestellte Struktur des kollektiven Bewusstseins eröffnet keine Chance, den Teufelskreis der Geschichte zu durchbrechen; die Masken sind »taub für jede Entwicklung unseres Bewußtseins« (158).

An die ›wahre‹, wie auch immer zu rekonstruierende Identität der Personen hinter den Masken kommen wir nicht heran. »Wahrheit« gilt hier als das Ergebnis der Wiedererkennung von kollektiv geprägten und tradierten Merkmalsstrukturen. Bekannte Motive und Muster, die in unserem »kulturellen Gedächtnis« verankert sind, werden als ›wahr‹ akzeptiert. Die »Wahrheits«-Zuschreibung vollzieht sich folglich im Rahmen diskursiver Formationen. So erscheint Napoleon, wie wir ihn von Bildern her kennen: mit der rechten »Hand in der weißen Weste« (147). Auch beispielsweise Cleopatra, die die Weiblichkeit im Stück verkörpert, erscheint, wie wir sie im »kulturellen Gedächtnis« behalten haben: als Verführerin der Männer, nicht zuletzt auch des Kaisers Hwang Ti (vgl. 175 f.). Don Juan wiederum ist auf seine literarische Rolle als Frauenverführer festgelegt und bewährt sich als ein solcher: Er küsst der Inconnue vornehm die Hand (vgl. 153), und als leidenschaftlicher Tänzer bittet er Mee Lan – er nimmt in dieser Szene aktiv am chinesischen Geschehen teil – zum Tanz (vgl. 203).

Fertige Bildnisse, als verhüllende »Masken« dargestellt, überlagern, wie bei Don Juan, die individuelle und von Außenstehenden nicht zu fassende Persönlichkeit: »Alle Welt bildet sich ein, mich zu kennen. (…) Sie irren sich! Sie kennen mich vom Theater – *Ad spectatores*: Ich komme aus der Hölle der Literatur. Was hat man mir schon alles angedichtet! (…) Was immer ich tue oder lasse, alles wird mir verdeutet und verdichtet.« (153)

Don Juan beklagt den kollektiv geprägten und in der Literatur repräsentierten Rollencharakter der Sprache, mit dem die Literatur die individuelle »Wahrheit« der menschlichen Existenz verschleiert. Literatur ist für Don Juan identisch mit Unwahrheit, weil sie vermittels der dichterischen Sprache immer wieder zu neuen literarischen »Wahrheiten« führt und dazu beiträgt, Bildnisse nicht nur zu konstruieren, sondern vor allem auch weiter zu tradieren, sodass das ›Eigentliche‹, die individuelle Identität, selbst für die eigene Person nicht zu fassen ist. In Frischs 1953 uraufgeführter Komödie »Don Juan oder Die Liebe zur Geometrie« findet dieses Thema seinen Gipfelpunkt, indem die Hauptfigur in ihrer von außen definierten Rolle gefangen bleibt und ihr letztlich nicht entkommt.

»Weil die ganze Farce soeben von vorne beginnt …« Die Suche nach »Wahrheit« und ihr Kreislaufcharakter

Es gibt unter den im Namenregister angeführten und von dem Heutigen genannten Masken eine signifikante Ausnahme, die für das Gesamtverständnis des Dramas nicht außer Acht gelassen werden darf und auf die in der Forschungsliteratur bislang nicht hinreichend eingegangen wurde: das literarische Paar »Romeo und Julia« nach shakespearescher Manier, das »jedem Theatergänger bekannt« (146) ist. In einem Stück, in dem alle Masken durcheinander und aneinander vorbeireden, können sich die Liebenden miteinander verständigen. Romeo und Julia, die Prototypen der zeit- und endlosen Liebe, sind die Einzigen, die nicht nur zueinander reden, sondern auch aufeinander antworten.[46] Weil sie nicht nur mit sich selbst beschäftigt sind und die »Wahrheit« bereits in der Liebe gefunden haben, können sie die übrigen Masken in ihrem ewig währenden Kreislaufcharakter entlarven: »Romeo Mir graut vor der Gesellschaft hier. (…) Es ist, als sei'n sie tot, doch reden sie / Und tanzen auch und drehen sich im Kreis, / Wie sich Figuren einer Spieluhr drehn.« (146 f.) Von Todesahnung überwältigt (»O Gott, ich hab ein Unglück ahnend Herz!«, 213), stellt sich Julia die verzweifelte Frage: »Ist denn kein Ort für unsrer Liebe Glück?« (214). Ihre Verse sind eine sehnsuchtsvolle Hymne auf das menschliche Leben: »O sel'ge Welt! O bittre Welt! O Welt! / Wir lieben dich; du sollst nicht untergehn.« (Ebd.)

Ist nun mit dem klassischen literarischen Paar, dessen Liebe über Feindesgrenzen hinwegsieht, eine Art ›Lösung‹ angedeutet? Liegt die »Wahrheit« in dieser unmenschlichen Zeit in der ewigen Liebe, welche vom Bildnis erlöst?

Ist sie die Kraft, mit deren Hilfe der Mensch den verhängnisvollen Kreislauf durchbrechen kann?[47] Die von Gerhard Kaiser aufgestellte These, dass das Drama Frischs immerhin »ein Appell« bleibe, »und wer noch appelliert, hat die Hoffnung nicht ganz verloren«,[48] ist in der Forschungsliteratur zu Recht kritisch hinterfragt worden. So hat vor allem Jürgen Kost die Stellungnahme von Kaiser dezidiert in Abrede gestellt; er geht von einer grundlegend »pessimistischen Grundhaltung«[49] des Dramas aus: »Nicht einmal in ironischer Brechung, so scheint es, ist für Frisch eine utopische Hoffnung als realisierte gestaltbar.«[50]

Was für die These von Kost spricht, ist vor allem, dass der Aufruf und die Liebe des jugendlichen Paars zum Leben von den übrigen Masken vollkommen ignoriert werden (vgl. 147). Die Masken bleiben auf der Suche nach ihrer individuell konstruierten Formation von »Wahrheit« – bei Napoleon ist es der Sieg über Russland, bei Don Juan das Aufspüren des »Jungfräulichen«, also des Ursprünglichen, Reinen, von der Literatur Ungestalteten, bei Pilatus die Frage, wie überhaupt entschieden werden kann, »was Wahrheit ist«. Und auch Columbus sucht weiterhin nach einer nicht näher definierten und daher phrasenhaft anmutenden »Wahrheit« (vgl. 215 f.). Es ist vor allem der farcenhafte Charakter des Stücks, der hier aufschlussreich ist. Frisch selbst nannte das Drama im Untertitel eine »Farce«, und in seinem zweiten »Tagebuch« ist im Hinblick darauf von einer »bereits ziemlich verzweifelten Farce«[51] die Rede. Der Begriff »Farce«, der im Stück mehrfach wiederholt wird (vgl. 145, 166, 194, 213), beschreibt kaum primär eine literarische Gattung.[52] Die gängigen Definitionen der »Farce«, als »einem außerliterarischen Genre des niederen Lachtheaters«[53] zugehörig, treffen hier kaum. Kost stellt fest, dass das Wort »Farce« im allgemeinen Sprachgebrauch nicht nur eine literarische Gattung bezeichnet, sondern gleichsam »die Sinnstruktur der Bühnenhandlung und des in ihr Dargestellten«[54], also einen »Beschreibungsbegriff der Lebenswelt« darstellt, »der in kritischer Absicht Phänomenen unserer gesellschaftlichen Wirklichkeit die Nichtigkeit und den Irrealisierungseffekt des Theatergenres zuschreibt«.[55] Damit weist die »Farce« auf das Uneigentliche des Vorgangs hin, auf die »Scheinhaftigkeit, Nichtigkeit und Folgenlosigkeit eines Sachverhalts«: »Als Farce erscheint hier das Uneigentliche, das nur Vorgespielte, das eben auf Grund seines nur scheinhaften Charakters nicht in der Lage ist, auf die Wirklichkeit Einfluß zu nehmen, das folgenlos bleibt: die Worte, die benutzt werden, sind leer, sie beziehen sich auf Dinge, die es nicht gibt, sie haben keinen Bezug zur Realität, folglich auch keine Folgen in derselben. Sie werden von den Sprechenden selbst nicht geglaubt, sind nur Schein, ein zynisches Spiel, das das Eigentliche, die Wahrheit, verbirgt. Die Scheinhaftigkeit, Nichtigkeit, Folgenlosigkeit eines Sachverhalts ist es, was in der ›Chinesischen Mauer‹ als Farce bezeichnet wird«.[56]

Es geht letztlich um die »Nichtigkeit der Anstrengung, dem vorgegebenen Muster zu entfliehen«[57]; daher findet im Drama auch keine Entwicklung statt und alles dreht sich im Kreis. Frisch nennt dies in seinem »Tagebuch 1946–1949« eine »Farce des Inkommensurablen«[58]; auf »die grundlegend geänderte, ein ebenso grundlegend geändertes Verhalten fordernde Realität wird anhand der überlieferten Schemata wahrgenommen und beantwortet.«[59]

Erst in seinem vierten Drama »Als der Krieg zu Ende war« (1949) kann so auch die von Lüthi angeführte These von den »neuen Möglichkeiten zur Befreiung vom tödlichen Zwang des Bildnisses« ihre textlichen Belege finden. Dieses Stück zeigt die Liebe zwischen einer Deutschen und einem Russen, die insbesondere deswegen nicht erstarrt, weil die Liebenden keine gemeinsame Sprache sprechen und sich deshalb kein Bildnis voneinander machen können.[60] Frisch schreibt hierzu in seinem »Tagebuch«: »Überwindung in der Liebe, die sich kein Bildnis macht. In diesem besonderen Fall: erleichtert durch das Fehlen einer Sprache. Es wäre kaum möglich gewesen, wenn sie sich sprachlich hätten begegnen können und müssen. Sprache als Gefäß des Vorurteils! Sie, die uns verbinden könnte, ist zum Gegenteil geworden, zur tödlichen Trennung durch Vorurteil. Sprache und Lüge! Das ungeheure Paradoxon, daß man sich ohne Sprache näher kommt.«[61]

Die Liebe, die die mögliche Kraft besitzt, vom Bildnis zu befreien, ist Thema dieses Stücks. Doch so weit geht Frisch in seinem Drama »Die Chinesische Mauer« (noch) nicht. Frisch hat sich als Schriftsteller stets davor bewahrt, seinen Theaterzuschauern Lösungen, Rezepte oder fertig konstruierte Antworten im Sinne eines »Lehrstücks«[62] mit auf den Weg zu geben.[63] Denn, so lautet eine viel zitierte Äußerung Frischs: »Zu fragen bin ich da, nicht zu antworten.«[64]

1 Vgl. zu dieser Ansicht Jürgen Kost: »Geschichte als Komödie. Zum Zusammenhang von Geschichtsbild und Komödienkonzeption bei Horváth, Frisch, Dürrenmatt, Brecht und Hacks«, Würzburg 1996, S. 99–125, hier S. 99. — **2** Lediglich zwei Ausnahmen sind, meinem Kenntnisstand zufolge, anzuführen: Mahmoud al-Ali: »Die Problematik der Identität in Marx Frischs Drama »Die Chinesische Mauer«, in: »Kriege und Literatur / War and Literature« XIV, 2008, S. 39–47 und Djama Ignace Allaba: »Literatur und Gesellschaft im interkulturellen Vergleich. Max Frischs ›Die Chinesische Mauer‹ und Ahmadou Kouroumas ›Der schwarze Fürst‹«, Frankfurt / M. u. a. 2012. — **3** Die vierte Fassung, die seit ihrer Veröffentlichung als die verbindliche gilt, entstand für das Théâtre National de l'Odéon in Paris, in Zusammenarbeit mit dem Regisseur Pierre Miquel und dem Übersetzer Henri Bergerot; aufgeführt vom Jeune Théâtre National am 8.11.1972. Die Buchausgabe erschien mit dem Untertitel ›Version für Paris‹ im Februar 1972 in der edition suhrkamp. Diese Ausgabe wurde in den zweiten Band der sechsbändigen Ausgabe »Gesammelte Werke in zeitlicher Folge«, hg. von Hans Mayer, übernommen. Nach dieser Ausgabe wird im Folgenden zitiert: Max Frisch: »Die Chinesische Mauer. Eine Farce«, in: Ders.: »Gesammelte Werke in zeitlicher Folge«, 7 Bände, hg. von Hans Mayer unter Mitwirkung von Walter Schmitz, Bd. II: 1944–1949, Frankfurt/M. 1976, S. 139–216. Die Nachweise werden im fortlaufenden Fließtext in Klammern gegeben. — **4** Cegienas de Groot: »Zeitgestaltung im Drama Max Frischs. Die Vergegenwärtigungstechnik in ›Santa Cruz‹, ›Die Chinesische Mauer‹ und ›Biografie‹«, Amsterdam 1977, S. 143. — **5** Bei de Groot erfahren wir resümierend betrachtet lediglich, und er geht hier von der »Wahrheit« als einem »Leitmotiv« aus: »Die Wahrheit als Leitmotiv macht deutlich, daß die Wahrheit in den verschiedenen Zeiten anders gesehen wurde und daß die Machthaber jeweils nur ihnen gefällige Vorstellungen als Wahrheit ausgaben und noch ausgeben. Das Leitmotiv läßt auch erkennen, wie sehr die Relevanz der Wahrheit in der Geschichte der Menschheit zugenommen hat, wie dringlich es bei der atomaren Drohung geworden ist, der echten Wahrheit ins Auge zu sehen. Diese enthüllt, im Gegensatz zur manipulierbaren Schein-Wahrheit, die wahre Lage der Menschheit. Paradoxerweise scheint man das nicht wahrhaben zu wollen« (ebd., S. 145). — **6** Vgl. hierzu auch Gerhard Kaiser: »Max Frischs Farce ›Die Chinesische Mauer‹ (1962)«, in: »Max Frisch«, hg. von Walter Schmitz, Frankfurt/M. 1987, S. 106–124, hier S. 116. Eine signifikante Ausnahme bildet das klassische Paar Romeo und Julia. Im letzten Abschnitt dieses Beitrages wird auf dieses Thema näher eingegangen. — **7** Darauf ist die Forschung bislang kaum eingegangen. In »Santa Cruz« geht es um das Bildnis, das sich Elvira, der Rittmeister und der Vagant Pelegrin von ihrem Leben konstruieren, sowie die damit verbundenen verpassten Möglichkeiten einer alternativen Lebensgestaltung und die Enge des eigenen vorgefertigten Lebenswegs: »DER RITTMEISTER Ich möchte ihn (Pelegrin) noch einmal kennenlernen, ihn, der mein anderes Leben führt. (…) Ich möchte hören, was ich alles nicht erlebt habe. Ich möchte sehen, wie mein Leben hätte aussehen können.« Max Frisch: »Santa Cruz. Eine Romanze«, in: Ders.: »Gesammelte Werke«, Bd. II, a.a.O., S. 15–75, hier S. 21 f. Pelegrin, der »ewig Andere in uns« (ebd., S. 76), stirbt am Ende und das Leben fährt in seinen vorgefertigten Bahnen fort. — **8** Vgl. hier nur die Publikation von Hans Jürg Lüthi: »Max Frisch. ›Du sollst dir kein Bildnis machen‹«, München 1981. — **9** Ebd., S. 50. — **10** Jürgen Schröter: »Das Drama Max Frisch (1969)«, in: »Über Max Frisch II«, hg. von Walter Schmitz, Frankfurt/M. 1976, S. 29–74, hier S. 45 f. — **11** Max Frisch: »Tagebuch 1946–1949«, in: Ders.: »Gesammelte Werke«, Bd. II, a.a.O., S. 347–755, hier S. 537. — **12** Manfred Durzak: »Dürrenmatt, Frisch, Weiss. Deutsches Drama zwischen Kritik und Utopie«, Stuttgart 1972, S. 174–183, hier S. 176. — **13** Das Drama ist eine »Montage aus verschiedensten Handlungs- und Bedeutungselementen, die einander überschneiden, kommentieren und persiflieren und sich zuletzt gegenseitig aufzuheben scheinen«. Kaiser: »Max Frischs Farce ›Die Chinesische Mauer‹«, a.a.O., S. 107. Grob ist zwischen drei Handlungsebenen zu unterscheiden: Die China-Handlung 200 Jahre v. Chr., die Polonaise der historischen Masken und die Sphäre des Heutigen (die jeweils gegenwärtige Welt des Theaterzuschauers). — **14** De Groot: »Zeitgestaltung im Drama Max Frischs«, a.a.O., S. 132. — **15** Max Frisch: »Zur Chinesischen Mauer«, in: »Akzente« 2, 1955, S. 386–396, hier S. 390. — **16** Kaiser: »Max Frischs Farce ›Die Chinesische Mauer‹«, a.a.O.S. 112. — **17** Frisch: »Zur Chinesischen Mauer«, a.a.O., S. 390. — **18** Auf die sogenannten »Masken«, wie sie im Namensregister angeführt und im »Vorspiel« eingeführt werden, wird in einem eigenen Abschnitt eingegangen. — **19** Bereits im Namensregister der Buchfassung des Dramas wird der Sohn der chinesischen Mutter als »DER STUMME, ihr Sohn« eingeführt (vgl. 140). — **20** De Groot: »Zeitgestaltung im Drama Max Frischs«, a.a.O., S. 152. — **21** Allaba: »Literatur und Gesellschaft im interkulturellen Vergleich«, a.a.O., S. 164. — **22** De Groot: »Zeitgestaltung im Drama Max Frischs«, a.a.O., S. 152. — **23** Vgl. Allaba: »Literatur und Gesellschaft im interkulturellen Vergleich«, a.a.O., S. 173. Die Maske »Brutus« gibt den zentralen Hinweis dafür, warum das Volk nichts an seiner Lage zu ändern vermag bzw. dieses Bestreben auch gar nicht ernsthaft verfolgt: »Und was das Volk betrifft, bedenk bloß eins:/Wie täglich Brot, glaub ich, so unerläßlich/Sind ihnen Willkür, Hochmut, Fehl und Unrecht/Der andern nämlich, die man Große nennt./Wer Unrecht leidet (fragt die eigne Brust),/Dünkt selber sich, bloß weil erleidet,/schon/Gerecht, kann fordern, was er selbst nicht leistet/Ich habe es oft bedacht. Ist es nicht so.« (212) — **24** Mei-Ling Luzia Wang: »Tagebuch als literarische Werkstatt: Max Frischs

Tagebuch und seine Farce ›Die chinesische Mauer‹«, in: »Fu Jen Studies Literature & linguistics«, 1991, H. 24, S. 1–11, hier S. 2. — **25** Vgl. hierzu auch die Ausführungen des nachfolgenden Abschnitts. — **26** Max Frisch: »Theater ohne Illusion« (1948), in: Ders.: »Gesammelte Werke«, Bd. II, a. a. O., S. 332–336, hier S. 335. — **27** In seinen Anmerkungen »*Zu* Nun singen sie wieder‹« (1946) heißt es etwa: »Kulissen sollen nur soweit vorhanden sein, als sie der Schauspieler braucht, und auf keinen Fall dürfen sie eine Wirklichkeit vortäuschen wollen. Denn es muß der Eindruck eines Spieles durchaus bewahrt bleiben, so daß keines es am wirklichen Leben vergleichen wird, das ungeheuer ist.« Max Frisch: »*Zu* Nun singen sie wieder«, ebd., S. 137. — **28** Kaiser: »Max Frischs Farce ›Die Chinesische Mauer‹«, a. a. O., S. 107. — **29** Jan Assmann: »Thomas Mann und Ägypten. Mythos und Monotheismus in den Josephsromanen«, München 2006, S. 70. — **30** Vgl. Allaba: »Literatur und Gesellschaft im interkulturellen Vergleich«, a. a. O., S. 90 ff. — **31** Matthias Klaus: »Die Dramen von Max Frisch. Strukturen und Aussagen«, in: »Über Max Frisch II«, a. a. O., S. 75–124, hier S. 89. — **32** De Groot: »Zeitgestaltung im Drama Max Frischs«, a. a. O., S. 131. — **33** Max Frisch: »Die Chinesische Mauer. Eine Farce«, Klosterberg, Basel 1947. — **34** Vgl. Kost: »Geschichte als Komödie«, a. a. O., S. 106. — **35** Heinz Gockel: »Max Frisch. Drama und Dramaturgie«, München 1989, S. 58. — **36** Walter Jacobi: »Max Frischs ›Die Chinesische Mauer‹: Die Beziehung zwischen Sinngehalt und Form. Ein Beitrag zum Formproblem des modernen Dramas«, in: »Max Frisch – Beiträge zur Wirkungsgeschichte«, hg. von Albrecht Schau, Freiburg i. Br. 1971, S. 211–224, hier S. 217. — **37** Frisch: »Zur Chinesischen Mauer«, a. a. O., S. 390. — **38** Gockel: »Max Frisch«, a. a. O., S. 59. — **39** Max Frisch: »Wo spielt unser Stück? Brief an die Darstellerin einer Nebenrolle«, in: Ders.: »Gesammelte Werke«, Bd. II, a. a. O., S. 218 f., hier S. 218. — **40** Frisch: »Zu Santa Cruz«, ebd., S. 76 f. Hier heißt es: Das Stück »möchte die Dinge nicht spielen lassen, wie sie im Kalender stehen, sondern so, wie sie in unserem Bewußtsein spielen, wie sie auftreten auf der Bühne unseres seelischen Erlebens: also nicht Chronik, sondern Synchronik« (S. 76). — **41** Frisch: »Tagebuch 1946–1949«, a. a. O., S. 371. — **42** Vgl. Lüthi: »Max Frisch«, a. a. O., S. 9. — **43** Kost: »Geschichte als Komödie«, a. a. O., S. 113. — **44** Max Frisch: »Biografie: Ein Spiel«, in: Ders.: »Gesammelte Werke«, a. a. O., Bd. V: »1964–1967«, Frankfurt / M. 1976, S. 481–578, hier S. 492. Vgl. auch Kost: »Geschichte als Komödie«, a. a. O., S. 108 f. — **45** Kost: »Geschichte als Komödie«, a. a. O., S. 109. — **46** Vgl. Kaiser: »Max Frischs Farce ›Die Chinesische Mauer‹«, a. a. O., S. 116. — **47** Ebd., S. 118. — **48** Ebd., S. 124. — **49** Kost: »Geschichte als Komödie«, a. a. O., S. 114. — **50** Ebd. — **51** Frisch: »Tagebuch 1946–1949«, a. a. O., S. 589. — **52** Unter Farce (frz. Füllsel; von lat. farcire: stopfen) verstand man ursprünglich eine Einlage derb-komischen Charakters in mittelalterlichen Spielen, dann eigenständige kurze, possenhafte Spiele zur Verspottung menschlicher Schwächen und Torheiten; als Gattung beliebt in Frankreich und in Spanien im 15. und 16. Jahrhundert. Vgl. Edgar Neis: »Erläuterungen zu Max Frisch: Die Chinesische Mauer«, Hollfeld [o. J.], S. 36. — **53** Gerhard Mack: »Die Farce. Studien zur Begriffsbestimmung und Gattungsgeschichte in der neueren deutschen Literatur«, München 1989, S. 13. — **54** Kost: »Geschichte als Komödie«, a. a. O., S. 121. — **55** Mack: »Die Farce«, a. a. O., S. 21. — **56** Ebd., S. 122. — **57** Ebd., S. 119. — **58** Frisch: »Tagebuch 1946–1949«, a. a. O., S. 225. — **59** Kost: »Geschichte als Komödie«, a. a. O., S. 113. — **60** Ebd., S. 110. — **61** Frisch: »Tagebuch 1946–1949«, a. a. O., S. 536. — **62** Wang: »Tagebuch als literarische Werkstatt«, a. a. O., S. 9. — **63** Vgl. zu dieser These v. a. auch Lüthi: »Max Frisch«, a. a. O., S. 57 und Kaiser: »Max Frischs Farce ›Die Chinesische Mauer‹«, a. a. O., S. 123. — **64** Frisch: »Tagebuch 1946–1949«, a. a. O., S. 467.

Vesna Kondrič Horvat

»Nur der Nüchterne ahnt das Heilige, alles andere ist Geflunker ...«

Der Intellektuelle als Rolle in »Don Juan oder Die Liebe zur Geometrie«

> »Er nennt es Gott, ich nenne es Geometrie;
> jeder Mann hat etwas Höheres als das Weib,
> wenn er wieder nüchtern ist.«[1]

Zehn Jahre nach dem ersten Roman begann Frisch mit dem Theaterschaffen und schrieb abwechselnd Prosa und für das Theater. In beiden Fällen griff er auf dieselben Themen und Motive zurück. Durch diese Wiederholung verwies er auf immer dasselbe »Erlebnismuster«[2] jedes Individuums, das ihm nach umso klarer zum Ausdruck komme, je länger man erzähle. Doch scheint ihn dabei etwas Ähnliches fasziniert zu haben wie den Beobachter einer Spieluhr: Jede Stunde zeigt sie das gleiche Spiel und doch wartet man mit Spannung, ob bei dem Schlag der nächsten Stunde etwas anderes geschieht.[3] Die Wiederholung der Motive in Frischs Werk: Motiv der Selbstsuche, Motiv der Flucht, Motiv der Technik, Motiv der Ehe ... findet man auch im Theaterstück »Don Juan oder Die Liebe zur Geometrie«, wo er einen Möglichkeitsmenschen im Sinne Musils entwirft – »›Don Juan‹ ist seine Rolle«, sagt er in »Nachträgliches zu Don Juan« über seinen Protagonisten[4] – wie später auch in den Romanen »Stiller«, »Homo faber« und »Mein Name sei Gantenbein«.[5] In dem Entwurf solcher Figuren spiegelt sich Frischs Theaterauffassung: »Wie immer das Theater sich gibt, ist es Kunst: Spiel als Antwort auf die Unabbildbarkeit der Welt. Was abbildbar wird, ist Poesie.«[6] In »Nachträgliches zu Don Juan« erklärt er, warum er Don Juan als keinen fertigen, sondern als »einen Werdenden zu entwickeln« versucht, warum ihm ein »reflektierter Don Juan«, also die Frage, wie man »in *die Rolle* (Hervorhebung V. K. H.) eines Don Juan kommt«, wichtig ist.[7] Dabei lässt Frisch nicht unbegründet Don Juans Affären aus. »Sie werden ganz bewußt ausgespart, um allein die Beziehung Don Juans zu ihnen, seine Reflexion auf sie in der Subjektivität der Ich-Aussprache zu gestalten«[8], seine Rolle zu reflektieren. Frischs Don Juan zeigt, dass Weltverständnis und Selbstverständnis des Menschen, wie sie im bekannten Mythos von Don Juan zum Ausdruck gebracht wurden, notwendigerweise ständig hinterfragt werden müssen und die Rolle des Protagonisten problematisiert werden muss. Er tut es im Lichte der neuen technisierten und materialisierten Welt.

»Don Juan oder Die Liebe zur Geometrie« erschien nur wenige Jahre nach Horkheimers englischer Fassung der für jene Zeit so bezeichnenden Schrift »Zur Kritik der instrumentellen Vernunft« (»Eclipse of Reason«, in den USA 1947).[9] In einer neueren Studie bezeichnet Éric Lysøe, der Frischs, André Obeys, Charles Bertins und Henry de Montherlants »Don Juan« vergleicht, Frischs »Don Juan« als ein postmodernes Stück, das »in einem archaischen Mythos aufgeht, der das rationale Projekt des Verführers und Geometers zutiefst erschüttert«.[10] Dabei interessierte Frisch vor allem die private Dimension. Manfred Durzak nennt Frischs Werk treffend »existentielle Erkundung des eigenen Selbst«.[11] Er untersucht Frisch auf der Folie des Gegensatzes zu Brecht und behandelt die Veränderung nicht als politische, sondern als »ästhetische Kategorie«[12] und spricht von der »Poetik des Möglichkeitentheaters«[13]. Jürgen Petersen erwähnt dazu noch ein weiteres zentrales Problem Frischs, nämlich die »Bildnisproblematik«, die bis zu »Don Juan«, »Stiller« und »Andorra« »von gravierender Bedeutung ist«.[14] Das Bildnis des »sinnlich-erotischen Verführers« wandelt Frisch »zur verfügbar gewordenen, zitierbaren Rolle« um.[15] Durch Hinterfragung eines gängigen Mythos demonstriert Frisch noch einmal die gescheiterte Flucht eines Einzelnen vor sich selbst und den gescheiterten Versuch des Ausbruchs aus einer Rolle – diesmal in dramatischer Form.

»Das Theater ist etwas Erotisches im weiteren Sinne des Wortes: es ist die Körperhaftigkeit, die Sinnlichkeit von Körper und Stimme«[16], antwortete Frisch auf die Frage, warum er sich für das Theater begeistere. Als Volker Hage, sein Biograf, ihn fragte, was in einer monografischen Arbeit über ihn keinesfalls fehlen dürfe, gab Frisch unter fünf Punkten auch Folgendes an: »1. wichtig: Schauspielhaus ZH (1933–1950) (…) 3. Brecht (…).«[17] Von seiner Faszination für das Theater und die Schauspieler handelt einer seiner frühesten Aufsätze, mit dem Titel »Mimische Partitur?«, den er im Alter von 20 Jahren schrieb und der an erster Stelle der Ausgabe seiner gesammelten Werke steht. Darin behauptet er, Schauspielkunst könne man nicht vorschreiben: »Jede schauspielerische Leistung entspringt der Fiktion. Zu einem großen Darsteller gehört eine große fiktive Kraft.«[18] Eine große fiktive Kraft gehört für Frisch auch zum Stückeschreiben, somit erklärt sich bereits die Wahl des Ortes in »Don Juan oder Die Liebe zur Geometrie«: »ein theatralisches Sevilla«, und auch die Zeit des Stückes: »eine Zeit guter Kostüme«. In diesen Ort und in diese Zeit bettet er die gängigen Figuren des Don-Juan-Mythos ein, den er in einer Form präsentiert, die er im jahrelangen Studieren der Theaterkunst erlernt hat und die ihn zum Experimentieren, zur Erprobung neuer Möglichkeiten geführt hat.

Mit dem Theaterschaffen begann Frisch ziemlich spät, mit 33 Jahren, obwohl er die ersten Versuche schon mit 16 gemacht hatte. Damals schickte er einige von seinen frühen Versuchen an Max Reinhardt, der sie jedoch ablehnte. Die Enttäuschung war sehr groß und als der 20-Jährige das Germanistikstudium aufnahm, glaubte er, für das Theaterschaffen sei es schon zu spät, da Schiller seine »Räuber« schließlich mit 18 geschrieben habe. In einem mit »Autobiographie« betitelten Eintrag in seinem »Tagebuch 1946–1949« liest man, er habe sich als Kind nicht wie andere Kinder für Karl May begeistern können. Gelesen habe er nur »Don Quixote« und »Onkel Toms Hütte«, was ihn jedoch schon damals faszinierte, war das Theater: »Was mich unersättlicher begeisterte, war Fußball und später Theater. Eine Aufführung der Räuber, eine vermutlich sehr schwache Aufführung, wirkte so, daß ich nicht begriff, wieso Menschen, Erwachsene, die genug Taschengeld haben und keine Schulaufgaben, nicht jeden Abend im Theater verbringen. Das war es doch, das Leben. Eine ziemliche Verwirrung verursachte das erste Stück, wo ich Leute in unseren alltäglichen Kleidern auf der Bühne sah; das hieß ja nicht mehr und nicht weniger, als daß man auch heutzutage Stücke schreiben könnte.«[19] Nach dem Erfolg mit der Prosa kamen zu dem Roman »Die Schwierigen oder J'adore ce qui me brûle« (1943) ein paar anregende Zeilen vom Dramaturgen des Zürcher Schauspielhauses Kurt Hirschfeld, es einmal mit einem Theaterstück zu versuchen. Oft hat Frisch dann eine Skizze aus seinem Tagebuch genommen und daraus entstand ein Hörspiel oder ein Theaterstück. In einem »Arabeske« betitelten Text im »Tagebuch 1946–1949« findet man auch die Figur Don Juan. Diese stellt er im Stück »Die Chinesische Mauer« (1946) in einem großen Figurenrepertoire zum ersten Mal auf die Bühne. Don Juan begann Frisch 1950 intensiver zu beschäftigen, doch es kam zu einer erstaunlichen Wende. In ihrem Aufsatz »Der Intellektuelle in Max Frischs ›Don Juan‹ und ›Homo faber‹« verglich Herta Franz die beiden Hauptfiguren und kam zu dem Schluss, dass Frisch hier ein sehr negatives Bild des Intellektuellen zeichnet. Dies sei deprimierend, wenn man bedenke, dass der Autor noch in den Jahren 1946 bis 1955 in »Die Chinesische Mauer« ein positives Bild von jenem Menschentyp entworfen habe. Der ›Heutige‹, die zentrale Figur der »Chinesischen Mauer«, zerstöre nämlich die Schöpfung nicht, sondern versuche, sie in Kenntnis der modernen Naturwissenschaften und ihrer ungeheuren oder ungeheuerlichen Möglichkeiten zu retten. Er durchbreche die Ratlosigkeit angesichts der Frage nach Gott durch einige vorsichtige Antworten, die, ohne ihn zum *sacrificium intellectus* zu zwingen, positive Möglichkeiten eröffnen: Gott werde im Bereich des Menschen Ereignis, und zwar im christlichen Verfahren. Von ihm erwarte der Heutige das Überleben der Menschheit.[20] Die Uraufführung von Frischs Stück »Don Juan oder Die Liebe zur Geometrie«, in dem Don Juan die Hauptfigur ist, fand am 5. Mai 1953 gleichzeitig am Zürcher Schauspielhaus (Regie: Oskar Wälterlin) und am Berliner Schiller-Theater (Regie: Hans Schalla) statt.[21]

Die zentrale Pointe aller Werke Frischs, nicht nur der Theaterstücke, die zu deren Strukturprinzip geworden ist, kristallisiert sich aus einem kleinen Lexikonausschnitt MENSCH heraus, den wir in seiner späten Erzählung »Der Mensch erscheint im Holozän« (1979) finden. Dieser besagt, dass der Mensch sich selbst das größte Rätsel sei, das sich über Gott, über seine Vorfahren oder sogar über die Maske zu definieren versucht.[22] Um sich selbst vor der Gesellschaft, vor dem Bildnis zu schützen, aber eigentlich auch sein Selbst vor sich zu verstecken, setzen fast alle Protagonisten Frischs einmal eine Maske auf: Sei es Walter Faber in »Homo faber«, der behauptet, er sei Techniker und habe keine emotionale Seite, bis diese ihn einholt, oder Ludwig Anatol Stiller in »Stiller«, der beteuert, »Ich bin nicht Stiller«, er habe keine Vergangenheit, bis er letztendlich resigniert sein sich aus Vergangenem konstituierendes Selbst akzeptiert, und sogar der Erzähler in »Mein Name sei Gantenbein«, der verschiedene Rollen, verschiedene Möglichkeiten seines Ichs ausprobiert.[23]

Die Maske schützt die Protagonisten nicht nur vor den Vorurteilen der Gesellschaft, sondern auch vor dem eigenen Selbst, mit dem sie unzufrieden sind und das sie zur Flucht treibt, und vor dem gesellschaftlichen Rollenzwang. »Doch die Wahrheit besteht nicht in dem, was an und für sich, sondern in dem, was für andere ist, was die Umwelt, ihre Institutionen, Interessen und Affekte als Wahrheit gesetzt haben«[24], stellt Peter Pütz für »Andorra« (1961) fest. In diese Reihe der fliehenden Protagonisten gehört auch Don Juan, dem die Herzogin von Ronda gegen Ende des Stückes sagt: »Du hast immer bloß dich selbst geliebt und nie dich selbst gefunden. Drum hassest du uns. Du hast uns stets als Weib genommen nie als Frau. Als Episode. Jede von uns. Aber die Episode hat dein ganzes Leben verschlungen.« (145)[25] Philippe Wellnitz bemerkt: »Genau dieses Episodenhafte, das Zerstückelte im Wesen der Persönlichkeit, ist ein Merkmal der Moderne, eben des Post-Tragischen, des neuen Tragischen im Sinne eines Dürrenmatts oder eines Ionescos.«[26] Schon im ersten Akt, als man ihn, den Bräutigam in Sevilla und »Held von Cordoba«, erwartet, bekennt er: »Roderigo, ich habe Angst« (103) und fragt seinen Freund »Woher weißt du es, wen Du liebst?« (104), bis er feststellt: »Ich glaube, ich liebe. (…) Ich liebe. Aber wen?« (ebd.). Hier kommen wir zum Kern des Dramas, der angeblichen Austauschbarkeit, der Verwechslung, wovon es fortan sehr viele gibt und die das Drama erst ermöglichen.

Der Name Don Juan im Titel des Dramas – »Männerfiguren ohne aussagekräftige Namen sind in Frischs Werken eine Minderheit«[27] – und die Empörung Tenorios, Don Juans Vaters, über einen Satz des Sohnes, er mache sich nichts aus Frauen und, mehr noch, über die Entdeckung, sein Sohn sei mit 20 Jahren noch nie bei einer Frau gewesen, lassen ahnen, worum es sich in diesem Theaterstück handeln wird: um die Paradoxie oder, noch treffender: die Parodierung eines alten Stoffes, denn Frischs Don Juan interessiert sich im Gegensatz zum Klischee nicht für Frauen, sondern für Geometrie, und im Freudenhaus spielt er mit der Hure Schach. Wie Barbara Rowińska-Januszewska feststellt, wird der Mythos, der oft ein wichtiges Element im kulturellen Erbe erfüllt, »zum negativen Freiheitsfaktor, sobald er als Wahrheit angenommen wird«.[28] Mit seiner unkonventionellen Bearbeitung des Typus reiht sich Frisch gleichwohl in die lange Tradition von Don-Juan-Figuren ein. In die Literatur eingeführt wurde der Stoff 1619 von Tirso de Molina mit seinem Theaterstück »El Burlador de Sevilla y convidado da piedra«, und wenn dieser den Mythos noch tragisch darstellt, so wendete ihn bereits Molière ins Komische. Auch Frischs Theaterstück trägt die Bezeichnung Komödie, obwohl man es mit Rücksicht auf die zahlreichen Toten besser eine Tragödie nennen sollte. Zu diesem Schluss kommt auch Philippe Wellnitz, der in seinem Aufsatz »Don Juan oder Die Liebe zur Geometrie – von der Unmöglichkeit des Tragischen nach der Tragödie« Don Juan in die Nachkriegstradition stellt und die »Komik der lächerlichen Wiederholungen und Verwechslungen, der letztendlich eine tragisch-existentielle Dimension erwächst«, untersucht.[29]

Ganz im Sinne von Brechts epischem Theater erscheint die Ortsangabe. Das Stück spielt im »theatralischen Sevilla«, und auch die Zeit ist nicht irgendeine »authentische« Zeit, sondern »eine Zeit guter Kostüme«, eine Zeit also, die dem Menschen verschiedene Rollen ermöglicht. In einer Antwort an den Komparatisten Manfred Gsteiger beteuerte Frisch, er habe weder Molières noch Tirso de Molinas Stück gekannt, als er »Don Juan« zu schreiben begann, im Sommer 1952 las er dann beide Stücke. 1950 habe er während einer Spanienreise eine Don-Juan-Bearbeitung aus dem 19. Jahrhundert gesehen, aber den Text nicht verstanden. Er kannte jedoch das Stück »Celestina« von Fernando de Rojas und er wusste, was Kierkegaard über Mozarts »Don Juan« geschrieben hat.[30] Kierkegaard behandelt im ersten Teil von »Entweder Oder« den »Don Juan« und seine Verbundenheit mit dem Christentum, wie Julian Schütt feststellt: »Das Christentum brachte erst die von Don Juan ausgelebte Sinnlichkeit in die Welt hinein, und dasselbe Christentum jagte diese Sinnlichkeit dann wieder aus der Welt hinaus. Im antiken Griechenland konnte die Erotik unbeherrscht ausgelebt werden; zu einem Prinzip und einem stigmatisierten Begriff wurde sie aber im Christentum, das ihr feindlich gegenüberstand und sie als gefährliche Kraft bekämpfte. Diese Dialektik zwischen Kirche und dem Erotischen variiert Frisch in seinem *Don Juan*«[31] – eine Frage, die Frisch offensichtlich sehr irritierte und Don Juan in den Intellektualismus trieb. Eine große Rolle spielt dabei Pater Diego. Klaus Müller-Salget macht in seinem Buch »Literatur ist Widerstand« im Kapitel »Diegos Aster. Imagologische Anmerkungen zu Max Frischs ›Don Juan oder Die Liebe zur Geometrie‹« zu Recht darauf aufmerksam, dass Frischs Interpreten die »wesentliche Rolle« des Paters übersehen haben.[32] Wie Müller-Salget betont, kann gerade der Pater, der die Gartenbaukunst der Mauren bewundert, als Don Juans Konterpart gesehen werden: »Die Mauren, deren Fürst sowohl eine unschätzbar wertvolle Bibliothek als auch einen betörenden Harem sein eigen nannte, und Diego, der weltfrohe Priester, stehen für ein anderes Prinzip als Juan, der nur in Antithesen zu denken und zu leben vermag.«[33] Manfred Jurgensen sieht gerade deswegen in diesem Stück »das Problem des gespaltenen Menschen«[34], und das Spiegelbild im schwarzen Wasser draußen an der Zisterne reflektiert »Juans Unvermögen sich selbst zu begreifen«[35].

Frisch bemüht sich, Don Juan aus seiner mythischen Rolle zu befreien. Dieser versucht gegen die vorgefestigte Meinung zu leben, aber sein Problem besteht darin, dass er von einer Rolle in die andere flieht: in eine selbst geschmiedete intellektualistische Rolle. Bereits im ersten der fünf Akte, in dem man den Bräutigam Don Juan erwartet, erscheinen die Menschen in Masken und es kommt zu einer ersten Verwechslung. Die Hure Miranda, die sich in Don Juan verliebt hat und sicher ist, dass er hinter der Maske steckt, erklärt ihm ihre Liebe, erschrickt jedoch, als sie Don Juan ohne Maske herkommen sieht und feststellt, dass sie in Wirklichkeit mit seinem besten Freund Don Roderigo zusammen war, dem sie vorher erzählt hatte, dass alle Männer einschließlich Don Roderigo verwechselt werden könnten, denn sie seien sich alle gleich und: »Noch wenn sie schweigen und umarmen, sind es Redensarten.« (102) Verwechslungen werden schon im ersten Akt auch durch die Rede des Paters angekündigt, der einen Brauch der Heiden beschreibt, nach dem der Bräutigam die Braut suchte. Die Heiden nannten es die Nacht des Erkennens, in der jeder sich mit jedem paarte, alle trugen eine gleiche Larve und die Braut und der Bräutigam mussten einander erkennen. Der Brauch scheiterte offensichtlich daran, dass es »zuviel Verwechslungen« (107) gab. Diese werden dadurch auch in diesem Stück angekündigt, denn Donna Elvira, die Mutter der Braut Donna Anna, fühlt sich sehr bräutlich, spricht die geheime Hoffnung aus, Don Juan werde sie nicht mit ihrer Tochter Anna verwechseln. Sie sagt Pater Diego – der geschickt seine Rolle spielt, mit dem sie offensichtlich ein Verhältnis hatte und der später mit ihrem Mann über ihre Ehe als »Vorbild der spanischen Ehe« (114) spricht –, sie habe ihm nicht die »Untreue« (101) geschworen und untreu könne sie nur ihrem Mann werden. Als ein Leitmotiv zieht sich durch den ganzen ersten Akt der Schrei des Pfaus, mit dem er schon ganze sieben Wochen um seine Donna Pfau wirbt. So delegiert Don Juan »die Erotik der Situation an die Pfauenschreie, was übrigens auch semiotisch interessant ist: Absenz der Figur, Tierschrei statt diskursiver dramatischer Liebe.«[36] Im ersten Intermezzo entlässt die erste Kupplerin Spaniens Celestina die Hure Miranda, die ihre Rolle nicht mehr beherrscht. Sie hat sich verliebt und Celestina duldet keinen »Kitsch« (109) in ihrem Haus, wo sich der Mann »von seinen falschen Gefühlen«, von der Rolle also, erhole (110). Im zweiten Akt will Don Juan seine Braut Donna Anna heiraten und einen Meineid schwören, er will, sagt er der versammelten Gemeinschaft, »eure Hochzeit als Spiel« nehmen (119). Dann entdeckt er, dass er in der Nacht insgeheim seine eigene Braut geliebt hat, die er allerdings erkennt. Er wird unsicher und sagt laut Nein, denn wie soll er wissen, wen er liebe, wenn seine Braut, die *ihn* erwartet habe, mit dem »ersten besten, der zufällig ich selber war …« (122) geflohen sei. Da er nicht wisse, wen er geliebt habe, habe er beide verloren und: »Ich habe mich selbst verloren.« (123) Am Ende dieses Aktes flieht er mit der Mutter der Braut in ihre Kammer und im Intermezzo erfahren wir von Mirandas Plan, maskiert, in der Rolle der Braut, vor Don Juan zu treten: »einmal erkannt sein als Braut und wär's auch nur zum Schein« (127). Im dritten Akt diskutiert Don Juan die Liebe und Gefühle und sagt im Sinne seines Nachfolgers Walter Faber in »Homo faber« (1957): »Ich bin jetzt nicht in der Verfassung, Gefühle zu haben« (129), und flieht vor diesen »Zur Geometrie« (131) mit der Frage an seinen Freund: »Hast du es nie erlebt, das nüchterne Staunen vor einem Wissen, das stimmt?« (ebd.). Das Wort »nüchtern« als Gegensatz zu Gefühlen verwendet Don Juan mehrmals, denn es »graust« ihm »vor dem Sumpf unserer Stimmungen« (ebd.), bis er letztlich feststellt: »Nur der Nüchterne ahnt das Heilige, alles andere ist Geflunker, glaub mir, nicht wert, daß wir uns aufhalten darin.« (132) Dieses Denken in Gegensatzpaaren begründet seine Wahl der Geometrie statt der unbeständigen Gefühle und der Frau. Es wird jedoch nicht konsequent durchgeführt, denn von nun an flieht Don Juan in einer angenommenen Rolle von Frau zu Frau und landet schließlich bei einer, die etwas Besonders hat, »sie war die Braut seines einzigen Freundes« (135). Danach verschuldet Don Juan den Tod von Don Roderigo, Don Gonzalo, Donna Anna, Don Juans Vater und später erhängt sich der betrogene Ehemann Don Lopez. Im vierten Akt, Don Juan ist nun 33 Jahre alt und die spanische Kirche verfolgt ihn seit zwölf Jahren, versucht Don Juan, der sich fragt: »War es nötig, daß es zwei Geschlechter gibt?« (146), mithilfe des Bischofs von Cordoba seine »Höllenfahrt« (151) zu inszenieren, um nachher als Mönch ruhig weiterleben zu können. Doch Don Gonzalo, einer der betrogenen Ehemänner, nun als Bischof von Cordoba verkleidet, hat ein einziges Ziel: Don Juan als Ehemann zu sehen. Als Retterin bietet sich die Hure Miranda an, die als Herzogin von Ronda vor ihn tritt und ihm das Angebot macht, sie zu heiraten und sich dann nur der Geometrie zu widmen. Sie ist die Einzige, die sein Problem erkennt: »Ich habe dich einmal geliebt, weil ein Schach dich unwiderstehlicher lockte als ein Weib. (…) Ich sehe dein Leben: voll Weib, Juan und ohne Geometrie.« (144) Dennoch lehnt Don Juan ab: »Noch hat das Weib mich nicht besiegt, Herzogin von

Ronda, und eher fahre ich in die Hölle als in die Ehe –« (ebd.). Die Höllenfahrt ist gelungen und ganz Spanien wähnt Juan in der Hölle, bis Celestina in dem letzten Intermezzo nach dem vierten Akt Donna Elvira erfolglos von dem Schwindel zu überzeugen versucht, indem sie zugibt, die Rolle des »Steinernen Gasts« in der fiktiven Höllenfahrt gespielt zu haben. Zum Schluss ist Don Juan verheiratet und seine Frau Miranda schwanger. Michael Butler nennt das »eine vernünftige Anpassung an die Alltagsroutine«.[37] Frisch dagegen spricht von der »Kapitulation«. Don Juans Vaterrolle sei »seine erste Bewegung zur Reife«[38] und somit eine Identitätsfrage.

Die existenzielle Not des Einzelnen, der sich in der Gesellschaft und in seiner Rolle gefangen sieht, versucht Frisch immer wieder durch dieselben Motive zum Ausdruck zu bringen und so ein Thema seines Werkganzen zu konstituieren: die Flucht vor sich selbst. Zahlreiche seiner Protagonisten fliehen vor der Gesellschaft, vor der Rolle, die sie in ihr zu spielen haben, und zur gleichen Zeit fliehen sie auch vor sich selbst. Don Juan sucht Zuflucht in der Geometrie, die er mit männlicher Rationalität und Nüchternheit gleichsetzt. Das Leben hat ihn überholt und er bemüht sich, es wieder einzuholen, was ihm nicht gelingen kann, weil er in die falsche Richtung strebt. Er bewegt sich nämlich weg von sich selbst, er versucht den Weg zur Identität durch die Verweigerung seiner ›eigentlichen‹[39] Identität zu vollziehen. In einer ähnlich intellektualistischen Rolle wie Don Juan sieht sich auch Enderlin in »Mein Name sei Gantenbein«. Er erhält einen Ruf nach Harvard, zögert aber, weil er keine Rolle spielen will, an die er nicht glaubt. Dennoch erhofft er sich von der Rolle des Professors Autonomie und Distanz. So fragt man sich auch angesichts von Don Juans Flucht in die Geometrie, in das Nüchterne: Ist sie Ausdruck reinen Wissensdrangs oder die Ausflucht von einer Rolle in eine andere Rolle? Versucht er dadurch nur ein Versteck vor dem Selbst zu finden? Identitätssuche ist der Ausdruck, der in Bezug auf Frischs Werk am häufigsten verwendet wird, wobei Identitätsbewusstwerdung eher zutreffen würde. Wie intensiv Don Juan auch versucht, in die Kleider eines anderen zu schlüpfen, seine wahre Identität kann er nicht verstecken, früher oder später muss er sich erkennen lassen. Seine Flucht wird durch die »Diskrepanz zwischen der erfahrbaren Ich-Wirklichkeit mit all den offenen Möglichkeiten und dem fixierten Rollen-Ich«[40] motiviert, was Walter Hinderer sogar als Hauptthema in Frischs Tagebüchern, Romanen und Dramen betrachtet.

Wie sehr auch immer Don Juan sich bemüht, die Rolle des Intellektuellen zu spielen, einem Teil des Lebens, dem Gefühlsleben, und der Frau zu entkommen, gelingt ihm nicht. In seiner Flucht vor dem Leben und vor der Verantwortung sich selbst und dem anderen Geschlecht gegenüber verstrickt er sich immer mehr, bis er schließlich in der so gefürchteten Ehe landet. Wie Walter Faber und Anatol Ludwig Stiller ist Don Juan

Schachspieler und auch er greift zu einer falschen Figur und setzt sich selbst matt.

Frischs Theaterstücke und somit auch »Don Juan« stellen Konflikte dar, geben jedoch keine Lösungen vor und legen keine ausgearbeiteten philosophischen Konzepte dar. Frisch bietet dem Publikum die Möglichkeit an, seiner Denkmethode zu folgen. Er beschreibt seine eigene Suche nach Wahrheit. Dabei analysiert er seine Beobachtungen, um die gesellschaftlichen Ereignisse und existenziellen Probleme besser zu verstehen. Er legt ambivalente Geschichten vor, die mehrere Interpretationen zulassen. Als Stückeschreiber sah er den Erfolg seines Schaffens darin, inwieweit es ihm gelang, eine Frage so zu stellen, dass das Publikum von da an ohne eine Antwort nicht mehr werde leben können, ohne eine Antwort, die es mit seinem Leben selbst geben könne – ohne intellektuelle Anstrengung also.

1 Zitiert wird nach Max Frisch: »Gesammelte Werke in zeitlicher Folge. Jubiläumsausgabe in sieben Bänden. 1931–1985«, hg. von Hans Mayer unter Mitwirkung von Walter Schmitz, Frankfurt / M. 1986 (1976), Bd. III, hier S. 121. Die »Gesammelten Werke« werden mit römischer (Bandzahl) und arabischer Ziffer (Seitenzahl) zitiert. — **2** Frisch: »Unsere Gier nach Geschichten«, in: GW IV, 262. — **3** Vgl. dazu Elisabeth Frenzel: »Stoff und Motivgeschichte«, Berlin 1966, S. 59. — **4** Frisch: »Nachträgliches zu Don Juan«, in: GW III, 170. — **5** Die Flucht vor dem Selbst in eine Rolle habe ich in meiner unveröffentlichten Magisterarbeit (Dissertation nach dem deutschen Recht) untersucht: Vesna Kondrič Horvat: »Suche nach den Zufluchtsmöglichkeiten vor dem Selbst in den Romanen ›Stiller‹, ›Homo faber‹ und ›Mein Name sei Gantenbein‹ von Max Frisch«, Ljubljana 1993. — **6** Frisch: »Der Autor und das Theater«, in: GW V, 345. — **7** Frisch: »Nachträgliches zu Don Juan«, in: GW III, 171. — **8** Hiltrud Gnüg: »Das Ende eines Mythos: Max Frischs ›Don Juan oder Die Liebe zur Geometrie‹«, in: Walter Schmitz (Hg.): »Über Max Frisch II«, Frankfurt / M. 1976, S. 220–233, hier S. 224. — **9** »Lebte er in unseren Tagen, würde Don Juan (wie ich ihn sehe) sich wahrscheinlich mit Kernphysik befassen: um zu erfahren, was stimmt. Und der Konflikt mit dem Weiblichen, mit dem unbedingten Willen nämlich, das Leben zu erhalten, bliebe der gleiche; auch als Atomforscher steht er früher oder später vor der Wahl: Tod oder Kapitulation – Kapitulation jenes männlichen Geistes, der offenbar, bleibt er selbstherrlich, die Schöpfung in die Luft sprengt, sobald er die technische Möglichkeit dazu hat.« Frisch: »Nachträgliches zu Don Juan«, in: GW III, 173. — **10** Éric Lysøe: »Don Juan und die Zeit: eine postmoderne Geometrie?«, in: Régine Battison / Margit Unser (Hg.): »Max Frisch. Sein Werk im Kontext der europäischen Literatur seiner Zeit«, Würzburg 2012, S. 141–156, hier S. 143. — **11** Manfred Durzak: »Dürrenmatt. Frisch. Weiss«, Stuttgart 1972, S. 152. — **12** Ebd., S. 148. — **13** Ebd., S. 145. — **14** Jurgen H. Petersen: »Max Frisch«, in: »Deutsche Dichter des 20. Jahrhunderts«, Berlin 1994, S. 520–531, hier S. 524. — **15** Gnüg: »Das Ende eines Mythos: Max Frischs ›Don Juan oder Die Liebe zur Geometrie‹«, a. a. O., S. 220. — **16** Heinz Ludwig Arnold: »Gespräch mit Max Frisch«, in: Ders.: »Gespräche mit den Schriftstellern«, München 1975, S. 9–73, hier S. 14. — **17** Peter Rüedi: »Fast eine Freundschaft«, in: Ders. (Hg.): »Max Frisch. Friedrich Dürrenmatt. Briefwechsel«, Zürich 1998, S. 7–91, hier S. 49. — **18** Frisch: »Mimische Partitur?«, in: GW I, 8 f. — **19** Frisch: »Tagebuch 1946–1949«, in: GW II, 584 f. — **20** Vgl. Herta Franz: »Der Intellektuelle in Max Frischs ›Don Juan‹ und ›Homo faber‹«, in: Schmitz (Hg.): »Über Max Frisch II«,

a. a. O., S. 234–244, hier S. 242. — **21** »Max Frisch hat nach eigenem Bekunden eine erste Fassung seines ›Don Juan oder Die Liebe zur Geometrie‹ im Frühjahr 1952 in nur sechs Wochen fertiggestellt. Zu diesem Zeitpunkt verbringt er in New York die letzten Monate eines einjährigen Aufenthalts, den ihm die ›Rockefeller Grant for Drama‹ finanziert hat. Auf die Idee, an diesem Stoff weiterzuarbeiten, bringt ihn möglicherweise eine Lesung von G. B. Shaws ›Don Juan in hell‹, die Frisch Ende 1951 in New York besucht. Nachweislich hat sich Frisch schon vor seinem USA-Aufenthalt mit dem Don Juan-Thema beschäftigt. So findet sich im ›Tagebuch 1946–1949‹ ein kurzer Text, betitelt mit *Arabeske*, in dem sich Don Juan über die Kirche lustig macht.« Zitiert nach Margit Unser: Exponattexte aus der Ausstellung »Eher fahre ich in die Hölle als in die Ehe« im Max Frisch-Archiv, Zürich (Mai bis Oktober 2013) anlässlich des 60. Jahrestages der Uraufführung von »Don Juan oder Die Liebe zur Geometrie« am 5. Mai 1953 am Schauspielhaus in Zürich. — **22** Daher widerspricht Frisch Kierkegaard, dass »das einzig mögliche Medium für den unmittelbaren Don Juan« Musik sei und setzt dem gegenüber das Theater, »das darin besteht, daß Larve und Wesen nicht identisch sind, so daß es zu Verwechslungen kommt wie in den alten spanischen Mantelstücken und wie überall, wo ein Mensch nicht ist, sondern sich selber sucht«. Frisch: »Nachträgliches zu Don Juan«, in: GW III, 171. — **23** Verschiedene Rollen Gantenbeins untersucht eingehend Gisela Ullrich: »Identität und Rolle. Probleme des Erzählens bei Johnson, Walser, Frisch und Fichte«, Stuttgart 1977. — **24** Peter Pütz: »Max Frischs ›Andorra‹ – ein Modell der Mißverständnisse«, in: Heinz Ludwig Arnold (Hg.): »Max Frisch«, TEXT+KRITIK, 1975, H. 47/48, S. 37–43, hier S. 39. — **25** »Don Juan oder die Liebe zur Geometrie« wird im Text nur mit der Seitenzahl zitiert. Diese beziehen sich auf die in Anm. 1 angeführten »Gesammelten Werke«, Bd. 3. — **26** Philippe Wellnitz: »›Don Juan oder Die Liebe zur Geometrie‹ – von Unmöglichkeit des Tragischen nach der Tragödie«, in: Battison/Unser (Hg.): »Max Frisch. Sein Werk im Kontext der europäischen Literatur seiner Zeit«, a. a. O., S. 131–140, hier S. 139. — **27** Julian Schütt: »Max Frisch. Biographie eines Aufstiegs. 1911–1954«, Frankfurt/M. 2011, S. 106. — **28** Barbara Rowińska-Januszewska: »Aspekte der Freiheitsproblematik im Werk von Max Frisch«, Poznań 1999, S. 170. — **29** Régine Battison/Margit Unser: »Vorwort«, in: Dies. (Hg.): »Max Frisch. Sein Werk im Kontext der europäischen Literatur seiner Zeit«, a. a. O., S. 7–11, hier S. 10. — **30** Brief Max Frischs an Manfred Gsteiger vom 31.1.1984, MFA. — **31** Schütt: »Max Frisch. Biographie eines Aufstiegs. 1911–1954«, a. a. O., S. 466. — **32** Klaus Müller-Salget: »Literatur ist Widerstand. Aufsätze aus drei Jahrzehnten«, Innsbruck 2005, S. 133. — **33** Ebd., S. 134. — **34** Manfred Jurgensen: »Max Frisch. Die Dramen«, Bern 1976, S. 38. — **35** Manfred Jurgensen: »Leitmotivischer Sprachsymbolismus in den Dramen Max Frischs«, in: Thomas Beckermann (Hg.): »Über Max Frisch«, Frankfurt/M. 1971, S. 274–286, hier S. 278. — **36** Wellnitz: »›Don Juan oder Die Liebe zur Geometrie‹ – von Unmöglichkeit des Tragischen nach der Tragödie«, a. a. O., S. 137. — **37** Michael Butler: »Die Flucht in die Abstraktion. Zu Max Frischs ›Don Juan oder die Liebe zur Geometrie‹«, in: Walter Schmitz (Hg.): »Frischs ›Don Juan oder die Liebe zur Geometrie‹«, Frankfurt/M. 1985, S. 289–308, hier S. 301. — **38** Frisch: »Nachträgliches zu Don Juan«, in: GW III, 171. — **39** Unter der eigentlichen Identität oder dem ›wirklichen‹ Leben – wie Frisch es formuliert – ist das Identischwerden mit sich selbst zu verstehen: »Wirklich nennen wir nicht, was geschieht; denn wirklich nennen wir, was ich an einem Geschehen erlebe …« Frisch: »Tagebuch 1946–1949«, in: GW II, 335. — **40** Walter Hinderer: »Ein Gefühl der Fremde. Amerikaperspektiven in Max Frischs ›Stiller‹«, in: Walter Schmitz (Hg.): »Materialien zu Max Frisch ›Stiller‹«, Bd. 1, Frankfurt/M. 1978, S. 297–304, hier S. 297.

Klaus Haberkamm

»Geschichten gibt es nur von außen.«
Zu Poetik und Diegese der Binnengeschichten
in Max Frischs Roman »Stiller«

> Wie lässt sich Sprachlosigkeit zeigen durch
> Sprache?　　　Max Frisch: »Erste Vorlesung«

> So wie er früher doch nur von sich selbst redete,
> wenn er von der Ehe ganz allgemein, von
> Negern, von Vulkanen und weiß wovon
> erzählte (…).　　　Max Frisch: »Stiller«

1

»(…) ich habe keine Sprache für meine Wirklichkeit!«[1], stellt der Untersuchungshäftling Anatol Ludwig Stiller alias James Larkins White nach langjähriger Abwesenheit bei der Niederschrift seiner Lebensgeschichte ebenso bestürzt wie nachdrücklich fest. Der Spionage verdächtig, sieht er sich mit dem aus seiner Sicht naiven Ansinnen der Schweizer Justiz konfrontiert, die Wahrheit, »nichts als die schlichte Wahrheit« (362) zu dokumentieren. »Und wenn ich mich bloß anständig an die Tatsachen halte, meint mein Verteidiger, haben wir ja die Wahrheit schon im Gehege, sozusagen mit Händen zu greifen« (371), mokiert sich der Gefangene. Sein Pseudonym dient nicht der Abwehr des gegen ihn bestehenden Argwohns – davon weiß er in der Fremde nichts –, sondern ist Signal eines intendierten Neubeginns nach schwerer Identitäts- und Lebenskrise. Es hebt ab auf die Metapher des »unbeschriebenen Blattes«, ist aber damit zugleich Symbol der von Stiller erfahrenen Sprachnot, die nach seiner Erkenntnis im Modus der Schriftlichkeit und der Mündlichkeit besteht. Bestenfalls gilt beim Beschreiben des Blattes: »Jedes Wort ist falsch und wahr, das ist das Wesen des Worts (…).« (525) Diese Ambivalenz ist dem Protagonisten kaum weniger erträglich als die Leere, das »Weiße« eben, der Seite. Sie erfasst auch den bekannten ersten Satz des Romans, insofern seine Lakonie nicht nur Ausdruck des Mangels als des Fehlens von Sprache, sondern auch als deren Beschädigung ist: »Ich bin nicht Stiller!« »Ich bin nicht mehr der frühere Stiller«, müsste es eigentlich heißen, wenngleich um den Preis der Existenzmöglichkeit des Werks.

Die wiederholte Emphase der Interpunktion ist zusätzlich nonverbales Symptom der sprachlichen Hilflosigkeit der beteuernden Figur, die allerdings paradoxerweise auch von der Dialektik der semantischen Uneindeutigkeit ihrer Aussage um der narrativ-strukturellen Stringenz des Romans willen zu profitieren weiß. Immerhin sieht sich Stiller bald in seinem Bericht genötigt, ›beredtes‹ Zeichen seines Sprachdilemmas, nach Wiederholung der anfänglichen Formulierung (vgl. 367) eine Differenzierung nachzuschieben: »Ich bin nicht ihr Stiller.« (401) Die anderen, besagt dies, legten ihn – gemäß einer der zentralen Theorien Frischs – auf ihre Sichtweise, ihr Bildnis von ihm, fest. Angesichts der Problematik dieses ständigen Drucks sprachlicher Korrektur, die somit nicht nur vom Versteckspiel des Romankonzepts bedingt ist, bleibt es nicht aus, dass der Titelheld im Lauf des Romans immer stiller wird – gelegentlich hält man seinen Namen sogar für einen Spitznamen –, bis er nach Ausweis des Schlusssatzes endgültig verstummt, gewissermaßen tatsächlich zum »unbeschriebenen Blatt« wird.

Zwangsläufig erweitert Stiller den Horizont seiner sprachbezogenen Resignation von seiner Identität zur Realität schlechthin. »Das ist es: ich habe keine Sprache für die Wirklichkeit.« (435) Sind Denken und speziell Erkenntnis an Sprache gebunden, ist die Schwierigkeit des Protagonisten folglich total. Sein Identitätsproblem wächst erheblich, wenn nicht ins Unermessliche. Auch in diesem, nichtpsychologischen Sinne trifft seine gewichtige Notiz zu, dass sein Gefängnis nicht das Äußere der Haftanstalt sei, das er sich freilich nicht ersparen könne, wolle er nicht in die Unfreiheit des Bildnisses der anderen geraten, sich die »Flucht in eine Rolle« (401) aufzwingen lassen. Vielmehr ist »das Gefängnis (…) nur in mir« (373).[2] Was also auf den ersten Blick den Bescheidenheitstopos zu bedienen scheint, »meine« gegenüber »der« Wirklichkeit, ist Indiz einer grundsätzlichen erkenntnistheoretischen und im Besonderen, wäre die Romanfigur nicht Bildhauer, sondern Schriftsteller, literarischen Aporie. Indem sich Stillers unzulängliche Sprache der Vermittlung der Realität entzieht, ist er absolut erkenntnisgehindert, existenziell sprachlos. Hinzu kommt, dass der Wirklichkeitsbegriff – gäbe es ihn außerhalb der Sprache des Subjekts, gleichsam objektiv – für Stiller keineswegs einfach zu bestimmen ist. Er, der trotz seiner prinzipiellen Reflexionen vor allem am eingegrenzten Weltausschnitt seines Ego interessiert ist, fragt sich demgemäß wiederholt, wer er eigentlich sei. Dabei verquicken sich Schwierigkeit der Wirklichkeitsdefinition und Sprachproblematik für ihn, erweist sich ihm die Abhängigkeit des Realitätsbegriffs von der Sprache. »(…) wie soll einer denn beweisen können, wer er in Wirklichkeit ist? Ich kann's nicht. Weiß ich denn selbst, wer ich bin? Das ist die erschreckende Erfahrung dieser Untersuchungshaft: ich habe keine Sprache für meine Wirklichkeit.« (436) Im Märchen von Rip van Winkle, einer von Stillers ›Parallel‹-Figuren, entgegnet der Heimkehrer nach langer

Abwesenheit auf die Frage, wer »er denn selber wäre« (427): »Gott weiß es, gestern noch meinte ich es zu wissen, aber heute, da ich erwacht bin, wie soll ich es wissen?« (ebd.) Abstrakt und notgedrungen vage erklärt Stiller, für ihn mache ein »wirkliches Leben« aus, »daß einer mit sich selbst identisch wird. Andernfalls ist er nie gewesen!« (417)

Insgesamt stellt sich daher die Frage, wie zuverlässig seine gesamten Aufzeichnungen sein können und, ins Grundsätzliche gewendet, wie verbindlich Frischs Erzählung für den Leser ist; denn offensichtlich repräsentiert die fiktive Gestalt ihren Autor als solchen. Mit dem Gebrauch eines spezifischen Verbs setzt sie sich denn auch dem realen Schriftsteller gleich: »Man kann alles erzählen, nur nicht sein wirkliches Leben (…).« (416)

In der Tat artikuliert die literarische Figur des Anatol Ludwig Stiller unter erzähltheoretischem Aspekt die zentrale und geradezu existenziell relevante Schwierigkeit des Schriftstellers Max Frisch in der Nachkriegszeit. In ihr – »Stiller« erschien 1954 – hatte auch die neutrale, bis zum Ende der Feindseligkeiten jedoch politisch-militärisch vollständig eingeschlossene Schweiz wieder Anschluss an den internationalen Kulturbetrieb und insbesondere den aktuellen Standard der Literatur zu finden. Gegen diese reale und weitgehende ideelle Isolation des Landes während der Kriegsjahre spricht nicht der Ausnahmefall der angesichts der nahen Grenzen zum faschistischen Machtbereich besonders mutigen, doch prekären Aufgeschlossenheit des Zürcher Schauspielhauses für neues, provokantes Theater gerade auch ausländischer Provenienz, etwa die Stücke Bertolt Brechts. Vor allem die progressive amerikanische Romanproduktion war aufzuarbeiten, nicht zuletzt von einem bis dahin konventionell schreibenden Autor wie Max Frisch. Er hatte, wollte er nicht schlimmstenfalls ein zweites Autodafé wie das von 1937 aus künstlerischer Frustration riskieren, für sich einen gangbaren Weg zur literarischen Kreativität zu finden. Dieser musste ihm zudem garantieren, seine hergebrachte Schreibweise zumindest fürs Erste beibehalten zu können. Dieser diffizile Kompromiss gelang Frisch mit dem Nachkriegserstlingsroman »Stiller«, der ihm zugleich den Durchbruchserfolg und den Anschluss an die Weltspitze unter den zeitgenössischen Bedingungen brachte.

2

Max Frisch hat keine Poetik im Sinne einer umfassenden, geschlossen-systematischen Theorie verfasst.[3] Aussagen zur Erzähl- und Dramen- beziehungsweise Theaterkunst finden sich partiell in den betreffenden Werken selbst, nicht zuletzt den Tagebüchern. Außer Interviews sind außerdem kleinere selbständige Abhandlungen zu nennen. Die Bündelung der poetologischen Auffassungen Frischs, vornehmlich zur Diegese, erfolgt in den beiden Vorlesungen am City College of New York vom 2. und 4. November 1981. Darin greift der Autor auch auf seine für das Verständnis des »Stiller« relevante Miszelle »Unsere Gier nach Geschichten« (1960) zurück. Ihr Keim liegt in der Erfahrung des Grauens am Kriegsende, wie es das »Tagebuch 1946–1949« thematisiert: »Im Grunde ist alles, was wir in diesen Tagen aufschreiben, nichts als eine verzweifelte Notwehr, die immerfort auf Kosten der Wahrhaftigkeit geht, unweigerlich; denn wer im letzten Grunde wahrhaftig bliebe, käme nicht mehr zurück, wenn er das Chaos betritt – oder er müsste es verwandelt haben.« (GW II, 376; Erste Vorlesung [EV] 21)

Hier interessiert das Moment der notwendigen Unwahrhaftigkeit der Sprache. Aus der Empirie entwickelt sich für Frisch eine zentrale poetologische Erkenntnis, die für ihn als Schriftsteller von existenzieller Bedeutung ist: »(…) jedes Erlebnis bleibt im Grunde unsäglich, solange wir hoffen, es ausdrücken zu können mit dem wirklichen Beispiel, das uns betroffen hat.« (GW II, 703; EV 27) Was zunächst punktuell aus lebensrettender Notwehr geschieht, erweist sich als unumgängliche ontologische Gegebenheit mit poetologischer Relevanz. Als Lösung bietet sich für den Autor Frisch zunächst die Kommunikation mit dem Leser gewissermaßen »zwischen den Zeilen« an.

»Was wichtig ist: das Unsagbare, das Weiße zwischen den Worten, und immer reden diese Worte von den Nebensachen, die wir eigentlich nicht meinen. Unser Anliegen, das eigentliche, läßt sich bestenfalls umschreiben, und das heißt ganz wörtlich: man schreibt darum herum. Man umstellt es. Man gibt Aussagen, die nie unser eigentliches Erlebnis enthalten, das unsagbar bleibt; sie können es nur umgrenzen, möglichst nahe und genau, und das Eigentliche, das Unsagbare, erscheint bestenfalls als Spannung zwischen diesen Aussagen.« (GW II, 378 f.; EV 23)

Dieses am analogen Beispiel der Arbeit des Bildhauers[4] veranschaulichte Theorem ist für die Praxis des Lesers kaum verwertbar. In der »Ersten Vorlesung«, die diesen Eintrag des »Tagebuchs 1946–1949« aus der durchlaufenden Rubrik »Zur Schriftstellerei« übernimmt, charakterisiert Frisch diese Auffassung denn auch als »autistische Position« (EV 23). Er greift daher zu einer anderen Erzählstrategie: Er kehrt zur expliziten Sprache als Medium der Wahrheit zurück, nunmehr aber erhält sie den Status der Fiktion. Da Narration bereits grundsätzlich Fiktion ist, bedarf es der begrifflichen Klärung. Der auf das Bühnengeschehen bezogene Kurztext »Illusion zweiten Grades« (1967) kann zumindest von der Überschrift her *mutatis mutandis* die Richtung weisen. Das Postulat des ursprünglichen Gedankens im frühen Tagebuch erhält in der Wiederholung der »Ersten Vorlesung« den Nachdruck einer entsprechenden Überschrift, deren englische Erläuterung in ihrer Spezifik dem New Yorker Publikum nicht unbedingt zugänglich gewesen sein dürfte: »Von der Unerlässlichkeit der Erfindung (*fiction*)«.

»Ausdrücken kann mich nur das Beispiel, das mir so fern ist wie dem Zuhörer: nämlich das erfundene. Vermitteln kann wesentlich nur das Erdichtete, das Verwandelte, das Umgestaltete, das Gestaltete – weswegen auch das künstlerische Versagen stets mit einem Gefühl von erstickender Einsamkeit verbunden ist.« (GW II, 703; EV 27)

Wie unterscheidet sich also die gemäß dem ersten Lösungsansatz lediglich umschreibende, die Wahrheit gerade nicht vermittelnde Erzählsprache als Fiktion von dem jetzt gemeinten »Erdichteten«, »Gestalteten«, das *eo ipso* ebenfalls Fiktion zu sein hat? Frisch sieht offenbar das Problem mangelnder Eindeutigkeit, wenn er in einer bezeichnenderweise elliptischen Satzkonstruktion in der »Ersten Vorlesung« nachträgt, »(d)ass Deskription nicht ausreicht –«. (Ebd.) Eine Klärung ist das freilich nicht, denn Diegese ist prinzipiell niemals Beschreibung von etwas Vorgegebenem. Die Sentenz: »Die Wahrheit kann man nicht beschreiben, nur erfinden« (EV 28), wirkt daher widersinnig, statt zu differenzieren, selbst wenn es nicht um Literatur ginge. »Deskription« ist unzureichend; »Erfindung« missverständlich, ist es doch Frisch um potenzierte Fiktion, »Fiktion zweiten Grades« zu tun, die als wahrheitsfähige sich gewissermaßen von der ›normalen‹ abhebt. Zur Entstehungszeit des »Stiller« findet Frisch angesichts dieser Herausforderung keine bessere konkrete Lösung als die Einbettung der angestrebten ›höher qualifizierten‹ Sprache in die konventionelle, die paradoxerweise als eigentlich verworfene das Verständnis des gesamten ästhetischen Textes verbürgen muss. Ohne letztlich unbeholfene Signale wie die Gattungsbezeichnungen »Schnurre« oder »Märchen« für die einschlägigen Einschübe mit den dazugehörigen imaginären Inhalten geht es bei diesem prekären Sachverhalt im »Stiller« nicht ab. Selbst die berühmten Formeln des »Buch-Ich« im »Gantenbein«, »Ich stelle mir vor« und »Ich probiere Geschichten an wie Kleider« haben den Anschein des Notbehelfs noch nicht abgelegt, mögen sie auch in ihrer Frequenzdichte dem späten Roman weitestgehend, eben keineswegs gänzlich, zur Form der Fiktion »zweiten Grades«, zum Status des nahezu absoluten Imaginären verhelfen. Ein Rest an Nichtunterscheidbarkeit der jeweiligen Fiktionsbereiche bleibt dennoch angesichts der Unteilbarkeit der Sprache; verlässliche Trennschärfe zwischen ihnen besteht nicht. Seinerseits fast resignativ teilt daher der Autor im Rückblick auf beide Romane[5] die pessimistische Einsicht des Titelhelden des »Stiller«: »Man kann alles erzählen, nur nicht sein wirkliches Leben …« (EV 28 f.), wobei die Formulierung hinter die bereits erzielte Erkenntnis der grundsätzlichen, totalen Unmöglichkeit dieses Unterfangens zurückfällt. Kaum überraschend lautet die scheinbar widersprüchliche Konsequenz aus der Aporie: »Daraus ist ein langer Roman geworden, STILLER (…).« (Ebd.) Dem noch nicht an modernem Erzählen geschulten deutschsprachigen Publikum der Nachkriegszeit mag im Übrigen Frischs im Grunde althergebrachtes ästhetisches Verfahren willkommen gewesen sein, wie noch die hilflose, teilweise sogar ablehnende Rezeption des scheinbar erzählerisch progressiveren »Gantenbein« belegt. Fehlt diesem doch fast ganz eine Handlung, die »Stiller« noch auf vertraute Weise zur Verfügung stellt! Das dem zeitgenössischen Leser erst einmal nicht ganz geheure »offen-artistische Erzählen« des Romans von 1964, mochte es sich bei genauer Betrachtung auch nur graduell von dem des ein Jahrzehnt älteren Vorgängers abheben, musste Frisch eigens in einem nachträglichen Kommentar erläutern.[6]

Frisch lenkt sozusagen von der Stagnation in der Entwicklung seiner Poetik der Diegese ab, indem er seine Idee von der Wahrheitsvermittlung durch Imagination zum Axiom erklärt. »Ich bin kein Philosoph« (GW V, 327), versichert er dabei gleichsam entschuldigend. Allenfalls kann er bei diesem Manöver auf die terminologische Differenz von Fiktion als dem basalen narrativen Medium und Imagination als der ›darüber gelagerten‹ Vorstellung verweisen.

An die Stelle des sprachlich nicht wiedergebbaren Lebens oder, weitergefasst, der Wirklichkeit tritt im Zuge solcher Festschreibung zunehmend der Begriff der Erfahrung als das auf literarischem Wege wiederzugebende ›Ereignis‹. »Erfahrung ist ein Einfall, nicht ein Ergebnis aus Vorfällen« (GW IV, 263), heißt es in einer überraschenden gedanklichen Volte. Der Begriff der Erfahrung suggeriert indes, unterstützt von paratextlichem Vokabular, in den Beispielen des Autors eine außerliterarische Ausgangssituation, einen Jedermann-Fall: »Indem ich mir vorstelle, wie es sein könnte, beispielsweise wenn ich nochmals auf diese Welt käme, also indem ich erfinde, was nie gewesen ist und nie sein wird, zeigt meine Erfahrung sich reiner, als wenn ich zu berichten versuche, wie es war um sieben Uhr abends vor einundzwanzig Jahren.« (GW IV, 262) Zum Ausgleich kann sich Frischs Sprache bei der Umschreibung dieses Sachverhalts literaraffiner Wörter bedienen und so den Fiktionalitätscharakter des Vermittlungsvorgangs betonen. Der trotz etymologischer Verwandtschaft bestehende semantische Unterschied zwischen dem Singular und dem Plural des Homonyms »Geschichte« hilft dabei, den ungewöhnlichen Gedanken Frischs zu verdeutlichen: »Vielleicht gibt es kein anderes Mittel, um Erfahrung auszudrücken, als das Erzählen von Vorfällen, also von Geschichten: als wäre es die Geschichte, aus der unsere Erfahrung hervorgegangen ist. Es ist umgekehrt, glaube ich. Was hervorgeht, sind die Geschichten. Die Erfahrung will sich lesbar machen. Sie erfindet sich ihren Anlaß.« (GW IV, 263)[7]

Vollends zum ästhetischen Erzählvorgang kehrt dann der »Gantenbein«-Kommentar zurück, in dem Frisch – Nachweis der Konstanz seines poetologischen Denkens – als realer Autor konstatiert, er schreibe »keine

Geschichten, sondern ein Erlebnismuster, das sich in Fiktionen (›Geschichten‹) demonstriert.« (GW V, 328)

Die von erfundenen Geschichten medialisierte Erfahrung, die sogar einem Muster gehorcht, erhebt dabei Anspruch auf Wahrheit, ist sie doch deren Synonym, und definiert sich wie diese: »Die Wahrheit ist keine Geschichte, sie hat nicht Anfang und Ende, sie ist einfach da oder nicht, sie ist ein Riß durch die Welt unseres Wahns, eine Erfahrung, aber keine Geschichte. Alle Geschichten sind erfunden.« (GW IV, 263)

Die Quintessenz dieser Poetik der Diegese und damit besonders des »Stiller«-Romans lautet ebenso prägnant wie vorhersehbar: »Geschichten gibt es nur von außen« (ebd.), das heißt als im Wortsinne absolute Erfindungen. In diesem Fazit artikuliert sich nach Frisch zwar eine allgemein anthropologische Erkenntnis, doch wisse speziell der Schriftsteller, »daß jede Geschichte, wie sehr sie sich auch belegen läßt mit Fakten, meine Erfindung ist« (ebd.). Dieses Bewusstsein gerade mache ihn zum Autor. Der unumgängliche Fiktionsstatus hat Konsequenzen für die Erzählperspektive. »Also weg vom Imperfekt: Es war einmal.« (GW V, 326) Diese vom »Gantenbein« abgeleitete Losung gilt für die Binnengeschichten des »Stiller« noch nicht. Sehr wohl aber gilt für den älteren Roman bereits, dass »Varianten möglich« sind, obwohl im Unterschied zum »Gantenbein« in jenem so erzählt wird, »als sei es geschehen« (ebd.), und folglich das Imperfekt zur Anwendung kommt.

Das Außen der »Geschichten von außen«, versteht man es naheliegenderweise als metaphorische Lokalität, ist also im Bezirk des Imaginären, betretbar durch Erfindungskraft, Kreativität, zu suchen. Es kann aber auch vorgeben, real zu sein, falls es von einem anderen Menschen, in diesem Sinne von außen, dem Romanprotagonisten zur Verfügung gestellt wird. Der »Gantenbein«-Roman, der somit einmal mehr die Struktur des »Stiller« rückwirkend transparent macht, führt diese Spielart geradezu didaktisch aufbereitet schon zu Beginn vor. Dort äußert das »Buch-Ich« in einer hermeneutisch-heuristischen Schlüsselstelle: »Ein Mann hat eine Erfahrung gemacht, jetzt sucht er die Geschichte dazu – man kann nicht leben mit einer Erfahrung, die ohne Geschichte bleibt, scheint es, und manchmal stellte ich mir vor, ein andrer habe genau die Geschichte meiner Erfahrung …« (GW V, 11)

Diesem Aphorismus unmittelbar voraus geht die Schilderung der Verfolgung verschiedener Männer in Paris und New York City durch das »Buch-Ich«, die als »andere«, das heißt Verkörperungen des Außen, infrage kommen. Der »andere« kann aber außerdem, und das trifft am deutlichsten auf »Stiller« zu, gewissermaßen die eine ›Hälfte‹ eines gespaltenen Ich sein. Die andere ›Hälfte‹ erzählt in diesem Falle sich selbst mittels erfundener Geschichten, die sich einmal als Schnurre oder Märchen, ein andermal als abenteuerliche Cowboy-Geschichte geben. Doch ist diese Variante kompliziert, weil die Erfindungen, die die gegenwärtige Existenzphase eines Ich, hier also der Figur Stiller, erhellen, zugleich den lebensgeschichtlich vergangenen Teil dieses Individuums kaschiert vermitteln. Sie fungieren somit nicht als reine Fiktionen »zweiten Grades«, sondern mit dem tradierten Terminus als Allegorien – was die Konventionalität des Erzählens Frischs unterstreicht. Dieses narrative Verfahren verbürgt im »Stiller« jedoch Spannung, ermöglicht die Spezifik des Romanaufbaus und dient scheinbar dem vordergründigen Zweck, den Erzählstrang des Spionageverdachts zu entfalten.

3

Die serielle *mise en abîme*[8] der genuinen »Geschichten von außen« im »Stiller« umfasst die »kleine Schnurre vom Isidor« (408), das (angeblich) amerikanische »Märchen von Rip van Winkle« (422) und die Höhlengeschichte der beiden Freunde Jim. Die Gattungsbezeichnungen weisen sie poetikgerecht als Erfindungen aus. Alle drei sind autodiegetischer Art im Sinne Gérard Genettes, obwohl Stiller als Ich-Erzähler des Romans in ihnen lediglich implizit vorkommt. Das heißt, die jeweiligen Hauptfiguren der unverkennbar erfundenen, doch hermeneutisch kenntlichen Geschichten verweisen auf den Protagonisten und seine Umstände. Das ist Stillers einigermaßen raffiniertes Mittel, das aus Selbstschutz notwendig zu Verschweigende zugleich zu offenbaren. Insofern handelt es sich wirklich um Allegorien – gewissermaßen rein technische Allegorien ohne den ideologischen Ballast ihrer historischen Vorgängertypen. So betrachtet ist Frischs narratives Verfahren in der Tat keineswegs neuartig, gestattet ihm aber die Aufrechterhaltung des konventionellen Erzählens seines Frühwerks.

Zur Einübung nicht nur der zeitgenössischen Leser setzt der Autor zwei der »Geschichten von außen« schon im ersten von sieben Heften der stillerschen »Aufzeichnungen im Gefängnis« (361) ein, das Cowboy-Abenteuer zwecks didaktischer Nachhaltigkeit im dritten, der strukturell direkten Fortsetzung des Anfangsheftes. Dadurch kommt die Figur Stillers als Erzähler zudem in die Lage, die stationenartige Entwicklung ihres Bewusstseins vorzuführen. Genaue Zielgruppe sind die, durchaus schulungsbedürftigen, externen (Erst-)Rezipienten des Romans, da die immanenten wie beispielsweise der Verteidiger und der Gefängniswärter bewusst unqualifiziert für ein Verständnis konzipiert sind und in ihrer begriffsstutzigen Naivität demonstrativ didaktisch fungieren müssen.

Die »kleine Geschichte von Isidor« (393) – Stiller nennt sie nur scheinbar ironisch, vielmehr im Geiste von Frischs Poetik eine »wahre Geschichte« (ebd.) – soll im Folgenden zum Auftakt eingehender interpretiert werden, um die ›epische‹ Methode des Autors vorzuführen. Inhaltsbezogene Vorbehalte und Einschränkungen des Ich-Erzählers sollen seine Glaubwürdigkeit erhöhen, nicht aber die Fiktionalität der Erzählung von Isidor überspielen. Das Genre der Schnurre relativiert in seiner Leichtigkeit nicht den Ernst und die Schwere des gemeinten Klartexts, mag Stiller auch an dieser Stelle der Romanerzählung sein Bewusstsein, ein »unglücklicher, nichtiger, unwesentlicher Mensch« (401) zu sein, noch unterdrücken.

Frisch setzt in der ersten »Geschichte von außen« ein klares, für alle nachfolgenden bedeutsames Entschlüsselungssignal: Isidor ist wie Stiller neun Jahre verheiratet (vgl. 385 und 393). Dass Isidor – übersetzt das »Gottesgeschenk«, Ausdruck von Stillers aktueller Selbsteinschätzung – nach langer Abwesenheit martialisch in der Tropenuniform der Fremdenlegion zurückkehrt, zeigt Stillers noch ›falsches‹ Bewusstsein zum Zeitpunkt seiner Erzählung. Er inszeniert Wunschträume: Im spanischen Bürgerkrieg, in den ihn ein romantischer Salonkommunismus getrieben hat, versagt er nach seinem Selbstverständnis als Soldat schmählich – der Hinweis seiner zeitweiligen Geliebten Sibylle auf den eigentlich humanen Charakter seiner Feigheit verfängt bei ihm nicht – und muss jetzt die damalige Demütigung offensichtlich überkompensieren. In dieser psychischen Labilität legt er zudem das prägende Negativerlebnis in sexueller Hinsicht gegen sich aus: Sein Gewehr habe im entscheidenden Augenblick versagt. Obwohl er sich entsprechend in seiner Ehe als impotent empfindet, schwängert er Sibylle, ohne sein Bildnis von sich selbst zu revidieren. Seine zarte, frigide Ehefrau Julika, als gefeierte Tänzerin die wahre Künstlerin von beiden, verwandelt Stillers Geschichte von Isidor in eine blühende Hausherrin mit mehreren Kindern und Hausfreund, Trauma und Minderwertigkeitskomplex des Ehemanns ohne Nachwuchs. Tatsächlich ist Julika in Paris nach ihrer kritischen Einlieferung ins Davoser Lungensanatorium und dem skrupellosen Verschwinden Stillers zu einer blühenden, attraktiven Frau geworden. Mit seinem vom Gebrauch abgenutzten (!) Revolver ballert Isidor nicht weniger als dreimal in die »bisher noch unberührte und mit Zuckerschaum verzierte Torte« (396), dass die Sahne spritzt, nachdem er das »ungeschmiert« (395) quietschende Gartentor durchquert hat.[9] Während der ›Künstler‹ Stiller seine junge Ehe in prekären wirtschaftlichen Verhältnissen führt, ist Isidor als Apotheker gutsituiert. Ausgerechnet am Geburtstag seiner Gattin taucht der Legionär wieder auf; mit seinem geringen, doch übersteigerten Selbstbewusstsein lässt Stiller den Apotheker sich gleichsam als Geschenk darbringen. Großzügig vergibt Isidor ihr, soll das besagen, dass ihr unzufriedenes Gehabe ihn unfreiwillig in die exotische, im Ausland aktive Armee gebracht habe. Stiller sucht auch ein Jahrzehnt später eine Bemäntelung, ohne Logik eine Schuldige, für sein halbherziges, aus bourgeoiser Frustration von Todessehnsucht geprägtes Nichtengagement bei Toledo. Tatsächlich aber ist der überforderte Stiller aus eigenem Antrieb aus seiner Existenz als Ehemann, Schweizer Bürger und Künstler geflohen. Ist dagegen in der Fremdenlegion »an Flucht (…) nicht zu denken« (394), signifiziert dies die Unausweichlichkeit seiner harten Existenz in Amerika, die nicht zuletzt von der psychischen Verfassung des Suizidgefährdeten diktiert wird. Überhaupt sind alle Details der Legion, von der Unmöglichkeit, zu korrespondieren, bis zum Verdrängen der pseudobürgerlichen Existenzweise, auf Stillers Leben in der Schweiz und dann in der Fremde hin transparent. Dass er hierbei Ausreden sucht, zeigt exemplarisch Isidors Haltung zu seinem früheren Beruf: »Er vergaß seine Apotheke, versteht sich, wie andere ihre kriminelle Vergangenheit.« (Ebd.) Es ist Stiller, der seinen ungeliebten und hochstaplerischen Beruf als Bildhauer vergisst, insgesamt seine nicht zuletzt gegen ihn selbst gerichtete »kriminelle Vergangenheit«, derentwegen er sich als ›Mörder‹ an anderen Menschen, insbesondere an Julika, begreift. Angeblich stellt er sich aus »pure(r) Anständigkeit« (ebd.) wieder ein, gesteht aber gegen Ende des Romans Rolf, dem Staatsanwalt und neuen Freund, dass er einfach mit Julika, die er wie Isidor seine Frau »liebte« (395), noch nicht fertig ist.

Stiller will mit der erfundenen Geschichte zwar verdeckt die Wahrheit über sein abruptes, mehrjähriges Verschwinden vermitteln, doch es ist *seine*, aus »Ich-Bezogenheit« – dieser Begriff fällt im Roman stereotyp – stilisierte Wahrheit. Schon die erste Variante der Isidor-Geschichte ist vom Untersuchungshäftling – ein weiterer hermeneutischer Wink des Autors mit Blick auf die fortschreitende Reihe der übrigen Fiktionen »von außen« – gegenüber der von ihm zuerst geplanten Version realistischer, stärker wahrheitsgemäß konzipiert. Sie ist nämlich »dem Fall meiner schönen Besucherin (Julika) angepaßt, also unter Weglassung der fünf Kinder und unter freier Verwendung eines Traums, den ich neulich hatte: Isidor gibt, sooft er auftaucht, keine Schüsse in die Torte, sondern zeigt nur seine beiden Hände mit den Wundmalen …« (408). Mit der Adaption erkennt der Roman-›Held‹ seine Besucherin im Grunde als seine Ehefrau an. Zuvor noch hat er voll Hybris eine andere Taktik wählen wollen: Der Fremdenlegionär verlässt beim ersten Besuch bald die Geburtstagsgesellschaft, nicht zuletzt weil – Stiller wählt einen deutlich ironischen Ton und verspottet die kinderlose, ihm treue Julika, indem er Isidors Frau als Penelope und Niobe mythisiert – die Gattin den »über und über von Schlagrahm« (396) besudelten neuen Morgenrock, »eine erhebliche Schweinerei« (ebd.) in Stillers Sicht, beklagt. Stiller sucht sein Trauma aus der Hochzeitsnacht, sich wie ein stinkender Fischer zu fühlen, durch Projektion zu bewältigen. Der zweite Besuch Isidors, der gönnerhaft wieder am Geburtstag seiner Frau als der zweiten Chance Julikas stattfindet, also Stillers verdecktes Angebot eines vermeintlich neuen gemeinsamen Lebens darstellt, ist noch kürzer, fühlt er sich doch von ihrer Frage nach seinem Verbleib genervt. Stiller, der ja Stiller nicht zu sein vorgibt und sich vor allem seines Verhaltens gegenüber der lungenkranken Julika in Davos schämt, möchte und darf wie in einer Lohengrin-Parodie nicht befragt, nicht behelligt werden. »Ich kann Ihnen nicht erzählen«, will Stiller von Rolf bemitleidet werden, »wie oft mir diese Frau verziehen, wie oft! Daß ich so bin, wie ich bin.« (384) Mit der Einbeziehung des Traums, eines von mehreren, lenkt Stiller jetzt ein. Nicht nur fungiert somit bei Frisch in langer literarischer Tradition der Traum wie die »Geschichten von außen« als Wahrheitsmedium. Indem er diesen über die ebenfalls narrativ demonstrierte bloße Wiederholung hinaus variiert, beschreitet »Stiller« den Weg, der zuletzt im potenzierten Spielarten- beziehungsweise Imaginationserzählen des »Gantenbein« gipfelt.

Stillers Charakterisierung des Stigma-Traums als »verrückter Traum« (408) soll von ihm ablenken, markiert jedoch allegorisch das Zugeständnis seines Schuldbewusstseins und den Beginn von dessen Entwicklung, wie sie sich in weiteren von ihm berichteten Traumvarianten niederschlägt. Zuerst versteht sich der Protagonist als Gekreuzigter, mithin in vermessener Analogie zu Christus als unschuldig Gerichteter einerseits und als Erlöser Julikas andererseits. Die erste Modifikation des Traums, letztlich eine Abwandlung der Stamm-Schnurre, präsentiert beide Eheleute mit »hellroten Flecken« (415) in den Handtellern. Beide können also Opfer sein, nunmehr eben auch Julika. Folglich geht es darum, »wer das Kreuz ist und wer der Gekreuzigte« (ebd.). Indem Stiller sich in der surrealen Szene selbst als jungen Mann beobachtet, der »sozusagen mit Stigma hausiert, was ihm niemand abnimmt« (ebd.), befindet er sich im Übergangsstadium zwischen noch aufrecht erhaltener Distanzierung und der Fähigkeit zur Selbstkritik. Die Szene nimmt gleichsam die Konstellation der beiden gleichnamigen Freunde in der »Höhlengeschichte von außen« vorweg. Schaut hier der Ich-Erzähler gewissermaßen als neutraler Unbeteiligter »von außen durchs Fenster« (ebd.), veranschaulicht er zugleich den hermeneutischen ›Mechanismus‹ der »Geschichten von außen«. Noch immer lässt Stiller jedoch die Schuldfrage offen, wenn er »an den ungeheuerlichen Traum mit den Wundmalen« (434) denkt. Die letzte Variante innerhalb der Traumsequenz bietet die Klimax von Stillers Erkenntnisprozess und Konfessionsbereitschaft. Eine nicht von ungefähr aus der vorletzten Variante beibehaltene Caféhaus-Szenerie bestätigt, dass der auf Julika ausgeübte Zwang von Stiller ausgeht. Sein Drängen, ein Bedrängen, fixiert sie an eine ihr unangemessene und von ihr ungewollte Rolle, was für die Deutung ihres Schicksals im Roman relevant ist. Deutsche Soldaten – der Zweite Weltkrieg liegt noch nicht lange zurück – exekutieren durch ›Kreuzigung‹: Sie heften »Fotos an die Baumstämme« (680). Stiller beteiligt sich an der Aktion, »(…) ich ›kreuzige‹ Julika, das Foto von der Balletteuse …« (Ebd.) Vom Reproduktionsmotiv abgesehen, macht er sich ein Bildnis von ihr. Damit ist auch seine eigentlich vom Bildnis befreiende Liebe zu ihr desavouiert. Er trägt die Schuld für den fatalen Niedergang ihrer Liebe und ihren Tod, selbst nach der Erneuerung ihrer Ehe, ist sie doch gesund und vital aus Paris zu ihm gekommen. Zwei Menschen, die in ihrer individuellen Unzulänglichkeit und Not zueinander finden und nicht voneinander lassen können, obwohl sie nicht zueinander passen, gehen aneinander, in ihrer »Einsamkeit voreinander« (769) zugrunde. Stiller ist dabei indessen immer der strikt ichbezogene Aktive, Werbende, Drängende, kurz: wesentlich Verantwortliche.

4

Das Märchen von Rip van Winkle bestätigt erst einmal die Elemente der Isidor-Schnurre, akzentuiert jedoch mit den Schwächen des historischen Antihelden die Unzulänglichkeiten des von diesem allegorisch repräsentierten Stiller. Dieser beweist in der zweiten Außen-Geschichte des Romans den gestiegenen Grad an Einsichtsfähigkeit in seine Schuld. Der Familienvater Rip lebt im Alter von »fünfzig Jahren« (423), dem Alter Walter Fabers und Frischs zur Abfassungszeit des Romans (!), während Stiller erst in seinen Dreißigern ist, in einem verlotterten Haus und Garten, gibt sich als mannhafter Jäger aus – Toledo! – und räumt immerhin ein, dass seine Frau es nicht leicht mit ihm hat. In Wirklichkeit ist er ein Faulenzer und Träumer. Als der Eichhörnchenjäger das für Julika stehende Reh, das ihn verwundert anblickt, schießen will, hat er kein Pulver auf der Pfanne … Verstärkt kommt nun die Gesellschaft ins Spiel: Das schwere Fass, das Rip aus Höflichkeit für andere schultert, steht für die Last der Konvention und Tradition sowie den Anspruch der Gesellschaft an ihn. Den Honoratioren, die ihn hinter seinem Rücken belächeln, muss er unter Opfern und sogar Gefahr für Leib und Leben immer wieder die Kegel aufstellen, das heißt Stiller hat in seiner Heimatstadt Zürich die von ihm erwarteten Rollen, die nicht seiner Individualität entsprechen und ihn sich selbst entfremden, ständig zu übernehmen, ohne damit auf Dauer die anderen und sich überzeugen zu können. »(…) er spielte eine Rolle, die er sich selbst glaubte schuldig zu sein« (GW III, 827), heißt es im gleichnamigen Hörspiel (1953). Stiller scheitert konstant mit dem Versuch, ließe sich Frischs Theorie ergänzen, den anderen sein Bildnis von sich selbst aufzudrängen. Von diesem Eigenbildnis kann er sich allerdings nicht befreien, da er der Selbstliebe, der »Ich-Bezogenheit«, frönt. »Ein wenig, gewiß, kamen sie ihm wie die wackligen Kegel vor, diese Geschichten, die er immer aufzustellen hatte, damit die andern sie umwerfen konnten« (426), heißt es von Rip. Im Hörspiel erläutert der Staatsanwalt: »Jene lächerlichen Kegel, die Rip van Winkle aufzustellen hat, damit die Kobolde sie immer und immer wieder über den Haufen werfen, was sind die anders (…) als unsere lächerlichen Selbstüberforderungen? Etwas Unhaltbares, eine sinnlose Fron, und darüber vergeht ihm das ganze Dasein, bis er erwacht, das heißt, bis er sich selber annimmt.« (GW III, 827)

In diesem Sinne hat Stiller wie Rip »sein Leben verschlafen« (427) – Sinnbild somit von Stillers verpfuschtem Leben, zu dem noch die Jahre in Amerika mit dem Selbstmordversuch zählen. Die negative Bildnis-Philosophie bestätigt sich, wenn ihn bei der Rückkehr in sein völlig verändertes Dorf die anderen aus der Erinnerung zu kennen meinen, obwohl sie ihn gegenwärtig nicht identifizieren können. Stillers Wunschtraum einmal mehr: Während er auf seine Vergangenheit festgelegt wird, und zwar ausschließlich, behandelt man Rip anstandslos als Fremden, mithin als Mr. White. Wer er sei, wird er gefragt. Doch selbst seiner Tochter, die als »ziemlich hübsches Weib« (428) und enge Verwandte ebenfalls für Julika steht, gibt er sich nicht zu erkennen, womit Stiller sein jetziges Verhalten gegenüber seiner Frau und den anderen legitimieren will. Er ist es nicht mehr, »den sie alle erwarteten, der Eichhörnchenjäger mit den Geschichten, die immer ein wenig wackelten und umfielen, wenn sie lachten (…) War er denn umsonst erwacht?« (Ebd.) Stiller weiß demzufolge, wer er nicht ist, das heißt nicht mehr sein will, aber nicht, wer er in Gegenwart und kommender Zeit ist: »(…) gestern noch meinte ich es zu wissen, aber heute, da ich erwacht bin, wie soll ich es wissen?« (427) Das vehemente Verleugnen seiner verfehlten Vergangenheit gegenüber der insistierenden Öffentlichkeit raubt ihm die Energie für den Aufbau einer neuen Identität, vom Problem der untauglichen Sprache zu schweigen. Überdies will er nicht daran mitwirken, zum »beschriebenen Blatt« zu werden. Doch Stiller macht sich noch immer Illusionen, weiß doch sein Autor schon im »Tagebuch 1946–1949«: »Wir sind das Damals, auch wenn wir es verwerfen, nicht minder als das Heute –« (GW II, 361).

Anderen gegenüber kleiden sich die Selbstüberforderungen Stillers in »Geschichten«, das besagt das Bild von den wackligen Kegeln. Dieser Geschichtentyp dient allerdings der Ausrede, Lüge und Heuchelei und ist somit funktionell das Gegenteil der strukturell ähnlichen, doch der Wahrheit verpflichteten »Geschichten von außen«. Dagegen ist die Geschichte von Henrik Hudson und der kegelnden Mannschaft, denen Rip immer wieder vergeblich zu Diensten zu sein hat, innerhalb des Märchens eine *mise en abîme en abîme* oder *en miniature*, nämlich Rips »Geschichte von außen« in Stillers »Geschichte von außen« über Rip. Dieser verzichtet bei der Heimkehr darauf, dass man sie ihm abnimmt, und ist damit weiter als Stiller. Am weitesten gelangt die Rip-Figur in der Fassung des Märchens im »Tagebuch 1966–1971«. Frisch legt hier eine kurze, doch in mehreren Zügen wesentlich veränderte, realistischere Version vor, die ihm im Roman noch nicht zur Verfügung steht, doch auch für die Romanform nicht geeignet ist: Die Abwesenheit Rips, der jetzt fleißig als Küfer arbeitet wie Stiller als Kunsthandwerker nach der Zerstörung seiner hochstaplerischen Skulpturen, ist auf eine Mindestzeit beschränkt, äußerlich hat sich also nichts geändert. Geändert hat sich der Säufer, der indes im entscheidenden Augenblick »nüchtern« (GW XI, 400), also wach wie die Vorgängerfiguren ist. Er hat gemäß Frischs Poetik einen voraussetzungslosen »Einfall« der Selbsterkenntnis gehabt. Er schweigt ohne Beteuerungswahn über seine innere Wandlung und lässt gelassen selbst die ihm Nahestehenden über sein Märchen lachen, das der Vermittlung jenes Einfalls dient. Damit gewinnt er anders als Stiller, den das Gericht zu seiner ›vollständigen‹ Identität verurteilen muss, selbständig seine Freiheit. Die anderen glauben ahnungslos, dass sein kleines Dasein zwischen alltäglichem Broterwerb und bescheidenem Freizeitvergnügen sein Leben ausmache. Der Autor kommentiert so nachträglich den Schlusssatz des Romans: »Stiller blieb in Glion und lebte allein.« (780)

5

Bei Erzählung und Niederschrift der komplexen Höhlengeschichte im »Dritten Heft« hat sich Stillers Bewusstsein mittels der Gespräche mit den anderen Figuren und intensiver, vor allem ehrlicher Reflexion entscheidend fortentwickelt. Die den anderen zu verdankenden Perspektivwechsel ermöglichen es ihm zunehmend, sich »von außen« zu sehen, ohne dass er schon auf die »Geschichten von außen« verzichten könnte. Mit der Entdeckung und dem teilweise schwierigen Wiederauffinden der Höhle gibt er allegorisch den Prozess seiner Erkenntnis über sich selbst wieder, das heißt den Blick auf sein Inneres frei. In einer öden Karstlandschaft[10] – die schon aus anderen Werken Frischs wie »Bin« (1944) bekannt ist – sucht der Cowboy Jim dringend nach dem Lebenselixier Wasser. Stiller ist, will er damit sagen, in seiner Schweizer Existenz im übertragenen Sinn am Verdursten. Sein Ruf in den widerhallenden Abgrund, »Hallo?« (508), ist das Zeichen der staunenden Selbstvergewisserung, des Beginns der Suche nach der wahren Identität. Zum zweiten Mal in einer der »Geschichten von außen« tritt er in doppelter Gestalt auf. Entsprechend ähneln sich die beiden Cowboys bis in die Namensgebung. Nur repräsentiert der eine Jim den ›früheren‹ Stiller, denjenigen vor dem »Einfall«, seine gescheiterte Existenz dringend ändern zu müssen; der andere Jim hingegen den ›neuen‹ Stiller auf der aktuellen Bewusstseinsstufe. Die Gleichheit der beiden signalisiert Stillers Eingeständnis der Einheit des Individuums, die er zum Schutz gegen das Bildnis seiner Umwelt nach außen nicht zugestehen kann. Whites amerikanischer Vorname Larkins enthält daher im Unterschied zum Namen des tatsächlichen Entdeckers der Carlsbad Caves in New Mexico, »Larkin« (521) – an sich bereits wieder heuristisches Differenzindiz – gleichsam das gängige Pluralzeichen der englischen Sprache. Und die historische Gestalt, von der eine Gedenktafel am Höhleneingang berichtet, dient dem Romanprotagonisten im Sinne von Frischs Poetik der »Geschichten von außen« als der »andere«, der die reale Geschichte für die Erfindung Stillers, zumindest ihren Anlass, bereitstellt. Um den Schock seiner ›Persönlichkeitsspaltung‹ – die plötzliche, doch erst allmählich begreifliche »Erfahrung« – angemessen dramatisch wiederzugeben, lässt es Stiller in seiner Geschichte zwangsläufig zur im Wortsinne lebensbedrohlichen Auseinandersetzung zwischen beiden Jims, also den ›Hälften‹ seines Ich, kommen. »Wie immer, wenn einer den Mut hatte zu offener Selbstsucht, kam der andere mit seiner verdammten Moral.« (519) Die Laternen beider Männer, traditionelle Lichtmetaphorik, repräsentieren den jeweiligen Grad der Vernunft und sind passenderweise bis zur Zerstörung umkämpft. »Wir beide wollen leben, wenn möglich mit Anstand; aber wenn der andere mich mit meinem Anstand töten will?« (520), lautet die rhetorische Frage des potenziellen Siegers im Kampf. Die Uhr und das Skelett symbolisieren Stillers neuerwachtes Empfinden für die verrinnende Lebenszeit und die Sterblichkeit nach dem bereits erlittenen geistigen Tod. Sein Selbstmordversuch ausgerechnet im authentischen »Dome Room« (515) wird von dem blutigen Unfall versinnbildlicht, der den Vorwurf des Opfers an den ›neuen‹ Stiller nach sich zieht, nicht genügend gesichert worden zu sein: Ausdruck der Verdrängung der ›alten‹ Identität. Der den ›früheren‹ Stiller verkörpernde Cowboy stürzt schließlich unrettbar ab; »jedenfalls ist nur einer«, konstatiert Stiller gegenüber seinem Wärter, »aus der Kaverne gestiegen, der Stärkere vermutlich« (521). Der Name des Begleiters des realen Entdeckers sei verschollen, bekräftigt Stiller seine Hoffnung, der gerichtlichen Verurteilung zur eigenen, vollständigen Identität zu entgehen. »(…) und ich denke, dieser Verschollene wird sich auch nicht mehr melden!« (Ebd.) Wie die »Geschichte von außen« als Ganze enthält auch speziell die in ihr erzählerisch thematisierte Höhle – als Sinnbild von Stillers Bewusstsein ein »Arsenal der Metaphern (514 f.) – zahlreiche Bilder seiner Vorurteile, Neurosen und Traumata, denen er als »Jim II« durch den Sieg über seinen Partner, »Jim I«, vergeblich zu entgehen meint. Sie reichen vom ausgetrockneten unterirdischen Fluss über die Reminiszenz an Orpheus, der vergeblich seine Gemahlin aus der Unterwelt zu retten sucht, bis zu den »versteinerten Damen, die, so scheint es, langsam von ihren fältelnden Schleiern verschluckt werden« (514). Natürlich fehlt es dem sexuell frustrierten Ehemann »nicht an Monumenten des Phallus, die ins Riesenhafte ragen, reihenweise« (ebd.). In der Stierkampfszene in seinem Atelier hat Stiller Sibylle bereits sein Leiden an Julika veranschaulicht. Jetzt betritt Jim, »geduckt unter einem Bündel von Speeren«, in der Höhle »das Zimmer einer Königin, die nie gelebt hat« (ebd.). Insgesamt erzählt Stiller im Medium der »Höhlengeschichte von außen« primär seine Biografie von der Flucht aus der Schweiz bis zur Rückkehr in sein auch aus sozialkritischer Motivation verleugnetes Heimatland, doch ist die Vorgeschichte inbegriffen. Er erzählt von der Sehnsucht des ›überholten‹ Stiller nach der Stadt mit all ihren Verlockungen, also der prominenten Gesellschaft, bis zum Wunsch nach idyllischer Gärtnertätigkeit fern der High Society – auch das ein Topos der Geistesgeschichte, doch von Stiller am Ende tragisch gelebt. Knobel gegenüber räumt Stiller ein, nicht gerade der ursprüngliche Höhlenentdecker White der »Geschichte von außen« zu sein; was er jedoch erlebt habe, das war »»genau das gleiche – genau«« (521). Mit seiner erfundenen, doch eben wahren Erzählung – der Diegese eines neuerlichen seiner psychischen Morde, diesmal eines Teils seiner selbst – überfordert der Titelheld allerdings das Verständnis zumindest seiner romanimmanenten Zuhörer. Und er überfordert sich selbst, insofern er trotz erheblichen Erkenntnisfortschritts noch immer meint, die Totalität seiner Person selektiv auf den augenblicklichen, von ihm akzeptierten Stand verkürzen zu können.

Auch die zunächst wirklich erlebte »Geschichte mit dem fleischfarbenen Kleiderstoff« (551), die Stiller poetikkonform vom Staatsanwalt, erklärtermaßen mit stilistischen Unterschieden, übernimmt, muss zu den »Geschichten von außen« gezählt werden. Der bezeichnenderweise fleischfarbene, ordinär-kleinlich gemusterte »Stoff« – ein doppeldeutiges Wort – kann unter keinen Umständen veräußert oder abgestoßen werden. Der Mensch muss mit seiner Natur und seiner Geschichte leben. Der Protagonist begreift, ohne es schon offen anerkennen zu können, dass auch die misslungene erste Phase seines Lebens unabdingbar zu ihm als Individuum, dem »Ungeteilten«, gehört. Er fällt – genau wie Rolf in der Geburtsstadt des mutigen Entdeckers Columbus, Genua, zuerst auf eine bloße architektonische Fassade – auf Äußerlichkeiten, in seinem Fall die inadäquaten Reize und Privilegien der Gesellschaft, herein. Stiller wird aber ein Wiedergeborener, indem er die Öffnung des »Renaissance-Tores« (556) durchschreitet. Trägt er dabei den nicht loszuwerdenden Tuchballen unterm Arm, ist er als Ich-Erzähler in seiner Selbsterkenntnis am weitesten vorgedrungen – wohlgemerkt lediglich im Medium der »Geschichte von außen«. In der Realität des Romans muss Stiller aus der Angst vor dem Bildnis der anderen noch zu seiner Gesamtexistenz verurteilt werden.

6

Eine Spielart der »Geschichten von außen« bilden im »Stiller« die ebenfalls autodiegetischen Einschübe, in denen der ›Held‹ allerdings nicht nur allegorisch kaschiert, sondern *in corpore* ein Element der narrativen Welt darstellt.[11] Der Zwitterstatus dieser Art Einlagen ergibt sich aus der Spannung zwischen der narrativen Wirklichkeit des »Stiller« und ihrer durch das explizite Ich des Erzählers verbundenen Metaebene der Fiktion. Zu diesem Typus der »Geschichten von außen« gehören die leitmotivartig besonders im »ersten Heft« eingestreuten Erinnerungen an die »blühende« Mulattin Florence, vor allem die bewusst kitschig gehaltene Räuberpistole vom Übertritt über die mexikanische Grenze samt der Begegnung mit dem betrogenen Ehemann Joe-Rolf, also die Moralüberschreitung des Ehebruchs mit Sibylle; die zu fütternde, auch mit Brutalität nicht abzuschüttelnde Katze mit dem aufschlussreichen Namen Little Grey, die ohne Rampenlicht unscheinbar wirkende Ehefrau Julika also, sowie den einmal mehr auf das Frigiditätsproblem verweisenden Eisschrank im dürftigen Haus in Oakland. Die hohe Woge an der Küste von Oregon, die den armen Fischer (!) zu verschlingen droht, das »Aufschlagen der Muscheln« (407) und die enorme Größe des angeblich gefangenen Fischs einerseits sowie die der Gluthitze entfachende Sägewerksbrand in Abwesenheit der kegelnden (!) Männer andererseits sprechen ebenfalls für sich. Allem interpretatorischen Zweifel beugt »ein alter Neger« vor, der »versucht mit einem lächerlichen Gartenschlauch die lodernden Schindeln zu löschen« (406).

Die erste geschlossene, abgerundete Geschichte dieser Kategorie, der angebliche ›Bericht‹ vom Ausbruch des Vulkans Paricutín, folgt bald auf die Isidor-Schnurre, um den realen Leser auch mit dieser Variante der »Geschichten von außen« vertraut zu machen. Das geschieht erzähldidaktisch, indem die ignorante Gestalt des Verteidigers für ihn die inadäquaten Fragen stellt. Der Fiktionscharakter der täuschend naturalistisch erzählten Plantagengeschichte erweist sich daran, dass der Kegel Jahre vor der Ankunft des angeblichen Augenzeugen in Mexiko ausbrach.[12] Angesichts von Stillers teils kafkaesker Darstellung seiner Arbeit als gequälter Tabakpflücker sind die erfundenen Anteile ansonsten schwer auszumachen. Die schwierig zu pflückenden Sandblätter der Tabakstauden, die den Kern der Zigarren umgeben, verweisen dabei allegorisch auf die »Geschichten von außen«, die die Wahrheitsessenz des »Stiller«, die vielschichtige Identitätsproblematik des Titelhelden, gewissermaßen umhüllen. In ihrer Brüchigkeit, die immer wieder Stillers schmerzvolle Bemühungen zunichte macht, sind sie die Analogien zu den sinnbildlichen Kegeln im Rip-van-Winkle-Märchen, das auch vom »Räucheln« aus den Erdrissen wie in einer »Herrngesellschaft, die Zigarren raucht« (398), evoziert wird. Die träge Lava schreibt das für den Autor charakteristische Ausbruchsmotiv fort. Eigentlich sehr fruchtbar, steht das Magma metaphorisch ebenfalls für beide verwandten Arten der »Geschichten von außen«, die lediglich für den ungeschulten Rezipienten verhüllend wirken.[13] Eine letzte Einzelheit aus der fast unerschöpflichen Fülle von Stillers allegorischen Hinweisen: Die Doppeltürme der Kirche, von denen die Lava einen zum Einsturz bringt, bedeuten die beiden Stadien seines Lebens, deren erstes er sozusagen mit der Lava des Vergessens zudecken will. Im Besonderen verweist das Geschehen auf sein den ganzen Roman hindurch thematisiertes Verhältnis zur Religion, genauer: zu Gott. Stiller weiß, dass er die von den anderen aufgedrängte Rolle nur unter einer Bedingung ertragen könnte: »er müßte (…) einen festen Punkt haben –« (590). Zur Selbstannahme, konkreter, brauche der Mensch den »Schritt in den Glauben« (548). Der Staatsanwalt geht noch weiter. Zur Selbstannahme müsse auch der Verzicht auf die Beteuerung der wahren Identität nach außen kommen: »Solange ich die Umwelt überzeugen will, daß ich niemand anders als ich selbst bin, habe ich notwendigerweise Angst vor Mißdeutung, bleibe ihr Gefangener kraft dieser Angst … Ohne die Gewißheit von einer absoluten Instanz außerhalb menschlicher Deutung, ohne die Gewißheit, daß es eine absolute Realität gibt, kann ich mir freilich nicht denken (…), daß wir je dahin gelangen können, frei zu sein.« (670, vgl. 751)

Mit dieser metaphysischen Dimension lässt Max Frisch die Erzähler beider Romanteile, Stiller und den Staatsanwalt, über das aus Søren Kierkegaards »Entweder-Oder« bezogene Romanmotto hinausgehen, wonach in der Selbstwahl »die absolute Isolation mit der tiefsten Kontinuität identisch ist« (361). Stiller versteht Rolf genau, wenn er dessen Begriffe reflektiert: »Absolute Instanz? Absolute Realität? Warum sagt er nicht ›Gott‹?« (670)

7

Mit der poetologischen Konzeption und diegetischen Umsetzung der »Geschichten von außen« im Roman »Stiller« hat der Schweizer Autor Max Frisch in der Umbruchzeit der Nachkriegsgeschichte einen praktikablen und akzeptablen Weg gefunden, die konventionelle Erzählweise seines Frühwerks aus den 1930er Jahren mit einer neuartigen narrativen ›Methode‹ vor dem Hintergrund der nach der Kriegskatastrophe verstärkt aufgebrochenen Sprachskepsis des 20. Jahrhunderts zu kombinieren. Er legt damit, angeregt von der Verfremdungstheorie Bert Brechts im »Kleinen Organon«, zugleich den Grundstein für die Entwicklung seines »offen-artistischen« Erzählens der nahezu absoluten Imagination, der Fiktion »zweiten Grades«, im »Gantenbein«. Obwohl Frisch sich weder als Theoretiker noch gar als Philosoph verstand, erreichte er mit diesem kreativen Verfahren den Rang eines Erzählers von Weltgeltung im literarischen Diskurs der fünfziger Jahre des 20. Jahrhunderts.

1 Max Frisch: »Gesammelte Werke in zeitlicher Folge. 1950–1956«, Bd. III. 2, S. 436, vgl. S. 371. Weitere Zitate aus dem Roman erfolgen mit bloßer Seitenzahl im laufenden Text. — **2** Als nicht sprachlich bedingtes Gefängnis bezeichnet Stiller seine falsche Hoffnung, sich selbst als unbedeutender Mensch »zu entgehen« (690). In Amerika stellt ihm ein schöner »Mädchenhals mit einer Unmenge von weißem Puder darauf« (542) das Paradigma dar für »diese lebenslängliche Bemühung, anders zu sein, als man erschaffen ist, diese große Schwierigkeit, sich selbst einmal anzunehmen, (…) die Absurdität unserer Sehnsucht, anders sein zu wollen, als man ist!« (Ebd.). — **3** Noch 1981 beteuert der Autor, er »habe keine Theorie«: »Ich habe nichts gegen Theorien. Ich habe nur selber keine.« Max Frisch: »Erste Vorlesung«, in: Daniel de Vin / Walter Obschlager (Hg.): »Max Frisch: Schwarzes Quadrat. Zwei Poetikvorlesungen«, Frankfurt / M. 2008, S. 19. — **4** »Wie der Bildhauer, wenn er den Meißel führt, arbeitet die Sprache, indem sie die Leere, das Sagbare, vorantreibt gegen das Geheimnis, gegen das Lebendige.« (GW II, 379; EV 23) Der vermeintliche Bildhauer Stiller fällt nicht unter diesen Begriff und sattelt folgerichtig auf den Beruf des Steinmetzes bzw. Kunsthandwerkers um. — **5** Zu »Homo faber« (1957) unter dem hier erörterten Aspekt vgl. Klaus Haberkamm: »Einfall – Vorfall – Zufall. Max Frischs ›Homo faber‹ als ›Geschichte von außen‹«, in: »Modern Language Notes« 97 / 3 (1982), S. 713–744. — **6** »Ich schreibe für Leser. ›Antworten auf vorgestellte Fragen‹« (1964) – Frisch als einer der ersten Leser von Brechts »Kleinem Organon« denkt dieses trotz der ästhetischen ›Unreife‹ des Lesers im »Tagebuch 1946–1949« weiter: »Es wäre verlockend, all diese Gedanken auch auf den erzählenden Schriftsteller anzuwenden; Verfremdungseffekt mit sprachlichen Mitteln, das Spielbewußtsein in der Erzählung, das Offen-Artistische (…).« (GW II, 601). Vgl. Heinz Gockel: »Max Frisch. Gantenbein – das offen-artistische Erzählen«, Bonn 1976. — **7** Vgl. auch den Auszug aus der »vorgestellten« Frage Nr. 33 im »Gantenbein«-Kommentar: »Erfahrung ist nicht ein Resultat aus Vorkommnissen, sondern ein Einfall, das heißt: Geschichten sind nie Ursache einer Erfahrung, sondern deren Abbildung. Es gibt keine wahren Geschichten, dennoch ein Verlangen nach Geschichten, weil Erfahrung, die sich nicht abbildet, kaum auszuhalten ist.« (GW V, 332). — **8** Paola Albarella stellt dieses Strukturmerkmal des »Stiller« in einen größeren Zusammenhang: »So wird bei Nabokov wie bei Gide wie auch bei Frisch und Calvino der Figur der mise en abîme, des Romans im Roman und des Schreibens als Handlung eine große Bedeutung zugesprochen.« Dies.: »Roman des Übergangs. Max Frischs ›Stiller‹ und die Romankunst um die Jahrhundertmitte«, Würzburg 2003, S. 14. — **9** Isidor greift, wie Stiller will, ohne Rücksicht vor allem auf die Kinder – deren Jüngste sogar ihn unwahrscheinlicherweise als »Papi« (395) erkennen – »nach seiner Gattin« (ebd.), und entsprechend nähert sich der Gefangene auf Freigang stürmisch Julika. Diese dagegen weiß, »von Hemmungslosigkeit (…) könne nicht die Rede sein, das sei von jeher ein Wunschtraum ihres Mannes gewesen« (401 f.). — **10** Die realen Höhlen liegen in New Mexico, die der »Geschichte von außen« in »Texas« (506). Wie im Falle der Datierung des Paricutín-Ausbruchs handelt es sich hier um ein hermeneutisches Differenzsignal, das die realistisch erzählte Abenteuererzählung als potenziert fiktionale »Geschichte von außen« innerhalb der Romanfiktion charakterisiert. Eine deutliche Brechung stellt der eingeklammerte, doch damit nach Frischs Usus nur scheinbar beiläufige Hinweis in der »Geschichte« dar, heutige Touristen erreichten die Kavernen »von Carlsbad her, New Mexico« (513). — **11** Die Darstellung des realen Geschehens bei Toledo, des feigen Verhaltens Stillers, fungiert für ihn als »Geschichte von außen«, nämlich als Offenlegung seiner (vermeintlichen) Impotenz, und nimmt insofern eine Zwitterstellung ein. Stiller ist sich hier selbst der andere, von einer »Geschichte von außen« übernimmt. — **12** Vgl. Haberkamm: »Einfall – Vorfall – Zufall«, a. a. O., S. 729–733. — **13** Sibylles Zirkuserlebnis mit Hannes (633–635), das ihr die Gelegenheit zur Entscheidungsfindung in Bezug auf ihre Zukunft bietet, wird von Stiller als selbstreferenzielle ›Geschichte von außen‹ ›instrumentalisiert‹. Gleichfalls ist die Erzählung vom Zahnarztbesuch des Protagonisten in Begleitung seines Gefängniswärters und der anschließenden Konfrontation mit den Schulkindern (»Herr Lehrer, ein Verbrecher!«, 666) zu Beginn des »Siebten Hefts« eine »Geschichte von außen«, die auf Stillers Identitätsproblematik hin transparent ist. So ist der Zahnarzt als Nachfolger seines toten Onkels »keinesfalls gewillt, auch die Fehler der eben verstorbenen Generation zu übernehmen, und was ich beispielsweise im Munde habe, sind fast lauter Fehler« (664).

Klaus Müller-Salget

»Wir hatten keine Ahnung, wo wir sind«
Verdrängung und Vergegenwärtigung in Max Frischs »Homo faber«[1]

»Wir hatten keine Ahnung, wo wir sind.« (Hf 50): Sätze diese Art, grammatikalisch unkorrekte Sätze – über die seinerzeit der Kritiker Karl August Horst sich aufgeregt hat[2] – begegnen in »Homo faber« immer wieder. Warum es sie gibt und was sie bewirken, soll weiter unten dargestellt werden. Was auf den ersten Blick auffällt: Diese Sätze vermischen auf unkorrekte Weise Vergangenheit und Gegenwart.

Andernorts habe ich ausgeführt, in wie hohem Maße das Werk Max Frischs vom Thema ›unbewältigte Vergangenheit‹ bestimmt ist, und das keineswegs nur im politisch-historischen Kontext, sondern auch mit Bezug auf die je individuelle Biografie.[3] Die sozusagen private Seite dieser Problematik tritt besonders deutlich in den drei Romanen »Stiller«, »Homo faber«, »Mein Name sei Gantenbein« und in der Erzählung »Montauk« hervor. Der Erzähler von »Montauk«, der ›eigentlich‹ nur über sein Wochenende mit einer jungen Amerikanerin schreiben will, assoziiert immer wieder Vergangenes und notiert: »Es stört ihn, daß immer Erinnerungen da sind.« (JA VI, 622), Erinnerungen durchaus bedrängender Natur, die Unerledigtes, noch Schmerzendes vergegenwärtigen. – Der Ich-Erzähler des »Gantenbein« will mit seinen Vorstellungsvarianten erkunden, wie, in welcher Rolle er sich so hätte verhalten können, dass seine gescheiterte Liebesbeziehung eben nicht gescheitert wäre. – Anatol Ludwig Stiller wiederum hat eine ihn frustrierende Existenz und seine Ehefrau Julika verlassen, ist nach Amerika ausgewichen und kommt gleichwohl, nach fast sieben Jahren und nach einem gescheiterten Selbstmordversuch, nach Zürich zurück, weil er sich nicht damit abfinden kann, Julika nicht ›erfüllt‹, nicht ›zum Blühen gebracht‹ zu haben, und weil er sich einbildet, nur sie und er könnten einander zu einem wirklichen Leben verhelfen, zu einem anderen Leben als dem seinerzeit geführten, was ihm möglich scheint, weil er sich selbst verändert glaubt, freilich ohne dies Anderssein näher spezifizieren zu können. Darum mündet das ersehnte Neue ins trübselig variierte Alte.

Im »Homo faber«, den Hans Mayer mit Recht einen »Komplementärroman« zum »Stiller« genannt hat[4], ist die Fixierung des Protagonisten auf eine Frau umgekehrt gestaltet, nämlich über eine forcierte, scheinbar totale Verdrängung. Während Stiller auch in Amerika den Gedanken an Julika nicht los wird – so wie er die Katze Little Grey nicht los wird –, hat Faber seine Fehlentscheidung von vor 21 Jahren – Bagdad statt Baby – zur Maxime seiner Existenz erhoben: »Ich lebe, wie jeder richtige Mann, in meiner Arbeit.« (Hf 90)[5] Die zufällige Begegnung mit Herbert Hencke lässt die verdrängte Vergangenheit dann schubweise wieder in sein Bewusstsein treten, und wir erfahren unter anderem, dass Joachim Hencke sein einziger wirklicher Freund gewesen ist (Hf 59), und: »Nur mit Hanna ist es nie absurd gewesen« (Hf 100), die auch sexuell erfüllte Liebe nämlich. 20 Jahre emotionaler Ödnis sind darauf gefolgt – was den Protagonisten angeblich nicht stört, denn Gefühle erklärt er für »Ermüdungserscheinungen« (Hf 92). Nur seine unbewusste Fixierung auf Hanna aber macht es verständlich, dass er sich auf dem Schiff ausgerechnet in das Mädchen Elisabeth Piper verliebt, dessen Ähnlichkeit mit Hanna er zwar vehement abstreitet, an späterer Stelle aber unumwunden eingesteht.[6] In Sabeth wird die Vergangenheit gegenwärtig, und als auch sie vergangen, gestorben ist, will Faber die noch weiter zurückliegende Vergangenheit in die Gegenwart zwingen, indem er sich einbildet, nun doch noch Hanna heiraten zu können. Daraus wird nichts, erfreulicherweise, wenn man bedenkt, was aus Stiller und Julika wird, nachdem sie sich wieder zusammengetan haben.

Das Thema der Vergegenwärtigung verdrängter Vergangenheit wird also im »Homo faber« sowohl auf mentaler Ebene (allmähliche Bewusstwerdung) als auch in der konkret sich abspielenden Handlung (Sabeth als die andere Hanna) entfaltet, und das gleich mehrfach. Die »Erste Station«, der eigentliche »Bericht«, weist schon in sich eine dreifache Staffelung der Zeit auf: Da sind erstens die Gegenwart und das gegenwärtige Bewusstsein des Berichterstatters Walter Faber, der vom 21. Juni bis zum 8. Juli 1957 in einem venezolanischen Hotel seine Darstellung niederschreibt. Zweitens umfasst die berichtete Handlung die Zeit vom 1. April bis zum 4. Juni (in der Taschenbuchfassung: vom 25. März bis zum 28. Mai) desselben Jahres, das heißt vom Abflug Fabers aus New York bis zum Tod Sabeths in Athen. Drittens ist dieser Bericht perforiert durch Reminiszenzen an Fabers Beziehung zu Hanna Landsberg vor über 20 Jahren (Reminiszenzen, die allmählich präziser und wahrheitsgetreuer werden), von Erinnerungen auch an seinen Universitätslehrer Professor O. sowie an seine »erste Erfahrung mit einer Frau« (Hf 99), die ›absurde‹ Beziehung nämlich zu der Gattin seines Mathematiklehrers. Während Faber sich mit seinem Bericht rechtfertigen, seine gänzliche Ahnungslosigkeit beweisen will – ein Unterfangen, das er zwischendurch schon selbst als sinnlos bezeichnet[7] –, gewährt er gleichzeitig, sozusagen wider Willen und hinterrücks, Einblicke in seinen allmählichen Bewusstwerdungsprozess hinsichtlich der Beziehung zu Hanna beziehungsweise seiner Erinnerung an diese Beziehung. Ob er damit einen Prozess während der berichteten Handlungszeit nachzeichnet oder sich erst während der Niederschrift in Caracas diesen Erinnerungen stellt, bleibt in der Schwebe.

Mit den Bezügen und Anspielungen auf die antike Mythologie kommt dann noch eine vierte Zeitschicht ins Spiel, für die allerdings fast ausschließlich nicht der Berichterstatter Walter Faber, sondern der übergeordnete Erzähler und Arrangeur des Ganzen verantwortlich zeichnet. Die Ortsnamen Megara, Eleusis und Daphni erwecken in Faber keine einschlägigen Assoziationen; das ›Aufwachen‹ der schlafenden Erinnye, wenn jemand vor dem Ludovisischen Altar die »Geburt der Venus« betrachtet, ist ihm eine bloße »Belichtungssache« (Hf 111)[8], und als Hanna ihm sagt, dass der Hügel da drüben nicht die Akropolis sei, sondern der Lykabettos, findet er das ziemlich nebensächlich (Hf 133).

An einer einzigen Stelle wird sichtbar, dass Faber gegenüber dem griechischen Mythos doch nicht ganz so ignorant ist, wie er behauptet. Da nimmt er in Hannas Wohnung ein Bad und denkt, sie könnte »ohne weiteres eintreten, um mich von rückwärts mit einer Axt zu erschlagen« (Hf 136). Das zielt natürlich auf den Atriden-Mythos, darauf, dass der Feldherr Agamemnon nach seiner Rückkehr aus dem Trojanischen Krieg in Mykene von seiner Frau Klytämnestra und deren Liebhaber Ägisth im Bad erschlagen worden ist, nicht zuletzt auch als Rache dafür, dass er zu Beginn des Krieges, um günstigen Wind für die Schiffe der Griechen zu erlangen, seine Tochter Iphigenie der Göttin Artemis hatte opfern lassen. – Eine dem verwandte Anwandlung erzählt Faber noch aus seinem Gespräch mit der fröhlichen Hure Juana auf Kuba, als er sie nämlich fragt, ob sie glaube, »daß die Schlangen (ganz allgemein) von Göttern gesteuert werden, beziehungsweise von Dämonen.« (Hf 180) – Im Übrigen aber bleiben die mythologischen Bezüge dem Berichterstatter selbst verborgen.

Diese mythologische Tiefenschicht dient hauptsächlich dazu, dem allzu schlichten Rationalismus Fabers andere Deutungsmuster, und zwar solche von urbildlicher Qualität, entgegenzustellen. Gerade in ihrer Urbildlichkeit bilden diese Muster aber auch wieder ein Beispiel für die Gegenwärtigkeit des Vergangenen. Verwundert notiert Faber ja über Hanna: »Sie redete von Mythen, wie unsereiner vom Wärmesatz, nämlich wie von einem physikalischen Gesetz, das durch jede Erfahrung nur bestätigt wird.« (Hf 142)

Die Handlungsstruktur der »Ersten Station« ist geprägt von wiederkehrenden Einbrüchen des »Plötzlichen« ins »Übliche«.[9] Im Gegensatz zu Anatol Ludwig Stiller, der sich, ebenso wie sein Autor[10], vor Wiederholung fürchtet[11], ist Walter Faber ein Gewohnheitsmensch, den das Übliche beruhigt und der uns ein ums andere Mal mitteilt, dass er dies und jenes gewohnt sei beziehungsweise, wenn etwas Abweichendes begegnet, dass er dies nicht gewohnt sei, dass dies sonst nicht seine Art sei. Er beharrt, wo immer es geht, auf einem »Seinesgleichen geschieht«, hat sich seit der Trennung von Hanna nicht weiterentwickelt, ist stehen geblieben, denn, wie Hanna konstatiert: Er hat »kein Verhältnis zur Zeit« (Hf 170). Diese Erstarrung wird

seit den Begegnungen mit Herbert und dann mit Sabeth allmählich aufge-
sprengt: Die Zeiten und die Personen, das Damals und das Heute ebenso
wie Hanna und Sabeth gehen durcheinander. Faber verliert die Übersicht.
Das »wo« in meinem Beispielsatz – »Wir hatten keine Ahnung, wo wir
sind« – kann, bezogen auf Faber, durchaus auch temporal verstanden werden: In welcher Zeit lebt er denn, wenn er sich daran macht, an Deck des
Schiffs nach Hanna zu suchen (Hf 79), oder wenn er von seinem Heiratsantrag gegenüber Sabeth behauptet: »Es war mein erster Heiratsantrag«
(Hf 88)? Ziemlich hilflos wechselt er da zwischen Vergangenheit und
Gegenwart. Fabers Orientierungslosigkeit in Zeit und Raum spiegelt sich
später in seinen vergeblichen Bemühungen um seine New Yorker Woh-
nung, die offenbar von jemand anderem okkupiert ist; entgeistert fragt
Faber schließlich den anderen am Telefon: »Are you Walter Faber?« (Hf 164)
    Dieses verstörende Erlebnis fällt schon in die »Zweite Station«, deren
Gestaltung auffallende Ähnlichkeiten mit jener der Nordlandreise in Thomas
Manns Novelle »Tonio Kröger« aufweist. Kröger, der sich nach einem langen
Gespräch mit der Malerin Lisaweta Iwanowna als »erledigt«[12] bezeichnet hat,
stellt sich auf dieser Reise seiner vor Jahren hochmütig verspotteten Vergangenheit, erlebt in seiner Vaterstadt träumerisch eingefärbte Wiederholungs-
situationen, begegnet in Dänemark den Ebenbildern der einst geliebten
Hans und Inge (auch einem solchen der stets hinfallenden Magdalena Vermehren) und findet über diese erneute Berührung mit seiner Vergangenheit
zu einer Bejahung seiner problematischen Existenz als eines bürgerlichen
Künstlers. Diese Bejahung artikuliert er in einem Brief an Lisaweta Iwanowna. – Walter Faber unterbricht seinen zweiten Flug von New York nach
Caracas diesmal in Merida, fährt wieder via Campeche und Palenque in den
Dschungel, wo er fast alles unverändert findet, getrieben von dem Gedanken: »Wäre es doch damals! nur zwei Monate zurück.« (Hf 166) Er, der von
sich sagte, er sei es »gewohnt, voraus zu denken, nicht rückwärts zu denken«
(Hf 91), hatte schon auf der Fahrt von Athen zurück nach Theodohori über
Uhren phantasiert, »die imstande wären, die Zeit rückwärts laufen zu lassen –« (Hf 155). Die Unmöglichkeit einer solchen Revision lässt ihn auf
Kuba in Tränen ausbrechen: »(...) jeder Strand erinnert mich an Theodohori. Ich weine.« (Hf 176) – Kein träumerisches Wiederbegegnen also wie
bei Kröger, aber doch eine ebenfalls reuevolle[13] Reise auf den eigenen Spuren, eine »Eumeniden-Fahrt«, wie Frisch sie in einer Kompositionsskizze
vom 24. April 1957 genannt hat.[14] Denn zwar verfolgen Rachegeister, Erin-
nyen, den Trauernden (Hf 72: »Ich habe das Leben meines Kindes vernichtet und ich kann es nicht wiedergutmachen.«), aber es besteht die Hoffnung,
dass sie sich angesichts seiner Reue in Eumeniden, in Wohlmeinende, wan-
deln, so wie Hanna ihn schließlich nicht mehr schwarzgewandet, sondern in
Weiß besucht (Hf 182).[15] Wie Tonio Krögers Reise mündet auch diejenige

Walter Fabers ins Schreiben. Am Schluss von Thomas Manns Novelle steht der klärende und erklärende Brief an Lisaweta Iwanowna; Faber scheitert in Caracas zunächst mehrmals mit dem Versuch, einen Brief an Hanna zu schreiben, verfasst dann den »Bericht«, »ohne denselben zu adressieren« (Hf 170). Der eigentliche Adressat ist aber natürlich doch Hanna. Trotz des in diesem »Bericht« noch vorherrschenden Selbstrechtfertigungsgestus hat er eine ähnlich kathartische Wirkung wie Krögers Nordlandreise. Unmittelbar nach Fertigstellung des Typoskripts fliegt Faber nach Havanna, wo er ›eigentlich‹ nur nach Lissabon umsteigen muss, aber vier Tage bleibt: »Vier Tage nichts als Schauen –« (Hf 172). In teilweise euphorisch übertriebenen Exklamationen formuliert Faber hier seine neue Einstellung zum Leben. Einer Mahnung Sabeths folgend (Hf 189), filmt er nicht mehr, sondern schaut, ja, er singt sogar und notiert: »Ich preise das Leben!« (Hf 181) So sollte ja einmal der ganze Roman heißen.[16] Dass diese Abwendung vom »American Way of Life« (Hf 176), diese Hinwendung zum Schönen, zum Natürlichen, zum Sinnlichen der allzu späten Einsicht eines Moribunden zu danken ist, verdeutlichen nicht nur die Parallelen zu Thomas Manns »Der Tod in Venedig«. Gleichwohl bleibt festzuhalten, dass Faber zu einer weitgehend neuen Haltung findet, die ihm freilich – anders als Tonio Kröger – keine Zukunft mehr öffnet. Auch Faber besucht noch seine Vaterstadt, trifft dort aber nur den grässlich entstellten, todgeweihten Professor O.

Wie ein Faustschlag hat ihn zuvor die Konfrontation mit dem unwiederbringlich Vergangenen getroffen, bei der Filmvorführung nämlich in Düsseldorf: »(…) plötzlich, wie nicht anders möglich, ist sie da – lebensgroß – Sabeth auf dem Bildschirm. In Farben.« »Ihr Gesicht, das nie wieder da sein wird –«, »Ihr Körper, den es nicht mehr gibt –«, »Ihre Augen, die es nicht mehr gibt –«, »Ihr Lachen, das ich nie wieder hören werde –« (Hf 188–190). Schon auf Kuba hatte er notiert: »(…) ich filme nichts mehr. Wozu! Hanna hat recht: nachher muß man es sich als Film ansehen, wenn es nicht mehr da ist, und es vergeht ja doch alles –« (Hf 182). Jetzt, in Düsseldorf, lässt er die Filme zurück, flieht zum Bahnhof und erwägt im Zug, der ironischerweise »Schauinsland« heißen mag, sich zu blenden (Hf 191 f.) – Das bedeutet aber gerade nicht, dass er die Erinnerung an Sabeth verdrängen will. Über den Film sagt er: »Ich sehe diesen Streifen noch jetzt« (Hf 188), und in der Schilderung der letzten gemeinsamen Nacht auf Akrokorinth lesen wir gleich dreimal: »Ich werde es nie vergessen!« (Hf 150), »Ich werde nie vergessen, wie sie auf diesem Felsen sitzt«, »(…) und ich werde nie vergessen, wie Sabeth singt!« (Hf 152) Die Strahlkraft dieser Erinnerung färbt ja noch Fabers letztwillige »Verfügung für Todesfall«: »(…) standhalten dem Licht, der Freude (wie unser Kind, als es sang) im Wissen, daß ich erlösche im Licht über Ginster, Asphalt und Meer, standhalten der Zeit, beziehungsweise Ewigkeit im Augenblick. Ewig sein: gewesen sein.« (Hf 199)

Das Pathos dieses Hymnus, zu dem es eine Vorform in Frischs privatem griechischen Tagebuch von 1957 gibt[17] und zu dem er sich im Alter als zu seiner eigenen Lebensmaxime gleich mehrfach bekannt hat[18], federt er hier ab, indem er Fabers oft gebrauchte, immer um Präzision ringende und hier verzweifelt unangebrachte Floskel »beziehungsweise« einfügt.

Die Forderung, im Wissen um die Endlichkeit und Einmaligkeit unserer Existenz ein bewusstes, »eigenes« Leben zu führen, findet sich schon in Frischs erstem publizierten Tagebuch.[19] Walter Faber, der jeden Gedanken an den Tod zu verdrängen suchte und den Roboter gar als Mittel, »den Tod zu annullieren«, meinte definieren zu können (Hf 77), kommt erst am Schluss zu dieser todes- und darum lebensbejahenden Haltung, zu einem Zeitpunkt, da sein Leben zu Ende geht. Mental bleibt er ein Gespaltener zwischen jetzt erkannter und anerkannter Vergangenheit und einer höchst fragilen Gegenwart, die Zukunft nur noch als Illusion zulässt: Ehe mit Hanna, ein untauglicher Versuch, unwiederbringlich Versäumtes nachzuholen.

Der Begriff ›Vergegenwärtigung‹ bedarf der Präzisierung, denn Vergegenwärtigung ist ja kennzeichnend für alles Erzählen, selbst wenn es von einem auktorialen Erzähler »in der Zeitform der tiefsten Vergangenheit« vorgetragen wird (um Thomas Manns »Vorsatz« zum »Zauberberg« zu zitieren).[20] Natürlich erleben wir, um beim »Zauberberg« zu bleiben, auch das »Walpurgisnacht«-Gespräch zwischen Castorp und Clawdia Chauchat oder die Streitereien zwischen Settembrini und Naphta oder die eindrucksvolle Maskenhaftigkeit des Mijnherr Peeperkorn als quasi gegenwärtig. Im »Homo faber« ist aber das Gegenwärtigwerden des Vergangenen sowohl das Thema als auch die Methode der Darstellung. »Wir hatten keine Ahnung, wo wir sind«: Faber ist kein »raunender Beschwörer des Imperfekts« (um noch einmal Thomas Mann zu bemühen), sondern verfällt beim Schreiben immer wieder vergegenwärtigend ins Präsens, teilweise in durchaus herkömmlicher Weise, wenn zum Beispiel fast die ganze Kuba-Episode im Präsens erzählt wird, und auch die präsentischen inquit-Formeln in der ansonsten imperfektischen Wiedergabe der Debatten mit Hanna fallen nicht sonderlich auf. Anders aber steht es mit den Sätzen, in denen Präteritum und Präsens unmittelbar aufeinanderstoßen. Einige weitere Beispiele: Beim Zusammenbruch in der Flughafentoilette von Houston heißt es: »Ich vermutete, es kommt vom Neon-Licht« und: »Ich wußte nicht, was los ist.« (Hf 11) Oder: »Ich wäre nie auf die Idee gekommen, daß Hanna und Joachim einander heiraten.« (Hf 57) Beim Heiratsantrag auf dem Schiff: »(...) ich war wieder vollkommen nüchtern, dabei keine Ahnung, was ich denke, wahrscheinlich nichts.« (Hf 95) Das ist ein besonders kennzeichnendes Beispiel, denn »was ich denke« bezieht sich auf die vergangene Situation, während das »wahrscheinlich nichts« ein nachträgli-

ches Urteil des als gegenwärtig anzusehenden Berichterstatters darstellt. –
Die Begegnung mit seinem ehemaligen Lehrer in Paris wird so eingeleitet:
»Ich hatte Professor O. wirklich nicht erkannt, wie er da plötzlich vor mir
steht« (Hf 102), womit die Überleitung zur präsentischen Erzählung dieses
Treffens geschaffen ist. Das Gegenstück zum zuerst zitierten Beispiel findet
sich im Bericht von Fabers Aufwachen im Athener Krankenhaus: »Ich
wußte, wo ich bin« (Hf 125). Als Hanna bestätigt hat, dass Joachim Sabeths
Vater gewesen sei, lesen wir: »Im Augenblick war ich erleichtert, ich hatte
keinen Grund anzunehmen, daß Hanna lügt, und fand es im Augenblick
(…) wichtiger als alles andere, daß das Mädchen eine Serum-Injektion
bekommen hat und gerettet ist.« (Hf 147)

An all diesen Stellen (die sich erheblich vermehren ließen) wird deutlich,
wie dem Berichterstatter das Vergangene so gegenwärtig wird, dass er es
sozusagen noch einmal erlebt, im letztgenannten Beispiel verbunden mit
dem Wunsch, dass das Vergangene nicht vergangen sein möge, dass Sabeth
tatsächlich gerettet, dass sie am Leben sei. Am schlagendsten erscheint mir
folgendes Beispiel (es geht um die Begegnung mit Sabeth auf dem Schiff):
»Am meisten frappierte mich, wie sie im Gespräch, um ihren Widerspruch
zu zeigen, ihren Roßschwanz in den Nacken wirft (dabei hat Hanna nie
einen Roßschwanz getragen!), oder wie sie ihre Achsel zuckt, wenn's ihr
durchaus nicht gleichgültig ist, bloß aus Stolz. Vor allem aber: das kleine
und kurze Rümpfen ihrer Stirne zwischen den Brauen, wenn sie einen Witz
von mir, obschon sie lachen muß, eigentlich blöd findet.« (Hf 80) – Hier
wird Fabers spätere Bekundung: »Ich werde nie vergessen« sozusagen in die
grammatikalische Form überführt. – Übrigens bezeichnet Faber an späterer
Stelle ja eben dieses Stirnrunzeln zwischen den Brauen als ein Charakteris-
tikum Hannas und fügt hinzu: »Sie glich ihrer Tochter schon sehr.« (Hf 131)

Wesentlich ist, wie Fabers Gegenwart von seinen Vergangenheiten (der
Zeit mit Hanna, der Zeit als homo faber, der Zeit mit Sabeth) durchdrungen wird, und wesentlich ist die Vergegenwärtigung dieses Vergangenen in
der spezifischen Form der Erzählung. In Frischs »Tagebuch 1946–1949«
finden sich etliche Reflexionen über die Zeit. Da geht es nicht, wie in Hannas Vorhaltungen, um die angemessene Einstellung gegenüber dem eigenen
Werden und Vergehen in der Zeit (Leben als »Gestalt in der Zeit«, Hf 170),
sondern es geht um unser Erleben von Zeit in der jeweiligen Gegenwart. Da
heißt es von der Zeit, sie sei »ein bloßer Behelf für unsere Vorstellung, die
in ein Nacheinander zerlegt, was wesentlich eine Allgegenwart ist« (JA II,
493); die Gegenwart sei als solche gar nicht erlebbar, sie bleibe »irgendwie
unwirklich, ein Nichts zwischen Ahnung und Erinnerung, welche die
eigentlichen Räume unseres Erlebens sind« (JA II, 452). Fabers »Ich werde
nie vergessen« bezeichnet die in Gegenwart (und erhoffte Zukunft) transpo-
nierte Erinnerung, deren »Allgegenwart« eben auch in jenen grammatika-

lischen Auffälligkeiten gespiegelt wird. Dieses eigentümliche Verfahren bewirkt nicht nur Vergegenwärtigung, sondern Verlebendigung, was durchaus wörtlich genommen werden kann: Mithilfe seiner Schreibmaschine, seiner »Hermes-Baby«[21], erweckt Faber die tote Sabeth für uns ebenso wieder zum Leben, wie der Namenspatron Hermes die von Hades geraubte Persephone wieder ans Licht geführt hat: »(…) und ich werde nie vergessen, wie Sabeth singt!« (Hf 152).

1 Es handelt sich um die leicht bearbeitete Fassung eines Vortrags, den ich am 30.10.2009 zu einem von Studienstiftlern veranstalteten »Homo faber«-Workshop in der Münchner Universität gehalten habe. Max Frischs Werke werden, soweit möglich, mit der Sigle »JA« sowie römischer Band- und arabischer Seitenzahl nach folgender Ausgabe zitiert: Max Frisch: »Gesammelte Werke in zeitlicher Folge. Jubiläumsausgabe in sieben Bänden«, hg. von Hans Mayer unter Mitwirkung von Walter Schmitz, Frankfurt / M. 1986. Zitate aus dem Roman »Homo faber« (dort in Bd. IV, S. 5–203) werden mit der Kürzel »Hf« und der Seitenzahl nachgewiesen. — 2 Karl August Horst: »›Homo faber‹ oder Tragödie ohne Tragik«, in: »Wort und Wahrheit« 13 (1958), S. 469. — 3 Klaus Müller-Salget: »Max Frisch, die ›unbewältigte Vergangenheit‹ und die Literaturwissenschaft« (1994), in: Ders.: »Literatur ist Widerstand. Aufsätze aus drei Jahrzehnten«, Innsbruck 2005, S. 173–187. — 4 Hans Mayer: »Dürrenmatt und Frisch«, Pfullingen 1963, S. 51. — 5 Die Lesung »lebte« in der Jubiläumsausgabe stellt einen Druckfehler dar. — 6 Hf 94: »Ihr Hanna-Mädchen-Gesicht!«, Hf 131 über Hanna: »Sie glich ihrer Tochter schon sehr.« — 7 Hf 72: »Was ändert es, daß ich meine Ahnungslosigkeit beweise (…)!« — 8 So reagiert er ja auch auf die erschreckenden Konfrontationen mit seinem Spiegelbild: Hf 11, 98 und 171. — 9 Vgl. Peter Pütz: »Das Übliche und das Plötzliche. Über Technik und Zufall im ›Homo faber‹«. In: »Max Frisch. Aspekte des Prosawerks«, hg. von Gerhard P. Knapp, Bern, Frankfurt / M., Las Vegas 1978, S. 123–130. — 10 Vgl. JA VI, 628 (»Montauk«): »MY GREATEST FEAR: REPETITION«. — 11 JA III, 420: »Meine Angst: die Wiederholung –!«. — 12 Thomas Mann: »Tonio Kröger«, in: Ders.: « Frühe Erzählungen. 1893–1912«, hg. und textkritisch durchgesehen von Terence J. Reed unter Mitarbeit von Malte Herwig, »Große kommentierte Frankfurter Ausgabe«, Bd. 2.1, Berlin u. a. 2004, S. 243–318, hier S. 281. — 13 Vgl. Thomas Mann, a. a. O., S. 287. — 14 Vgl. den Abdruck in: Klaus Müller-Salget: »Erläuterungen und Dokumente. Max Frisch: Homo faber«, Stuttgart 2008, S. 121. — 15 Vgl. Rhonda L. Blair: »›Homo faber‹, ›Homo ludens‹ und das Demeter-Kore-Motiv«, in: »Frischs ›Homo faber‹«, hg. von Walter Schmitz, Frankfurt / M. 1983, S. 142–170, hier S. 154 und S. 168 f. — 16 Vgl. Max Frischs Brief an Peter Suhrkamp vom 19.4.1956, in: Max Frisch: »Jetzt ist Sehenszeit. Briefe, Notate, Dokumente 1943–1963«, hg. und mit einem Nachwort versehen von Julian Schütt, im Auftrag der Max Frisch-Stiftung, Frankfurt / M. 1998, S. 152–155, hier S. 154. — 17 Max Frisch: »Jetzt ist Sehenszeit«, a. a. O., S. 170. — 18 In der »Rede an junge Ärztinnen und Ärzte« (JA VII, 82–92), S. 92 und in den Fernsehinterviews aus Anlass seines 75. Geburtstages mit Hilde Bechert und Klaus Dexel beziehungsweise mit Philippe Pilliod. — 19 »Tagebuch 1946–1949« (JA II, 347–755). S. 499 f. — 20 Thomas Mann: »Der Zauberberg«, hg. und textkritisch durchgesehen von Michael Neumann, »Große kommentierte Frankfurter Ausgabe«, Bd. 5.1, Berlin u. a. 2002, S. 9. Dort auch das nachfolgende Zitat. — 21 Es handelt sich um eine authentische Typenbezeichnung, die Frisch aber ebenso mehrdeutig einsetzt wie Hannas »Opel Olympia« (Hf 159) und Fabers »Omega-Uhr« (Hf 129) oder auch den Zug namens »Schauinsland« (Hf 191).

Franziska Schößler

Obsession und Verschiebung: Schuld bei Max Frisch

In den 1950er Jahren setzte ein zögerliches Sprechen über den Zweiten Weltkrieg und den Holocaust ein, zunächst in verstellter Weise, in Form von Modellen, Abstraktionen und Allegorien. Prominentestes und viel diskutiertes Beispiel für dieses Verfahren ist Max Frischs Theatertext »Andorra«, der die Stigmatisierung von Juden modellhaft an einem Nichtjuden vorführt, wie nicht nur Georg Kreisler in seiner Parodie »Sodom und Andorra« monierte.[1] Wenige Jahre nach Frischs Text erschienen die (ebenfalls nicht unumstrittenen) Dokumentardramen von Rolf Hochhuth und Peter Weiss, die minutiös recherchiertes Wissen um nationalsozialistische Praktiken verwendeten.

Problematisch ist an einer indirekten Darstellung des Antisemitismus, dass Modelle grundsätzlich enthistorisieren und die jüdische Verfolgung zur Metapher (des Geschlechterkampfes oder des menschlichen Geschicks im Allgemeinen) werden lassen. Durch die ebenfalls beliebte Überschreibung mit (mythischen) Intertexten entstehen darüber hinaus pathosreiche Bilder von Tätern, denen noch dazu Exkulpationen eingeschrieben sein können. Bereits in Max Frischs erstem Tagebuch lässt sich das Verfahren der Generalisierung (und Ästhetisierung) von rezenten Ereignissen der jüngsten Geschichte beobachten, wenn der Autor seine Kriegserlebnisse als Soldat in einer Prosaskizze verarbeitet, die die Staatsgrenze zur Grenze zwischen Normalität und Wahnsinn, zwischen Rechtsordnung und Asozialität verallgemeinert. Der Rechtsanwalt Schinz kommt auf seinem Irrweg durch einen verschneiten Wald auch im übertragenen Sinne von seiner (bürgerlichen Lauf-)Bahn ab. Schinz wird an der Grenze aufgehalten, ohne »Gepäck. Vielleicht hat das ihn verdächtig gemacht. Sein Paß ist gültig, auch wenn man ihn gegen das grellste Licht hält. Waffen hat er nicht, auch keine Goldbarren, nicht einmal Schriftstücke, nichts, was aus seinen Unterhosen herausfällt. Aber verdächtig ist verdächtig.«[2] Nach dem Einzug seiner Papiere geht er schwarz über die Grenze, »Heinrich Gottlieb Schinz, Rechtsanwalt, ein Mann ohne Papiere«.[3] Damit wird er zum Emigranten und glaubt sich als Verstoßener seinem Freund Alexis ähnlich, einem Einwanderer ohne Rechte: »So ungefähr, denkt er, ist Alexis über unsere Grenze gekommen, der Emigrant, der als Zeuge kein volles Gewicht hat; man ist sehr rasch ein Emigrant. Man ist ansässig, wie man ansässiger nicht sein kann, hat einen Stammbaum und ein Haus; plötzlich ist man ein Emigrant.«[4] Das kurze

Prosastück entreferenzialisiert die Grenzerlebnisse des Soldaten Frisch, löst sie von den konkreten Vorgängen, der Zurückweisung von Flüchtlingen an der Grenze, ab. In seiner Büchner-Preis-Rede setzt Frisch die Figur des Emigranten zur poetologischen Selbstbestimmung ein, wenn er einige namhafte Emigranten wie Bertolt Brecht und Georg Büchner aufzählt und diese in eine Reihe mit den namenlosen Opfern stellt, die an der Grenze zu Nazideutschland zurückgewiesen wurden. Über diese Opfer heißt es: »Ich schweige von den Namenlosen, aber ich schweige nicht von der Tatsache, der vielleicht verständlichen oder mindestens begründbaren, aber durch kein Eigenlob verdeckbaren Tatsache, wie viele Namenlose damals zurückgewiesen wurden in den sicheren Tod«.[5] Anwalt der Opfer sei der Schriftsteller, ja dieser selbst sei Emigrant, sein Ort die Grenze.[6] Die Abschiebung von Juden wird zur Poetik beziehungsweise zur Selbstlegitimation des Künstlers nobilitiert.

Max Frisch umkreist in seinen Texten eine indirekte oder auch als unsichtbar behauptete Schuld, die (aporetische) Schuld eines scheinbar Unbeteiligten, der sich im Versuch der Beschuldigung exkulpiert – eine Figur, die auf die spezifische Situation von Schweizer Autoren verweist und die Forschung biografisch auf Frischs Beziehung zu Käthe Rubensohn, Tochter eines jüdischen Vaters und einer deutschen Mutter, zurückführt. Sie war längere Zeit mit Frisch liiert, willigte jedoch nicht in eine Heirat ein und kehrte in das nationalsozialistische Deutschland zurück. In der späten autobiografisch angelegten Erzählung »Montauk« erinnert sich der Amerikareisende an folgende Episode: »Dann bin ich bereit zu heiraten, damit sie in der Schweiz bleiben kann, und wir gehen ins Stadthaus Zürich, Zivilstandesamt, aber sie merkt es: das ist nicht Liebe, die Kinder will, und das lehnt sie ab, nein, das nicht. Später finde ich in ihrer Mappe eine kleine Waffe, keinen Revolver, ein vernickeltes Pistölchen, aber versehen mit Munition; das stehle ich ihr. Will ich kein Kind, weil sie eine Jüdin ist? Als ich nicht mehr weiß, was wahr ist in mir, gehe ich in den Wald, um zu denken, und ich glaube mir selber nichts mehr, was ich denke; ich werfe auf den Boden eine Münze: Kopf oder Schrift? Wie der Wurf, Befragung des Orakels, ausgefallen ist, weiß ich nicht mehr. Sie sagt es: *Du bist bereit mich zu heiraten, nur weil ich Jüdin bin, nicht aus Liebe.* Ich sage: Wir heiraten, ja, heiraten wir. Sie sagt: Nein.«[7] Volker Hage führt ergänzend über die Beziehung aus: »Das war nach eigenen Angaben 1936. Er erinnerte sich später, daß er im Stadthaus von Zürich bei dieser Gelegenheit unaufgefordert einen Arier-Ausweis ausgehändigt bekam. Wohlgemerkt in der neutralen Schweiz. Aus der Ehe wurde dann doch nichts: Die junge Frau vermutete hinter dem Heiratsbegehren Fürsorge, nicht Liebe.«[8] Auch die Ehegeschichte in »Stiller« und die Inzesterzählung in »Homo faber« handeln von einem schuldvollen Verhalten gegenüber Exkludierten, das in den privaten Bereich verschoben und in einem entreferenzialisierenden Genrerahmen, als Märchen oder Tragödie, experimentell erprobt, damit aber irrealisiert und enthistorisiert wird.

Schuld und Fiktion im Roman »Stiller«

In »Stiller« entwirft Frisch auf geradezu obsessive Weise Täter, die »fiktive Mörder« sind, die nahezu ungreifbare, moralische Gewalttaten verübt haben und diese zur Kenntlichkeit entstellen – im Medium der Fiktion beziehungsweise einer ostentativ fabulierenden Phantasie. Stiller imaginiert sich als Mörder, behauptet, gleich mehrere Morde begangen zu haben, was als Reflexion auf die Kriegsereignisse zu lesen ist. Obwohl die Historie nicht im Vordergrund steht, wie die Forschung zuweilen moniert hat, verweist die scheinbar lakonisch-ironische Bemerkung Stillers, dass »ich Leute seiner Art (gemeint ist der Verteidiger Bohnenblust; F. S.), die sich selbst und daher auch mir keinen Mord zutrauen können, auf die Dauer nicht ertrage«[9], auf das historische Trauma. Der sich selbst bezichtigende Stiller übersetzt in seinen fabulierenden Geschichten juristisch nicht zu ahndende seelische Grausamkeiten (zum Beispiel im Umgang mit seiner Frau) in sichtbare Morde, wie er dem sensationssüchtigen Gefängniswärter Knobel ausdrücklich erklärt – eine Leseanweisung: »Haben Sie sich nie überlegt, mein lieber Knobel, warum die allermeisten Leute so viel Interesse haben an einem richtigen Mord, an einem sichtbaren und nachweisbaren Mord? Das ist doch ganz klar: weil wir für gewöhnlich unsere täglichen Morde nicht sehen. Da ist es doch eine Erleichterung, wenn es einmal knallt, wenn Blut rinnt oder wenn einer an richtigem Gift verendet, nicht bloß am Schweigen seiner Frau. Das ist ja das Großartige an früheren Zeitaltern, beispielsweise an der Renaissance, daß die menschlichen Charaktere sich noch in Handlung offenbaren; heutzutage ist alles verinnerlicht.«[10] Aus seelischer Grausamkeit wird Mord – ein Vergehen, das juristisch sanktioniert werden kann und durch die Zeitkoordinaten auf eine mögliche Täterschaft im Zweiten Weltkrieg verweist.

Die fabulierende Geste, die die Schuld sichtbar macht, lässt sich jedoch auch umgekehrt lesen – als Irrealisierung der Schuld durch Genres wie Märchen und Lügengeschichten beziehungsweise den Gestus des Unwahrscheinlichen, die das Fiktive der Selbstbezichtigungen hervorheben. Die potenzielle Schuld wird noch dazu durch die zahlreichen intertextuellen Bezüge mythisiert, wie an der kurzen Erzählung über einen alten Mann in New York verdeutlicht werden kann. Der Inhaftierte berichtet dem Staatsanwalt von dem verkommenen Viertel Bowery in der Third Avenue, wo er einen alten, halbnackten Mann getroffen habe: »Als ich ihn kommen sah, versteckte ich mich hinter einem Eisenpfeiler der Hochbahn. Auf dem Kopf trug er eine schwarze Melone wie Diplomaten, Bräutigame und Gangster;

sein Gesicht war blutig. Im übrigen trug er eine Krawatte, ein weißliches Hemd, eine schwarze Jacke, aber dann war es fertig; sein Unterleib war splitternackt.«[11] Die Gestalt stellt den Beobachter vor die dringliche Frage, ob er eingreifen solle: »Natürlich erwog ich, ob ich nicht helfen sollte, hatte aber Angst, in irgendeine Sache verwickelt zu werden, was ich mir nicht leisten konnte.«[12] Die unterlassene Hilfeleistung hat fatale Konsequenzen, denn der alte Mann stirbt: »Er lag auf dem Bauch, violett vor Kälte, und auch sein fahles Haar war blutig. Ich sah die Wunde am Hinterkopf, ich rüttelte ihn, ich hob seinen Arm; er war tot. Sein Gesicht entsetzte mich, so daß ich weiterlief, und ich meldete nichts, obzwar es der eigene Vater war.«[13] Frisch stilisiert das Erlebnis, das die Pointe dezidiert als unwahrscheinliches ausweist, zur klassischen Ödipus-Konfiguration, der er zusätzlich eine Anspielung auf die Bibel, auf die Geschichte vom barmherzigen Samariter beigibt[14], wenn es heißt: »Man weiß halt, was dabei herauskommt! Zum Schluß muß der Samariter beweisen, daß er nicht der Mörder ist«[15]; auch die Nacktheit des alten Mannes entspricht dem biblischen Intertext. Die kurze Erzählung handelt also von Mittäterschaft beziehungsweise von unterlassener Hilfeleistung, von einem Delikt, das die mythischen Intertexte mit einer emphatischen tragischen Täterschaft grundieren und in die Sphäre des Unwahrscheinlichen einrücken – Hannah Arendts Diktum von der Banalität des Bösen, das die literarische Darstellung des Nationalsozialismus nachhaltig verändern wird[16], deutet sich in der Kontingenz des Todes zwar an, wird jedoch mit Mythen überschrieben, die in »Homo faber« in den Vordergrund treten und den Protagonisten zum leidenden Helden stilisieren.

Das edle Pathos des Täters in »Homo faber«

Frisch präsentiert sein Sujet einer ungreifbaren Schuld hier in zeitgenössischem Gewand; er greift die viel diskutierte Technikkritik der 1950er Jahre auf, die über Ernst und Georg Friedrich Jünger ebenso kontextualisiert werden könnte wie über Hannah Arendt[17] und Günter Anders. Frisch entwirft aus einer prekären Erzählperspektive – eine Ich-Erzählung versucht, die ›Prosa‹ eines Ingenieurs in poetischer Sprache vorzuführen – das Psychogramm eines Rationalisten (einer Variante des Homo oeconomicus), der durchaus als Hysteriker gezeichnet wird und den der Mythos einholt, genauer: der in einem räumlichen Ambiente zum Täter wird, das die antike Tragödie in nahezu hypertropher Weise vergegenwärtigt. Die Forschung hat diskutiert, ob diese schematische Oppositionsbildung von Ratio und Mythos nicht ein infrage gestelltes Sinnangebot darstellt und beide Positionen als Fiktionen dekuvriert werden. Zentraler Bestandteil der Technikkritik ist das Nichtwissen[18], das die antike Tragödie in ihrer analytischen Form sowie der Anagnorisis ebenfalls prominent verhandelt und das folglich die Gelenkstelle von Technik und Mythos bildet.

Auch Walter Faber ist (wie Stiller) in einen Todesfall verwickelt, in den Tod seiner Tochter; auch hier wird die Frage nach einer Schuld verhandelt, die durch die jüdische Protagonistin Hanna und die erneut aufgerufene Geschichte einer nicht stattfindenden Heirat[19] deutlich auf die Zwischenkriegszeit und die Schoah verweist.[20] Auch die eingesprengten Daten scheinbar belangloser Details markieren den historischen Rahmen, so wenn Faber zu seinem 50. Geburtstag – auch er ist ein »Mann von funfzig Jahren« – einen Wein aus dem Jahr 1933 trinkt.[21] Der Tod des Kindes wird gleichwohl auf ostentative Weise mythisch gerahmt, sowohl von der Erzählfunktion, die eine griechische Landschaft entwirft und eine Vielzahl an antiken Erzählungen einspeist, als auch vom Ich-Erzähler, von diesem allerdings in Form der Negation und eines dezidierten Nichtwissens.[22] Der Tod der jüdischen Frau erscheint im Genre der antiken Tragödie, und das heißt als Folge eines schicksalsbestimmenden Fehlers (*hamartia*), einer ›schuldlosen Schuld‹.[23] *Hamartia* bezeichnet einen Irrtum oder einen Fehler im Verhalten des Helden, wobei es sich in der Antike weniger um eine sittliche Schuld handelt, als vielmehr um ein tragisches Versagen, eine Fehleinschätzung der Situation beziehungsweise um eine Überschätzung der eigenen Fähigkeiten, also um Hybris. Dieser Fehler potenziert die Tragik, denn die Katastrophe wird durch ein Übel ausgelöst, ohne dass der Protagonist ein Schurke, ein Bösewicht ist. Noch dazu bewegen sich die antiken Helden in einem determinierenden Schicksalszusammenhang, den im 18. Jahrhundert Reinhold Jakob Michael Lenz und andere kritisieren werden, und vermögen aus dem mythischen Narrativ nicht auszubrechen. »Homo faber« abstrahiert den Tod einer Jüdin zwar nicht zum Modell (wie »Andorra«), präsentiert ihn jedoch in einem Narrativ, das (nach Aristoteles) von einem Fehler des Protagonisten / Täters ausgeht sowie ein von den Göttern verhängtes Schicksal, ein unwiderrufliches Verhängnis unterstellt. In diesem Sinne fungieren die Verweise auf die eintretende Mondfinsternis ebenso wie die Vorausdeutungen des Professors O.[24] Die Schuld als Konfrontation mit der jüngsten Vergangenheit wird also dadurch auratisiert, dass der Erzähler das Geschehen in ein antikes Genre übersetzt, das ihn noch dazu exkulpiert, weil es zur Potenzierung der Katastrophe eine Verfehlung unterstellt und das jüdische Sterben als Verhängnis, nicht aber als menschengemachte Brutalität codiert. Und der Text stilisiert die Schuld zu einer unvermeidlichen Ursünde, einer anthropologischen Grundbefindlichkeit, wenn er die Paradieserzählung aufruft – »es ist mir nicht bewußt gewesen, daß ich nackt bin«.[25]

Auch in seinem »Dienstbüchlein« nutzt Max Frisch bezeichnenderweise die Argumentationsfigur des Nichtwissens und konfrontiert sein damaliges

Unwissen als Soldat – »Zum Teil erinnere ich mich nicht, davon gewußt zu haben, obschon man es hätte wissen können«[26] – mit einem Katalog an Fakten: »4.10.1938 In Berlin finden Verhandlungen über die Einführung eines Visumzwangs für Deutsche statt. Die schweizerische Delegation begnügt sich mit dem Antrag, stattdessen nur die Pässe von deutschen Juden, die ins Ausland reisen wollen, mit einem J zu kennzeichnen. Der Bundesrat stimmt einstimmig zu.«[27] Über die Grenzpraxis heißt es: »17.10.1939 Der Bundesrat schafft eine neue rechtliche Grundlage für die Behandlung der Flüchtlinge; danach werden die Kantone angewiesen, Ausländer, die rechtswidrig in die Schweiz gelangt sind, wieder über die Grenze zurückzustellen. Eine Regelung, die Tausenden und Tausenden das Leben kosten wird.«[28] Das Nichtwissen, das im »Dienstbüchlein« eindeutig historisch verortet wird, ist die zentrale Haltung von Faber, Ödipus und Frisch; in »Homo faber« wird es zum Fehler der antiken Tragödie stilisiert und als Auslöser schweren Leids, einer Katastrophe nobilitiert – mit Fokus auf einen männlichen Täter, der sich auf diese Weise ein pathosreiches Narrativ zuschreibt.

Entsprechend nutzt der Roman den Inzest für seine poetologischen Schöpfungsvisionen. Im Alten Ägypten galt der Geschwisterinzest (unter hohen Persönlichkeiten und Göttern) als Ausweis von Macht und als Nukleus der Schöpfung, wie sie Frisch in seinem Œuvre wiederholt beschwört. Stiller beispielsweise erzählt folgenden Traum: »In meinem Bett liegt Mutter, gräßlich, obzwar lächelnd, eine Puppe aus Wachs, Haare wie Bürstenborsten, mein großes Entsetzen (...) in einem äußersten Grad von Grauen knie ich nieder mit Schrei, um zu erwachen, in meinen Händen plötzlich ein Osterei so groß wie ein Kopf.«[29] Wird mit Freuds Traumdeutung davon ausgegangen, dass das Entsetzen ein Deckgefühl darstellt, jeder Traum ein Wunschtraum ist, so wird die Inzestphantasie offenkundig – die Mutter liegt im Bett des Sohnes. Das Ei ist klassischerweise das Symbol für Geburt, für Neuanfang und Leben. Handelt es sich zudem um ein Osterei, so wird das Osterfest, die *passio* Christi und seine Auferstehung aufgerufen, das Ereignis der Geburt also christlich überhöht. Was der Traum plastisch werden lässt, ist eine Geburtsphantasie, in der der Träumende gleich zweimal zu seinem eigenen Schöpfer wird. Er hält in den »eigenen Händen plötzlich ein Osterei so groß wie ein Kopf«[30] – eine Geburt aus den eigenen Händen. Zudem versetzt sich der Träumende in die Position des Vaters – die Mutter liegt in seinem Bett – und wird damit in einer narzisstischen Phantasie zu seinem eigenen Schöpfer: Er als Vater bringt sich als Sohn hervor; der Inzest mit der Mutter wird als Selbstschöpfung chiffriert. In »Homo faber« bezeichnet Hanna den Inzest ganz analog als Versuch der Selbstschöpfung, die der Sterblichkeit zu entkommen trachtet: Die Vereinigung mit den Kindern scheine die Zeit aufzuhalten, den Tod zu vermeiden und Unsterblichkeit (in einer zirkulären Zeitstruktur, chiffriert durch die Schnecke) zu ermöglichen. Sie erklärt: »Das ist nun einmal so (…), wir können das Leben nicht in unseren Armen behalten, Walter, auch du nicht«; und sie wiederholt: »Das ist nun einmal so (…) wir können uns nicht mit unseren Kindern nochmals verheiraten.«[31] Das Ende des Romans beschwört eine zyklische Zeit, in der sich Mutter und Tochter (wie in Goethes Paradiesvorstellungen) gleichen.[32] Hanna lebt zudem in einer Wohnung mit »einer archaischen Wanduhr mit zersprungenem Zifferblatt«[33], ist also aus der linearen Zeit ausgetreten, wie auch Faber, wenn er erzählt: »Ich redete über meine Uhr, die ich dem Lastwagenfahrer vermacht hatte, und über die Zeit ganz allgemein; über Uhren, die imstande wären, die Zeit rückwärts laufen zu lassen –«.[34] Damit ist nicht der Bruch in der Geschichte nach der Schoah gemeint, sondern es entsteht ein mythisches Reich der Zeitlosigkeit, in dem sich die Ödipus-Sage (auf verschobene Weise) wiederholen kann. Zwar endet der Roman mit dem nahenden Tod des Ich-Erzählers, doch er hat einen Text produziert, hat sich auf seiner Schreibmaschine mit dem sprechenden Namen Hermes-Baby verewigt, während seine Tochter Sabeth ohne Stimme ausgelöscht ist.

Allerdings lässt sich der Inzest auf noch andere Weise kontextualisieren: Diese Urform der Grenzüberschreitung und des Verstoßes gegen ein zivilisatorisches Tabu spielt im Tableau antijüdischer Stigmatisierungen eine gewichtige Rolle. Juden wurde aufgrund ihrer anderen Heiratspraxis über Jahrhunderte hinweg der Vorwurf des Inzests gemacht, der diverse Pathologien nach sich zu ziehen schien sowie den Ausschluss aus dem genau überwachten Reich der Zivilisiertheit motivierte. Diabetes beispielsweise gilt im Rassediskurs des 19. Jahrhunderts als jüdische Blutkrankheit und wird mit Inzucht in Verbindung gebracht – der berühmte Hysterieforscher Jean-Martin Charcot betont, Juden seien aufgrund der zulässigen Heirat zwischen Blutsverwandten für Diabetes besonders anfällig.[35] Thomas Mann verbindet in seiner mehrfach überarbeiteten, antisemitischen Erzählung »Wälsungenblut« den beliebten Topos vom ostjüdischen Aufsteiger mit einer inzestuösen Geschwisterliebe; in seiner Inflationserzählung »Unordnung und frühes Leid«, die eine intellektuelle jüdische Familie samt ihrem Bekanntenkreis fokussiert, deutet er diesen Tabubruch als Ausdruck für die völlige Zerrüttung der gesellschaftlichen Ordnung, von Klassengrenzen und Altersstufen zumindest an. Die Inzest-Geschichte Frischs, die die männlichen wie poetologischen Schöpfungsphantasien stützt, ruft also zugleich ein altes antijüdisches Vorurteil der Mehrheitsgesellschaft auf und schreibt es in den Bericht über einen jüdischen Tod ein.

Was sich in »Homo faber« zudem abzeichnet (ähnlich wie in »Stiller«), ist die enge Verquickung von Geschlechterkampf und historischer Vergangenheit, die Letzteres als Metapher des Ersteren lesbar macht. Meldet sich

Joachim zur Wehrmacht, zu den deutschen Tätern, als sich seine Frau Hanna der Reproduktion verweigert und ihn nicht Vater werden lässt, seine Genealogie nicht fortsetzt, so erscheint der Zweite Weltkrieg und die Auslöschung der Juden als persönliche Rache eines Mannes im Geschlechterkampf. Auch in »Stiller« fungiert der Krieg als Metapher für den Ehezwist, wenn Stiller ausgerechnet in dieser Phase an seiner Frau schuldig wird. Er gilt bezeichnenderweise seit dem 1. Januar 1946 als verschollen, also seit dem ersten Nachkriegsjahr, und die Zeit, die nach und nach aus verschiedenen Perspektiven rekonstruiert wird, seine Ehe, umfasst in etwa acht Jahre, also etwas mehr als die Phase des Zweiten Weltkriegs. Das schweizerisch-jüdische Verhältnis (von Täter und Opfer) ist auch in »Homo faber« zugleich das zwischen Mann und Frau beziehungsweise metaphorisiert den Antagonismus zwischen Patriarchat und Matriarchat. Die jüdische Frau steht, wie die letzten Seiten des Romans unmissverständlich zeigen, für eine matrilineare Linie, für eine weibliche Genealogie ohne Vaterschaft; bezeichnenderweise weiß allein die Mutter Fabers von dem Kind.[36] Der Krieg metaphorisiert mithin den Geschlechterkampf, der durch weitere Narrative tabuisierter Begehrensformen angereichert wird.

Denn die (historische) Schuld, die zur anthropologischen mythisiert wird, verweist auch auf das Tabu der Homosexualität, das dem Roman deutlich eingeschrieben ist und nach Judith Butler dem Inzest noch vorausliegt.[37] In »Homo faber« besitzt Ivy, wie Hanna ein herzensguter Kerl[38], die Figur eines Buben, »ihre Hüften (sind) schmal«[39]; und arbeitet sie als Mannequin, so kann dieser Terminus mit »kleines Männchen« übersetzt werden. Ivy, die wie Julika als lesbisch gilt[40], wird mit einem Epheben verglichen, so wie Sabeth bei ihrem ersten Auftritt mit männlichen Attributen ausgestattet ist. Sie trägt eine Cowboy-Hose[41], später »Bubenhose« genannt[42], und der Erzähler ist geradezu gebannt von ihrem baumelnden Pferdeschwanz. Er bemerkt Sabeth nur, »weil ihr Roßschwanz vor meinem Gesicht baumelte, mindestens eine halbe Stunde lang«.[43] In der ekstatischen Liebe Fabers zu einem Schuhputzerknaben taucht das Motiv erneut auf, sodass sich dieser wie eine Metamorphose Sabeths ausnimmt. Der Junge besitzt »Roßhaar«, und Faber bekennt: »Ich liebe ihn. Seine Zähne – Seine junge Haut –«[44]; die Liebe zum Epheben, auf den die Frauenfiguren vielfach zugeschnitten sind, hat sich eingelöst. Der Roman chiffriert mithin die historische Schuld auch als geschlechtlichen Zivilisationsbruch. Allgemeiner ließe sich formulieren: »Homo faber« pluralisiert die Schuld, codiert sie sowohl als anthropologische, geschlechtliche, mythische und ethnische, ja mehr noch: Der Roman überschreibt die historische Spur mit einem geschlechtlichen Begehrensszenario der Transgression ebenso wie mit mythischen (exkulpierenden) Narrativen der Verschuldung, wie der Schluss deutlich werden lässt, wenn die ›Tragik‹ des jüdischen Sterbens zur Chiffre der menschlichen Sterblichkeit überhaupt wird.

Das Erzählen evoziert zunächst einen monströsen, unheimlich-zerfallenden, jüdisch konnotierten Körper und trägt diesen in die Physis des Protagonisten (als Repräsentant der nicht-jüdischen Mehrheitsgesellschaft) ein. Der Erzähler schreibt Hanna einen sterbenden Körper zu, der durch das Motiv der Asche in gewissem Sinne (merkwürdig verstellt) auf das jüdische Schicksal verweist – der Aschenbecher durchzieht als irritierendes Requisit den gesamten Roman; es heißt: »Ihre Hand (ich redete sozusagen nur noch zu ihrer Hand) war merkwürdig: klein wie eine Kinderhand, älter als die übrige Hanna, nervös und schlaff, häßlich, eigentlich gar keine Hand, sondern etwas Verstümmeltes, weich und knochig und welk, Wachs mit Sommersprossen, eigentlich nicht häßlich, im Gegenteil, etwas Liebes, aber etwas Fremdes, etwas Entsetzliches, etwas Trauriges, etwas Blindes, ich redete und redete, ich schwieg, ich versuchte mir die Hand von Sabeth vorzustellen, aber erfolglos, ich sah nur, was neben dem Aschenbecher auf dem Tisch lag, Menschenfleisch mit Adern unter der Haut, die wie zerknittertes Seidenpapier aussieht, so mürbe und zugleich glänzend.«[45] Damit defiguriert der Erzähler den Körper der Frau, die in »Homo faber« grundsätzlich als (degoutantes) Pendant des Todes gilt,[46] und evoziert in seiner Nahaufnahme Bilder von Folter und Tod. Der zerstörte jüdische Körper wird dann zum eigenen, als sich der Protagonist an etwas späterer Stelle im Spiegel betrachtet: »Meine Nase ist von jeher zu lang gewesen, doch meine Ohren sind mir nicht aufgefallen. Ich trage allerdings ein Pyjama ohne Kragen, daher mein zu langer Hals, die Sehnen am Hals, wenn ich den Kopf drehe, und Gruben zwischen den Sehnen, Höhlen, die mir nie aufgefallen sind. Meine Ohren: wie bei geschorenen Häftlingen! Ich kann mir im Ernst nicht vorstellen, daß mein Schädel kleiner geworden ist. Ich frage mich, ob meine Nase sympathischer ist, und komme zum Schluß, daß Nasen nie sympathisch sind, eher absurd, geradezu obszön. (…) alles andere könnte auch einem andern gehören, der sich überarbeitet hat. Meine Zähne habe ich schon immer verflucht.«[47] In diese physiognomische Beschreibung eines sterbenden Antlitzes scheinen topische antisemitische Körperstigmata eingelassen zu sein: die Nase – ein Marker, der als perverses Signum behauptet wird –, die Zähne und die Ohren, die in antijüdischen Karikaturen eine zentrale Rolle spielen; der Verweis auf die Schädelgröße ruft zudem die rassistische Wissenschaft der Kraniologie auf. Der Körper des Fremden, der (malträtierten) Jüdin, wird in den sterbenden des Ich-Erzählers eingelassen, ohne als eigenständige Identität, als eigenes Schicksal fassbar zu werden. In einer bizarren Inkorporation chiffrieren die antijüdischen Stigmata den nicht gewaltsamen Tod des Protagonisten und codieren das natürliche Sterben des Menschen / des Mannes als Monstrosität. Der Mord in den Lagern, der an dieser Stelle durchaus assoziiert werden kann, fungiert als universalisiertes Zeichen des menschlichen Todes überhaupt, oder zugespitzter: In die

Zumutung der Endlichkeit ist die physiognomische Abwertung des Jüdischen eingeschrieben (ohne ausdrücklich von diesem zu sprechen). Die Hässlichkeit des Todes (der hier einen Mann der Mehrheitsgesellschaft bedroht) ist in »Homo faber« die der Juden (in ihren entstellten Bildern). Das jüdische Sterben metaphorisiert (ähnlich wie Weiblichkeit *in toto*) die männliche Sterblichkeit und verschwindet auf diese Weise als historisches *factum brutum*.

1 Peter Pütz bündelt und kritisiert die kritischen Stimmen wie folgt: »Andere zeigten sich empört; denn sie vermißten in dem Stück eine angemessene Darstellung und Verarbeitung des unsagbaren Grauens, fragten aber in den seltensten Fällen, ob dieses als historische Realität auch nur annähernd literarisch darzustellen oder zu verarbeiten ist. Andere wiederum sahen die Behandlung des Judenmordes verquickt und – wie sie meinten – verunreinigt mit Frischs angeblich persönlicher Identitätsproblematik, wobei allerdings zu fragen ist, warum an ihr so viele Menschen hartnäckig interessiert sind, wenn sie nur eine Privatquerele Frischs mit seinem Ego wäre«; Peter Pütz: »Max Frischs ›Andorra‹ – ein Modell der Missverständnisse«, in: Heinz Ludwig Arnold (Hg.): »Max Frisch«, TEXT+KRITIK, 1983, H. 47 / 48, S. 37–43, hier S. 37. Zu einer neueren Kritik vgl. insbesondere Yahya Elsaghe: »Der Antisemitismus und seine Fortschreibung in Max Frischs ›Andorra. Stück in zwölf Bildern‹«, in: Heinz Ludwig Arnold (Hg.): »Juden.Bilder«, TEXT+KRITIK, 2008, H. 180, S. 6–17. Ebenso Nike Thurn: »›Falsche Juden‹. Performative Identitäten in der Literatur«, Diss. (im Erscheinen), S. 263 f. — **2** Max Frisch: »Tagebuch 1946–1949«, Frankfurt / M. 1985, S. 396. — **3** Ebd., S. 399. — **4** Ebd., S. 400. — **5** Max Frisch: »Büchner-Preis-Rede 1958«, in: »Büchner-Preis-Reden 1951–1971«, Stuttgart 1981, S. 57–72, hier S. 60. — **6** Zum Topos des Außenseiters in der schweizerischen Literatur vgl. Sabine Haupt: »›Ich habe ein Leben wie ein Hund‹. Die Schweizer Literatur der Zwischenkriegszeit und die These vom ›Abseits‹«, in: Heinz Ludwig Arnold (Hg.): »Literatur in der Schweiz«, TEXT+KRITIK, Sonderband 1998, S. 8–41. Ebenso Daniel Rothenbühler: »Vom Abseits in die Fremde. Der Außenseiter-Diskurs in der Literatur der deutschen Schweiz von 1945 bis heute«, ebd., S. 42–53. — **7** Max Frisch: »Montauk«, Frankfurt / M. 1981, S. 168 f. — **8** Volker Hage: »Max Frisch«, Reinbek 1983, S. 28. — **9** Max Frisch: »Stiller«, Frankfurt / M. 2003, S. 22. — **10** Ebd., S. 126. — **11** Ebd., S. 177. — **12** Ebd. — **13** Ebd., S. 178. — **14** Lukas 10.30–37. — **15** Frisch: »Stiller«, a. a. O., S. 178. — **16** Beispielsweise in Rolf Hochhuths Dokumentardrama »Der Stellvertreter«; vgl. dazu Egon Schwarz: »Rolf Hochhuths ›Der Stellvertreter‹«, in: Walter Hinck (Hg.): »Rolf Hochhuth – Eingriff in die Zeitgeschichte. Essays zum Werk«, Reinbek 1981, S. 117–147, hier S. 137 f. — **17** Der Homo faber Hannah Arendts ist nur am Rande mit Walter Faber verwandt. Jener ist der Tätige, der Modelle erstellt und Maschinen produziert, der die Mühseligkeit des Homo laborans erleichtert und Dinge der Dauer, also der Welthaltigkeit produziert, Dinge, in denen sich Menschen durch den Gebrauch (nicht den Konsum) einrichten können. Allerdings ist er ebenfalls Utilitarist und Planer. Homo faber, »dessen gesamte Tätigkeit darin besteht, Maßstäbe anzulegen, Richtlinien aufzustellen, Regeln anzuwenden und Meßbarkeit jeglicher Art in das ›Chaos‹ zu tragen, das die unberührte Natur dem weltlichen Blick des Menschen bietet, kann in der Tat weniger als irgendein anderer Menschentypus ertragen, daß man ihn ›absoluter‹ Maßstäbe und Kriterien beraubt«. Hannah Arendt: »Vita activa oder Vom tätigen Leben«, München 2002, S. 200. — **18** Der Roman weist damit eine Inkonsistenz auf: Zwar refiguriert er das Nichtwissen des Ödipus – bis hin zu seiner Selbstbestrafung, der hier zumindest angedachten Blendung –, doch zugleich lässt der Roman eine musealisierte Antike entstehen, baut eine Wissenslandschaft auf und repräsentiert damit diejenige Haltung (des Wissenden), die an ihre Grenzen geführt werden soll. — **19** Max Frisch: »Homo faber. Ein Bericht«, Frankfurt/M. 1957, S. 49, 60 f. — **20** Dass die Tötung der jungen Frau auf das jüdische Schicksal im Zweiten Weltkrieg bezogen ist, legt auch ihre Umbenennung in Sabeth nahe; aus dem (inzwischen) christlich konnotierten »Elisabeth« macht Faber einen hebräischen Namen, der die Mutter, Hanna, aufruft. Auch deshalb ist zu fragen, ob der notorisch unzuverlässige, sich widersprechende Erzähler seine Tochter nicht doch erkannt hat. — **21** Frisch: »Homo faber«, a. a. O., S. 95. — **22** Ebd., S. 120, 144. — **23** Ebd., S. 171. — **24** Ebd., S. 134. — **25** Ebd., S. 171. — **26** Max Frisch: »Dienstbüchlein«, Frankfurt/M. 1974, S. 107. — **27** Ebd. Die Aussage über die Einstimmigkeit der Entscheidung wäre historisch zu überprüfen. — **28** Ebd., S. 108. — **29** Frisch: »Stiller«, a. a. O., S. 380 f. — **30** Ebd., S. 381. — **31** Frisch: »Homo faber«, a. a. O., S. 150. — **32** Ebd., S. 169. — **33** Ebd., S. 145. — **34** Ebd., S. 168. — **35** Sander Gilman: »Freud, Identität und Geschlecht«, Frankfurt/M. 1994, S. 149. — **36** Ebd., S. 199. — **37** Judith Butler: »Psyche der Macht. Das Subjekt der Unterwerfung«, Frankfurt/M. 2001, S. 127 f. — **38** Frisch: »Homo faber«, a. a. O., S. 69. — **39** Ebd., S. 70. — **40** Ebd., S. 69. — **41** Ebd., S. 75. — **42** Ebd., S. 77. — **43** Ebd., S. 75. — **44** Ebd., S. 191. — **45** Ebd., S. 153. — **46** Auch in Frischs Theatertext »Don Juan« ist die Frau der Ort des Todes. Dort heißt es unverblümt: »Das Weib erinnert mich an Tod, je blühender es erscheint«; Max Frisch: »Don Juan oder die Liebe zur Geometrie«, in: Ders.: »Gesammelte Werke in zeitlicher Folge«, 7 Bde., hg. von Hans Mayer, Frankfurt/M. 1976, Bd. III: »1949–1956«, S. 95–167, hier S. 144. In »Homo faber« bereiten eindrückliche Vegetationsbilder die Begegnung mit Sabeth vor, die die Fruchtbarkeit der Erde mit Weiblichkeit, Geburt und Tod gleichsetzen. Der Freund Marcel kommentiert: »Tu sais que la mort est femme! Ich blickte ihn an, et que la terre est femme« (S. 75). Damit reformulieren die Figuren die kulturell verankerte Identität von Frau und Tod, die »Analogie von Erde und Mutter (…), mithin auch von Tod und Geburt oder Tod/Empfängnis und Geburt/Auferstehung«, wie Elisabeth Bronfen ausführt: »Nur über ihre Leiche. Tod, Weiblichkeit und Ästhetik«, München 1994, S. 99. — **47** Frisch: »Homo faber«, a. a. O., S. 185 f.

Eszter Pabis

»(…) denn das Fremdeste, was man erleben kann, ist das Eigene einmal von außen gesehen«[1]
Dimensionen der Fremdheit in Max Frischs Werk

Die fast sprichwörtlich gewordene Reiselust von Max Frisch manifestiert sich nicht nur darin, dass er – wie übrigens viele seiner Romanfiguren – stets unterwegs war, sogar Kontinente durchstreifte und die Fremde suchend des Öfteren seinen Wohnort wechselte. In seiner Biografie wimmelt es ebenso von Orts- und Ländernamen: Er hatte seinen Wohnsitz in Zürich und Berzona, in Berlin, Rom und New York, er reiste immer wieder nach Süd- und Osteuropa, nach Amerika; zu seinen Reisezielen gehörten aber auch Paris, Athen, Japan und China. Diese ausgedehnten Aufenthalte boten zweifelsohne umfangreiches Anschauungsmaterial für seine Reisefeuilletons, und auch in Frischs Tagebüchern und Romanen werden Reiseerfahrungen reflektiert – nicht nur in Stadt- und Landschaftsschilderungen, sondern beispielsweise auch im Motiv des Aufbrechens in die Fremde. Hinter diesem »Heimweh nach der Fremde«[2] steckt aber wesentlich mehr als Abenteuerlust oder ein Unbehagen am gewohnten Alltag. Die Erfahrung der Fremdheit oder der Befremdung steht in Frischs Werk in enger Verbindung mit seinem berühmten Bildnisverbot, mit seinen Vorstellungen über Identitätskonstruktion durch Befreiung von fixierten Rollen. Die Fragestellungen, die von der literarischen Grenzgängerproblematik in seinen Texten aufgeworfen werden, bringen darüber hinaus komplexe Zusammenhänge zwischen sprachlich-ästhetischen und kulturellen Alteritätsphänomenen und Fremdheitserfahrungen zum Vorschein.

Warum reisen wir? In Frischs »Tagebuch 1946–49« wird diese Frage wie folgt beantwortet: »Auch dies, damit wir Menschen begegnen, die nicht meinen, daß sie uns kennen ein für allemal; damit wir noch einmal erfahren, was uns in diesem Leben möglich sei.«[3] Unter dem Titel »Du sollst dir kein Bildnis« machen werden in dieser Tagebuchaufzeichnung das Reisen und seine Konsequenzen, die Selbst- und Fremdbegegnung mit der Liebe gleichgestellt: Beide befreien aus jeglichem Bildnis, ermöglichen eine Selbstentfaltung, lassen das Unfassbare, das Geheimnisvolle des Menschen erfahren. Der Ausbruch in die Fremde wird einerseits zur Befreiung von sozialen Rollen der heimischen Welt, von vorgefertigten Meinungen, die der Ich-Findung oder der Selbstannahme im Wege stehen. Andererseits eröffnet die Fremdheitserfahrung bei kulturellen Grenzüberschreitungen einen anderen

Blick auf die vertraute Welt, die Distanz verhilft zu einer vorurteilslosen Wahrnehmung, und dieser fremde Blick auf das Eigene ist die Voraussetzung für das Selbstverstehen. Zu dieser Erkenntnis ist nicht einmal das Wegreisen notwendig: In seinem viel zitierten Text über die ausländischen Arbeitskräfte und die Schweizer Verteidigungsmentalität betrachtet Frisch die »Überfremdung« als Chance und gesteht: »Zwar können wir reisen, aber das ist etwas anderes, das berührt das Einheimische nicht; oder wir können auswandern, aber das ist wieder etwas anderes. Ich habe mich einige Jahre lang als Auslandschweizer versucht, um festzustellen: ich brauche die Nicht-Schweizer in der Schweiz.«[4] Fremde fordern nämlich, so die Fortsetzung, zur Selbstprüfung heraus: »Die Konfrontation mit einer andern Lebensart, das irritiert jenes Selbstbewußtsein, das der Einzelne bezieht aus dem sakrosankten Eigenlob eines nationalen Kollektivs.«[5]

Nach Frisch deckt der Fremdenhass die Brüchigkeit dieses Selbstbewusstseins auf: die Bedrohlichkeit des statischen, konservativen Denkens (»die Schweiz begreift sich [...] als etwas Gewordenes, nicht als etwas Werdendes«[6]), den Widerspruch zwischen den Überfremdungsängsten und einem Selbstverständnis, das auf sprachlicher und kultureller Diversität innerhalb der eigenen Nation beruht. In diesem Sinn haben die Ausländer tatsächlich eine konstitutive Bedeutung für jegliche Eigenart – und umgekehrt wäre auch hinzuzufügen, dass man gemäß Frisch (insbesondere als Kunstschaffender oder Andersdenkender) auch in dem eigenen Land fremd werden kann. In seiner Büchner-Preis-Rede mit dem Titel »Emigranten« heißt es: »Das Emigrantische, das uns verbindet, äußert sich darin, daß wir nicht im Namen unserer Vaterländer sprechen können noch wollen; es äußert sich darin, daß wir unsere Wohnsitze, ob wir sie wechseln oder nicht, überall in der heutigen Welt als provisorisch empfinden. (...) das Gefühl der Fremde, das wir meinen, wurzelt tiefer. Wir sind Emigranten geworden, ohne unsere Vaterländer zu verlassen.«[7]

Frischs zitierte Ideen über das Befreiende der Fremdheitserfahrung durch Reisen, die »Überfremdung« als Chance, die bewusste Entfremdung als intellektuelle Position stehen in einem bemerkenswerten Einklang mit neuerdings etablierten Ansätzen und Theorien der kulturwissenschaftlichen Xenologie. Beide gehen unter anderem von der Verschränkung von Eigenem und Fremdem, der Reversibilität der Eigen- und Fremdheitserfahrungen aus, die sich offenbart, wenn beispielsweise jemand in der Fremde und aus der Fremde die Eindeutigkeiten der heimischen Welt skeptisch wahrnimmt und sich auch von sich selbst entfremdet, auch die eigene, bedrohliche Fremdheit wahrnimmt.[8] Die aus kulturellen Grenzüberschreitungen resultierenden Fremderfahrungen sind ferner nicht nur mit gewissen Reise- und Migrationsformen verbunden: Kulturellen Transitsituationen kommt in der Identitätskonstruktion im Allgemeinen eine wichtige Funktion zu (die auch mit der Bildnis-Problematik verknüpften Grenzziehungen, Doppel- und Mehrfachidentitäten sind zum Beispiel für den Entwicklungsgang der Protagonisten von Bildungsromanen konstitutiv). Die Verfremdung ist außerdem ein konstitutives Moment von Kunst: In Frischs »Tagebuch 1946–1949« wird anhand der Hauptprobe des Stücks »Die Chinesische Mauer« der Schock der Fremdheit als Grundmuster des Theaters und der Theatralität beschrieben: »Ein Schock etwa folgender Art: du kommst nach China, wo du noch nie gewesen bist, kommst auf einen öffentlichen Platz, wo viele Chinesen stehen, und schaust einem Tänzer zu (…) und alle sagen, dieser Tänzer bist du. (…) Im Augenblick, wo ich es zwar nicht begreife, aber glaube, hinnehme und zugebe, begreife ich überhaupt nicht mehr, was da gespielt wird, keinen Satz, keine Szene, alles Fremdsprache (…). Das Theater als ein fürchterlicher Zerrspiegel, aber am fürchterlichsten, wo es das nicht ist; denn das Fremdeste, was man erleben kann, ist das Eigene einmal von außen gesehen.«[9]

Der literarische Text selbst kann aber auch als Medium und Produkt einer Grenzüberschreitung betrachtet werden, und zwar nicht nur, weil er den Lesern die Chance der Grenzüberschreitung, des Identitätswechsels bietet, sondern weil die zeitliche und räumliche Fremdheit des Textes als Voraussetzung für die Auslegung zu deuten ist. Grenzgänger und Schriftsteller überschreiten die Grenzen des Eigenen, des Gewohnten: Kulturelle und ästhetische Fremdheitserfahrungen sind einander nicht unähnlich.[10] Diese Zusammenhänge zwischen kultureller und ästhetischer Fremdheit und Vielfalt ermöglichen eine neue Kontextualisierung des Schaffens von Frisch – auch wenn ich auf den inzwischen ins Unüberschaubare ausgeuferten Diskurs über das Verhältnis von literarischem Erzählen und der Fremdheit oder über die Rekonzeptualisierung von Fremdheit als einer Erfahrung zwischen und innerhalb von Kulturen, Subjekten und Sprachen nicht näher eingehen kann.

Die Interdependenz von persönlicher und nationaler Identität, der Zusammenhang zwischen Reise- und Fremdheitserfahrungen und Identitätskonstruktion bestimmen die narratologische und thematische Komposition von »Stiller«, dem ersten erfolgreichen Roman Frischs.[11] Die Frage nach der Identität des Erzählers stellt sich bereits beim Lesen der ersten Zeile des Romans, der als »Aufzeichnungen Stillers im Gefängnis« betitelt wird: »Ich bin nicht Stiller!«[12] Bis zum Ende des Siebten Heftes bleibt eigentlich fraglich, ob der Erzähler der Zürcher Bildhauer Anatol Ludwig Stiller ist, der sich selbst verleugnet und sich als Mr. White ausgibt, oder jener Amerikaner James Larkin White, der nur zufällig und ohne Grund mit dem verschollenen Stiller identifiziert wird. Die Frage nach der Identität von Stiller und White verbindet die primären und die intradiegetischen Ebenen der Erzählung, deren Aufzeichnung allein von der Klärung der Identitätsproblematik motiviert wird: Bei der Interpretation erweisen sich die *grand récits* des einheitlichen Individuums und der homogenen Nation als zwei miteinander verbundene Aspekte der narrativen Kohärenzbildung. Die erste Geschichte, die White aufzeichnet (White, angeblich amerikanischer Staatsbürger, wird an der Grenze aufgehalten und als Schweizer Staatsbürger Stiller festgenommen), thematisiert nicht nur die Identität (die Grenze, die Grenzziehung sind als Grundstrukturen der Identität zu deuten), sondern illustriert auch die kollektive Bestimmtheit der persönlichen Identität. Das Individuum wird von Beginn des Romans an im Zusammenhang mit seiner nationalen Identität betrachtet. White muss sich in seiner Zelle Geschichten über Stiller und auch über die Schweiz anhören, die ihm von seinem Verteidiger Bohnenblust erzählt werden. White tadelt die durch Bohnenblust sakralisierten Schweizer Eigentümlichkeiten wie die Neutralität, indem er auf die Waffenexportindustrie oder die Neigung des schweizerischen Bürgertums zum Faschismus hinweist, und seine kritischen Äußerungen sind auf seine Außenperspektive zurückzuführen. Der Amerikaner White, der Fremde (oder der Heimkehrer) kann nämlich jene Kontingenz aufdecken, die den Einheimischen verborgen ist. So geschah es auch dem jungen Stiller im Spanischen Bürgerkrieg: »Ich habe eure Schweiz kennengelernt, damals in Spanien«[13] – auch im persönlichen Bereich bedürfen die Figuren der Fremdheit (Rolf Genuas und Sybille New Yorks), um die zur Reflexion nötige Distanz zum Eigenen zu gewinnen. Spanien ist aber auch der Schauplatz einer Erfahrung (der nicht bestandenen Feuerprobe), die Stiller als sein Versagen als Mann und Soldat interpretiert und die zu einer Unzufriedenheit mit seinem Körper und letztendlich zum Ende seiner Beziehung mit Julika, zu seiner Flucht in die USA und zu der Verleugnung seiner Identität als Stiller führt.[14]

Stillers Reaktionen auf seinen »Identitätsverlust« sind von zweierlei Natur, weil sie sowohl persönlich als auch national bestimmt sind. Als Erzähler des ersten Teils des Romans verleugnet er seine Vergangenheit und sein Schweizertum, er nimmt die Identität von White an. Dies beruht auch auf der Affirmation eines Nationalmythos – nämlich dem der Vereinigten Staaten. In den Westerngeschichten, die White erzählt, verschmilzt die Erfahrung der Männlichkeit des Protagonisten mit der Gründung der amerikanischen Nation.[15] White verkörpert im Sinne des Faustrechts der *Frontier*-Welt und des *rugged individualism* jene übertriebene, gewaltige Männlichkeit, der Stiller vollkommen entbehrt. Seine wehrhafte, sinnliche Männlichkeit steht in Opposition zu Stillers und Julikas Versagen in ihren Geschlechterrollen und im Einklang mit dem amerikanischen Nationalmythos vom Selfmademan sowie der Freiheit von Zwängen und der Vergangenheit.[16] Der amerikanische Raum eignet sich als Schauplatz und Symbol der Erfahrungen des Selfmademan White, dessen Identität auf fiktiven Geschichten beruht und der biografischen Vergangenheit entbehrt. In diesem unbeschränkten Simulationsraum werden Identitäten vorgebbar, veränderbar, da hier die Unterschiede zwischen dem Wirklichen und dem Möglichen oder Imaginären verwischt werden. Mexiko erscheint in Whites Schilderung als jener Ort der Oralität, der grundlegende Erscheinungsformen des Logozentrismus in westlichen Schriftkulturen außer Geltung setzt wie etwa das Verdrängen des Leibes, die Tabuisierung des Todes, die Verbalisierung von Erfahrungen. Die Unmittelbarkeit der Wahrnehmung, die Dominanz des Nichtverbalen, des Leiblichen zeigen sich in Whites gehäuften Hinweisen auf Gerüche, Geräusche, Farben.[17] Die Raum- und Zeiterfahrung Whites in Mexiko offenbart zugleich die Fragilität seiner eigenen Welt.[18] In ähnlicher Weise werden für den Fremden White jene kulturellen Muster der Schweiz fragwürdig, die von der In-Group als Selbstverständlichkeiten angenommen werden, deren Konstruktionscharakter daher natürlicherweise verborgen bleibt.[19] White schildert Mexiko jedoch vor dem Blickwinkel seiner europäischen – wenn auch nicht gerade schweizerischen (!) – Herkunftskultur: Die Wüste ist »starr und reglos wie Architektur«, die blühenden Gärten einer Hazienda »von der Größe eines schweizerischen Kantons«[20]. Einerseits wird dadurch die vertraute Welt Stillers charakterisiert (das passierte nicht nur Stiller, der die Schweiz in Spanien kennenlernte, sondern auch Sibylle, die die »Vielfalt des erotischen Spieles«[21] gerade durch deren Fehlen in New York erfuhr). Andererseits ist aus solchen Stellen die Konsequenz zu ziehen, dass der Sprache des Erzählers White die schweizerische (europäische) Kultur bereits eingeschrieben ist und dass die White-Identität daher von Stiller erfunden sein könnte – die Perzeption des Raumes legt an solchen Stellen der Handlung aber eine andere Interpretation nahe.

Die USA und die Schweiz fungieren im Text also als räumliche Metapher der Identitätsproblematik von White und Stiller. In Stillers Aufzeichnungen markiert die Schweiz ihre Zeitlichkeit als Gegenpol zur USA: Die Schweizer schließen sich ins Gefängnis der Vergangenheit ein, wohingegen die Vereinigten Staaten keine zwingende Vergangenheit haben. Das persönliche Scheitern von Stiller verursacht jenen Anspruch auf Kontinuität, jenes Streben nach der substanziellen Identität mit der Vergangenheit und mit dem Selbst, das gerade an der Schweiz kritisiert wurde. (Stillers Versagen am Tajo bleibt ein Fremdkörper seiner Identität und macht ihn zum Gefangenen einer Vergangenheit, der seine erfahrene Andersheit aus Angst vor dem Identitätsverlust verdrängt und nicht in seine Lebensgeschichte integrieren kann.) Amerika, das nicht aufgrund seiner Vergangenheit zu identifizieren, sondern als ein Raum der Möglichkeiten, des Neuanfangs zu betrachten ist, liefert White die Gelegenheit, seine Identität ohne feste Bezugspunkte in der Vergangenheit mithilfe von fiktiven Geschichten zu konstruieren. Selbstverständlich stehen sich hier nicht (nur) zwei Räume, zwei Nationen oder zwei Figuren des Textes gegenüber, sondern zwei Modelle von Identität, von denen eines an die Beständigkeit in der Zeit gebunden ist, das andere indes die Wandelbarkeit des Subjekts impliziert. Aus diesem Grund ist im »Nachwort des Staatsanwaltes« Stillers Geschichte als ironisch zu interpretieren. Stiller und Julika ziehen in eine »*ferme vaudoise*«, wofür er in seinen von dem Erzähler Rolf zitierten Briefen schwärmt. Seine Beschreibungen werden aber nicht nur wegen der Diskrepanz zwischen der betonten Echtheit des falschen Marmors, der Gartenzwerge und der *swiss pottery* bejubelt, sondern auch deshalb, weil sein Leben im Schwyzerhüsli gerade durch jene Eigenschaften charakterisiert werden kann, die White an der Schweiz scharf kritisierte. Zu diesen zählen die metaphorisch interpretierte Kleinheit, die Eingeschlossenheit in einem »Reduit der Innerlichkeit« und die »kitschigen Kulissen«[22] der Zürcher Architektur, ganz zu schweigen davon, dass Stiller und Julika in die Welschschweiz ziehen und sich daher als »ein schweizerisches Inland-Emigranten-Ehepaar«[23] vorstellen. Damit wird die Inkongruenz zwischen der sprachlichen und politischen Grenzziehung in der Schweiz aufgezeigt – die im ersten Teil so relevante Grenzüberschreitung der Figuren (Stiller, White, Rolf, Sybille, Julika) wird zur Überschreitung der Binnengrenze in der Schweiz. Die Äußerlichkeit der Identität von »Stiller« im zweiten Teil veranschaulicht jenes Produkt am besten, das »Stiller« verfertigt, um »großzuverdienen«[24]: Er verkauft mit indianischen Mustern verzierte *swiss pottery* an amerikanische Touristen. Anstelle der persönlichen Identität des verstummten Stiller findet man im »Nachwort des Staatsanwaltes« die kollektive Identität der Nation, die aber mit der persönlichen Identität von »Stiller« in keinerlei Beziehung steht, sich also auf die Akzeptanz von formal »Bezeichnendem« (wie der *swiss pottery* und dem Schwyzerhüsli) beschränkt und daher parodiert beziehungsweise parodierbar wird.

Stillers Identitätsproblematik, sein Versuch, die Identität von White rein metaphorisch zu konstruieren, hängt eng mit seiner Sprachauffassung zusammen. Die Erklärung für all seine Konflikte mit Bohnenblust ist auch die Diskrepanz zwischen dem deskriptiven Sprachgebrauch des Verteidigers und Whites metaphorischem Wirklichkeitsbegriff. Whites sprachphilosophische Reflexionen konstatieren die Krise der Referenzialität und wenden diese ins Tragische: »Das ist die erschreckende Erfahrung dieser Untersuchungshaft: ich habe keine Sprache für meine Wirklichkeit!«[25], oder »Ich kann mich nicht mitteilen (…). Jedes Wort ist falsch und wahr, das ist das Wesen des Worts (…).«[26] White macht von dem Versagen der Eindeutigkeit und des deskriptiven Sprachgebrauchs und von der Simulierbarkeit von Identitäten spielerischen Gebrauch. Er vermischt die beiden sprachlichen Modi: Er wiederholt, dass er nur protokolliere, doch enthüllt er den fiktionalen oder metaphorischen Charakter seiner Geschichten manchmal selbst. Er bekennt sich als Mörder schuldig, dann definiert er aber seine

Morde als symbolische, »innere« und alltägliche Morde: »Es gibt allerlei Arten, einen Menschen zu morden oder wenigstens seine Seele, und das merkt keine Polizei der Welt.«[27]

Dieses ambivalente Verhältnis zur Sprache – oder exakter formuliert: die Unmöglichkeit sprachlichen Ausdrucks, das Misstrauen gegenüber der Beschreibungsfunktion der Sprache – wird auch in Frischs bereits zitiertem Tagebuch erwähnt: »Was wichtig ist: das Unsagbare, das Weiße zwischen den Worten, und immer reden diese Worte von Nebensachen (…). Man gibt Aussagen, die nie unser eigentliches Erlebnis enthalten, das unsagbar bleibt; sie können es nur umgrenzen, möglichst nahe und genau, und das Eigentliche, das Unsagbare, erscheint bestenfalls als Spannung zwischen diesen Aussagen.«[28] An diesem Punkt wird auch offenbar, dass in der Poetik von Max Frisch *das Bildnis* und *die Sprache* in Analogie zueinander stehen: Das Bildnis ist sprachlich bestimmt und die Sprache hat Bildnis-Charakter. Wie auch das Wort unfähig ist, das Unsagbare, Unfassbare, Geheimnisvolle abzubilden, so kann auch ein Bildnis das eigentliche Ich, das »Göttliche« eines jeden Menschen niemals ergreifen. Diese Interdependenz von Sprache und Bild bestimmt die Verknüpfungen der thematischen Ebene und der Erzählhaltung auch im Roman »Homo faber« (1957), dem meistgelesenen Roman von Frisch, dessen scheiternder Protagonist, der rationale Ingenieur Walter Faber, sich ein Bildnis gemacht hat von sich selbst und von der Welt. Die Rollenhaftigkeit dieses Verhaltens wird in seiner Sprache, (seinem »Bericht«) deutlich. So sagt Frisch über Faber: »(…) er verfällt einem Bildnis, das er sich gemacht hat von sich. Er lebt an sich vorbei, und die Diskrepanz zwischen seiner Sprache und dem, was er wirklich erfährt und erlebt, ist das, was mich dabei interessiert hat. Die Sprache ist also hier der eigentliche Tatort.«[29] Dieser »Tatort« ist in dem Roman wesentlich durch Fremdheit bestimmt, und zwar nicht nur, weil Faber beruflich bedingt ein Reisender ist und im ganzen Roman dienstlich unterwegs ist (u. a. in New York, Mittelamerika, dann Paris, Frankreich, Italien und Athen). Diese kulturellen Transitsituationen bilden zwar den Rahmen für die Subversion des faberschen Weltbildes, sein Bildnis wird indes an jenen Textstellen, die entweder deskriptive und metaphorische Modi konnotieren oder aber Hybride darstellen, als unhaltbar enttarnt. Durch diese innersprachliche Polyphonie wird außer der erwähnten Interdependez von Bildnis und Sprache auch diejenige von ästhetischen und kulturellen Fremdheitserfahrungen aufgezeigt.

Befremdend wirkt zunächst einmal die Erzählhaltung selbst. Obwohl Faber gemäß seinem technischen Weltbild den Text als Bericht definiert und diesen Bericht von einem deklarierten Authentizitätsanspruch geleitet mit statistischen Daten, Ort- und Zeitangaben versieht, ergibt sich als Ergebnis seiner Bemühungen kein narrativer Diskurs, im Gegenteil: Faber erweist sich als ein unzuverlässiger Erzähler. Die Überzeugung des Lesers (und des Erzählers) von Fabers Unschuld und seiner rationalen Weltanschauung ist zwar deutlich (und dieser Anspruch ist sogar wesentlicher als die Handlung selbst), doch entsteht relativ früh eine Distanz zwischen dem Leser und dem »Protokoll« des Berichterstatters. Grund dafür sind jene diskursiven Risse und Widersprüche, die vom Romananfang an die Überzeugungskraft von Fabers Erzählung untergraben. Der stete Wechsel und die manchmal verwirrende Zusammenführung der unterschiedlichen Zeitebenen widersprechen Fabers Intention und überfordern den Leser, der Fabers Unfähigkeit, seine Gefühle, seine Leiblichkeit, sein Altern und Sabeths Zeugungsdatum leicht übersieht. In Fabers Sprache wimmelt es außerdem auch von Widersprüchen (er betont wiederholt die Vorzüge der Einsamkeit und seine Verachtung für die Ehe, doch beabsichtigt er, Sabeth und Hanna zu heiraten). An einer anderen Stelle kommt die Unmöglichkeit seiner Bestrebungen nach Beherrschung der Welt durch Sprache ebenso zum Vorschein wie sein Unvermögen, sprachliche Unartikulierbarkeit zu bekämpfen: »Ich wußte genau, was ich denke. Es gibt keine Wörter dafür.«[30] Beziehungsweise »(...) ich sage nicht, was ich will, sondern was die Sprache will.«[31] Fabers »Sprachkrise« ist an diesen Stellen einerseits auf die Fremdheit der spanischen Sprache zurückzuführen, andererseits aber auch auf die Erfahrung, dass existenzielle Grenzsituationen wie Tod, Sexualität oder Geheimnisse der Leiblichkeit und der menschlichen Individualität sprachlich (durch sprachliche Beschreibung, mit genauen oder wissenschaftlichen Begriffen, aber auch durch Filme[32]) nicht zu erfassen sind. Dementsprechend bleibt Faber nichts anderes übrig, als zu sagen, »was die Sprache will« – die Bildnismacherei ist in gewissem Maße nicht zu vermeiden, jedes Bildnis des Ich ist auch ein »Fremdbildnis« und jedes Wort ist nicht nur wahr, sondern auch immer »falsch«.

Am auffälligsten im Widerspruch zu Fabers Verständnis der scheinbar rationalen, wissenschaftlichen Sprache des technischen Menschen steht ihre zunehmende Figurativität. Obwohl er anfangs noch den deskriptiven, eindeutigen sprachlichen Modus präferiert und das Erlebnis, die Kunst, die Literatur und die Träume verachtet und für »weibisch« und »hysterisch« hält[33], vermehren sich in seiner Sprache parallel zum fortschreitenden Einbruch von zufälligen, kontingenten Ereignissen (Krankheiten, Todesfälle, Emotionen) auch die metaphorischen Ausdrücke. Mit Sabeth spielt er, einem *homo ludens* ähnlich, mit der Sprache selbst, als die beiden Verliebten die gegebenen Wörter durch spontane Assoziationen ersetzen: »Gegen fünf Uhr das erste Dämmerlicht: Wie Porzellan von Minute zu Minute wird es heller, das Meer und der Himmel, nicht die Erde; man sieht, wo Athen liegen muß, die schwarzen Inseln in hellen Buchten, es scheiden sich Wasser und Land, ein paar kleine Morgenwolken darüber: Wie Quasten mit Rosa-Puder: findet Sabeth, ich finde nichts und verliere wieder einen Punkt. 19:9

für Sabeth! Die Luft um diese Stunde: Wie Herbstzeitlosen! Ich finde: Wie Cellophan mit nichts dahinter. Dann erkennt man die Brandung an den Küsten: Wie Bierschaum! Sabeth findet: Wie eine Rüsche!!!«[34] Das Spiel setzt er auch nach ihrem Tod fort: »(...) die Wolken: wie Watte, wie Gips, wie Blumenkohl, wie Schaum mit Seifenblasenfarben, ich weiß nicht, was Sabeth alles finden würde (...), der Wald wie ein Igel (...). Schatten, wie Vorhänge (...).«[35]

Fabers Reflexionen über die angestrebte Objektivität der Sprache beziehungsweise vor allem über das erwähnte Unvermögen der sprachlichen Mitteilung sind von seinen Reiseerfahrungen in fremde, fremdsprachige Länder untrennbar. An den erwähnten mehrsprachigen, polyphonen Textstellen des Romans haben aber die fremdsprachigen Einschübe eine wichtige Funktion: Sie spielen nicht nur eine illustrative Rolle, sondern sind für den narrativen Diskurs konstitutiv. Die sprachliche Hybridisierung hängt einerseits mit Fabers Streben nach wissenschaftlicher Objektivität und Belegbarkeit zusammen: Er verwendet Fachwörter (wie »Super-Constellation«) oder auch Anglizismen und fremde Ausdrücke, um die zitierte Figurenrede akkurat wiederzugeben: »Sie weigerte sich, Geld anzunehmen, es wäre ein Vergnügen (*pleasure*) für sie, daß ich lebe«[36]; oder: »Er findet es sinnvoll, obschon unwirtschaftlich, geradezu genial, tiefsinnig (*profond*), und zwar im Ernst.«[37] Die fremde Sprache in Fabers Berichterstattung bringt aber vielmehr zum Vorschein, dass ihm die unbeherrschbaren, kontingenten Ereignisse, die er verachtet und die er durch wissenschaftliche Objektivität und genaue technische sprachliche Beschreibung zu bekämpfen versucht, vollkommen *fremd* sind (der Tod, die Liebe, die Weiblichkeit). Von Joachims Tod wird nicht von ungefähr auf Spanisch berichtet (»Nuestro Señor ha muerto —«[38]). Faber sieht in Hanna mehrmals auch eine »fremde« Frau: »Als sie aus dem Institut gekommen war, hatte ich Hanna, offen gestanden, nicht wiedererkannt (...). Hanna geht voran, die Dame mit grauem und kurzgeschnittenem Haar, mit Hornbrille, die Fremde, aber Mutter von Sabeth (...).«[39] Auch am alternden Leib der Frau empfindet er etwas Befremdliches: »Ihre Hand (...) war merkwürdig: klein, wie eine Kinderhand, älter als die übrige Hanna, nervös und schlaff, häßlich, eigentlich gar keine Hand, sondern etwas Verstümmeltes (...), etwas Liebes, aber etwas Fremdes, etwas Entsetzliches, etwas Trauriges, etwas Blindes (...).«[40] Genauso berichtet er über eine Fremdheitserfahrung, als er den ersten Kuss mit Sabeth beschreibt: »Als wir wieder allein standen (...), küßte ich sie auf die Stirn (...), dann auf ihren Mund, wobei ich erschrak. Sie war mir fremder als je ein Mädchen.«[41] Auf seinen Reisen in Vertretung der UNESCO versucht er, die Fremdheit der ihm fremden »primitiven« Völker durch Technik zu beseitigen, erfährt aber unterwegs seine eigene Fremdheit (seine Entfremdung von sich selbst). Seine Fremderfahrung ist unverkennbar auch mit einer ästhetischen, sprachlichen Erfahrung verknüpft: »Es spritzte der Schlamm, nach beiden Seiten, wenn wir durch die Tümpel fuhren, diese Tümpel im Morgenrot – einmal sagte Marcel: *Tu sais que la mort est femme!* Ich blickte ihn an; *et que la terre est femme!* sagte er, und das letztere verstand ich, denn es sah so aus, genau so, ich lachte laut, ohne zu wollen, wie über eine Zote –.«[42] Die Fremderfahrung also, die das Bildnis subvertiert, und Fabers kulturelle Fremdheitserfahrungen werden durch sprachliche Fremdheit vermittelt: die Wörter »Erde« und »Frau« stehen im Text auf Französisch (obwohl ihr grammatikalisches Geschlecht auch im Deutschen weiblich ist). Im Medium der Fremdsprachigkeit verschränken sich im Roman die Weiblichkeit, die Körperlichkeit, die Blindheit und die Vergänglichkeit zu einem Subtext, der Fabers Berichterstattung kontinuierlich untergräbt.

Den Zusammenhang zwischen Sprache, Bildnis und Identität sowie die fatalen Konsequenzen der Bildnismacherei zeigt Frischs wohl bekanntestes Stück »Andorra« (1961) in beinahe didaktischer Klarheit auf. Das Bildnis erweist sich im Drama als selbsterfüllende Prophezeiung: Die Hauptfigur Andri wird durch die antisemitischen Stereotype der Andorraner als »jüdisch« stigmatisiert und im Laufe seiner stufenweisen Diskriminierung zuerst durch verbale, dann durch physische Gewalt auch körperlich zu einem Juden gemacht, dem das prototypische Schicksal des Volkes, der Tod (der »Opfertod«) zuteilwird. Andri ist und bleibt ein »Fremdkörper« in Andorra, dessen als feindlich gedachte Andersheit mit der Position des angeblichen Amerikaners White in »Stiller« in gewissem Sinne vergleichbar ist. Die Fremdheit dieser beiden Figuren, die in der Tat keine »Fremden« sind – White ist mit dem Schweizer Stiller identisch und Andri ist der uneheliche Sohn des andorranischen Lehrers –, enthüllt im Roman und auch im Drama die Fehler, die Schwächen des Kollektivs (der Schweiz und von Andorra) und seine Schuld (denn die Bildnismacherei ist laut dem letztem Absatz des Prosatextes »Der andorranische Jude« eine Sünde).[43] Diese Position der »inneren Emigranten«[44] steht im Einklang mit Frischs anfangs zitierten Gedanken über die Entfremdung als Voraussetzung der Selbstwahrnehmung und auch mit Georg Simmels Theorie über die Freiheit und Objektivität des Fremden, der nicht nur mit seiner eigenen, bedrohlichen Fremdheit konfrontiert wird, sondern im Gegensatz zu den Einheimischen »die Verhältnisse vorurteilsloser (übersieht), (…) sie an allgemeineren, objektiveren Idealen (misst)« und »in seiner Aktion nicht durch Gewöhnung, Pietät, Antezedentien gebunden (ist)«[45]. Darüber hinaus illustriert das Drama grundsätzliche Konstruktionsmechanismen kultureller Identität wie etwa die Selbstbestätigung durch Ausgrenzung beziehungsweise Schuldzuweisung und die »Selbstdefinition durch Feindmarkierung«[46]: Die Art und Weise, wie die Andorraner ihre eigenen, individuellen Negativeigenschaften auf den »Sündenbock« Andri projizieren und wie in dem Stück die persönliche Identität mittels Stereotypen und einer biologistischen Rhetorik aus einem Kollektiv abgeleitet wird, bildeten schon häufig den Gegenstand von Untersuchungen.

Der »Jude« Andri entblößt also die Versündigung der Andorraner: Die Falschheit ihres übersteigert positiven Selbstbildes beziehungsweise die tödlichen Konsequenzen ihrer Bildnismacherei und ihrer Geschichte illustrieren den Wirkungsmechanismus des Bildnisses differenziert. Das Bildnis des Juden bestimmt den Ausgang des Dramas in mehrerlei Hinsicht. Andri verinnerlicht die antisemitischen Vorurteile und zeigt im Neunten Bild durch sein Verhalten auch auf, dass die jeweilige Identität ein durch Äußerungen und Bekenntnis konstituiertes, performatives Konstrukt, nicht also vorgängig oder empirisch gegeben ist: »Hochwürden, das fühlt man. (…) Ob man Jud ist oder nicht. (…) Ich bin's.«[47] Und in der Tat, das heißt: Auch körperlich wurde Andri zu einem Juden, der nach der Besetzung Andorras durch die ›Schwarzen‹ vom ›Judenschauer‹ auch als Jude identifiziert wird. Der Wirkungsmechanismus des Bildnisses demonstriert, wie es auch im Roman »Homo faber« der Fall war, die Sprachlichkeit des Textes, hier insbesondere die Sprache der Hauptfigur. Im Neunten Bild, nach seiner »Selbstannahme« (die eigentlich »Fremdannahme« ist), fängt Andri an, über seinen zu erwartenden Tod in der biblischen Sprache der Totenpsalmen zu reden. Seine metaphorischen, doch ungewöhnlich und stilistisch und grammatisch fremd wirkenden, archaisch und beinahe lyrisch verfremdeten Worte erinnern an gewisse Topoi des einsam sterbenden Opfers und der alttestamentarischen Gebete: »Ich möchte nicht Vater noch Mutter haben, damit ihr Tod nicht über mich komme mit Schmerz und Verzweiflung und mein Tod nicht über sie. Und keine Schwester und keine Braut: Bald wird alles zerrissen. (…) Meine Zuversicht ist ausgefallen, eine um die andere, wie Zähne. (…) Das Hoffen ist mir nie bekommen. Ich erschrecke, wenn ich lache, und ich kann nicht weinen. Meine Trauer erhebt mich über euch alle, und so werde ich stürzen. Meine Augen sind groß von Schwermut, mein Blut weiß alles und ich möchte tot sein. Aber mir graut vor dem Sterben.«[48]

Auch an diesem Punkt wird offensichtlich, dass Andris Internalisierung des Bildnisses, sein »Judentum«, nicht nur ein Sich-Abfinden mit den Vorurteilen der Andorraner bedeutet – das natürlich auch, er gibt zum Beispiel seine ursprünglichen Pläne auf: »Meinesgleichen denkt alleweil nur ans Geld, heißt es, und drum gehöre ich nicht in die Werkstatt, sagt der Tischler, sondern in den Verkauf. Ich werde Verkäufer.«[49] Die Bildnisse wirken als sich selbst erfüllende Prophezeiungen: »Seit ich höre, hat man mir gesagt, ich sei anders, und ich habe geachtet drauf, ob es so ist, wie sie sagen. Und es ist so (…): Ich bin anders.«[50] Relevanter ist aber im vorliegenden Kontext, dass Andris »Selbstannahme«, sein Bekenntnis zum Judentum, zugleich eine Identifizierung mit dem Opferschicksal der Juden bedeutet. Diese Opferrolle, von der die zahlreichen alttestamentarischen Zitate und Hinweise im Stück nicht zu trennen sind, bestimmt den Verlauf des Geschehens von Anfang an. Im Zweiten Bild wird beispielsweise auf die Tötung des Sündenbocks in der jüdischen Vergebungszeremonie hingewiesen, dessen Schicksal sich leicht auf Andris Geschichte übertragen lässt: »Das ist das Böse. Alle haben es in sich, keiner will es haben, und wo soll das hin? In die Luft? Es ist in der Luft, aber da bleibt's nicht lang, es muß in einen Menschen hinein, damit sie's eines Tages packen und töten können.«[51] Außer den antisemitischen Vorurteilen (mittels derer Andri beschimpft, ausgegrenzt und schließlich hingerichtet wird) wird sein Leben, wird die Handlung auch und in erster Linie durch Andris Identifikation mit dem (vermeintlichen) Schicksal des jüdischen Kollektivs bestimmt und motiviert. Diese determinierende Funktion erfüllen außer den vorausdeutenden Symbolen auch die verfremdenden Szenen im Vordergrund, die die Linearität der Handlung unterbrechen und den späteren Ausgang von Anfang an vorwegnehmen. Die Determiniertheit des Geschehens[52] steht in Analogie zur verhängnisvollen, bindenden Macht des Bildnisses (der Bildnismacherei durch Vorurteile, rassistisch-biologische Rhetorik[53]), die dem Lebendigen, dem Unfassbaren, dem »Göttlichen« eines jeden Individuums gegenübersteht.

Als letztes Interpretationsbeispiel für die oben angedeuteten, komplexen Wechselwirkungen ästhetischer und kultureller Fremdheitserfahrungen eignet sich Frischs »Wilhelm Tell für die Schule« (1971) wohl am besten. In dieser Umschrift des Schweizer Gründungsmythos verschränken sich die Fremdheitserfahrungen der Figur des ins Gebiet der heutigen Innenschweiz reisenden Vogtes mit der parodistisch verfremdeten Rhetorik nationaler Identitätsbildung. Friedrich Schillers Drama, der wichtigste Prätext von »Wilhelm Tell für die Schule«, kann nämlich als eine paradigmatische Geschichte der erfolgreichen, nationalen Identitätskonstruktion gelesen werden. Die identitätsstiftenden Konstruktionsfaktoren der Nation – so zum Beispiel die Naturalisierung und Sakralisierung der Gemeinschaft oder die Betonung des kontinuierlichen Zusammenhangs mit den Vorvätern – werden bei Frisch durch ironische Imitation subvertiert.[54]

Die relevantesten Mittel der Demontage des Tell-Mythos und der Subversion substanzialistischer Identitätskonstruktion sind der Fokuswechsel (in Frischs Text dominiert die Perspektive des Vogtes), die Parodie der Kontinuität und der Faktizität im Anmerkungsapparat sowie die Konfrontation unterschiedlicher Erzählweisen des Schweizer Gründungsmythos. Da ein relevanter Teil des Textes intern fokalisiert, aus dem Blickwinkel des Vogtes erzählt wird, erscheinen die zentralen Topoi der Narration der Schweizer Nation und des schillerschen Textes, die Alpen und das Hirtenvolk, uminterpretiert. Durch den Perspektivwechsel wird die identitätskonstitutive Grenzziehung zwischen der Fremdheit der Habsburger und der Vertrautheit der Innerschweizer spielerisch umgekehrt, wodurch die Tell-Geschichte nicht nur des national integrativen Potenzials beraubt, sondern auch entpolitisiert wird. Gessler tritt aus seiner (in Schillers Text fixierten) öffentlichen Rolle des Vertreters eines Kollektivs und einer Ideologie heraus, und enthüllt sich als privates Individuum, das schließlich der »nachträglichen Ideologisierung«[55] zum Opfer fällt: »Persönlich hatte er kein Interesse daran, daß Habsburg sich dieses Tal von Uri untertan machte, im Gegenteil, das hätte bedeuten können, daß er, Ritter Konrad oder Grisler, auf Lebenszeit in dieses Tal versetzt worden wäre – ein Gedanke, der ihn bei hellichtem Tag rücklings aufs Bett warf …«[56]

Bereits die narratologischen Merkmale des Textes lassen also (und das ist auch ein prägnantes Beispiel für die Überschneidung ästhetischer und kultureller Fremdheitserfahrung) die Willkürlichkeit der Fremdmarkierung erfahren, und die Fremdheit erschöpft sich in diesem Kontext nicht in der Figur des feindlichen Fremden, des Österreichers. (»Ritter Konrad oder Grisler«, dessen Identität von Anfang an fraglich, instabil und apolitisch ist: »selbst Vater, belustigt und ohne Ritter-Allüren«[57], erscheint in der Perspektive der Kinder als »Herr Vogt«.) Die Kinder sprechen Konrad freiwillig an, im Gegensatz zu den anderen Schweizern im Text, die nach dem schillerschen Prätext handeln: »Fragte er (Konrad) unterwegs einen Hirten nach dem Wetter, so redete dieser plötzlich mit seinem Vieh.«[58] Sie identifizieren ihn mit der sagenhaften Figur des Toggeli und handeln auch demgemäß, sie laufen weg: »Einmal fragte ihn ein Kind: Bist du jetzt der Toggeli? wahrscheinlich weil die Gelbsucht langsam sein Gesicht verfärbte. Als Ritter Konrad oder Grisler, selbst Vater, belustigt und ohne Ritter-Allüren fragte, was denn ein Toggeli wäre, lief das Kind mit Entsetzen davon, und er begriff nur, daß er nicht hätte lachen dürfen. Das Kind schrie, als habe der Herr Vogt es mit der Peitsche mißhandelt. Später fragte er den jungen Rudenz, was das Kind wohl gemeint habe; Rudenz erörterte, als hätte das Kind etwas Unhöriges oder Treffendes gesagt, und gab sich weltmännisch, indem er versicherte, es gebe heutzutage keine Toggeli mehr.«[59]

Die Toggeli-Geschichte, auf deren Wichtigkeit auch visuell hingewiesen wird (die Fußnote, in der die Toggeli-Sage erzählt wird, ist dreimal so lang wie der Haupttext), berichtet über eine Holzfigur namens Toggeli, die zum Leben erwacht und an den Hirten, die sie gefertigt und gedemütigt haben, grausam Rache nimmt. Die Sage aus Uri erzählt, wie die Grenzen des Körpers im Sinne einer Ausdehnung verletzt werden: Das leblose Material erwacht zu menschlichem Leben und entwickelt sich von einer passiven Zielscheibe des Spottes zu einem aktiven Rächer. Konrads Geschichte ist auch als eine Geschichte der Verletzung von Körpergrenzen zu lesen, diese werden bei ihm aber eingeengt: Die kanonische Sinngebung, die Determiniertheit durch die Prätexte versieht die private (»dickliche«) Figur mit der fremden, »öffentlichen« Identität des Vogtes (des »Ritters«). Der »dickliche Ritter« steckt im Text nicht mehr in der schillerschen Rolle des aktiven Tyrannen, sondern er fällt als passiver, privater Mensch einer Rache zum Opfer. »Bist du jetzt der Toggeli?«, fragen ihn die Kinder: *Jetzt* wird Konrad zum Sündenbock. Hiermit wird nicht nur die aus dem Stück »Andorra« bekannte Feindbild-Rhetorik aufgezeigt, sondern auch die Situationsabhängigkeit, die Unfixiertheit der jeweiligen Identität und Alterität.

Die literarisch zugängliche Erfahrung kultureller Fremdheit bedeutet hier also einerseits Fremdheit im nationalen Diskurs, die ›politische‹ Fremdheit des ›Ausländers‹ (der hier als Feind interpretiert wird), und andererseits die in der mythologischen Erzählung der Sage bereits versprachlichte und daher einigermaßen ›domestizierte‹ Fremdheit des befremdlichen, schrecklichen Geistes: Die private Figur Konrads wird als fremder Vogt und als Toggeli wahrgenommen. Diese Fremdheitserfahrungen sind aber notwendigerweise auch ästhetische: Die Episode spiegelt metaphorisch die hermeneutische Situation, die Grundstruktur der hermeneutischen Erfahrung, nämlich die Unverständlichkeit als Ausgangspunkt des Verstehenwollens durch Fragestellung. Konrad »fragte, was denn ein Toggeli wäre (…), was das Kind wohl gemeint habe«[60], er braucht einen Sinnvermittler (Hermes), den jungen Rudenz, der seine Frage aber nicht beantwortet – die Fremdheit des Ausdrucks Toggeli bleibt für die Figur unüberwindbar. Zu den Dimensionen der Fremdheit gehören an dieser Textstelle außerdem die Differenz zwischen dem schriftdeutschen Text und dem mundartlichen Ausdruck (Toggeli) und die in schriftlicher Form verfremdeten dialektalen Ausdrücke des Fußnotentextes (»Häuseli, magsch au ä Bitz?«, »Und bigoscht hindärä!«[61]). Bereits der umfangreiche Fußnotenapparat erfüllt aber eine verfremdende Funktion, da die Fußnoten statt Erklärung deren Unmöglichkeit aufdecken.[62] Die determinierende Funktion des schillerschen Prätextes, die Relevanz der Intertexte und die rhetorischen Verfahren der Satire gehören auch zu jenen Aspekten der Fremdheit, welche die Wechselwirkung sprachlicher und kultureller Alteritätsphänomene illustrieren. Eine komplexe, umfassende Darstellung dieser, in Frischs gesamtem Œuvre immer wieder auftauchenden Beziehungen würde eine eigenständige, monografische Abhandlung in Anspruch nehmen.

1 Max Frisch: »Tagebuch 1946–1949«, in: Ders.: »Gesammelte Werke in zeitlicher Folge«, hg. von Hans Mayer, Frankfurt/M. 1998, Bd. 2, S. 453. — **2** Ebd., S. 364. — **3** Ebd., S. 369. — **4** Max Frisch: »Überfremdung 2«, in: Ders.: »Gesammelte Werke in zeitlicher Folge«, a. a. O., Bd. 5, S. 389. — **5** Ebd., S. 388. — **6** Ebd., S. 392. — **7** Max Frisch: »Emigranten. Rede zur Verleihung des Georg-Büchner-Preises 1958«, in: Ders.: »Gesammelte

Werke in zeitlicher Folge«, a. a. O., Bd. 4, S. 239–240. — **8** Nach Bernhard Waldenfels ist das Verhältnis von dem Fremden und dem Eigenen ein Ineinander, eine Verflechtung: »Eigenes und Fremdes könnten sich nicht *voneinander* absetzen, wenn sie nicht schon auf mannigfache Weise *ineinander* verwickelt, verschränkt, oder verflochten wären. (…) Die Verflechtung von Eigenem und Fremdem kann man als *Chiasmus* oder *Chiasma* bezeichnen. (…) Das Fremde beginnt im Eigenen und nicht außerhalb seiner.« Ders.: »Studien zur Phänomenologie des Fremden 2. Grenzen der Normalisierung«, Frankfurt / M. 1998, S. 180. — **9** Frisch: »Tagebuch 1946–1949«, a. a. O., Bd. 2, S. 453. — **10** Über das Verhältnis zwischen dem literarischen Text und dem Fremden im Sinne des Befremdlichen (das nicht primär als Referenz gewisser Textstellen zu verstehen ist, sondern eher mit der Figurativität literarischer Sprache zusammenhängt) und über die Spannung zwischen der hermeneutischen und der xenologischen Annäherung an die Fremdheit vgl. Eszter Pabis: »Kulturelle und ästhetische Fremdheit als Herausforderung der Literaturwissenschaft«, in: »Trans. Internet-Zeitschrift für Kulturwissenschaften« 17 (2010), www.inst.at/trans/17Nr/8–9/8–9_pabis17.htm (zuletzt aufgerufen am 1.5.2013). — **11** Im Rahmen des vorliegenden Beitrags werden im obigen Kontext nur einige ausgewählte Texte von Frisch interpretiert – und dies ohne Anspruch auf Vollständigkeit und ohne eine ausführlichere Darstellung komplexer Wechselwirkungen kultureller und ästhetischer Fremdheitserfahrungen. Zur eingehenden Analyse der Texte »Stiller« und »Wilhelm Tell für die Schule« vgl. Eszter Pabis: »Die Schweiz als Erzählung. Nationale und narrative Identitätskonstruktionen in Max Frischs ›Stiller‹, ›Wilhelm Tell für die Schule‹ und ›Dienstbüchlein‹«, Frankfurt / M. 2010, S. 88–152. — **12** Max Frisch: »Stiller«, in: Ders.: »Gesammelte Werke in zeitlicher Folge«, a. a. O., Bd. 3, S. 361. — **13** Ebd., S. 613. — **14** Die Relevanz dieser Erfahrung wird auch bestätigt durch die Vorkommensweise des Tajo-Erlebnisses in Whites Aufzeichnungen. Einerseits tauchen die Motive des verpassten Schießens und der Aufgabe der Aneignung einer wehrhaften Männlichkeit in mehreren Erzählungen von White auf, wie in den Geschichten von Rip van Winkle und Isidor. (Zudem gehört die Rip-van-Winkle-Geschichte zum kanonisierten Korpus der »Nationalmythen« der Vereinigten Staaten.) Andererseits weisen das Spanienabenteuer und die Identitätsproblematik von White sowie ihre diegetischen und intradiegetischen Erzählweisen deutliche Parallelen auf. Stiller pflegte in der Gesellschaft diese Anekdote wie seine »Parade-Nummer« vorzutragen und erst später, kurz vor seinem Verschollengehen gesteht er, dass hinter der »Erfolgsgeschichte« eine Niederlage, ein Versagen steckt. Die Tajo-Geschichte wird in den Aufzeichnungen – der Lebensgeschichte von Stiller ähnlich – perspektivisch wiederholt, bis schließlich im Siebten Heft die Identität des Erzählers und des Spanienkämpfers anerkannt wird. — **15** Über die doppelte Lesart der Western als Muster der Männlichkeit und des Aufbaus einer männlichen Gemeinschaft vgl. Walter Erhart: »Männlichkeit, Mythos, Gemeinschaft – Nachruf auf den Western-Helden«, in: Ders. / Britta Herrmann (Hg.): »Wann ist der Mann ein Mann? Zur Geschichte der Männlichkeit«, Stuttgart 1997, S. 321–349. — **16** Das Gleiche trifft für Whites amerikanische Geliebte Florence zu, deren leidenschaftliche Sinnlichkeit im Gegensatz zu Julikas Frigidität steht. Florence verfügt über eine animalische Natürlichkeit – Julika ist dahingegen künstlich und hat »Angst in Bezug auf ihr eigenes Geschlecht«. Frisch: »Stiller«, a. a. O., S. 437. — **17** »Ich sehe ihre große Öde voll blühender Farben, (…) Farben des glühenden Mittags, Farben der Dämmerung, Farben der unsäglichen Nacht« (ebd., S. 378); »wunderbar sind die vielen Blumen, deren Duft aber nicht aufkommt; wo es nicht nach dem entsetzlichen Fleisch stinkt, das an der Sonne verdirbt, stinkt es nach Kloake« (ebd., S. 382). Auch bei der Schilderung des Totenmahls beschreibt er den »Duft dieser Speisen, denn der Duft ist das Wesen der Dinge« (ebd., S. 666). Der Tod gehört untrennbar zu dieser Wahrnehmung und zum mexikanischen Leben; gegenwärtig ist er schon auf dem Marktplatz (in den Gestalten des toten Hundes, der Aasgeier und der Kindersärge) und selbstverständlich in den Janitzo-Passagen, wo der »nichtlogozentrische« Umgang mit dem Tod beschrieben wird (ebd., S. 667). — **18** »All diese sich ich (…) betroffen von der Unwahrscheinlichkeit unseres Daseins. (…) Man fragt sich schlechthin, was der Mensch auf dieser Erde eigentlich macht« (ebd.). — **19** Alfred Schütz: »Der Fremde«, in: Arvid Brodersen (Hg.): »Alfred Schütz. Gesammelte Aufsätze II. Studien zur soziologischen Theorie«, Den Haag 1972, S. 58 f. Selbstverständlich ist White im Lichte des Romanendes nicht mehr als ein »Fremder«, sondern als ein »Heimkehrer« zu betrachten, auch wenn er sich im ersten Teil in der Figur von White »fremd« geworden ist. Das oben zitierte und von Schütz beschriebene Merkmal des Fremden – die Infragestellung der für die »Einheimischen« unhinterfragten kulturellen Schemen einer symbolischen Sinnwelt – trifft jedoch auch auf den Heimkehrer zu. Dieser glaubt – zumindest am Anfang – »in einem fremden Land zu sein, ein Fremder unter Fremden« (ebd., S. 70). — **20** Frisch: »Stiller«, a. a. O., S. 389. — **21** Ebd., S. 668. — **22** Ebd., S. 595. — **23** Ebd., S. 732. — **24** Ebd., S. 736. — **25** Ebd., S. 436. — **26** Ebd., S. 525. — **27** Ebd., S. 476. — **28** Frisch: »Tagebuch 1946–1949«, a. a. O., S. 378–379. — **29** Zitiert nach Walter Schmitz: »Max Frisch: Homo faber. Materialien, Erläuterungen und Dokumente«, München 1977, S. 17. — **30** Max Frisch: »Homo faber«, in: Ders.: »Gesammelte Werke in zeitlicher Folge«, a. a. O., Bd. 4, S. 93. — **31** Ebd., S. 179. — **32** Ebd., S. 24. Fabers Filmen ist, seinen anderen ständig wiederholten Tätigkeiten (Rasieren, Duschen) ähnlich, auch eine Art der »Bildnismacherei« inhärent, das heißt ein typischer und vergeblicher Versuch, das Natürliche und Kontingente durch Technik zu beherrschen, ein Erlebnis, eine leibliche Erfahrung in einer unveränderlichen Form festzuhalten. Am Ende sieht er die Vergeblichkeit seines Tuns ein, als ihm bewusst wird, dass der Film die Zeit nicht konserviert, sondern im Gegenteil, auf die Vergänglichkeit aufmerksam macht: »(...) ich filme nichts mehr. Wozu! Hanna hat recht: nachher muß man es sich als Film ansehen, wenn es nicht mehr da ist, und es vergeht ja doch alles –« (ebd., S. 182). Auf das Verhältnis zwischen Sprachkrise und Bildnismacherei macht auch Walter Schmitz aufmerksam, vgl. ders.: »Max Frisch: Homo faber«, a. a. O., S. 83. — **33** Frisch: »Homo faber«, a. a. O., S. 25. Vgl. »Ein Flugzeug ist für mich ein Flugzeug, ich sehe keinen ausgestorbenen Vogel dabei, sondern eine Super-Constellation mit Motor-Defekt, nichts weiter, und da kann der Mond sie bescheinen, wie er will. Warum soll ich erleben, was gar nicht ist?« (Ebd.). — **34** Ebd., S. 151 f. — **35** Ebd., S. 196. — **36** Ebd., S. 12. — **37** Ebd., S. 44, Hervorhebungen E. P. — **38** Ebd., S. 55. — **39** Ebd., S. 132. — **40** Ebd., S. 141. — **41** Ebd., S. 95. — **42** Ebd., S. 69, Hervorhebung E. P. — **43** Vgl. Karl Schmid: »Andri, der als Fremder gilt, obwohl er tatsächlich Andorraner ist, ist das genaue Spiegelbild und ironische Gegenstück zu Stiller-Frisch, der als ›Andorraner‹ gilt, aber es nicht sein will.« Ders.: »Andorra und die Entscheidung«, zitiert nach Armin Arnold: »Woyzeck in Andorra. Max Frisch und Georg Büchner«, in: Gerhard P. Knapp (Hg.): »Max Frisch. Aspekte des Bühnenwerks«, Bern 1979, S. 310. — **44** Auf Frisch und Andri wird der Ausdruck bezogen in Arnold: »Woyzeck in Andorra«, a. a. O., S. 310. — **45** Georg Simmel: »Exkurs über den Fremden«, in: Otthein Rammstedt (Hg.): »Georg Simmel. Gesamtausgabe«, Frankfurt / M. 1992, Bd. 11, S. 767. — **46** Hagen Schulze: »Gibt es überhaupt eine deutsche Geschichte?«, Stuttgart 1998, S. 28. — **47** Max Frisch: »Andorra«, in: Ders: »Gesammelte Werke in zeitlicher Folge«, a. a. O., Bd. 4, S. 525–527. — **48** Ebd., S. 527. — **49** Ebd., S. 504 f. — **50** Ebd., S. 526. — **51** Ebd., S. 480. — **52** Auch in »Homo faber« sind bereits am Romananfang zahlreiche Hinweise auf den späteren Ausgang des Geschehens (Inzest und Sabeths Tod) zu finden und in »Wilhem Tell für die Schule« erfüllen die Prätexte eine ähnlich »tödliche«, determinierende Funktion. — **53** Diese homogenisierende Rhetorik bestimmt auch die wohlgemeinten Argumente des Paters: »Kein Mensch, Andri, kann aus seiner Haut heraus, kein Jud und kein Christ. Niemand. Gott will, daß wir sind, wie er uns geschaffen hat. (...) Du bist nun einmal anders als wir.« Ebd., S. 508. — **54** Den Text interpretiere ich im Kontext der Spannung zwischen der hermeneutischen und der xenologischen Annäherung an die Fremdheit ausführlicher in dem erwähnten Artikel über die philosophisch-literaturtheoretischen Grundlagen der kulturwissenschaftlichen Xenologie. Pabis: »Kulturelle und ästhetische Fremdheit als Herausforderung der Literaturwissenschaft«, a. a. O. — **55** Max Frisch: »Schillerpreis-Rede«, in: Ders.: »Gesammelte Werke in zeitlicher Folge«, a. a. O., Bd. 5, S. 363. — **56** Max Frisch: »Wilhelm Tell für die Schule«, in: Ders.: »Gesammelte Werke in zeitlicher Folge«, a. a. O., Bd. 6, S. 429. — **57** Ebd., S. 433. — **58** Ebd., S. 415. — **59** Ebd., S. 433. — **60** Ebd. — **61** Ebd., S. 434. — **62** Die Grenze zwischen den Fußnoten und dem Haupttext ist nur optisch wahrzunehmen: Figuren und

Schlussfolgerungen in Fußnoten der früheren oder späteren Kapitel erscheinen im Bewusstsein der Figuren im Haupttext, und die Anmerkungen sind in der Regel länger als der Haupttext, der – im Gegensatz zu den provozierten »faktischen« Narrativen – ohne Fußnoten schwer zu verstehen ist.

Yahya Elsaghe

»Was macht man mit einem Tagtraum?«
Eine Erfüllungsphantasie des »Homo faber« und ihre Revokation in »Mein Name sei Gantenbein«

Der fiktive Autor des »Homo faber« ist gewissermaßen gleich alt wie eines der Interpretamente, die seinen Bericht zu verstehen erlauben. Im selben Jahr, in dem Walter Faber zur Welt gekommen sein soll, hielt Sigmund Freud, damals gut 50, einen Vortrag, in dem er ein solches Interpretament formulierte, »Der Dichter und das Phantasieren«. »Homo faber« als eine »dieser egozentrischen Erzählungen«[1] zu lesen, deren Schematik Freud dort freilegte, bietet sich nicht nur an, sondern drängt sich geradezu auf. Auch hinter Faber »erkennt man ohne Mühe – Seine Majestät das Ich«[2], das Ich eben eines Autors, der mit seinem Helden schon verdächtig viele Personalien gemeinsam hat: die Initiale des Namens, die regionale Herkunft, die Alma Mater, die Jahreszeit und sogar das Sternzeichen der Geburt; und wenn Frisch seinerzeit auch noch ein paar Jahre jünger war als der für sein Teil genau 50-jährige Faber, so gehören die beiden doch ein und derselben Generation an.

Nicht gleich »alle Frauen des Romans«, aber immerhin beneidenswert viele »verlieben« sich »in den Helden«,[3] lieben ihn, begehren ihn, von der Frau seines Lehrers über ein Jahrzehnt jüngeres Mannequin bis hin zu seiner eigenen Tochter. Wie es sich für Helden *per definitionem* gehört,[4] behält er das letzte Wort. Zuletzt, eine Mutterfigur kniet neben ihm, rückt er gar in eine christusähnliche Position auf. Bei dieser Art Heroismus, als leidender Held, der damit aller Mitgefühl und Sympathie auf sich zieht, büßt er freilich die von Freud postulierte »Unverletzlichkeit« ein.[5] Und auch in anderer Hinsicht stieße eine freudianisch gesinnte Relektüre des Romans an ihre Grenzen, nämlich bei dessen Behandlung der »an sich eigentlich peinlichen Erregungen«, von denen Freud sagte, dass selbst sie noch »für den Hörer und Zuschauer des Dichters zur Quelle der Lust werden können«.[6]

Zu solchen Erregungen, zumal bei der immer schon vorausgesetzten Männlichkeit von Dichter, Hörer und Zuschauer, gehört die Verunsicherung durch andere, vor allem auch jüngere Männer, wie sie sich zusammen mit den reziproken Aggressionen und kompensatorischen Gewaltphantasmen bereits zu Beginn der deutschen Literaturgeschichte aufspüren ließe. Schon deren ältestes Fragment, das Hildebrandslied, dessen verlorenes Ende man über außerdeutsche Parallelüberlieferungen rekonstruieren kann, unterliegt einem hierfür einschlägigen Skript, der Altmännerphantasie eben, den jüngeren Rivalen auszustechen.

Im Bannkreis nun dieser Tradition steht auch Max Frisch. So wäre es nur wenig übertrieben zu sagen, dass der Roman, den er nach »Homo faber« schrieb, auf eine einzige »wilde, oft schreckliche«[7] Orgie männlicher Eifersucht und Versagensangst hinauslaufe. »Mein Name sei Gantenbein« erscheint in dieser Hinsicht indessen bloß als Radikalisierung oder konsequente Fortsetzung des nächstälteren Romans. Auch Walter Faber nämlich beziehungsweise der »Dichter«, der sein Ich in Fabers Gestalt ausphantasiert, wird von Anfällen sexueller Konkurrenz gepeinigt. Nicht weniger als fünfmal hat Faber denn ganz unumwunden zu gestehen, seinerseits »eifersüchtig zu sein«.[8] Seine Eifersucht bricht schon beim erstbesten und, wie sich zu guter Letzt zeigen wird: eigentlich ganz hinfälligen Anlass aus, in der Konfrontation mit dem ersten Konkurrenten, dem Faber im Verlauf der erzählten Zeit begegnet und dessen Stelle er alsbald einzunehmen versucht:

> »Sabeth (korrigiert aus: ~~Unsere Tochter~~) spielte Pingpong.
> (…)
> Sie spielte mit einem jungen Herrn. Möglicherweise ihr Freund oder Verlobter. (…)
> Ab und zu blieb ich wieder beim Pingpong stehen (…). (Im Typoskript: ~~Ihr Partner ein blöder Geck mit Schnäuzchen.~~) Einmal überrannte sie mich fast, um den Ball zu fangen. Ohne ein Wort der Entschuldigung. Das Mädchen sah mich gar nicht.
> (…)
> (…) ich hob ihr einen Ball auf, ohne mich aufzudrängen, glaube ich, sie dankte kurz und englisch (sonst sprach sie deutsch) (…).
> (…)
> Als ich (…) zurückkehrte (…), lagen die beiden Pingpong-Schläger auf dem grünen Tisch –«[9]

Der Affekt, der den autodiegetischen Erzähler angesichts des »jungen Herrn« überkommt und der ihm gegebenenfalls gewissermaßen die Sprache verschlägt, verrät sich vielleicht schon in der Interpunktionsweise. Aber ob der Gedankenstrich nach dem Notat von der verwaisten Tischtennisplatte nun für die unaussprechlichen Gedanken steht, die sich der Erzähler darüber machen könnte, was der Herr und das Mädchen nunmehr so alles miteinander spielen und treiben, oder ob das von Frisch auch sonst gern verwandte bis inflationierte Satzzeichen doch nicht mehr ist als eine Marotte –: Auf jeden Fall lässt diesen Erzähler die Frage nach der Beschaffenheit der Beziehung zwischen den beiden nicht los, obwohl oder gerade weil er das anderwärts ausdrücklich bestreiten wird. Wie sehr sie ihn intrigiert, zeigt sich narratologisch an einer Inkonsequenz seiner Fokalisationen.

Diese freilich scheint dem Autor selbst durchaus nicht entgangen zu sein. Darauf lässt immerhin seine handschriftliche Verbesserung des Typoskripts schließen, seine Streichung des Subjekts »Unsere Tochter«. Solche Worte könnte ja nur ein all- oder mehrwissender Erzähler sprechen. Sie wären aus der vollen Kenntnis dessen heraus gesprochen gewesen, was erst zu einem viel späteren Zeitpunkt an den Tag kommen wird. Und eben dieses Wissensgefälle hat Frisch mit seiner Korrektur ausgeglichen. Oder jedenfalls hat er es erheblich reduziert. Streng genommen übersteigt nämlich auch das, was er an der Stelle des quasi proleptischen Subjekts ins Typoskript schrieb, noch immer, wenngleich um ein viel Geringeres, den Stand, den das Wissen des erzählten Ich zur gegebenen Zeit haben dürfte. Denn dass »das Mädchen«, das er beim Spiel beobachtet, »Sabeth« beziehungsweise Elisabeth heißt, kann Faber ja ebenfalls noch nicht ahnen; nur wird er es noch auf derselben Schiffsreise erfahren, sehr viel früher als die Tatsache respektive den Tatbestand seiner Blutsverwandtschaft mit ihm.

Während er also das Mädchen auch so noch von einem gewissen Informationsvorsprung herab benennt, ohne konsequente Fokalisation aus seiner damaligen Perspektive, hält er vis-à-vis dem jungen Herrn durchaus nicht dieselbe Höhe der Kenntnisse, die er zur fiktiven Erzählzeit längst haben müsste. In einer vielsagenden Ellipse regrediert er zwanghaft oder selbstquälerisch auf den Tiefstand, den sein Wissen zur hier *erzählten* Zeit hatte. Aus ihr gelangt er nicht heraus; als ob er über sie und das in ihr Durchlittene nicht hinwegkommen könnte, über das damals Beobachtete und den aus seiner Beobachtung resultierenden Affekt: »*Möglicherweise* ihr Freund oder Verlobter.« Oder, an etwas späterer Stelle, an der Faber wiederum auf ein anachronistisch tiefes Wissens- oder Unwissenheitsniveau zurückfällt und deren Formulierung einen beharrlichen Zweifel an der zunächst eingeräumten und jetzt doch wieder halb verworfenen Möglichkeit verrät: »Vielleicht war er *wirklich* ihr Freund.« Diese Stelle befindet sich und dieser Zweifel regt sich in einer Szene, die, besonders wenn man ihre älteren Varianten hinzuzieht, *in puncto* Eifersucht ergiebig ist wie keine zweite des »Homo faber« und wie kaum eine andere des Gesamtwerks:

> »Einmal war Sabeth etwas seekrank; (…) ihr Schnäuzchen-Freund legte sie aufs Bett, als wäre er ihr Mann. Zum Glück war ich dabei. Sabeth in ihren schwarzen Cowboy-Hosen (…), lahm und ge-spreizt (…). Er hielt ihre Hand. Ich schraubte sofort ein Bullauge auf, um mehr Luft zu verschaffen, und reichte Wasser –
> ›Danke sehr!‹ sagte er (im Typoskript:~~:~~
> ~~Ich weiss nicht, was er sich dachte.~~

~~›Danke,‹ sagte er~~), während er auf dem Rand ihres Bettes hockte (im Typoskript: ~~; wie zu einem Kellner. Er~~); er schnürte ihre Espadrilles auf, um Samariter zu spielen. Als käme ihre Übelkeit aus den Füßen!

(Im Typoskript: ~~›Sabeth,‹ fragte ich, ›wie geht's?‹~~
~~Sie hatte Schwindel.~~
~~›Es wird schon gehen,‹ sagte er, ›danke.‹~~)

Ich blieb in der Kabine.

Ihr roter Gürtel war (›war‹ handschriftlich ins Typoskript einge-fügt) viel zu eng, man sah's, (im Typoskript: ~~aber~~) ich fand es nicht (›ich fand es nicht‹ handschriftlich ins Typoskript eingefügt) unsere Sache (im Typoskript: ~~ist es nicht, fand ich~~), ihr den Gürtel zu lösen –

Ich stellte mich vor.

Kaum hatten wir uns die Hände (im Typoskript: ~~und die Namen~~) gegeben, setzte er sich wieder auf den Rand ihres Bettes. Vielleicht (im Typoskript: ~~mit Recht, vielleicht~~) war er wirklich ihr Freund. Sabeth war schon eine richtige Frau, wenn sie so lag, kein Kind; ich nahm eine Decke vom oberen Bett, da sie vielleicht fror, und deckte sie zu.

›Danke!‹ sagte er –

(Im Typoskript: ~~Dann klingelte ich. Wahrscheinlich musste das Mädchen sich nochmals übergeben, mit Händchen-Halten war nichts getan. Der Steward kam, und ihr Schnäuzchen-Samariter musste sich neuerdings vom Bett erheben, damit man die verlangte Schüssel hinstellen konnte.~~
~~›Ich glaube,‹ sagte ich, ›wir sollten das Fräulein jetzt alleinlassen.‹~~
~~Sie lag und atmete.~~)

Ich wartete einfach, bis der junge Mann gleichfalls fand, es gäbe nichts mehr zu tun, wir sollten das Mädchen jetzt allein lassen –
›Tschau!‹ sagte er.«[10]

Die beiden Männer rivalisieren buchstäblich um den Platz im oder am Bett der nun eindeutig auf ihre Weiblichkeit festgelegten Frau, die »gespreizt« und teilweise entkleidet darin liegt. Im Typoskript weigert der eine sich erst, die Rivalität, die ihm der andere aufnötigt, überhaupt als solche anzuerken-nen. Er versucht, sein Verhältnis zu diesem anderen auf das Niveau einer stark asymmetrischen Interaktion abzusenken, indem er ihn beinahe zum Dienstboten herabwürdigt, »zu einem Kellner«.

Auch im stehen gebliebenen Text gebärdet er sich, »als wäre er ihr Mann«; ein Anspruch, den der andere, kurz bevor er der beiderseits Umworbenen einen Heiratsantrag machen wird, durch den *modus irrealis* auf handfeste

Weise verwirft. Er empört oder mokiert sich über die kopflose Selbstinszenierung des Konkurrenten. Der »spiele« bloß Samariter. Mit seinen Veranstaltungen sei gar »nichts getan«. Er selbst hingegen, Faber, wolle »ja nur helfen«:

> »Als ich die Tabletten brachte (…), wollte Sabeth niemand in ihre Kabine lassen. Sie war komisch, dabei angekleidet, wie ich durch die Türspalte sah. Ich hatte ihr vorher die Tabletten versprochen, nur drum. Sie nahm die Tabletten durch die Türspalte. Ob er in ihrer Kabine war, weiß ich nicht. Ich ersuchte das Mädchen, die Tabletten auch wirklich zu nehmen. Ich wollte ihr ja nur helfen; denn mit Händchenhalten und Espadrilles-Ausziehen war ihr nicht geholfen. Es interessierte mich wirklich nicht, ob ein Mädchen wie Sabeth (…) schon einmal mit einem Mann zusammengewesen ist oder nicht, ich fragte mich bloß.«[11]

Hier und auch später bleibt offen, ob die männliche Konkurrenz um das Weibchen schon unentschieden ist oder ob Faber sie noch geradewegs verliert. Mindestens findet er sich am Schluss als *mutmaßlich* geschädigter Dritter vor der Bordkabine der, so viel oder so wenig kann er »durch die Türspalte« noch wahrnehmen, immerhin noch ziemlich »angekleideten« Frau. Zuvor, »zum Glück« und unbeschadet der kaum erst aufgestellten Behauptung, dass es ihm fern gelegen sei, sich »aufzudrängen«, hat er es allerdings geschafft, sich als *störender* Dritter förmlich in eine Beziehung hineinzudrängeln, obwohl er deren intimere Natur der Möglichkeit nach eben noch anerkennen musste. Trotz seiner übergriffigen und unverschämten Intervention hat er sich doch auch wieder zu versichern, dass ihn die Intimitäten so eines Mädchens nicht beschäftigten, »wirklich nicht«, und dass er sich »bloß« danach fragte; ein ganz offenkundig widersinniges, aber desto aufschlussreicheres und verräterisches Paar von Aussagen, dessen eine Hälfte die andere aufhebt. Wen »es« »wirklich nicht« kümmerte, der hätte selbstverständlich keine Veranlassung, sich mit solch einer Frage herumzuschlagen.

Was für »Erregungen« ihm diese soufflieren, verrät schon der Aufwand, den der Erzähler um die Person des hier »möglicherweise« noch »bevorzugten Rivalen«[12] betreibt. Er lässt nichts unversucht, um diesen zu entwerten. Solchem Zweck dient insbesondere ein ganz kurzer Abschnitt, den er ins Verlaufsprotokoll der mann-männlichen Rivalität inseriert, um sich hernach in einem folgenden eigens seines intakten Selbstwertgefühls zu vergewissern:

> »Ich weiß nicht, was Sabeth an ihm fand.
> Meinerseits kein Grund zu Minderwertigkeitsgefühlen, ich bin kein Genie, immerhin ein Mann in leitender Stellung (…).«[13]

Der eine Satz, aus dem der erste Abschnitt besteht, wäre schon aus formalen Gründen geeignet, die Aufmerksamkeit eines Analytikers auf sich zu ziehen. Er fällt aus der sonst gewahrten Vergangenheitsform des Erzählten heraus. Wie dann auch wieder dort, wo Faber noch immer nicht »weiß«, ob der Rivale »in ihrer Kabine war« oder, im Typoskript, »was er sich dachte«, so schert das *verbum sentiendi* auch hier aus dem Nebentempus in die Gegenwart der Erzählzeit aus. Es gibt so vielleicht einmal mehr etwas von der unverminderten Macht des eben vergeblich bearbeiteten Affekts zu erkennen: »Ich *weiß* nicht, was Sabeth an ihm fand.«

Bemerkenswert ist dieser Satz indessen auch wegen des Orts, an dem er auftaucht. Er folgt unmittelbar auf einen Passus, in dem es sich erweist, dass der Rivale ganz so »blöd, wie vermutet« – eine übrigens ungedeckte Analepse –, nun auch wieder nicht ist. Das Gespräch aber, durch das die angeblich vorgängigen Mutmaßungen über seine extreme Blödheit berichtigt werden, hat etwas von einer Ersatz- und Übersprungshandlung. Es findet anstelle eines Duells statt, in dem die Konkurrenz Mann gegen Mann ausgefochten worden wäre; und mag es auch nur ein Miniaturduell sein. Denn zu einem solchen hatte der eine den anderen zuvor im Jargon des alten Kampfrituals ›gefordert‹: »Ich forderte ihn zu einem Pingpong …« (Die emphatisch ruminierende Interpunktion war Frisch *nota bene* eine handschriftliche Korrektur des Typoskripts wert.)

Im literaturgeschichtlichen Aufriss des 20. Jahrhunderts gesehen, reflektiert die nicht statthabende Tischtennispartie *in vitro* den Zivilisationsprozess der physischen Gewalttätigkeit.[14] Um sich davon einen Eindruck zu verschaffen, genügt ein Vergleich mit einem für Frisch offenbar nicht unwichtigen Dramatiker aus dem unmittelbaren Umkreis jenes Vortrags über das Phantasieren der Dichter, Arthur Schnitzler, oder exemplarisch auch nur mit einer Tragikomödie, die Schnitzler seinerseits mit knapp 50 schrieb, »Das weite Land«. Dort blieb es nicht bei einer bloßen ›Forderung‹. Das Sportspiel, zu dem die Gewalt auch nur vorläufig sublimiert werden sollte, war ein sozusagen ausgewachsenes *Tennis*match. Dieses wurde tatsächlich ausgetragen. Und es ging eben einem seinerseits ausgetragenen Zweikampf voran, in dem der ältere den jüngeren Mann, nachdem er ihn schon sportlich bezwungen hatte, auch wirklich noch wie ein Hildebrand tötete.

In »Homo faber« dagegen können sich die aggressiven Affektbeträge selbst in der stark verharmlosten Form des »Pingpong …« keine Bahn mehr brechen. Dazu kommt »'s« nicht mehr. In dem dafür eintretenden Gespräch jedoch, das der Techniker dem anderen über ein Thema sehr eigener Wahl aufzwingt, »Turbinen«, um damit notwendig eine ungleich bessere Figur zu machen als in dem unterbliebenen Sportduell, wird ein reines Feindbild mit dem abgeglichen, was Faber von diesem anderen zu hören und über ihn zu wissen bekommt. Das Feind*bild*, ganz aus »dem Haß gegen den männlichen Rivalen gespeist«[15], erhält dadurch Haarrisse. Seine ehedem ungetrübte Negativität, wie sie für dichterische Phantasien durchaus charakteristisch sein kann,[16] wird differenziert. Nuanciert wird sie um gewisse Merkmale, die der Erzähler zu konzedieren nicht umhin kann, bevor er dann doch wieder seiner Verachtung und Entgeisterung desto kräftigeren Ausdruck geben muss:

> »Ich durchschaute ihn (im Typoskript: ~~sofort~~), er wollte mich irgendwo auf Deck verlieren, um dann allein in ihre Kabine zurückzukehren. Ich forderte ihn zu einem Pingpong … So blöd, wie vermutet, war er nicht, (im Typoskript: ~~der junge Mann,~~) wenn auch keineswegs sympathisch. Wieso trägt man ein Schnäuzchen? Zum Pingpong kam's nicht, da wieder beide Tische besetzt waren; stattdessen verwickelte ich ihn in ein Gespräch – natürlich in Hochdeutsch! – über Turbinen, er war (korrigiert aus: ist) Grafiker von Beruf, (im Typoskript: ~~er redet über alles, er macht Reklame für alles, er ist~~) Künstler, aber tüchtig. Sowie er merkte (korrigiert aus: merkt), daß man bei mir nicht landet mit Malerei und Theater und derartigem, redete (korrigiert aus: redet) er kaufmännisch, nicht skrupellos, aber (im Typoskript: sehr) tüchtig, Schweizer, wie sich herausstellte (im Typoskript erst: herausstellt, ~~aber trotzdem nicht mein Typ~~) –
> (Im Typoskript: ~~Seine grossartigen Ideen!~~)
> Ich weiß nicht, was Sabeth an ihm fand.«[17]

Ein neuerlicher Blick ins Typoskript zeigt, wie schwer es nicht allein Faber fällt, die Vorzüge des anderen anzuerkennen, sondern dass auch der Autor seine Mühe hatte, sie diesem zu attribuieren. In der ältesten Textschicht sollte Fabers Rivale nicht nur wiederholtermaßen »tüchtig« sein, sondern »*sehr* tüchtig«; wobei Frisch die adverbiale Verstärkung eben handschriftlich wieder zurücknahm. Auch hätten diesem Zugeständnis ziemlich unmittelbar zwei Zusätze folgen sollen, die, doppelt adversativ angeschlossen, Fabers »trotzdem« entschiedene Abneigung sicherstellten und die Frisch dann ihrerseits wieder bei der handschriftlichen Korrektur widerrief, nachdem er erst nur den adversativen Anschluss zur einen, stärkeren Hälfte kassiert hatte: »~~aber trotzdem nicht mein Typ~~ – / ~~Seine grossartigen Ideen!~~«

Überhaupt gewährt das Typoskript tiefere Einblicke in das dichterische Phantasieren, dem man darin immer wieder *in actu* zusehen kann. Wie nämlich der fiktive Autor hier seine pauschale Verurteilung des doch nicht ganz so blöden anderen qualifiziert und seinen zuvor uneingeschränkten »Haß gegen den männlichen Rivalen« etwas bändigen muss, so hat der reale Autor auch anderwärts die Worte gezügelt, die er seinem Helden zur Artikulation dieses Hasses in die Maschine diktierte. Vordem ließ der reale Autor den aggressiven Impulsen des Erzählers noch deutlich freieren Lauf. Im Typoskript durfte Faber seinen Nebenbuhler nicht nur auf die ein bisschen subtilere Art und Weise herabsetzen, wie er es in der Druckfassung noch tut, indem er den immer wieder so genannten »Jüngling« mit zwanghafter Regelmäßigkeit auf den Index einer gleichsam halbbatzigen Männlichkeit festlegt, auf seine *particula pro toto*, sein »Schnäuz*chen*«: »Schnäuzchen-Freund« (dreimal)[18], »Schnäuzchen-Grafiker«[19], »Jüngling mit Schnäuzchen«[20] und im Typoskript auch noch »Schnäuzchen-Samariter«. Vielmehr konnte der fiktive Autor (mit notorisch starkem Bartwuchs) seinem Hass hier, in der Grundschicht dieses Typoskripts, zunächst ja noch ganz ungehindert Luft machen: »Ihr Partner ein blöder Geck mit Schnäuzchen.«

Der Artikulation der Aggressionen gegen den jungen Rivalen also wurden vorerst keinerlei Hemmnisse auferlegt, bis der reale Autor bei seinen handschriftlichen Korrekturen diese hemmungslosen Ausbrüche etwas abschwächte. Die handschriftliche Tilgung der zunächst getippten Hasseruptionen ließe sich noch immer mit Freuds Theorie vom Phantasieren des Dichters erklären. Man kann sie als Beispiel für die »eigentliche *Ars poetica*« interpretieren, die »eigentlich peinliche Erregungen« zu sanieren vermag und nach Freud den Unterschied ausmacht zwischen dem »Dichter« und einem unberufenen Phantasten: »Der Dichter mildert den Charakter des egoistischen Tagtraumes durch Abänderungen und Verhüllungen und besticht uns durch rein formalen, d. h. ästhetischen Lustgewinn, den er uns in der Darstellung seiner Phantasien bietet.«[21]

Der Charakter des egoistischen Tagtraums ist in »Homo faber« nun in der Tat etwas weniger offenkundig, wenngleich solche Milderung hier freilich gerade nicht mit einer Erhöhung des ästhetischen Lustgewinns einhergeht. Eher im Gegenteil. Durch die Streichung nämlich des ungebremsten Wutausbruchs (»blöder Geck mit Schnäuzchen«), wegen jener erst jetzt blind gewordenen Anaphorese im folgenden Text (»So blöd, wie vermutet«), wird dieser leicht brüchig und unstimmig. Oder besser gesagt wird er *noch* unstimmi*ger*. Denn unstimmig oder unverständlich ist zunächst auch, was seinerseits auf die Anaphorese folgt.

Es folgt ihr, nach einem weiteren Seitenhieb gegen das Äußere des anderen – »Wieso trägt man ein Schnäuzchen?« –, eine Paraphrase der Übersprungsunterhaltung. In einer Parenthese wird dabei auch deren Form angegeben: »natürlich in Hochdeutsch!« Dass zwei Männer sich auf einem französischen Dampfer von New York nach Southampton und Le Havre auf Hochdeutsch unterhalten, ist so »natürlich« nicht. Wenn Faber eigens notiert, dass er mit dem anderen Standarddeutsch sprach, und wenn er dieses scheinbare Detail auch noch mit einem Ausrufezeichen beschwert, dann kann man das erst vom Ende des ganzen Abschnitts her wirklich verstehen: »Hochdeutsch« im Gegensatz nicht zu einer Weltsprache, sondern im Gegensatz zur Deutschschweizer Mundart. Denn am Ende des Abschnitts wird sich ja die nationale Identität von Fabers Gesprächspartner herausstellen. Allerdings ist es wenig plausibel, dass sie sich erst hier »heraus*stellt*«. (So, *praesens historicum*, die älteren Lesarten des Typoskripts, das damit einmal mehr in die Gegenwart der Erzählzeit hinüberwechselte, zum Zeichen vielleicht wieder für die unverwundene Gegenwärtigkeit des zur erzählten Zeit Erlittenen.) Die Gelegenheit nämlich zu solch einer Entdeckung hätte sich schon vorher mehrfach bieten müssen, spätestens von dem Moment an, da sich die beiden »die Hände ~~und die Namen~~« gegeben haben; etwa bei dem seinerzeit typisch schweizerischen oder schweizerisch transkribierten Gruß, mit dem sich der mutmaßliche Freund von seiner mutmaßlichen Freundin verabschiedet, »Tschau!« Auch kann man sich schlecht vorstellen, wie das vermeintliche Paar miteinander »deutsch« reden konnte, ohne dass Faber ein hochalemannischer Akzent des Manns oder Jünglings aufgefallen wäre.

Um so viel ernster nehmen muss man die beiläufig dann doch noch, und zwar eben zuerst im Präsens notierte Information, dass der Rivale Schweizer ist; gerade weil sie so unnötig und so unwahrscheinlich lange hinausgezögert wird, um den Preis einer Einbuße an ästhetischem Lustgewinn. Auch war sie einmal wichtig genug, um viel weiter hinten nochmals aufgenommen zu werden. Ehedem nämlich sollte der junge Schweizer die beiderseits Hofierte in die Schweiz »einladen!«

Das Ausrufezeichen hinter Fabers Einschub, dass er und sein Rivale »natürlich in Hochdeutsch« konversierten, ist ein Ausdruck ihrer Rivalität. In deren ›Natur‹ liegt es, dass eine nationalkulturelle Gemeinsamkeit durch die sexuelle Konkurrenz überschrieben wird. Ganz offensichtlich will Faber oder wollen sich die beiden nicht auf Schweizerdeutsch unterhalten, obgleich solches in der gegebenen Situation, aber unter anderen Umständen, am nächsten läge. Sie möchten sich, heißt das, nicht auf das Niveau einer eidgenössischen Verbrüderung begeben.

Statt also freundeidgenössische Versöhnungseffekte zu erzeugen, wirkt die Nationalität des sexuellen Rivalen anscheinend stark irritierend. Wie verstörend gerade das nationale Element an dem Konkurrenten sein und wie schwer es in seinem Merkmalssatz wiegen muss, zeigt sich nicht nur an den formalen Schwierigkeiten, die der verspätete Eintrag dieses Elements im Kontext eines und desselben Abschnitts mit sich bringt. Es zeigt sich auch im weiteren Verlauf des Texts. Denn nach der Nennung dessen, was sich als nationale Identität des anderen »herausstellt«, hat es der Erzähler ja sehr nötig, seine Differenzen zu diesem anderen gleich reihenweise zu betonen: »Meinerseits kein Grund zu Minderwertigkeitsgefühlen« …

Weshalb diese Kontrastbetonung so nötig geworden ist, lässt bereits die Art erraten, wie die Schweizer Identität des anderen endlich doch notiert wird: »Grafiker von Beruf~~, er redet über alles, er macht Reklame für alles, er~~ ~~ist~~, Künstler«. Sein »Beruf«, versteht sich, soll den Antagonismus zum hier noch voll und ganz auf sein Metier eingeschworenen Techniker womöglich noch weiter verfestigen. Doch, nochmals nach dem Typoskript zitiert: »sowie er merkt, dass man bei« Faber »nicht landet mit Malerei und Theater und derartigem, redet er kaufmännisch, nicht skrupellos, aber ~~sehr~~ tüchtig, Schweizer, wie sich herausstellt«.

Obwohl das Merkmal »Schweizer« konnotativ-semantisch exakt auf der Isotopieebene der unmittelbar vorausgehenden Adverbien oder Attribute liegt, mit denen der Satz syntaktisch eigentlich geschlossen wäre – »kaufmännisch, nicht skrupellos, aber tüchtig« –, erfolgt seine an sich, wie soeben gesehen, längst überfällige Notierung syntaktisch seltsam abrupt. Es erscheint hier gleichsam aus heiterem Himmel. Es hat etwas sonderbar Erratisches. Seine syntaktische Überschüssigkeit allein schon lässt auf die Relevanz der jählings und *à tout prix* noch untergebrachten Information schließen, die andererseits, in Hinblick auf die vorhergegangene Bemerkung über das Deutsch der geführten Konversation, eben doch auch wieder zu spät kommt.

Den desto höheren Erklärungsdruck, den die erratische Information erzeugt, kann man fürs Erste wieder psychoanalytisch abzutragen versuchen. Man könnte anhand dessen argumentieren, was Freud als »Narzißmus der kleinen Differenzen« bezeichnete.[22] Dass der Rivale zu allem anderen auch noch Schweizer ist, also ein *distinctive feature* mit ihm teilt und dadurch einen Distinktionsvorsprung annulliert, macht diesen jüngeren, sportlicheren, »viel imposanteren«[23] Mann für Faber in der Konkurrenz um die beiderseits begehrte Frau nur desto gefährlicher.

Die »peinlichen Erregungen« werden damit aufs Äußerste getrieben. Besonders handgreiflich sind sie dort, wo Faber als der Ausgeschlossene vor der Kabinentür verharren muss. Die Leerstelle, die sich hinter dieser Türe auftut, wird sich bis zuletzt nicht schließen. Dennoch bildet die Situation, in der die quälende Leerstelle entsteht, nur das *rock bottom* einer von nun an gegenläufigen Entwicklung. Diese erhält so eine desto gewaltigere Steighöhe.

»Jedenfalls« wird es im weiteren Verlauf der Handlung »das Mädchen« gewesen sein, »das in jener«, das heißt der ersten gemeinsamen »Nacht« nun umgekehrt in Fabers »Zimmer kam –«.[24] Das Mädchen wird ihn rundheraus »lieben«,[25] wie es sich für eine Männerphantasie à la Freud gehört. »Der Dichter« entschädigt seinen Helden so und in eins damit sich selbst für die peinigenden Empfindungen, die die Situation vor der verschlossenen Bordkabine hervorrufen musste. Doch damit nicht genug. Er wird den Helden sozusagen rückwirkend von seiner Eifersucht auf den

Rivalen ganz erlösen; mag auch ›leergestellt‹ bleiben, ob sich dieser vordem in Elisabeths Bett befand oder nicht. So oder so hat es sich zu guter Letzt eben zu erweisen, dass Fabers Eifersucht auf seinen Landsmann völlig gegenstandslos war.

Das erweist sich auf Elisabeths und Fabers von diesem so genannter Hochzeitsreise, auf einem Grabmal an der Via Appia, nachdem »das Mädchen«, zum *tableau vivant* arretiert und aus der Froschperspektive beschrieben, zu einer Art Statue überhöht wurde. Umso schockierender sind die Modalitäten, unter denen sie hernach zu einem bloßen Gefäß und einem – einem besonders unterwürfigen – Tier erniedrigt wird:

> »Ich hielt den Kopf so, daß sie sich nicht rühren konnte, mit beiden Händen, wie man beispielsweise den Kopf eines Hundes hält. Ich spürte ihre Kraft, die ihr aber nichts nützte, die Kraft ihres Nackens; meine Hände wie ein Schraubstock. Sie schloß die Augen. Ich küßte nicht. Ich hielt bloß ihren Kopf. Wie eine Vase, leicht und zerbrechlich, dann immer schwerer.
>
> ›Du‹, sagte sie, ›du tust mir weh –‹
>
> Meine Hände hielten ihren Kopf, bis sie langsam die Augen aufmachte, um zu sehen, was ich eigentlich will: ich wußte es selber nicht.
>
> ›Im Ernst‹, sagte sie, ›du tust mir weh!‹
>
> Es war an mir, irgend etwas zu sagen; sie schloß wieder ihre Augen, wie ein Hund, wenn man ihn so festhält.
>
> Dann meine Frage –
>
> ›Laß mich!‹ sagte sie.
>
> Ich wartete auf Antwort.
>
> ›Nein‹, sagte sie, ›du bist nicht der erste Mann in meinem Leben, das hast du doch gewußt –‹
>
> Nichts hatte ich gewußt.
>
> (…) He's teaching in (sic!) Yale. (…)
>
> ›Und der andere‹, sagte sie (…), ›den hast du ja (im Typoskript: ~~noch~~) gesehen.‹
>
> (Im Typoskript: ~~Ihr Lachen dazu.~~
>
> ~~›Er hat mich in die Schweiz eingeladen!‹~~)
>
> Gemeint war wohl der Pingpong-Jüngling.
>
> ›Er will mich heiraten‹, sagte sie, ›aber das war ein Irrtum von mir, weißt du, ich mag ihn gar nicht (im Typoskript: ~~besonders~~).‹
>
> (…)
>
> ›Gehen wir?‹ fragte sie.
>
> (…)
>
> ›Du findest mich schlimm?‹

Ich fand gar nichts.
›Walter!‹ sagte sie –
Ich nahm mich zusammen.
›It's okay‹, sagte ich, ›it's okay.‹
Dann zu Fuß auf der Via Appia zurück.
Wir saßen bereits im Wagen, als Sabeth nochmals damit anfing
(›Du findest mich schlimm?‹) (…).
›Komm‹, sagte ich, ›reden wir nicht.‹
Ich wollte jetzt fahren.
(…)
›Sabeth‹, fragte ich, ›was ist los?‹
Sie stand vor meiner Türe; ohne zu klopfen.
›Sag's doch!‹ sagte ich.
Sie (…) wollte nicht eintreten, sondern nur nochmals Gutnacht
sagen. Ich sah ihre verheulten Augen –
›Warum soll ich dich nicht mehr lieb haben?‹ fragte ich. ›Wegen
Hardy oder wie er heißt?‹
Plötzlich ihr Schluchzen –
Später schlief sie, ich hatte sie zugedeckt (…).«[26]

Fragte er sich vor der Schiffskabine nach etwas, von dem er daselbst doch
auch wieder behauptete, dass es ihm gleichgültig gewesen sei, so weiß Faber
hier nunmehr vollends »selber nicht«, was er »eigentlich will« und tut. Dass
ihn auf jeden Fall sehr wohl »interessierte«, was er sich dort »bloß« fragte,
zeigt handfest deutlich die brachiale Gewalt, mit der er jetzt eine Antwort
darauf erpresst.

Zwar ist Faber »nicht der erste Mann«. Der erste, Dozent *at Yale*, scheint
US-Amerikaner zu sein. Obwohl ein *Ivy Leaguer*, gehört er damit doch
wenigstens von fern zu dem unausstehlichen »Coca-Cola-Volk«[27], das das
Liebespaar gerade gestört hat und auf das die Abendländerin Elisabeth, dem
festen Wohnort nach eine Athenerin und in der betreffenden Szene wie
gesagt von einer klassisch-statuenhaften Erhabenheit, soeben noch herab-
speien wollte. Englisch, amerikanisch-englisch klingt denn auch der Name
oder die Namenshälfte, der oder die diesem »ersten« wenigstens im Nachhinein zugestanden wird; und sei es auch nur in Form einer Konjektur, »Hardy
oder wie er heißt«: ein Name, dessen gerade damals[28] berühmtester Träger
eine Witzfigur von Amerikaner war, eunuchenhaft dick und wiederum mit
Schnäuzchen.

Trotz seiner national-kulturell also der Tendenz nach minderwertigen
Identität, schon seine nachträgliche Benennung ließe darauf schließen, ist
oder wäre Hardy ein sehr ernst zu nehmender Rivale gewesen. Von ihm
wird Elisabeth denn auch auf dem Krankenlager unter »lauter wirrem Zeug«

wieder delirieren, quasi aus der Tiefe ihres Unbewussten heraus, – ausdrücklich nicht von Faber, sondern »von Yale, nur von Yale, von einem jungen Mann namens Hardy«.[29] (Hierbei könnte sich ein Beckmesser auf der Basis eines pedantischen Probabilitätpostulats schon etwas darüber wundern, was die Patientin bei ihrem verworrenen oder verwirrten Selbstgespräch dazu bringt, in ihr *stream of semiconsciousness* eigens das jugendliche Alter des jungen Mannes mit aufzunehmen, einen Umstand, der ja nur für Dritte Informationswert besäße.)

»Hardy oder wie er heißt« scheint denn den Anlass einer schwereren Verstimmung zwischen Faber und Elisabeth zu bilden, sodass diese Fabers Liebesentzug befürchten muss. Dagegen droht dem Helden von der anderen, der Seite des Schweizers keine Gefahr, keine Gefahr *mehr*. Denn der »andere«, auf den der Autor und der Erzähler so sehr viel mehr Erzählzeit verwendeten und den sie trotzdem noch immer keines Namens würdigen, war es keineswegs wert, solche Emotionsquanten für ihn aufzubringen. Daran lässt die Figurenrede der von ihm umworbenen Frau nach wie vor keinen Zweifel, nachdem sie die Gedanken an ihn erst nur noch zu belustigen schienen: »Er will mich heiraten«, hätte sie ja vormals unter »Lachen« zum Besten geben sollen, »aber das war ein Irrtum von mir (…), ich mag ihn gar nicht ~~besonders~~.«

Einmal ganz abgesehen von der psychologischen Frage, die sich spätestens seit der Streichung des Adverbs »besonders« stellt, wie sich nämlich eine mit jemandem näher einlassen konnte, den sie »*gar* nicht« mochte, gibt Elisabeth eine auch schon formallogisch unsinnige Antwort. Denn »das« kann doch schwerlich »ein Irrtum von« *ihr* gewesen sein, dass »*er*« sie heiraten will. Aber gerade die formale Unstimmigkeit der Antwort lässt erraten, wie wichtig diese ist und was an ihr so wichtig ist. Wichtig ist sie als Wunscherfüllung. Sie eben befreit Faber und jeden, der sich in diesem Belang mit ihm identifiziert, von seiner Eifersucht. Oder vielmehr bereinigt sie deren gute Gründe. Damit lässt sie auf ihre Weise jene urtümliche Altmännerphantasie doch noch wahr werden, von deren Persistenz die deutsche Literaturgeschichte so beredtes Zeugnis ablegt.

Diese Phantasie, und insofern kann eine freudianisch informierte Lesung hier eben doch auf ihre Grenzen stoßen, erfährt in »Homo faber« eine gar zu vollkommene Realisierung. Die Geschichte, ganz ohne die tragischen Weiterungen des germanischen Heldenepos oder der Schnitzler'schen *Tragikomödie*, geht für den Helden etwas zu gut aus. Der »Bericht« endet in Hinsicht auf die peinlichen Erregungen der Eifersucht zu glatt, um jeden anspruchsvolleren Leser ästhetisch noch anzusprechen. Er vermag nicht mehr unbedingt jene »hohe (…) Lust« hervorzurufen, von der Freud sagte, dass wir sie empfänden, wenn »der Dichter uns seine Spiele vorspielt oder uns das erzählt, was wir für seine persönlichen Tagträume zu erklären geneigt sind«.[30] Man kann hier schlecht behaupten, es sei dem Autor geglückt, »den Charakter des egoistischen Tagtraumes durch Abänderungen und Verhüllungen« zu »mildern«, die »Abstoßung« zu überwinden, »die gewiß mit den Schranken zu tun hat, welche sich zwischen jedem einzelnen Ich und den anderen erheben«.[31]

Dass der egoistische Tagtraum hier in allzu plumper und platter Vollständigkeit in Erfüllung zu gehen hat, verrät vielleicht nicht nur der logische Lapsus der Figurenrede, die diese Erfüllung und ihre Vollständigkeit besiegelt. Die ästhetisch fragwürdige Szene jedenfalls, die in diese Besiegelung ausläuft, kehrt im Gesamtwerk wieder und in eins damit das allzu gründlich aus ihr Verdrängte. In jenem nächstjüngeren Roman nämlich finden etliche der in »Homo faber« gegebenen Motive und Details von Ort, Zeit und Handlung wieder zusammen: die Via Appia und ein römischer Grabhügel daran; die sommerliche Jahreszeit; »ein Herr und ein Mädchen« (mit rötlichem Haar), das noch ein Kind und doch auch kein Kind mehr ist; der ebenfalls generationsweite Altersunterschied zwischen dem Mädchen und dem Erzähler und so fort bis zu den direkten Reden (»Gehen wir?«) und anderen Quisquilien (etwa der Geräuschkulisse des Fluglärms[32]).

Desto signifikanter sind die wesentlichen Differenzen der beiden Szenen. In »Mein Name sei Gantenbein« nimmt die Szene eine ganz und gar andere Wendung. Sie wirft damit ein Schlaglicht auf den tagträumerischen Egoismus ihrer Vorgängerin. Zum Beispiel kommen sich in »Mein Name sei Gantenbein« Mann und Frau körperlich nicht oder nur im Scherz nahe. Auch liegen sie dort nicht. Sie wagen es dort noch nicht einmal, sich zusammen auf den Boden zu setzen:

> »Ich werde älter –
>
> *Via appia antica.*
>
> Sie könnte meine Tochter sein, und es hat keinen Sinn, daß wir einander wiedersehen. Ich möchte es, ich bin getroffen, aber es hat keinen Sinn. Wir stehen auf einem römischen Grabhügel, Nachmittag (...). Die ganze Zeit sehe ich bloß ihre Augen, ein Kind, einmal frage ich, was sie denke, und ihre Augen schauen mich an, und ich weiß schon, daß sie kein Kind ist. Wir wagen nicht, uns auf die sommerliche Erde zu setzen, um nicht ein Paar zu werden. Ich küsse sie nicht. Es hat keinen Sinn, das wissen wir beide, es muß nicht sein. Um etwas zu tun, sucht sie ein Kleeblatt, ein vierblättriges, wie es sich gehört für Augenblicke des Glücks; aber vergeblich. Im Himmel tönt ein Flugzeug; unser Blick bleibt im Geäst der Pinie. Ihre lederne Tasche über die Schulter gehängt, einen dreiblättrigen Klee in der Hand, steht sie und dreht sich im Wind, der ihr Haar verzaust, und schaut auf das braune Land hin-

aus, Campagna mit wuchernden Vorstädten, die ein Anlaß wären über Städtebau zu sprechen (…). Ich schenke ihr einen harzigen Pinienzapfen. (…) Wohin werfen wir jetzt diesen harzigen Pinienzapfen? Einmal presse ich scherzhaft ihren Kopf an meinen Kopf, ohne zu küssen, und wir lachen gemeinsam. Worüber? Es gibt einfach kein Ziel für unsern harzigen Pinienzapfen; also nehmen wir ihn mit. Sicherlich sieht man uns von weither, wie wir auf diesem Grabhügel stehen, ein Herr und ein Mädchen, jetzt Arm in Arm aufrecht im Wind. Scherzhaft? Um etwas zu sagen, sage ich: Gehn wir? (…) Im Wagen (…) frage ich nach ihrer Adresse, indem ich gerade schalte, also beiläufig. Und sie schreibt sie auf einen Brief aus meiner Tasche. (…) Hingegen frage ich: Was macht man mit einem Tagtraum? während wir vor einem Stopplicht warten müssen (…), und sie antwortet: Man nimmt ihn! (…) Basta!
Heute habe ich den Harzzapfen, der immer noch in meinem Wagen gelegen hat, weggeworfen, da er nicht mehr duftet, und ihre Adresse auch; eines Tages werde ich sie wiedersehen, ich weiß, zufällig auf der Straße, eine junge Frau, die lebhaft plaudert über dies und das, über ihre Heirat usw.«[33]

»Sie könnte meine Tochter sein, und es hat keinen Sinn, (…) es hat keinen Sinn (…). Es hat keinen Sinn«: In »Mein Name sei Gantenbein« und möglicherweise auf der Ebene eines autobiografischen Substrats, auf das oder auf dessen unbewältigte Reste die zwanghafte Wiederkehr der Motivdetails zurückzuschließen nahelegt, zumal der Text gerade an dieser Stelle wieder seinen autofiktionalen Zug deutlich zu erkennen gibt – der Erzähler scheint sich auf Architektur oder doch auf Städtebau zu verstehen –, im »Gantenbein«-Roman also bleibt es bei einem »Tagtraum«. Dieser wird noch nicht einmal als solcher ausgesprochen, geschweige denn literarisch ausphantasiert. Die ganze Szene spielt im Zeichen des Triebverzichts. Oder auf das Schlüsselwort der »Wanderjahre« und ihrer berühmtesten novellistischen Einlage gebracht, »Der Mann von funfzig Jahren«, spielt sie im Zeichen der Entsagung. Sie steht ganz buchstäblich unter der Signatur, nämlich unter dem Incipit des wiederum feinsinnig interpungierten Gedankens: »Ich werde älter –«. Sie ist *a limine* mit der mehrfach statuierten Hoffnungslosigkeit dessen konfrontiert, was Frisch in der noch reinen Fiktion des »Homo faber« einem Mann von seinerseits genau 50 Jahren phantasmatisch in Erfüllung gehen ließ. Oder vielmehr geht es dort, weil die Frau die Tochter des Mannes nicht nur sein »könnte«, in Übererfüllung.
Eine unverzügliche Wahrmachung des Tagtraums, der im »Gantenbein« ver- oder sozusagen beschwiegen zu bleiben hat, wird dort, in »Homo

faber«, noch nicht durch solche ethischen Bedenken des alternden Mannes gestört und verunmöglicht. Störend wirken dort nur die amerikanischen »Belagerer« und »Picnic!«-Touristen[34], noch nicht die Anerkennung der Zeitlichkeit, keine Achtung vor einem Altersunterschied, der das Inzesttabu tangiert beziehungsweise nicht nur *tangiert*. Im Gegenteil, und im Gegen-*satz* zu seiner wenig zuvor noch steif und fest hochgehaltenen Lebensmaxime, dass er »grundsätzlich nicht heirate«,[35] denkt dieser Mann nunmehr »an Heirat wie noch nie –«.[36] Ja, um es zu wiederholen, er befindet sich schon auf einer Art Hochzeitsreise.

Dagegen sollte der entsprechende oder eben gerade nicht entsprechende Passus des »Gantenbein«-Romans, dessen verquälter Gesamtanlage gemäß, mit dem exakten Gegenstück solch einer Erfüllungsphantasie enden. Im »Gantenbein« sollte sich der Erzähler am Ende des Passus vom Älterwerden wieder auf die Stelle eines geschädigten und überzähligen Dritten imaginieren. Er landete damit genau in der Position, aus der die dichterische Phantasie dem 50-jährigen Faber noch heraushalf und über die sie, nach Ausweis etwa der Verbaltempora oder der Fokalisationsprobleme, doch nicht wirklich hinweggekommen zu sein scheint. Das Ich des »Gantenbein« findet sich zuletzt quasi vor der Kabinentür wieder, soll heißen an dem Ort, wo der Tagtraum des »Homo faber« seinen Anfang nahm oder gegen den er sich abstieß. Im Passus »Ich werde älter –« endet es ja mit der genau reziproken Phantasie, der Phanta-Sie sozusagen, wie der Älterwerdende »sie« zufällig wiedersehen wird: »eine junge Frau, die lebhaft plaudert über dies und das, über ihre *Heirat*«, »Heirat *usw.*« So der Erzähler des »Gantenbein«, dessen Autor jenes ominöse Mannesalter seit ziemlich genau gleich vielen Jahren schon erreicht hatte, wie derjenige des »Homo faber« noch davon entfernt gewesen war.

1 Sigmund Freud: »Gesammelte Werke. Chronologisch geordnet«, hg. von Anna Freud, Edward Bibring und Ernst Kris, London, Frankfurt/M. 1940–1968 (Nachdruck Frankfurt/M. 1999), Bd. 7, S. 220. — 2 Ebd. — 3 Ebd. — 4 Michail M. Bachtin: »Literatur und Karneval. Zur Romantheorie und Lachkultur«, Frankfurt/M. 1990, S. 86, 93 f.; vgl. Roland Barthes: »Fragmente einer Sprache der Liebe«, Frankfurt/M. 1984, S. 212. — 5 Freud: »Gesammelte Werke«, a.a.O., Bd. 7, S. 219 f. — 6 Ebd., S. 214. — 7 Peter von Matt: »Liebesverrat. Die Treulosen in der Literatur«, München 1991, S. 59. — 8 Max Frisch: »Gesammelte Werke in zeitlicher Folge«, hg. von Hans Mayer, Frankfurt/M. 1986, Bd. 4, S. 108; vgl. S. 101, 109. Zitate aus dem Nachlass mit freundlicher Erlaubnis des Max Frisch-Archivs an der ETH-Bibliothek, Zürich. — 9 Ebd., S. 71 f. — 10 Ebd., S. 81. — 11 Ebd., S. 82. — 12 Freud: »Gesammelte Werke«, a.a.O., Bd. 13, S. 195. — 13 Frisch: »Gesammelte Werke«, a.a.O., Bd. 4, S. 82. — 14 Ute Frevert: »Ehrenmänner. Das Duell in der bürgerlichen Gesellschaft«, München 1991. — 15 Freud: »Gesammelte Werke«, a.a.O., Bd. 13, S. 196. — 16 Vgl. ebd., Bd. 7, S. 220. — 17 Frisch: »Gesammelte Werke«, a.a.O., Bd. 4, S. 81 f. — 18 Ebd., S. 73, 81, 188. — 19 Ebd., S. 88. — 20 Ebd., S. 73. — 21 Freud:

»Gesammelte Werke«, a. a. O., Bd. 7, S. 223. — **22** Ebd., Bd. 14, S. 474. — **23** Frisch: »Gesammelte Werke«, a. a. O., Bd. 4, S. 73. — **24** Ebd., S. 125. — **25** Ebd., S. 159. — **26** Ebd., S. 119–122. — **27** Ebd., S. 115. — **28** Hinweis von Melanie Rohner, Bern. — **29** Frisch: »Gesammelte Werke«, a. a. O., Bd. 4, S. 153. — **30** Freud: »Gesammelte Werke«, a. a. O., Bd. 7, S. 223. — **31** Ebd. — **32** Vgl. Frisch: »Gesammelte Werke«, a. a. O., Bd. 4, S. 117. — **33** Ebd., Bd. 5, S. 137–139. — **34** Ebd., Bd. 4, S. 114 f. — **35** Ebd., S. 7. — **36** Ebd., S. 108.

Sophie Bunge

»Der Mensch bleibt ein Laie«

(Post-)Kantische Auseinandersetzungen in Max Frischs
»Der Mensch erscheint im Holozän«

»Der Philosoph Immanuel Kant formulierte bekanntlich die drei elementa-
ren menschlichen Fragen: Was können wir wissen? Was sollen wir tun? Was
dürfen wir hoffen? Und eben diese drei Fragen sind es auch, so finde ich, die
der Schriftsteller in sich trägt, ehe er dran geht, seine Geschichte zu erzählen.«[1]
Der Schriftsteller Benjamin Lebert macht die kantische Anthropologie
zum Ausgangspunkt des literarischen Schaffens: Literatur als anthropologische Meditation – schließlich mündet der kantische Dreiklang in der
vierten Frage: Was ist der Mensch? – über das, »was wir, entkleidet aller
geschichtlichen und gesellschaftlichen Akzidentien, *sozusagen nackt vor dem
Dasein*, sind beziehungsweise was wir eigentlich sein sollten«.[2] Und was verspricht ein Titel wie »Der Mensch erscheint im Holozän« wohl, wenn nicht
eine literarische Suche nach einer möglichen Antwort auf diese umtriebige
Frage, was *der Mensch* eben ist oder wie der Mensch *präsent* wird?

»Der Mensch erscheint im Holozän« trägt den Untertitel »Eine Erzählung«, aber die Geschichte, die Frisch erzählt, bricht mit den gängigen Narrativen und lässt den Leser verstört, ohne eine konsistente Antwort zurück:
Denn Frisch lässt den Menschen weniger erscheinen – denn vergehen. Es
soll explizit werden, dass Frisch mit diesem elegischen Spätwerk eine Epo-
chenschwelle aufzeigt, die Schwelle eines Denkens, das seinen Ausgangspunkt nimmt in einer klassisch modernen, vernunftorientierten Suche nach
einem selbstbestimmten und kohärenten Ich; aber diese Suche mündet in
postmodernen Inkonsistenzen, Unbestimmtheiten und Desintegrationen
eines Selbst, das sich nicht (mehr) gewahr wird. Im Angesicht des bevorste-
henden Todes, der gebrochenen Physis des Herrn Geiser, tritt ein Mensch in
Erscheinung, dessen Hoffnung auf Selbstfindung handlungsmotivierend
bleibt, der aber zunehmend seinem Scheitern und absoluten Vergehen ins
Auge blicken muss: Er ist ein *beschädigter Mensch*.[3]

Es ist »die überaus enge, bisweilen geradezu bedingungslose Zugehörigkeit des Autors zu seiner Zeit«[4], das Aufspüren und Ertasten eines Epochen-
gefühls und seiner kulturphilosophischen Diskussionen, das diese Erzählung von 1979 so existenziell berührend macht, ohne als Leser in Empathie
und Mitleid mit diesem armen, alten, verwirrten Mann im abgeschiedenen

und dauerverregneten Tessiner Tal zu versinken; und das gleichzeitig ein befremdliches Unbehagen auslöst, das sich angesichts der eigenen Vergänglichkeit und Nichtigkeit einstellt.

Was kann Herr Geiser wissen?

Herr Geiser, ein 73-jähriger Witwer aus Basel – und kaum mehr Biografisches wird der Leser über ihn erfahren –, ist in seiner selbstgewählten Isolation im Tessiner Bergdorf nicht nur allein, sondern er ist auch seiner alltäglichen Gartenarbeit beraubt, denn es regnet ohne Unterlass. Die tägliche Ordnung ist damit empfindlich gestört, die scheinbar katastrophale Wetterlage, die einen Hangrutsch auslösen und das Dorf verschütten könnte, wie Herr Geiser vermutet, beunruhigt ihn (zumal die anderen Dorfbewohner seine Sorge nicht teilen), und die Gartenmauer ist durch das Unwetter bereits eingestürzt: »Geröll im Salat«[5]. So sucht er nach einer neuen sinnstiftenden Aufgabe und erstellt mithilfe der in seiner Wohnstube befindlichen Lexika und Sachbücher eine arbiträr anmutende Wissenssammlung, bestehend aus handgeschriebenen Listen, Notizzetteln und ausgeschnittenen Lexikoneinträgen. Das im Wohnzimmer an die Wand gepinnte Wissenstableau scheint einer unspezifischen Leitformel zu unterliegen: »Schlimm ist nicht das Unwetter –«, sondern: »Schlimm wäre der Verlust des Gedächtnisses –« (H 11, 13). Geologische Formationen und Erdzeitalter, die Geschichte des Tessin und Wetterstatistiken finden darin ebenso ihren Platz wie die Anleitung zum goldenen Schnitt, die biblische Schöpfungsgeschichte und Lexikoneinträge zu Dinosauriern, dem Kohärenzprinzip oder dem Kastanienkrebs.

Die Angst vor dem Gedächtnisverlust wird nun zum tragenden Element einer Selbstbeschäftigungstherapie, mittels der Herr Geiser sich seiner Identität zu vergewissern versucht: Das enzyklopädische »Wissen beruhigt« (H 20). Es ist der verzweifelte Versuch, dem Chaos durch Wissen habhaft zu werden und es zu ordnen – nicht das Chaos, das die vermeintliche Naturkatastrophe auslöst, sondern das Chaos der *eigentlichen* Naturkatastrophe – nämlich der Vergänglichkeit und Erosion des menschlichen Gedächtnisses, die zunehmende geistige Verwirrung und soziale Entfremdung des alten Herrn Geiser, »der seine Stube tapeziert mit inkohärenten Lexikon-Informationen. Um sich behaust zu fühlen in dieser Welt!«[6] Immer unübersichtlicher wird entsprechend der Wetterlage der schriftliche Niederschlag in der Wohnstube, bald reicht der Platz nicht mehr aus, und schließlich muss Herr Geiser selbst erkennen: »Das ist keine Wohnstube mehr.« (H 53) Die Zettel beginnen sich durch die Luftfeuchtigkeit zu rollen, beim Öffnen des Fensters fallen sie ab; und so wird das Wohnzimmer zum Vexierspiegel des verfallenden Gedächtnisses des Herrn Geiser, »ein Wirrwarr, das keinen Sinn gibt« (H 137).[7]

Wird darin nicht ein *postmoderner* »Geisteszustand«[8] zu Papier gebracht, der sich dem – wenn man so will – *modernen* Vorhaben, zu ordnen, zu klassifizieren, Wissen zu sichern und zu sammeln,[9] entgegenstellt und der die Unsicherheit und Kontingenz der Wissensbestände spiegelt? »Was Herr Geiser nicht bedacht hat: Der Text auf der Rückseite, den Herr Geiser erst bemerkt, nachdem er die Illustration auf der Vorderseite sorgsam ausgeschnitten hat, wäre vielleicht nicht minder aufschlußreich gewesen; nun ist dieser Text zerstückelt, unbrauchbar für die Zettelwand.« (H 116) Der Ordnungswille ist also zum Scheitern verurteilt, Herrn Geiser gelingt es nicht mehr, Konsistenz herzustellen, das innere Chaos durch äußere Ordnung zu befrieden: »Manchmal fragt sich Herr Geiser, was er denn eigentlich wissen will, was er sich vom Wissen überhaupt verspricht.« (H 117) Durch die Figur des Herrn Geiser selbst geht ein Riss,[10] er ist hin- und hergerissen zwischen einem aufklärerischen Wissensdrang und dem spürbaren zeitgenössischen Zweifel an der Möglichkeit von sicherem Wissen überhaupt.[11] Je mehr das Ordnungskonstrukt zerfällt, umso mehr kommt er sich selbst abhanden, fällt er der Erosion, von der einer seiner Zettel spricht, anheim:[12] So, wie sich die Zettel von den Wänden lösen, löst sich auch die aufklärerische Geisteshaltung auf, durch den Verstand des Menschen über sich selbst – und auch über die Natur – herrschen zu können. Das lexikalische Wissen kann diese Hegemonie nicht mehr herstellen, es zerfällt in einzelne willkürliche, inkonsistente Fragmente, die jeden Sinnzusammenhang zu entbehren scheinen – und mit dem Verlust des Sinnzusammenhangs scheitert auch Herrn Geisers Versuch, seine Identität aufrechtzuerhalten.

Aber sind diese gesammelten Wissensfragmente tatsächlich zusammenhanglos? Im Sinne des formalen Aufbaus der Erzählung sind sie es keinesfalls: Sie füllen vielmehr präzise narrative Leerstellen und Brüche auf, ein narratives Aussetzen, das sich speist aus dem Darstellungsversuch des fortschreitenden Gedächtnis- und damit Artikulationsverlusts des Herrn Geiser. Denn Frisch montiert die Lexikonartikel und Zettel nicht nur typografisch in seinen Text, als Fremdmaterial sichtbar, und spiegelt damit die inkohärenten Gedankensprünge und den geistigen Verfall in einer gebrochenen Erzählstruktur; die Zettel setzen den Handlungsverlauf fort, verflechten meisterhaft Form und Inhalt: Ihr Wissen wird zu einem Ariadne-Faden, an dem Herr Geiser sein persönlich relevantes Wissen abspult und aus dem sich die Erzählung spinnt. Erst der Lexikoneintrag zum Schlaganfall etwa erklärt einen merkwürdigen Sturz, an den Herr Geiser sich selbst nicht erinnert und der ihm ein gelähmtes Augenlid einbringt (H 119 ff., 141). Durch die radikale Montagetechnik scheint jedes moderne Schema von Chronologie, von Fortschritt oder Überwindung zersplittert; das Ich verliert sich immer weiter im Spiel der Zitate und Montagen, verschwindet in den typografischen Lücken zwischen Text und Lexikoneintrag.

Der erzähltechnische Höhepunkt ist aber zuletzt in der doppelperspektivischen Erzählerposition erreicht, die Frisch über zahlreiche Fassungen der Erzählung zur Perfektion ausarbeitet.[13] Nicht nur, dass das Wissen einem Erzählersubjekt entzogen ist, indem es sich in verschriftlichten Zitaten an der Wand materialisiert;[14] die Zersetzung des Erzählersubjekts wird getragen von dem inhärenten Wechsel der erlebten Rede: Nie weiß der Leser genau, ob Herr Geiser spricht oder ein allwissender Erzähler; ob er Teil eines Selbstgespräches ist, quasi durch den verwirrten Geist des Herrn Geiser wandert, oder ob er einem sachlichen Bericht folgt. Auch hier also: kein greifbares Ich; das erzählte und das erzählende Subjekt bleiben verborgen hinter einer zwischen Distanz und Anteilnahme oszillierenden Erzählerposition, die es erlaubt, die Angst vor dem Tod aufzubrechen und die fortschreitende Desorientierung Herrn Geisers zwar unmittelbar, aber dennoch aus reservierter Entfernung darzustellen. Wenn der Leser aber nicht weiß, ob etwas gerade in der Erzählung real ist oder doch nur Herrn Geisers Desorientierung entspringt, wird das Unbehagen gegenüber einem Verlust des *eigenen* Selbst noch spürbarer.

Was soll Herr Geiser tun?

Was bleibt Herrn Geiser, wenn er nicht im Garten arbeiten kann und wenn auch das anvisierte Wissensprojekt immer weniger Sinn zu stiften scheint, sondern eher seine Sinnlosigkeit offenbart? Was wäre im Angesicht der katastrophalen Wetterlage und dem sich zusehends verschlechternden Geisteszustand Herrn Geisers ein sinnvolles, ein *vernünftiges* Handeln? Ein Fußmarsch ins Tal, um in Richtung Basel dem drohenden Bergrutsch zu entkommen, wäre angesichts des starken Regenfalls »lebensgefährlich, das braucht Herr Geiser sich von niemand sagen zu lassen« (H 25). Was veranlasst ihn dennoch, diese bedrohliche Reise auf sich zu nehmen? »Herr Geiser weiß, was er tut.« (H 89) Die Wanderung gleicht einem weiteren Versuch, sich seiner selbst zu vergewissern, dem Verfall seiner Physis ebenso zu trotzen wie den Zwängen der Natur. Der Ausflug ist also eher ein Ausbruch, und Herr Geiser möchte nicht, dass jemand davon erfährt. Genauso »möchte Herr Geiser auch nicht, daß jemand ins Haus kommt und seine Zettel an der Wand sieht« (H 73). Er meidet die soziale Gemeinschaft und verscheucht gar misanthropisch die (wohl besorgten) Dorfbewohner: »(...) erst als Herr Geiser eine Tasse nach ihnen geworfen hat, sind sie verschwunden« (H 127) – aber er hat scheinbar noch ein Bewusstsein dafür, dass sein Verhalten befremdlich ist, dass sein Handeln jeder Vernunft – und damit der sozialen Norm – entbehrt. Es gibt keine soziale Rolle mehr für ihn, die er erfüllen kann oder die er erfüllen möchte; überhaupt sind ihm die Gesellschaft, die sozialen Beziehungen, wie er sie in Romanen beschrieben sieht, zu ungewiss, »als sei das Gelände dafür gesichert, die Erde ein für allemal Erde, die Höhe des Meeresspiegels geregelt ein für allemal« (H 16).

Also die Hinwendung zu Sachbüchern und sicheren Fakten, also die Wahl der sozialen Isolation, schließlich der Weg hinaus auf das scheinbar gesicherte Terrain der ihm bekannten Umgebung. Doch auch diese Wanderung zu seinem Selbst ist zum Scheitern verurteilt, denn Regen und Nebel nehmen ihm jede Orientierung; als seien schon Hänge gerutscht oder Felsen tektonisch verschoben, so wird auch sein Geisteszustand weiter und weiter abgetragen; wie die Zettelsammlung keine Tektonik, keine sinnhafte Anordnung aufweist, kommt ihm auch auf der Wanderung der Plan für den rechten, den sicheren Weg abhanden. Erst zweifelnd, dann mit Nachdruck, entscheidet er sich zur Umkehr: »Was soll Herr Geiser in Basel!« (H 109) Die Welt außerhalb seines eigenen Kosmos interessiert ihn nicht mehr, physisch geschwächt und desillusioniert erkennt er nun auch das Scheitern seiner Wissenssammlung – und seine eigene Determinierung und Entfremdung: »Alle die Zettel, ob an der Wand oder auf dem Teppich, können verschwinden. Was heißt Holozän! Die Natur braucht keine Namen. Das weiß Herr Geiser. Die Gesteine brauchen sein Gedächtnis nicht.« (H 139)

Der Wille zur Sinnhaftigkeit menschlichen Lebens und Handelns ist erodiert, nur noch die Natur und das Alter begrenzen Herrn Geisers Welt; und resigniert-ironisch, aber fast um eine Bürde erleichtert, bleibt die Erkenntnis: »Katastrophen kennt allein der Mensch, sofern er sie überlebt; die Natur kennt keine Katastrophen.« (H 103) Wenn – angesichts des Schwindens eines identitätsstiftenden Gedächtnisses – keine Normen und Ziele mehr als Orientierung dienen und keine Verantwortlichkeit für das eigene Tun gegenüber Familie oder Gemeinschaft mehr bleibt, dann erwächst daraus auch eine Freiheit, die Freiheit, kauzig zu sein und Zettel an die Wände zu kleben, sich aus allen Beziehungen zurückzuziehen und die Identitätsarbeit aufzugeben; und die Freiheit, sich zu versöhnen mit der unumkehrbaren Vergänglichkeit – und mit einer sich selbst fremden Subjekthaftigkeit. Die Metaerzählung von einer subjektzentrierten Vernunft der Moderne kommt hier an ihr Ende,[15] das Subjekt löst sich auf und verabschiedet sich in eine Dezentrierung, die es »von den grotesken Überforderungen, in die sie die transzendentalphilosophische Vernunfttradition bannt«[16], freisetzt.

Was darf Herr Geiser hoffen?

Befreit von der Frage nach sinnvollem, vernünftigem und sozial kompatiblem Verhalten, die sich am Verlust des Gedächtnisses entzündet – das Gedächtnis, das konstitutiv und genuin zum Menschsein gehört, ihm Geschichtsbewusstsein, persönliche Erinnerungen und damit die *eigene* Geschichte verleiht –, können auch religiöse Fragen nur noch in Zweifel münden: »Ob es Gott gibt, wenn es einmal kein menschliches Hirn mehr gibt, das sich eine Schöpfung ohne Schöpfer nicht denken kann, fragt sich Herr Geiser.« (H 17) Ohne Mensch gibt es keinen Schöpfergott – wieso sollte also nach dem Vergehen des Menschen eine Berechtigung für eine Letztbegründung bestehen, wenn diese doch menschengemacht ist? »– daß es Gott gibt (…), ist durch die Bibel und das Muttergottes-Fresko nicht bewiesen; die Bibel ist vom Menschen verfaßt.« (H 102 f.) Nichts rechtfertigt aber dann für den Menschen einen »selbstverständlich privilegierten Platz in einer ›Gott-losen‹ Weltordnung«, ein Anthropozentrismus muss vielmehr abgelöst werden durch das Bewusstsein, dass der Mensch »bloß das jüngste in einer unendlichen Reihe gleich sinnloser Naturphänomene bildet«.[17]

Der Feuersalamander in Herrn Geisers Badezimmer erscheint unter der Lupe »wie ein Ungetüm: wie ein Saurier« (H 81), und Herr Geiser ähnelt sich ihm physiognomisch an durch die Spuren des Schlaganfalls, im Spiegel sieht er selbst aus »wie ein Lurch« (H 124) – er scheint die persönliche Katastrophe, den gewaltsamen Naturprozess des Vergehens nur zu ahnen, wenn er vergangene Erdzeitalter listet, wenn er selbst auf die Evolutionsstufe des aussterbenden Dinosauriers zurückfällt, dem er zahlreiche Lexikoneinträge widmet (H 114 ff.). Diese Metamorphose läuft jedem Anthropozentrismus entgegen, und sie scheint nicht nur für Herrn Geiser von Bedeutung zu sein – der handgeschriebene Merkzettel »Verwandlung von Menschen in Tiere, Bäume, Steine etc. siehe: Metamorphose / Mythos« taucht als einziger zwei Mal auf (H 35, 74) –, sondern ebenso für Max Frisch selbst. Denn sie gibt Frischs epikureischer Todesvorstellung Raum, die Seele zerfalle in Atome wie alles Physische und sei damit freigesetzt für ein Aufgehen in etwas Neuem, eben: in der Natur – eine eindeutige Absage an religiöse Sinngebungen oder Transzendenzen: »Das heißt also: keine Ewigkeit für die Ich-Seele. Und das heißt: Mit dem Tod ist es aus mit der Person, was ich als Befreiung empfinde. Und was mir auch wichtig ist bei dieser Haltung (muss ja nicht nur Epikur sein): das klare Todesbewusstsein von früh an. Denn dieses Todesbewusstsein ist doch die Dimension für die Lebensfreude, für die ganz große Lebensfreude. (…) Was ich sagen will: Nur durch das Todesbewusstsein erfahren wir das Leben als Wunder, als das, was es ist. Und ich brauche kein anderes Wunder.«[18]

Die Ich-Identität ist also nicht nur brüchig, sie bildet sich zurück bis zur Auflösung: Am Ende umzingeln die Lexikoneinträge zu Erosion, Kastanienkrebs und Schlaganfall die der Eschatalogie und des Kohärenzprinzips (H 139 ff.) – kein Heilsversprechen, kein Zusammenhang alles Seienden. Schließlich das Verschwinden des Erzählersubjekts auf den letzten Seiten, die nur noch bereits vorher auftauchende Textfragmente der idyllischen Naturbeschreibung des Tals zitieren und collagieren: »Das Dorf steht unversehrt (...), Sommer wie eh und je« (H 141), als sei nichts passiert und die Ordnung wiederhergestellt – fast will sich Erleichterung beim Leser einstellen, doch sie muss der Gewissheit weichen: »Was hier im Kleid einer idyllischen Schilderung daherkommt, ist in Wahrheit der Tod, der Tod in der Gestalt der Wiederholung.«[19] Herr Geiser ist gestorben, ohne Spuren zu hinterlassen, ohne auf ein Jenseits zu hoffen, er geht vielmehr in die dem Menschen gegenüber völlig indifferente Natur ein. Die zunehmende Inkohärenz der Erzählung, die geistige Desintegration Herrn Geisers bis zu seinem Zerfall mündet in der Kohärenz der Natur.

Was ist der Mensch?

Das will auch Herr Geiser wissen, und die Fakten des Brockhaus laufen all den genannten Ich-Erfahrungen – oder besser: den Ich-*Dekonstruktionen* – entgegen: Da ist die Sonderstellung des Menschen gegenüber der Natur, die er nach seinen Bedürfnissen zurichten kann, um sich ihrer durch kulturelle Überformung zu bemächtigen; dort wird die religiöse Suche nach Letztbegründung genannt; schließlich das Verständnis des Menschen als geschichtlichen Wesens sowie als des einzigen Lebewesens, das Zukunft hat (H 71 f.). – Herr Geiser verliert den aussichtslosen Kampf gegen die gewaltsame Natur des Vergehens, sie überdauert ihn in ihrer Zeitlosigkeit und lässt ihn spurlos verlöschen; Herr Geiser kann angesichts des Verlustes der menschlichen Zentralstellung auch keinen Sinn mehr in religiösen Fragen erkennen; und Herr Geiser verliert mit seinem Gedächtnis sein Geschichtsbewusstsein und damit sich selbst – und eine produktive Zukunft ist ihm nicht mehr gegeben.

Damit ist er jeder Zeit enthoben, er ist nur noch in der Gegenwart – was spielt der historische Irrtum dann noch für eine Rolle, dass nämlich der Mensch gar nicht im Holozän erscheint, sondern im Pleistozän, wie er selbst dem Lexikon entnimmt? »(...) die erdgeschichtl. Gegenwart spielt sich im → Holozän ab« (H 28), heißt es dort, und damit wird auch der Titel der Erzählung lesbar als »literarische Sichtbarmachung der Gegenwärtigkeit«[20], in der Herr Geiser, in der sich der postmoderne Mensch als dezentriertes Subjekt nur noch habhaft werden kann – und das *Leben als Wunde*r erfahren kann.[21] In allen (modernen) Kategorien also, die versuchen, den Menschen zu fassen, in seinem Streben nach Wissen, seiner Vernunftbestimmtheit, seiner Fähigkeit zur Kultur, seiner transzendenten Identitätssuche, in seinem Geschichtsbewusstsein, kann der alte, der sterbende Herr Geiser nur scheitern – und so wird die Erzählung zum Desiderat eines postmodernen *Geisteszustandes*, gar zu einem »deutschsprachigen Hauptwerk eben dieser Postmoderne«[22], das das kantische Fragegerüst eines Anthropozentrismus in sich zusammenfallen lässt wie die »Pagode (…) aus Knäckebrot« (H 9), die es Herrn Geiser nicht zu türmen gelingt.

Es ist eben der Schluss von Herrn Geisers individuellem Schicksal auf die Menschheitsgeschichte, das Exemplarische und Prototypische dieser so abstrakt bleibenden Figur, das Frisch erscheinen lassen will und das an den Anfang zurückführt – zu dem Verständnis der Literatur als anthropologischer Meditation über das, was der Mensch *nackt vor dem Dasein* ist: »Die Domäne der Literatur? Was die Soziologie nicht erfaßt, was die Biologie nicht erfaßt: das Einzelwesen, das Ich, nicht mein Ich, aber ein Ich, die Person, die die Welt erfährt als Ich, die stirbt als Ich, die Person in allen ihren biologischen und gesellschaftlichen Bedingtheiten; also die Darstellung der Person, die in der Statistik enthalten ist, aber in der Statistik nicht zur Sprache kommt und im Hinblick aufs Ganze irrelevant ist, aber leben muß mit dem Bewußtsein, daß sie irrelevant ist.«[23]

Die Erzählung »Der Mensch erscheint im Holozän« verdient nicht nur in ihrer tabulosen und bemerkenswert aktuellen Auseinandersetzung mit dem Alter und seinen hässlichen Begleiterscheinungen eine weitaus größere Beachtung,[24] sie entfaltet ihre Tiefe und Vielschichtigkeit erst in dem Bewusstsein eines zeitgenössischen Zweifels gegenüber einem aufklärerischen Humanismus und Anthropozentrismus, einer Skepsis, die in archäologischer Manier nach den Versatz- und Bruchstücken eines Ichs gräbt, ohne dabei aber an humanem Timbre einzubüßen.

Wenn Frisch hier also, wie eingangs vermutet, die Figuration des modernen Menschen nun eher poetologisch vergehen denn erscheinen lässt, wenn »der Mensch verschwindet wie am Meeresufer ein Gesicht im Sand«[25], dann ist diese so dichte, perfekt komponierte Erzählung vom Abschied eben nicht als eine inhumane (oder *antihumanistische*) zu verstehen, sondern als eine Befreiung des Subjekts von den Zwängen der anthropozentrischen Moderne, als eine Lebensbejahung, die in der Endlichkeit des Menschen, in den Grenzen und Brüchen seiner Souveränität ihre Zuflucht findet. Denn der Mensch bleibt. Aber, und in diesem wunderbar präzisen und schlicht luziden Satz kulminiert die Erzählung: »Der Mensch bleibt ein Laie.« (H 80)

1 Benjamin Lebert: »Wilde Begierde, starke Gefühle. Am 9. August vor 50 Jahren starb Hermann Hesse. Man hat ihn tief verehrt, oft auch verachtet«, in: »Die Zeit«, 9.8.2012. — **2** So konstatiert es der Schriftsteller Andreas Maier im Besonderen für Max Frischs Schaffen. Ders.: »Was die Literatur mit dem Leben und das Leben mit der Literatur macht. Oder warum es überhaupt nicht interessant ist, ob jemand Sex mit Bob Dylan haben möchte«, in: »Die Zeit«, Literaturbeilage 50 (Dezember 2011), S. 16 f., hier S. 17. Hervorhebung S. B. — **3** Frisch bezeichnet im Gespräch mit Philippe Pilliod seine Werke als Elegien, als traurige Geschichten: »Die meisten Menschen, die ich darstelle, (…) sind beschädigte Menschen. (…) Wozu schreibt man traurige Geschichten? (…) Solange jemand Klage erhebt, so heißt das, dass er noch die Hoffnung hat, es könnte anders sein. (…) ich finde mich nicht ab.« Max Frisch: »Ohne Utopie leben die Tiere«, Kap. 2, in: Ders.: »Gespräche im Alter«, Berlin 2011. — **4** Alexander Stephan: »Max Frisch«, in: »Kritisches Lexikon zur deutschsprachigen Gegenwartsliteratur« (KLG), begr. von Heinz Ludwig Arnold, Loseblattsammlung, Bd. IV (Stand 1. April 1992), München 1978 ff., S. 3. — **5** Max Frisch: »Der Mensch erscheint im Holozän«, Frankfurt / M. 1979, S. 14. Nachweise aus »Der Mensch erscheint im Holozän« im Folgenden nach dieser Ausgabe unter der Sigle H in Klammern im fortlaufenden Text. — **6** Max Frisch: »Ich singe aus Angst – das Unsagbare«, in: »Die Zeit«, 17.4.1981, Frisch im Interview mit Fritz J. Raddatz, zitiert nach Michael Butler: »Die Dämonen an die Wand malen«, in: »Max Frisch«, »TEXT+KRITIK. Zeitschrift für Literatur«, hg. von Heinz Ludwig Arnold, H. 47 / 48, dritte, erw. Aufl. 1983, S. 88–107, hier S. 96. — **7** Gertrude Bauer Pickar liest auch das Bild von »Geröll im Salat« als »a description of Geiser's own mind«: Der Salatkopf, dessen Form dem Gehirn gleicht, ist nachhaltig beschädigt. Dies.: »Es wird nie eine Pagode«, in: »Seminar« 19, 1 (1983), S. 33–56, hier S. 50. — **8** Jean-François Lyotard definiert die Postmoderne nicht als Epoche, sondern als »einen Gemüts- oder vielmehr Geisteszustand«. Ders.: »Philosophie und Malerei im Zeitalter ihres Experimentierens«, Berlin 1986, S. 97. — **9** Zygmunt Bauman kennzeichnet den Willen zur Ordnung als zentrales Merkmal für die Moderne. Vgl. ders.: »Moderne und Ambivalenz. Das Ende der Eindeutigkeit«, Frankfurt / M. 1995, S. 13 ff. — **10** Zur Figur des Risses – der Riss in der Kontinuität des Alltagslebens, durch die Weltordnung –, die sich symbolisiert etwa im Einsturz der Gartenmauer und in den befürchteten Rissen in der Felswand, im Garten oder der Hauswand, vgl. Walter Obschlager: »Risse. Kleiner Versuch, einer Spur im Werk Max Frischs nachzugehen«, in: Daniel de Vin (Hg.): »Leben gefällt mir – Begegnung mit Max Frisch«, Brüssel 1992, S. 51–57. — **11** Die Literaturkritikerin Beatrice von Matt, die Frisch über Jahrzehnte kritisch begleitet hat und ihm vielfach persönlich begegnet ist, formuliert diesen Zweifel deutlich aus: Frisch treffe »mit Geiser zentral ein Epochengefühl, das bis gegen Ende der achtziger Jahre eine Zivilisation beherrscht, die nicht mehr so recht an die Wirklichkeit und schon gar nicht ans Wirken glaubte. Dinge und Begriffe lösen sich auf, gleiten ineinander über, Wissen ist bloß Anhäufung, Forschung bloß ›Forscherei‹ und trägt zum horror vacui bei.« Dies.: »Herr Geiser und die Sintflut. Zum Spätwerk von Max Frisch«, in: de Vin (Hg.): »Leben gefällt mir – Begegnung mit Max Frisch«, a. a. O., S. 41–50, hier S. 47. — **12** Claudia Müller sieht in dem Übergang vom anfänglichen Abschreiben der Artikel hin zum Ausschneiden ein weiteres »Abbild seiner (Herrn Geisers) Entfremdung von der Welt und von sich selbst«; die gedruckte Schrift taugt nicht mehr als Selbstvergewisserung. Dies.: »Ich habe viele Namen‹. Polyphonie und Dialogizität im autobiographischen Spätwerk Max Frischs und Friedrich Dürrenmatts«, München 2009, S. 84. — **13** Eine detailliertere textgenetische Analyse, die sich den verschiedenen Entwicklungsstufen der für Frisch hochproblematischen Erzählerposition widmet, liefert Claudia Müller, ebd., S. 63 ff. — **14** Vgl. ebd., S. 103. — **15** Wolfgang Welsch verweist auf Lyotard, der die Postmoderne durch das Ende der Metaerzählungen kennzeichnet. Aus dem Verlust dieser Metaerzählungen im Sinne entitätsversprechender Leitideen wie eben der Emanzipation der Menschheit in der Aufklärung oder der Teleologie des Geistes im Idealismus erwächst aber ein Autonomiegewinn und eine Befreiung des Differenten und Heterogenen. Vgl. Welsch: »Einleitung«, in: Ders. (Hg.): »Wege aus der Postmoderne. Schlüsseltexte der Postmoderne-Diskussion«, Berlin 1994, S. 1–43, hier S. 12. — **16** Achim Geisenhanslüke: »Antihumanismus? Über Michel Foucault und die Folgen«, in: Richard Faber (Hg.): »Streit um den Humanismus«, Würzburg 2003, S. 235–248, hier S. 235. — **17** Butler: »Die Dämonen an die Wand malen«, a. a. O., S. 102 f. — **18** Max Frisch: »Der Tod ist von Anbeginn und ohne Ende«, Kap. 11, in: Ders.: »Gespräche im Alter«, a. a. O. — **19** Obschlager: »Risse«, a. a. O., S. 56. — **20** Müller: »›Ich habe viele Namen‹«, a. a. O., S. 104. — **21** Ließe es sich gar mit der Hypothese an die Erzählung anschließen, dass auch das Erdzeitalter des Holozän an sein Ende gelangt sei, vielmehr längst abgelöst sei vom *Anthropozän*? Dann wäre »Der Mensch erscheint im Holozän« lesbar als ein Weltuntergangsszenario, das die Paradoxien einer vom Menschen völlig überformten Natur, der Aufhebung des Gegensatzes von Kultur und Natur, in den Blick nimmt – dass nämlich der Mensch sein eigenes Verschwinden vorantreibt, wenn er sich die Natur weiterhin bis zur Unkenntlichkeit zurichtet. — **22** von Matt: »Herr Geiser und die Sintflut«, a. a. O., S. 44. — **23** Max Frisch: »Dramaturgisches. Ein Briefwechsel mit Walter Höllerer«, Berlin 1976, S. 34. — **24** Die Auswahl an Sekundärliteratur bleibt trotz der (wenn auch späten) Revision einer missverstandenen autobiografischen Interpretation der Erzählung bis heute verhältnismäßig schmal. Siehe zu Frischs Empörung über die Fehldeutung der Erzählung Butler: »Die Dämonen an die Wand malen«, a. a. O., S. 96 f. Frisch sagt selbst über sein Buch, es »hätte verdient, das letzte zu sein«. Ders.: »Entwürfe zu einem dritten Tagebuch«, Berlin 2010, S. 58. — **25** Michel Foucault: »Die Ordnung der Dinge. Eine Archäologie der Humanwissenschaften«, Frankfurt / M. 1974, S. 462.

Katharina Müller-Roselius

»Soll ich Ihnen sagen, daß ich vor Lehrern immer Angst habe?«

Max Frisch, pädagogisch gelesen

Von einer Schulleiterin hörte ich vor sieben Jahren ungefähr dies: »Max Frisch? Den kann man doch Schülern heutzutage nicht mehr zumuten. Der ist doch verstaubt.« Ein Blick in die Lehrbuchsammlung der Schule offenbarte, dass die Dame zumindest mit ihrer letzten Aussage Recht hatte: Klassensätze zerschundener »Andorra«-Ausgaben reihten sich neben ebenso zugerichteten »Homo faber«- und überraschend jungfräulichen »Gantenbein«-Exemplaren – allesamt verstaubt. Die Autoren eines damals aktuellen Deutschbuchs für die zehnte Klasse an Gymnasien hielten ihrerseits die Lehre vom andorranischen Juden für wichtig: Sie widmeten ihr in verdaulich gekürzter Form ein ganzes Kapitel. Nun könnte man meinen, dass die Schulleiterin und die Lehrbuchautoren ein gutes Beispiel dafür abliefern, dass sich an Max Frisch, seinem Werk und dessen (pädagogischer) Bedeutung auch Jahre nach seinem Tod noch die Geister scheiden. Doch diese Deutung greift zu kurz. Denn was die besagte Schulleiterin recht eigentlich unter »verstaubt« verstand, war eben das Belehrende im Werk von Max Frisch. Und damit gingen sowohl die Lehrbuchmacher als auch die Schulleiterin von der gleichen Prämisse aus: der Lehre. Die einen befanden sie für zeitlos wichtig, die andere für zeitbedingt und überholt.

Max Frisch selbst verspürte, lange bevor sich ein entsprechender Paradigmenwechsel in der Schule durchzusetzen begann, ein deutliches »Unbehagen« gegenüber jeglicher Lehrhaftigkeit in der Literatur.[1] So bezeichnete er seinen »Biedermann« im Untertitel ausdrücklich paradox als »Ein Lehrstück ohne Lehre«, befand aber später, dass es sich in der literarischen Form der Parabel einseitig zur Lehrhaftigkeit hin auflöse: »Die Parabel tendiert zum Quod erat demonstrandum, sie impliziert Lehre, unweigerlich wird sie didaktisch. Da hilft es nichts, wenn ich im Untertitel schreibe: Ein Lehrstück ohne Lehre. (…) die Parabel geht meistens auf. Hang zum Sinn. Sie täuscht Erklärbarkeit vor, zumindest Zwangsläufigkeit. Sie gibt sich gültig, indem sie zugleich vage bleibt. Die Parabel, indem sie zur Lehre nötigt, verbaut mich und schließlich (…) bin ich ein Egomane, ich schreibe nicht, um zu lehren, sondern um meine Verfassung auszukundschaften durch Darstellung – meine Verfassung: meinen Zweifel an was?«[2]

Doch der Zweifel des Autors, hier geäußert im Briefwechsel mit Walter Höllerer, konnte den schulischen Siegeszug von »Biedermann und die Brandstifter« nicht mehr aufhalten: »Gerade seiner Lehrhaftigkeit wegen gehörte das Stück bald zum internationalen Schulstoff.«[3]

Ich versuche im Folgenden, das Verhältnis zwischen Frisch und der Pädagogik ein wenig zu ›entstauben‹. Dazu soll zunächst der Blick des Autors auf die Pädagogik nachvollzogen werden, um in einem nächsten Schritt das Dilemma der didaktischen Rezeption darzulegen. Abschließend frage ich nach dem bildungsrelevanten Mehrwert, den Max Frischs Werk auch heute noch bereithält.[4]

Pädagogische Berührungspunkte

In der Tat ist Frischs Begriff von Pädagogik – wie bei pädagogischen Laien zwangsläufig – geprägt durch Eigenempirie: »Soll ich Ihnen sagen, daß ich vor Lehrern immer Angst habe?«[5] Diese Frage stellt Frisch am Ende einer »Rede an junge Lehrer« aus Anlass einer Diplomfeier im April 1957 in Basel. Bei genauerer Betrachtung erscheint diese Rede, in der der Autor vordergründig rein assoziativ über Vieles, aber wenig bis gar nicht über Schule spricht, tatsächlich konsequent wie ein Lehrstück wider die Lehrhaftigkeit. Dabei macht Frisch auch hier, um eine spätere Wendung Friedrich Dürrenmatts zu gebrauchen, seinen »Fall zur Welt«.[6] Die Angst vor Lehrern, so Frisch, sei »natürlich, wie fast jede Angst, wesentlich eine Angst vor sich selbst: Was hat es mir schon verpfuscht, dieses Bedürfnis, andere Menschen zu belehren! – und nicht nur in der Kunst.«[7] Zwar relativiert und differenziert er seine Aussage mit Blick auf seine Zuhörer – »Sie haben Pädagogik studiert (…) das finde ich wieder großartig«[8] –, dennoch mahnt er beständig vor der »Lehrhaftigkeit im menschlichen Umgang«, der »Manie, die wir alle (und vor allem die Nichtpädagogen) haben (…), Ratschläge zu geben, anstatt Freund zu sein«, und kommt auf die »furchtbaren Verheerungen« pädagogischer Literatur zu sprechen: »In der Literatur bin ich (langsam genug!) dazu gekommen, daß die pädagogische Verwendbarkeit, die eine Dichtung haben mag, nicht gegen diese Dichtung spricht, aber auch nicht dafür; das Pädagogische in der Dichtung ist bestenfalls ein Nebenprodukt, mitunter verkäuflicher als das Hauptprodukt – aber wenn der Dichter es darauf anlegt, sich mit pädagogischen Werten zu sichern, so ist das Werk zum Teufel.

Das ist nicht Ihr Problem, denke ich.

Sie sind Lehrer von Beruf.

Die Versuchung, daß Sie es über den Beruf hinaus sind, ist nicht gering.«[9]

Und dann kommt doch noch ein Vorstoß, ein ›Warnschild‹, das explizit den »jungen Lehrern« gilt: »(…) in der Schule, wo Sie lehren, sind Sie immer (oder fast immer) der Überlegene – und zwar durch einen Vorsprung, der nicht zählt, durch einen Vorsprung des Alters. (…) Ich könnte mir vorstellen, daß der Umstand, aus beruflichen Gründen täglich so und so viele Stunden mit Menschen umgehen zu müssen, die mir unterlegen sind, mich deformiert (…).«[10]

Neben diesem Vorsprung im Alter gibt es im Verhältnis von Lehrern zu Schülern im besten Falle wohl auch einen fachlichen Wissensvorsprung. Aber gerade diesen Punkt scheint Frisch, der der Ansicht ist, dass es zwei oder drei Erfahrungen im Leben eines Menschen gibt, die diesen prägen, nicht zu akzeptieren.[11] Dennoch trifft er ein Kernproblem der Pädagogik, wenn er das Generationenverhältnis explizit thematisiert. So stellte schon Friedrich Daniel Ernst Schleiermacher die simple und grundlegende Frage: »Was will denn eigentlich die ältere Generation mit der jüngeren?«[12]

Mit »Wilhelm Tell für die Schule« liefert Max Frisch 1971 eine mögliche Antwort auf diese Frage. Sie lautet: nicht Weitergabe, sondern Entmythisierung und Infragestellung historischer Legenden. Frischs Ausgangspunkt ist dabei die Inanspruchnahme von Literatur zu politischen Zwecken, konkret: die unfreiwillige Karriere von Friedrich Schillers »Wilhelm Tell« zum Aufbau eines schweizerischen Nationalmythos bis hin zur sogenannten Geistigen Landesverteidigung während des Zweiten Weltkriegs.[13] Bereits in der »Schillerpreis-Rede« (1965) kündigte Frisch sein Tell-Projekt an – und zwar mit Verweis auf einen entsprechenden Impuls durch Bertolt Brecht.

»Wilhelm Tell und die Schweizer, eine Untersuchung etwa in diesem Sinn: Friedrich Schiller als Begründer eines schweizerischen Selbstmißverständnisses, das mir selber viel zu schaffen gemacht hat. Selbstverständlich meinte Schiller nicht die wirklichen Schweizer; aber wie distanziert sich ein Volk von dem bestehenden Geschenk eines importierten Nationaldramas? (…) die Eidgenossenschaft, die so manche ideologische Reformation überstanden hat, ist eben ihrem Ursprung nach nicht ideologisch, sondern ein Fall, der nachträglich ideologisiert worden ist, ein geschichtliches *Happening*, Resultat einer Rebellion, aber nicht einer Revolution; der pfiffige Vorschlag von Brecht, ich solle ein Tell-und-Rütli-Stück schreiben, das den Bauernaufstand der Vierwaldstätte (sic!) als reaktionär zeigt gegenüber der Habsburg-Utopie, ist, wenn auch auf aktuell-demagogische Legitimation heutiger Vögte hin gedacht, der geschichtlichen Wirklichkeit näher als das Idol, das wir Friedrich Schiller mit dem Rütli-Denkmal gedankt haben: wir sind eine Partisanen-Verbündung von Pragmatikern, die Ansehnliches zustande gebracht haben, und unter Pragmatikern gibt es kein Engagement an einer Utopie.«[14]

Der dickliche und kränkliche habsburgische Vogt, den er schließlich aus Schillers Gessler macht, eignet sich, wie zu erwarten, ebenso wenig zum Feindbild wie der dümmliche »Armbrust-Vater« Tell zum Helden. Quellenangaben ziehen die Verbürgtheit der Sage in Zweifel und untermauern das Anliegen, den Leser durch Verfremdung zum Nachdenken zu bewegen. Und indem man Frisch dieses Anliegen unterstellt, unterstellt man ihm eine pädagogische Absicht: Walter Schmitz spricht in Bezug auf Frischs »Tell« möglicherweise zu Recht von einer »*Didaktik* des Prosaexperiments«.[15] Die didaktische Absicht besteht wohlgemerkt nicht darin, die Geschichte um- oder anders festzuschreiben, sondern darin, sie infrage zu stellen: »So kann es *auch* gewesen sein.«[16]

Zwischenschritt: die Rezeption in der didaktischen Sackgasse

Wenn man so will: Max Frisch wirkt noch da belehrend, wo er es möglicherweise am wenigsten intendierte, nämlich in der Selbstbefragung und in seinem immer wieder bekundeten Zweifel. So zeigt sich, dass möglicherweise jedes Bedürfnis nach Mitteilung ein pädagogisches ist – auch da, wo Frisch an junge Lehrer gewendet, ein Konzept von Offenheit gegen das des (vermeintlichen) Fertigseins setzt. Man kann sich ebenfalls fragen, ob die »Fragebögen« aus dem zweiten Tagebuch nicht gerade deswegen eine so große Verbreitung gefunden haben – und zwar auch in kondensierter Form, ohne den Rest des Tagebuchs –, weil sie insbesondere ein linksliberales Lesepublikum als lehrreich empfand und empfindet. Und hat Frischs säkularisiertes Diktum »Du sollst dir kein Bildnis machen« nicht auch deshalb eine so große Wirkung, weil es bis heute zu den beliebten Lehren vieler Deutsch- und Philosophielehrer und – wie eingangs erwähnt – zum Lehrbuchkanon gehört? Selbst die Ansätze zu einer eigenen Poetik, wie sie sich in den Aufsätzen »Unsere Gier nach Geschichten« (1960) und »Ich schreibe für Leser« (1964) dokumentieren, erscheinen aus diesem Blickwinkel wie didaktische Richtlinien für das eigene Schreiben. Dass diese Ansätze dem ungeachtet hochgradig aufschlussreich für das Verständnis von Frischs Wahrheits-, Wirklichkeits- und Literaturverständnis sind, versteht sich. Und Frisch auf diese Weise in boshafter Lesart Lehrerhaftigkeit vorzuwerfen, hieße, sich seinen eigenen Zweifel zu eigen zu machen, hieße nämlich in seinem Sinne die Pädagogik von der (be)lehrenden Seite her (miss)zuverstehen, was erklärtermaßen Angst macht. Diese Lehrhaftigkeit im Werk des Autors muss den Liebhaber dieses Werks nicht schrecken – solange er die Lehre nicht weiterzugeben trachtet, etwa an seine Schüler, solange sie ihn nicht an der eigenen Selbstbefragung hindert und solange er diese Selbstbefragung nicht wiederum in dogmatischer Weise von anderen, etwa seinen Schülern, einfordert. Man stelle sich die Reaktionen auf einen Satz der Art »Lest Frisch und zweifelt« vor!

Einen Ausweg aus dieser verzwickten Lehrphobie meinen übrigens viele Max-Frisch-Fans unter den Deutschlehrern gefunden zu haben, indem sie ihren Schülern eines der leichtfüßigsten Erzählwerke des Schweizers darboten und darbieten: »Homo faber«. Bei diesem nun greift die (auch nicht mehr ganz junge) rezeptionsästhetische und schülerorientierte Didaktik. Es wird davon ausgegangen, dass »Homo faber« Themen bereithält, die – eben *nicht* belehrend aufgetischt – dermaßen existenziell sind, dass Schülerinnen und Schüler hier mit ihrer eigenen Erfahrungswelt anknüpfen können: Fragen, die das Verhältnis des Menschen zur Technik und zur Natur, das Verhältnis zwischen Mann und Frau, die Zufallsthematik, die Themen Zeit und Schuld und so weiter berühren. Das Berückende dieses Romans besteht indes darin, dass sein Protagonist selbst, dieser herrliche Nichtzweifler und tumbe Tor wider Willen, meint, klare Antworten auf diese Fragen zu haben, sich selbst nicht erkennt und deshalb den Leser zunächst einmal mit auf eine Weltreise ohne Selbstbefragung nimmt.

Der Erziehungswissenschaftler Jürgen Baumert spricht bezogen auf das Bildungsprogramm moderner Schulen von vier »Modi der Weltbegegnung«, unterschiedlichen Sichtweisen auf die Welt, deren jede ihr eigenes Recht habe. Er nennt diese Sichtweisen »Formen der Rationalität«. »Kunst, Literatur, Musik und körperliche Übung um ihrer selbst willen folgen einer eigenen Logik, die nicht mit der kognitiv-instrumentellen Modellierung der Welt zusammenfällt, die Mathematik, Naturwissenschaften oder Technik auszeichnet. Sie teilen vielmehr eine Rationalität des Ästhetisch-Expressiven.« Davon unterscheidet Baumert wiederum die Logik evaluativ-normativer Fragen (Recht, Wirtschaft, Gesellschaft) und Fragen nach dem Woher, Wohin und Wozu.[17] Vielleicht liegt in dieser Aufteilung etwas Starres. Vielleicht nimmt sich ein Deutschunterricht, der alle vier Modi der Weltbegegnung in Frischs »Homo faber« thematisiert, zu viel vor. Fakt ist, dass gerade dieser Roman all diese Fragen aufwirft.

»Die Erfahrung dichtet« –
der bildungstheoretische Mehrwert in Frischs Werk

Man kann das Verhältnis zwischen Max Frisch, seinem Werk und der Pädagogik indes anders betrachten, nämlich aus einer nicht didaktischen, also bereits auf Unterricht hin abgerichteten Sicht. Jene andere Sichtweise interessiert sich für die spezifischen Bildungsgänge und Prozesse, die sich im Werk des Autors abzeichnen.[18] Eine genauere bildungsinteressierte Lektüre literarischer Texte lohnt sich, wenn man Bildung nicht als Ergebnis, sondern als Prozess betrachtet. Dies entspricht einer Betrachtungsweise, die sich bis auf Wilhelm von Humboldt zurückführen lässt, aus dessen Schriften sich eine Minimaldefinition von Bildung als Auseinandersetzung eines *Ichs* mit der *Welt* herausfiltern lässt. Auf dieser Grundlage wird Bildung im einschlägigen universitären Diskurs heute als »Transformation der grundlegenden Figuren verstanden, kraft derer ein Subjekt sich zur Welt, zu anderen und zu sich selbst verhält«.[19] In der entsprechenden Bildungsforschung werden Biografien von Menschen unter diesem Gesichtspunkt rekonstruiert.

Ein solcher bildungstheoretischer Blick auf das Werk von Max Frisch, in dem das Verhältnis von Realität und Fiktion von Biografie selbst immer wieder thematisch wird, entschlüsselt dieses Werk nicht nur in einer bisher ungewohnten Lesart, sondern kann insbesondere für die Bildungstheorie selbst ertragreich sein. Zunächst einmal kann man recht einfach feststellen, dass es in Frischs Werk immer wieder um die Position und Haltung eines Ichs in der Welt geht und hier moderne Biografien in verdichteter Form zur Darstellung gelangen. Stiller nun, der darauf drängt, ein anderer zu sein und als anderer anerkannt zu werden, nämlich als White, als weißes und unbeschriebenes Blatt (wie symbolisch!), scheitert an dem Blick der Gesellschaft, die eine solche Veränderung nicht hinnehmen will oder aushalten kann. Ja, Stiller selbst muss sich schließlich eingestehen, dass er in der Wiederholung seines biografisch bedingten Erfahrungsraumes gefangen ist. Von Transformation keine Spur? Jein. Frisch untergräbt zwar, wenn man so will, naive pädagogische Vorstellungen einer steten Weiterentwicklung, indem er fast schon seismografisch moderne und sogar postmoderne Tendenzen aufzeichnet: biografische Brüche, Rückschritte, Wiederholungsstrukturen – »Leben im Zitat«.[20] Bei genauerer Betrachtung zeichnet sich jedoch eine subtile Transformation im oben genannten Sinne ab. Denn die Ein-Sicht in die eigene Wiederholungsstruktur als Einsicht in ein Strukturelement des Lebens selbst bedeutet ja bereits eine veränderte Haltung – auch wenn sie bei den meisten Frisch-Figuren Angst verursacht und eine Flucht nach sich zieht.

Die tragische Unmöglichkeit von Entwicklung und Veränderung im und durch den Blick der anderen, die Frisch schon in der Arbeit am »andorranischen Juden« umtreibt, verdichtet er auf komische Weise in seiner »Don Juan«-Bearbeitung. Jeder »Versuch, Don Juan als einen Werdenden zu entwickeln«, so Frisch in seinem Nachwort, sei nur möglich »um den Preis, daß es kein wirklicher Don Juan mehr ist«.[21] So erscheint die Einsicht in die Wiederholungsstruktur des eigenen Seins und Handelns letztlich als einziger Bildungsmehrwert. Man könnte von einer reflektierten und ironischen Haltung sprechen, die das (literarische) Ich hier zu sich selbst einnimmt. So gesehen beginnt sogar Walter Faber, indem er sich schreibend wieder-holt, sich selbst zu lesen.[22]

Nun kann man dafürhalten, dass sich Wiederholung als Thema und Motiv in vielen Kunstwerken der Moderne finden lässt. Etwa in Andy Warhols Reproduktions- und Massenkunst und in dem, was als Popliteratur betitelt wurde. Wirklich spannend wird es jedoch noch einmal, wenn man Frischs »Gantenbein« durch die bildungstheoretische Brille betrachtet.

Sofern Bildung nämlich als Transformation eines Selbst- und Weltentwurfs verstanden wird, kann man »Mein Name sei Gantenbein« auch als modernen Bildungsroman lesen. Dabei erscheint die Transformation als bewusste Fiktion, als spielerische Selbstvariation im Modus des Als-ob.[23] Der Ich-Erzähler des zwischen 1960 und 1964 entstandenen Romans probiert bekanntermaßen »Geschichten an wie Kleider«, unter anderem diejenige Gantenbeins, der so tut, als ob er blind sei.[24]

Zu Beginn und nach Abschluss der Arbeit am »Gantenbein« veröffentlichte Frisch je einen Aufsatz. Beide Aufsätze zusammen flankieren den Roman und weisen ihn als poetologisches Experiment aus. So schreibt Frisch 1960: »Vielleicht sind es zwei oder drei Erfahrungen, was man hat, eine Angst, die tausend Bilder entwirft, und anderthalb Hoffnungen, die nicht abzutragen sind, Gefühle, die sich wie ein Rosenkranz wiederholen, so daß die Welt zum Muster der Erinnerung wird, das ist es, dazu die hunderttausend Ansätze zu einem Gedanken, der eigen wäre, das ist es, was wir haben, wenn wir erzählen. Erlebnismuster – aber keine Geschichte, glaube ich, keine Geschichte! Geschichten gibt es nur von außen. Unsere Gier nach Geschichten, woher kommt sie? Man kann die Wahrheit nicht erzählen. Das ist's. Die Wahrheit ist keine Geschichte, sie hat nicht Anfang und Ende, sie ist einfach da oder nicht, sie ist ein Riß durch die Welt unseres Wahns, eine Erfahrung, aber keine Geschichte. Alle Geschichten sind erfunden, Spiele der Einbildung, Entwürfe der Erfahrung, Bilder, wahr nur als Bilder. Jeder Mensch, nicht nur der Dichter, erfindet seine Geschichten – nur daß er sie, im Gegensatz zum Dichter, für sein Leben hält – anders bekommen wir unsere Erlebnismuster, unsere Ich-Erfahrung, nicht zu Gesicht.«[25]

Der »Riß durch die Welt unseres Wahns« taucht metaphorisch auch zu Beginn des »Gantenbein« auf: unter anderem in einem Pferdekopf, der aus dem ihn umgebenden Granit zu brechen versucht. Diese nicht erzählbare Erfahrung oder auch Wahrheit – »Ein Mann hat eine Erfahrung gemacht, jetzt sucht er die Geschichte seiner Erfahrung …«[26] – bildet das Motiv eines spielerischen Ausprobierens verschiedener Geschichten erfundener Figuren, die wiederum mit ihren eigenen Erlebnismustern und Möglichkeitsräumen mehr oder weniger bewusst ›umgehen‹. Da ist die Figur Enderlins, der in seinen Ängsten borniert bleibt und in den Augen des Ich-Erzählers alsbald verabschiedet wird – aufgrund seines mangelnden Vermögens, von seiner faktischen Lebensgeschichte Abstand nehmen zu können: »Enderlin kann keine Rolle spielen –«.[27] Ihm fehlt die Ironie. Ironischerweise bietet ausgerechnet die Rolle des Blinden, Gantenbein, ungewohnte und neue Einblicke in die Möglichkeitsstruktur des Lebens. Er vermag, sich zu sich selbst in ein Verhältnis zu setzen. Der Blinde, der nur so tut, als ob er blind sei – das mag einer normativ-didaktischen Lesart als unmoralisch erscheinen –, sieht sich selbst (im Spiegel) und seine Umwelt ja bewusst durch eine Brille, seine

Haltung ist beispielhaft reflektiert und spielerisch. Letztendlich spielt aber der Ich-Erzähler seinerseits mit dieser Figur, lässt Gantenbein auch hier und da verzweifeln und behauptet sich selbst im Modus eines Als-ob, in der wiederkehrenden Möglichkeit eines »Ich stelle mir vor …«. In ähnlicher Form versucht bereits der Ich-Erzähler in »Stiller«, seine Wahrheit in erfundenen Geschichten zum Ausdruck zu bringen, die seine Mitmenschen abfällig und natürlich zu Recht als Lügengeschichten und Hirngespinste bezeichnen. In der Parabel »Rip van Winkle«, die Stiller beziehungsweise White erzählt, geht es zum Beispiel um die verdichtete Erfahrung, kein »Fremdling in fremder Welt« zu werden, wenn man sich den gesellschaftlich festgeschriebenen Rollen widersetzt.[28] Doch in »Mein Name sei Gantenbein« geht es nicht mehr wie in »Stiller« um das Problem, auf eine Rolle festgelegt zu sein. In der Vielzahl der Rollen, in denen sich das Ich in »Gantenbein« ausspricht, liegt vielmehr seine Selbstermöglichung. Hier geht es darum, »die Wirklichkeit einer Person zu zeigen, indem sie als weißer Fleck erscheint, umrissen durch die Summe der Fiktionen, die dieser Person möglich sind. Und dieser Umriss, so meinte ich, wäre präziser als jede Biographie, die, wie wir wissen, auf Mutmaßungen beruht (…) ein negatives Verfahren. Es wird nicht erforscht, was dort und dann geschehen ist. (…) Es wird nicht erzählt, als lasse sich eine Person durch ihr faktisches Verhalten zeichnen; sie verrate sich in ihren Fiktionen.«[29] Frisch verschiebt werk-biografisch gleichsam seine Fragestellung. Ging es ihm als jungem Schreiber für die »Neue Zürcher Zeitung« noch um die dringliche Frage ›Was bin ich?‹, fahndet er in »Gantenbein« nach der Frage ›Wie erlebe ich?‹. Der Roman, so Frisch, treibe »ein reines Spiel mit der Fiktion (…). Das Spiel wird als Spiel gezeigt, und es wird als veränderbar gezeigt, als auswechselbar dargestellt.«[30] Die bildungstheoretische Quintessenz einer solchen Werkanalyse besteht also in der Vorstellung, dass die einzige Bildungsmöglichkeit des Ichs in seiner kreativ-spielerischen Transformation von Selbst- und Weltentwürfen im Modus des Als-ob liegt. Die Bildungsfrage ist, so könnte man im Umkehrschluss behaupten, eine ästhetische Frage, insofern es um Variationen der Selbst- und Weltwahrnehmung geht.

Eine solche Erkenntnis ist fruchtbar, weil provozierend für eine ›Zunft‹, die Erziehungswissenschaft, in der es heute immer stärker um Fragen der Messbarkeit und der Effizienz geht. Es geht, paradox gesprochen, um einen Bildungsmehrwert, der nicht messbar ist, insofern er hochgradig individuell ist. In didaktischer Absicht lässt diese Erkenntnis sich allerdings schwerlich vermitteln. Ist dies schließlich die Erklärung für die eingangs erwähnten unberührten »Gantenbein«-Exemplare in der besagten Schulbibliothek? – Vielleicht.

1 Max Frisch: »Dramaturgisches. Ein Briefwechsel mit Walter Höllerer«, Berlin 1969, S. 18. — **2** Ebd., S. 18 f. — **3** Urs Bircher: »Mit Ausnahme der Freundschaft. Max Frisch 1956–1991«, Zürich 2000, S. 42. — **4** Vgl. Katharina Müller-Roselius: »Max Frisch: Gebilde Literatur – literarische Bildung«, Paderborn 2008. — **5** Max Frisch: »Rede an junge Lehrer«, in: »Gesammelte Werke in zeitlicher Folge« (GW), Bd. IV, hg. von Hans Mayer unter Mitwirkung von Walter Schmitz, Frankfurt / M. 1998, S. 214. — **6** Friedrich Dürrenmatt zitiert in: Urs Bircher: »Mit Ausnahme der Freundschaft. Max Frisch 1956–1991«, Zürich 2000, S. 223. — **7** Max Frisch: »Rede an junge Lehrer«, in: GW IV, S. 214. — **8** Ebd. — **9** Ebd., S. 214 f. — **10** Ebd., S. 215. — **11** Vgl. GW IV, S. 262. — **12** Friedrich Daniel Ernst Schleiermacher: »Vorlesung über Erziehung aus dem Jahr 1826«, hg. von Erich Weniger und Theodor Schulze, Düsseldorf, München 1957. — **13** Vgl. Müller-Roselius: »Max Frisch: Gebilde Literatur – literarische Bildung«, a. a. O., S. 91. — **14** Max Frisch: »Schillerpreis-Rede«, in: GW V, S. 362 f. — **15** Walter Schmitz: »Max Frisch: das Spätwerk (1962–1982). Eine Einführung«, Tübingen 1985, S. 100 (Hervorh. d. Verf.in). — **16** Peter André Bloch / Rudolf Bussmann: »Gespräch mit Max Frisch«, in: Peter André Bloch / Edwin Hubacher (Hg.): »Der Schriftsteller in unserer Zeit«, Bern 1972, S. 27. — **17** Jürgen Baumert: »Deutschland im internationalen Bildungsvergleich«, Vortrag anläßlich des dritten Werkstattgespräches der Initiative »McKinsey bildet«, Köln 2001, S. 4. — **18** Vgl. Müller-Roselius: »Max Frisch: Gebilde Literatur – literarische Bildung«, a. a. O. — **19** Bettina Kleiner / Hans-Christoph Koller: »Transformatorische Bildungsprozesse und Subjektivation – exemplarische Analyse eines Schülerinterviews«, in: Katharina Müller-Roselius / Uwe Hericks (Hg.): »Bildung – empirischer Zugang und theoretischer Widerstreit«, Opladen u. a. 2013, S. 16. — **20** Max Frisch: »Montauk«, in: GW VI, S. 685. — **21** GW III, S. 170 f. — **22** Vgl. Hans Jürg Lüthi: »Max Frisch. ›Du sollst dir kein Bildnis machen‹«, München 1981, S. 34. — **23** Vgl. (auch für das Folgende) Müller-Roselius: »Max Frisch: Gebilde Literatur – literarische Bildung«, a. a. O., S. 163 ff. — **24** GW V, S. 22. — **25** Max Frisch: »Unsere Gier nach Geschichten«, GW IV, S. 262 f. — **26** Max Frisch: »Mein Name sei Gantenbein«, GW V, S. 8. — **27** Ebd., S. 118. — **28** Max Frisch: »Stiller«, GW III, S. 428. — **29** Max Frisch: »Ich schreibe für Leser«, GW V, S. 325. — **30** Max Frisch in: Heinz Ludwig Arnold: »Gespräche mit Schriftstellern«, München 1975, S. 43.

Katarzyna Norkowska

»Du sollst dir kein Bildnis machen«

Zu Max Frischs »Tagebuch 1946–1949«, »Tagebuch 1966–1971«
und »Entwürfe zu einem dritten Tagebuch«

Im Jahr 2010 wurden wieder Aufzeichnungen des 1991 verstorbenen Max
Frisch herausgegeben. Der Band wurde mit dem Titel »Entwürfe zu einem
dritten Tagebuch« versehen, der ihn als Fortsetzung der populären und von
den Kritikern hochgeschätzten Tagebücher (»Tagebuch 1946–1949« und
»Tagebuch 1966–1971«) einzustufen versuchte. Das posthum veröffentlichte Buch rief jedoch zwiespältige Reaktionen hervor und sorgte für eine
»Debatte über die Publikationswürdigkeit«[1] des Textes, dessen Veröffentlichung der Autor selbst nicht vorgehabt hatte, der von ihm sogar vernichtet wurde und nun – Jahre nach seinem Tod – in Form einer Loseblattsammlung der durch seine Sekretärin getippten Diktate wiedergefunden
wurde. Der Suhrkamp Verlag scheint das Erfolgspotenzial des Bandes richtig erkannt und den Aufstieg zum Bestseller sorgfältig vorbereitet zu haben.
Das Typoskript wurde bereits in den verlegerischen Peritexten als ›sensatio-
neller‹ Fund gefeiert. Im Klappentext der ersten Taschenbuchausgabe von
2011 stößt der Leser auf eine kurze Charakteristik der Erfolgsgeschichte
des Bandes: »Die Entdeckung glich einer Sensation: Im August 2009 wurde
im Max Frisch-Archiv in Zürich das Typoskript eines bislang unbekannten
Werkes des großen Schweizer Autors gefunden. Die Resonanz auf die Veröffentlichung war gewaltig und machte das Buch zum Bestseller. Nach den
legendären Tagebüchern, die 1950 und 1972 erschienen, arbeitete Max
Frisch seit 1982 an einem dritten. Wieder werden äußere Ereignisse zu
Kristallisationspunkten: Das Verhältnis zu einer viel jüngeren Frau, der
Kalte Krieg, der Krebstod seines engen Freundes – Frisch verarbeitete sie zu
brillanten Reflexionen über Leben und Sterben, Momente des Glücks und
die Last des Alters.«[2] In dem »dritten« Tagebuch lassen sich gewisse Ereignisse historischer, vor allem aber rein privater Natur als »Kristallisations-
punkte« bezeichnen. Die »legendären« Bände – von Frisch mit Absicht als
Tagebuch herausgegeben – auf autobiografische Motive zu reduzieren,
bedeutet aber, ihren Wert zu verkennen. Das Tagebuch-Ich des neuesten
Bandes unterscheidet sich wesentlich von den Ich-Entwürfen in »Tagebuch
1946–1949«[3] und »Tagebuch 1966–1971«[4], die ein eigenartiges Spiel mit
der Gattungskonvention führen und auf der Basis der literarischen Tradition eine neue Form schaffen.

Tagebuch als *Journal intime*?

In Tagebuchnotizen wird nicht selten nach Kommentaren zum Werk, Ent-
hüllungen privater wie künstlerischer Natur, schließlich nach dem psychologischen Profil des Autors gesucht. Für manche Schreibende mögen die
Tagebuchaufzeichnungen tatsächlich eine therapeutische Funktion erfüllen,
sind sie eine Art intimes Selbstgespräch, dem Prinzip des Zufälligen unter-
geordnet, an kein Publikum – außer dem stummen Partner im Inneren –
gerichtet. Auf die Tagebücher Max Frischs lässt sich diese Diagnose aber
schwer übertragen. Der Tagebuchform darf ein besonderer Stellenwert in
seinem Schaffen zugeschrieben werden. In seinen Romanen wie »Stiller«
lassen sich tagebuchartige Partien finden. Seine Diarien entfernen sich wiederum an vielen Stellen vom faktischen beziehungsweise dokumentarischen
Duktus und verflechten das Fiktionale mit dem Autobiografischen mithilfe
einer verfremdenden Darstellungstechnik. Die Grenze zwischen Tagebuch
und literarischem Werk lässt sich im Falle Max Frischs kaum ziehen, wovon
die Forschung schon längst Notiz genommen hat. Horst Steinmetz verweist
als einer der vielen Literaturwissenschaftler auf die enge Verflechtung der
beiden Ausdrucksformen: »Dieser ständige Rückgriff auf Tagebuchform
oder ihnen ähnliche deutet unmißverständlich darauf hin, daß die Beziehungen zwischen den Tagebüchern und dem literarischen Werk bei Frisch
enger und intensiver sind als bei anderen Autoren, die neben ihrem dichterischen Werk ein Tagebuch verfasst und selbst zu Lebzeiten veröffentlicht
haben. Bei Frisch bekundet sich eine Beziehung, die weit über motivische
und stoffliche Zusammenhänge hinausreicht.«[5] Nun müsste die Frage
gestellt werden, welcher Art diese Beziehungen sind. Auszumachen wäre der
Nukleus der Tagebücher Frischs. Im Falle des Schweizer Autors handelt es
sich um kein Diarium privater Natur, sondern um einen mit künstlerischer
Intention konstruierten Text, das heißt um ein Tagebuch als literarische
Form. Es soll dementsprechend nicht (oder nur eingeschränkt) als Sprach-
rohr des privaten Menschen Max Frisch verstanden werden, sondern als
eine der von ihm verwendeten literarischen Formen – gleichberechtigt
neben Drama und Roman –, deren Existenz in seiner Weltanschauung wie
in seiner Poetik begründet ist.

»Tagebuch 1946–1949« oder Verfremdung mit sprachlichen Mitteln

1950 erscheint das erste Diarium Max Frischs – eine erweiterte Form des
früheren »Tagebuchs mit Marion« (1947), überarbeitet und deutlich erweitert –, das sich bereits mit dem Titelblatt in die literarische Konvention der
Tagebuchliteratur einschreibt und die Rezeption dementsprechend vorbe-

reitet. Der Band trägt den sachlich klingenden Titel »Tagebuch 1946–1949«, ist mit dem Namen des Autors überschrieben und »Constanze« gewidmet. Diese Konstellation scheint dem potenziellen Leser den Einstieg in die geheime Welt des Menschen namens Frisch – die Identität des Autors mit dem Tagebuch-Ich ist nämlich fester Bestandteil der literarischen Konvention – zu versprechen, der seine Erlebnisse der verifizierbaren Zeitspanne enthüllen mag. Wir haben es mit einem klar erkennbaren Typ literarischen Schaffens zu tun, sodass nur wenige Signale ausreichen sollen, um die Rezeptionshaltung zu steuern, um – wie es Elisabeth Bruss erklärt – die illokutionäre Wirkung des Textes zu erzeugen.[6] Die Erwartungen richten sich also auf autobiografischen Gehalt, auf nachweisbare Tatsachen. Die Ruhe des mit der Konvention vertrauten Lesers wird aber schnell gestört. Bereits auf der nächsten Seite stößt er auf die erste Irritation, nämlich eine für autobiografische Tagebücher – meist zu privatem Gebrauch verfasst – eher untypische Wendung »an den Leser« (TbI, 7), die wie eine Art Gebrauchsanweisung wahrgenommen werden darf: »Der verehrte Leser – einmal angenommen, daß es ihn gibt, daß jemand ein Interesse hat, diesen Aufzeichnungen und Skizzen eines jüngeren Zeitgenossen zu folgen, dessen Schreibrecht niemals in seiner Person, nur in seiner Zeitgenossenschaft begründet sein kann, vielleicht auch in seiner besonderen Lage als Verschonter, der außerhalb der nationalen Lager steht (…).« (Ebd.) Der Tagebuchautor übernimmt eine Rolle, die in der kurzen Wendung an den Leser fest umrissen wird. Die Aufzeichnungen sollen nicht als intimes Journal begriffen werden, sondern als Stellungnahme eines Zeitzeugen, der seine politisch neutrale Position ausdrücklich betont. Vergeblich also erwartet der potenzielle Leser private Geheimnisse.

Dass der Leser explizit angesprochen und der Standpunkt des Diaristen explizit eingenommen wird, deutet erstens darauf hin, dass dem Rezipienten eine aktive Rolle zugewiesen wird, zweitens, dass der Akzent vom privaten zum öffentlichen Tagebuch verschoben wird, von dem der Leser erwarten darf, dass die einzelnen Textteile entweder mit der Absicht der Veröffentlichung verfasst oder aber im Prozess der Edition nochmals überarbeitet wurden. Während autobiografische Tagebücher eher spontane Skizzen sind und ihre Kohärenz durch das Tagebuch-Ich gewährleistet wird, haben wir es in diesem Fall mit einer durchdachten Komposition zu tun: »(…) der Leser täte diesem Buch einen großen Gefallen, wenn er, nicht nach Laune und Zufall hin und her blätternd, die zusammensetzende Folge achtete; die einzelnen Steine eines Mosaiks, und als solches ist dieses Buch zumindest gewollt, können sich allein kaum verantworten.« (Ebd.) Das vorliegende Tagebuch – wie auch alle anderen, die Frisch mit diesem Titel versieht, der von den Rezipienten zwangsläufig als Gattungsattribution wahrgenommen wird – soll nicht als ein Bündel zufällig verfasster Texte gelesen werden, sondern als ein Konstrukt, dessen Sinn sich erst aus der Summe aller Elemente ergibt. Die Struktur des »Tagebuchs 1946–1949« weicht jedoch von der konventionalen Folie ab. Die Notate werden zwar nach Jahren geordnet und dementsprechend in vier Blöcke eingeteilt. Die einzelnen Eintragungen werden jedoch nie mit einem konkreten Datum überschrieben. Selten wird der Monat der Niederschrift genannt, häufiger der Ort. Das mit dem Titel aufgerufene Rezeptionsmuster wird also wiederum ins Schwanken gebracht: Die chronologisch-lineare Struktur sowie die die Verifizierbarkeit versprechenden Datenangaben werden nicht in dem Maße angeboten, wie es im Falle des autobiografischen Tagebuchs gewährleistet wird. Der mit der Gattungskonvention vertraute Leser erhält somit weitere Signale, dass er zu der herkömmlichen autobiografischen Lesart Distanz gewinnen soll. Die Verunsicherung ist allerdings nicht nur der Modifikation der Orts- und Zeitangaben zu verdanken. Frisch greift tiefer in die Struktur des Tagebuchs ein und setzt die einzelnen Steine seines »Mosaiks« so ein, dass die Verwirrung des Lesers ihn zu einer aktiven Rezeptionshaltung nötigt. Das Ziel erreicht er, indem neben persönlichen Notaten, die noch das autobiografische Ich ahnen lassen, fiktionale Skizzen abgedruckt werden, in denen zwar oft auch ein Ich-Erzähler zu Wort kommt und die die in dem privaten Abschnitt behandelten Themen und Stimmungen wieder aufnehmen, weiterspielen oder auch eine andere Variante aufzeichnen. Ob es sich aber um dasselbe Ich handelt, bleibt zweifelhaft.

Neben den persönlichen und den fiktionalen Tagebuchpartien dürfen noch zumindest zwei weitere Textsorten unterschieden werden, die als zeitbezogene, nicht selten politisch gefärbte Stellen und poetologische Überlegungen charakterisiert werden können. In all den Aussageformen kommt das Tagebuch-Ich zu Wort, das sich allerdings mit jedem Wechsel des Schreibstils, mit dem wir es in den einzelnen Textgruppen zu tun haben, immer mehr von dem eindeutig autobiografischen Tagebuch-Ich mit einer fest umrissenen Biografie zugunsten eines Varianten-Ichs entfernt. So gelingt es Frisch, die rein autobiografische Lesart dank dieser einzigartigen Montage zu verhindern. Dieser Weg mag sich aus der Vorüberlegung ergeben haben, dass nicht die grammatikalische Person allein den Erzählmodus bestimmt beziehungsweise die autobiografische Sichtweise prägen oder auch verhindern mag. »Daß der Leser trotzdem Autobiographie vermutet gerade dort, wo Erfahrung sich in Erfindung umsetzt, verhindert auch die ER-Form nicht« (TbII, 309), bemerkt der Schweizer Autor im Tagebuch II. Den Ausweg scheint das Mosaik aus realitätsbezogenen wie fiktionalen Textpartien darzubieten.

Die fiktionalen Stellen des ersten »Tagebuchs« wurden von vielen Forschern als Skizzen der späteren Werke erkannt. Dieses Urteil mag insofern stimmen, als viele der Dramen und Romane ihre erste Struktur in den kurzen Geschichten des Diariums erhalten haben. Die Geschichte »Der andorranische Jude« darf als Entwurf des Bühnenstücks »Andorra« betrachtet werden, die Skizze »Der Graf Öderland« als Vorstufe des späteren Dramas, der als »Burleske« überschriebene Text als Nukleus von »Biedermann und die Brandstifter«. Wir entdecken auch Stoffe, die nach einigen Jahren zu eigenständigen literarischen Werken verarbeitet werden. Die Erzählung »Nachtrag« darf als Motivquelle für das Stück »Als der Krieg zu Ende war« angesehen werden, das Fragment »Schinz« erkennen wir in »Stiller« in Gestalt des Märchens »Rip van Winkle« wieder. Es handelt sich – wie es Frisch selbst formuliert – um Skizzen, die später in der Werkstatt des Schriftstellers zu den nach Maß geschnittenen Texten verarbeitet werden: »Eine erste Grundskizze, gekritzelt auf eine Zigarettenschachtel, und dann die vergrößerten Baupläne mit genauen Maßen und Materialangaben, das ist der Unterschied«.[7]

Das »Tagebuch 1946–1949« – wie auch seine Fortsetzung – ist aber dennoch mehr als reines Stoffreservoir für die späteren Werke. Die fiktionalen Textpartien erfüllen innerhalb des Diariums selbst eine Funktion und sind somit fester Bestandteil der literarischen Form »Tagebuch«. Die Wahl des Genres und die konsequent eingesetzte Montage des Autobiografischen mit dem Fiktionalen ergeben sich aus der im »Tagebuch« selbst skizzierten Weltanschauung und dementsprechend auch der Poetologie Max Frischs. Er bezweifelt nämlich, dass die Wahrheit abbildbar sei. Da dem modernen Menschen kein festes Weltbild zur Verfügung steht, auf das er sich verlassen kann, bevorzugt er auch auf dem Gebiet der Literatur das Fragmentarische, das Unabgeschlossene, das Skizzenhafte. »Ein spätes Geschlecht« bedarf nach Frisch der Skizze. »Der Hang zum Skizzenhaften, der unsere Malerei schon lange beherrscht, zeigt sich auch im Schrifttum nicht zum erstenmal; die Vorliebe für das Fragment, die Auflösung überlieferter Einheiten, die schmerzliche oder neckische Betonung des Unvollendeten, das alles hatte schon die Romantik (…). Das Vollendete: nicht gemeint als Meisterschaft, sondern als Geschlossenheit einer Form. (…) die Skizze als Ausdruck eines Weltbildes, das sich nicht mehr schließt oder noch nicht schließt; als Scheu vor einer förmlichen Ganzheit, die der geistigen vorauseilt und nur Entlehnung sein kann; als Mißtrauen gegen eine Fertigkeit (…).« (TbI, 118 f.) So kommt auch in der Wahl des Genres Max Frischs Abwehr der Festlegung zum Vorschein, die neben der Identitätsproblematik zu den festen Motiven seines Werkes gehört. Selbst die Struktur des Textes spiegelt wider, was das Thema vieler Notate ist: »Du sollst dir kein Bildnis machen, heißt es, von Gott. Es dürfte auch in diesem Sinne gelten: Gott als das Lebendige in jedem Menschen, das, was nicht erfaßbar ist.« (TbI, 37) So versucht auch Max Frisch dieser Festlegung zu entgehen, indem er dem Leser keine Anhaltspunkte gibt, eine stimmige Biografie des

Tagebuch-Ichs herzustellen. Präsentiert wird nur ein eingeschränkter Einblick in die Welt des Schriftstellers Max Frisch, ohne dass allzu viel Intimes preisgegeben wird. Die in der Mitte des Buches stehende achtseitige Skizze »Autobiographie« (TbI, 274–282) macht dem Leser bewusst, wie wenig ihm bis dahin vom autobiografischen Bereich verraten wurde. Und auch in diesem Abschnitt stößt er auf nichts, was ihm nicht schon früher bekannt gewesen wäre. So wird beim Rezipienten das Bewusstsein wachgerufen beziehungsweise die frühere Ahnung bekräftigt, dass es sich nicht um die Darstellung des konkreten Privatschicksals handelt, sondern eher um etwas Exemplarisches. Das Spiel mit der Biografie wie mit den Erwartungen des Lesers, die sich aus der Gattungskonvention ergeben, wird an dieser Stelle nicht nur verstärkt, sondern ausdrücklich besiegelt. Statt des Autobiografischen werden im Großteil der Notate erfundene Beispiele dargeboten, die dem Leser Einblicke in das Wesen der Dinge schaffen sollen. Es handelt sich weniger um äußere Daten als vielmehr um Erfahrungsmuster[8], die Frisch zufolge manchmal besser mit anderen Mitteln als mit Episoden aus dem eigenen Leben vermittelt werden können. »Ausdrücken kann mich nur das Beispiel, das mir so ferne ist wie dem Zuhörer: nämlich das erfundene«, bekundet Frisch in einer der poetologischen Textpartien des Tagebuchs I. »Vermitteln kann wesentlich nur das Erdichtete, das Verwandelte, das Umgestaltete, das Gestaltete (…).« (TbI, 411) Autobiografisch sei das Klima, aber nicht die Aktionen, nicht die Personen[9], äußert sich Frisch in einem Gespräch mit Heinz Ludwig Arnold in Bezug auf den Roman »Stiller«. Dieser Kunstgriff liegt auch den Tagebüchern zugrunde. Frisch will den Leser daran hindern, sich in die Geschichte seines Tagebuch-Ichs hineinzuversetzen, und so bietet er statt einer kohärenten Lebensgeschichte Bruchstücke von Lebensläufen, aus denen sich einerseits eine gewisse Stimmung oder auch eine Art Lebenswahrheit herauskristallisieren lässt, andererseits bewegt eine solche Erzählweise zur Reflexion über den Prozess der gegenseitigen Wahrnehmung, der einschränkenden Festlegung, der Stilisierung des eigenen Lebens zu einer zusammenhängenden Geschichte. In dieser Methode offenbart sich Frisch als Schüler Bertolt Brechts, dessen Person und Werk im »Tagebuch 1946–1949« mehrmals explizit angesprochen werden. Dem Schweizer Autor schwebt es vor, den brechtschen Verfremdungseffekt auf Erzähltexte zu übertragen: »Es wäre verlockend, all die Gedanken (von Brecht, K. N.) auch auf den erzählenden Schriftsteller anzuwenden; Verfremdungseffekt mit sprachlichen Mitteln, das Spielbewußtsein in der Erzählung, das Offen-Artistische, das von den meisten Deutschlesenden als ›befremdend‹ empfunden und durchweg abgelehnt wird, weil es zu ›artistisch‹ ist, weil es die Einfühlung verhindert, das Hingerissensein nicht herstellt, die Illusion zerstört, nämlich die Illusion, daß die erzählte Geschichte ›wirklich‹ passiert sei (…).« (TbI, 294)

Was das Tagebuch-Ich in den poetologischen Partien als seinen Wunsch formuliert, wird von Max Frisch mit dem »Tagebuch 1946–1949« erzählerisch realisiert. Die Struktur des Textes und der modellhafte Charakter der erzählten Geschichten stehen dem brechtschen Verfremdungseffekt nahe. »Wie Brecht seine Gestalten und Konflikte verfremdete, indem er für sie meist ferne Länder oder Epochen als Hintergrund wählte«, bemerkt Marcel Reich-Ranicki, »braucht Frisch die bisweilen sogar provozierend unwahrscheinliche und daher verfremdend wirkende Fabel. (…) In einem unwahrscheinlichen Rahmen bietet er eine Fülle von wahrscheinlichen Einzelheiten. Mehr noch: offenbar kann er sich nur in einem solchen Rahmen der Wahrheit unserer Tage nähern, ihre Wirklichkeit in Sinnbildern verdeutlichen.«[10]

Solange der Leser die Tagebücher Frischs als private Äußerungen begreift, erscheinen sie ihm voller Widersprüche.[11] Sobald er aber das Tagebuch als literarisches, fiktionales Werk erkennt, sucht er nach der Einheit des Werkes nicht mehr in der Biografie des Verfassers oder in der Chronologie der erzählten Ereignisse, sondern auf der formalen Ebene, in der sich die brechtschen Strukturen erkennen lassen.[12] Die Voraussetzung ist der mitdenkende Leser, den Frisch konstruiert, dem er eine – wenn auch ungeschriebene – Rolle zuweist. »Seinen Leser«, erklärt er im Tagebuch I, »muß man sich denken, das ist ein Teil unserer Arbeit, die Erfindung eines Lesers, eines sympathischen, nicht unkritischen, eines nicht allzu überlegenen, auch nicht unterlegenen, eines Partners, der sich freut, daß wir an ähnlichen Fragen herumwürgen, und nicht ärgerlich wird, wenn unsere Ansichten sich kreuzen (…). Unser Leser: ein Geschöpf deiner Vorstellung, nicht unwirklicher und nicht wirklicher als die Personen einer Erzählung, eines Schauspiels; der Leser als die ungeschriebene Rolle. Ungeschrieben, aber nicht unbestimmt (…).« (TbI 181 f.) Erst der aktive Leser ist imstande, den Spielcharakter des Textes zu erkennen und sich dazu anspornen zu lassen, die ihn umgebende Welt zu hinterfragen.

»Tagebuch 1966–1972« oder die Ausdrucksmöglichkeiten der Literatur

Die Verflechtung der Tagebuchform und der fiktionalen Skizzen mithilfe einer verfremdenden Darstellungstechnik kennzeichnet auch das »Tagebuch 1966–1972« – »Marianne« gewidmet –, das bereits mit dem Titel wie mit den parallelen Strukturen des eigentlichen Textes, wie etwa die Einteilung der Aufzeichnungen nach Jahren, vom Autor als Fortsetzung von »Tagebuch 1946–1949« platziert wird. Die Anknüpfung an den ersten Teil ist nicht inhaltlicher – nicht (nur) das Leben Max Frischs verbindet die beiden Bände –, sondern formaler Natur. Frisch wiederholt jedoch das erprobte Schema nicht, ohne den Sinn des Unternehmens weiterzudenken. Er führt neue Ausdrucksformen ein, verschiebt die Akzente. »Das zweite übertrifft Frischs erstes, an Ludwig Hohl orientiertes Tagebuch in der Konsequenz der Komposition wie in der Mannigfaltigkeit der hier vereinigten Texte (…)«[13], urteilt Walter Schmitz in seiner Einführung zu Max Frischs Alterswerk. Die Struktur des zweiten Bandes scheint der Autor auf der Basis der bereits in den Gebrauchsanweisungen für den Leser wie in den poetologischen Passagen des ersten Teils – die im zweiten Band nur ergänzt werden – ausgearbeiteten Prinzipien aufzubauen. Der Sinn des zweiten Bandes ergibt sich ebenfalls aus der Summe aller Elemente, die wiederum dem autobiografischen beziehungsweise dokumentarischen Bereich einerseits und dem Fiktionalen andererseits zugerechnet werden dürfen. Reflexionen mischen sich mit Erzählungen, Privates wird durch Fiktionales ergänzt. Wieder stößt der Leser auf Skizzen der späteren Werke und auf Motive, die in »Montauk«, »Der Mensch erscheint im Holozän«, »Tryptychon« oder »Biografie: Ein Spiel« verarbeitet werden. Und auch diesmal darf das Tagebuch nicht auf seine Funktion als Stoffreservoir reduziert werden. Hier werden eher die Grenzen des literarischen Ausdrucks erprobt. »Die Möglichkeit der Welt-Erfassung durch Literatur in ihrer zeitgenössischen Spannweite von Dokumentarismus bis zum Artistisch-Fiktiven wird in diesem Tagebuch experimentell überprüft.«[14] So greift Frisch zum Tagebuch als einer von Natur aus fragmentarischen Form, um in deren Rahmen eine Vielfalt – fremder wie eigener – heterogener Texte zusammenzumontieren, was einen Eindruck von der Inkohärenz der umgebenden Welt wie auch von Mechanismen unserer Wahrnehmung vermitteln soll. Neben den autobiografischen Aufzeichnungen stehen Reisebeschreibungen und Reflexionen über Aktuelles wie Universelles. Neben sorgfältig recherchierten Berichten und den aus der Perspektive des Tagebuch-Ichs verfassten Notizen stößt der Leser auf (manchmal sehr ausführliche) Ausschnitte aus fremden Texten – Zeitungen, Büchern und so weiter. Für die Verunsicherung des Rezipienten sorgen frei erfundene Dokumente über eine »Vereinigung Freitod«, die »das Ziel hat, Freitod zu einem gesellschaftlich-sittlichen Postulat zu machen« (TbII, 96), was so absurd klingt, dass es unmöglich für eine autobiografische Äußerung gehalten werden kann.

Frisch modifiziert seine Tagebuchform und stellt neben die Presseausschnitte, die meistens um aktuelle politische Themen – vor allem um den Kalten Krieg und die amerikanische Machtpolitik – kreisen, ein weiteres Element, das im ersten Tagebuchband nicht vorkommt, nämlich auf Befragung des Lesers zielende Fragebögen und Verhöre. Der Fragebogen, der den Band eröffnet, prüft die Haltung des Lesers den Grundthemen der menschlichen Existenz gegenüber wie Leben, Tod, Liebe, Kinder oder Glück. Hervorgerufen wird damit eine Art Selbstbefragung, die die Gleichgültigkeit des Lesers zu tilgen vermag. Die in den zeitbezogenen, politischen Abschnitten behandelten Themen werden zu potenziell persönlichen Problemen gesteigert. So zwingt der Autor nicht seine Sicht der politischen Lage auf, sondern zeichnet jedes Mal eine Art Grenzerfahrung auf und stellt den Leser damit vor die Entscheidung, welche der Positionen er einnähme. Die Befragung wird an anderen Stellen des Tagebuchs II zu Verhören zugespitzt, die dem gerichtlichen Verfahren der Zeugenvernehmung ähneln, indem diesmal zwei Akteure – nicht individualisiert, in ihrer Rolle als A und B überschrieben – einen modellhaften Dialog führen, der eines der öffentlichen Themen behandelt und auf diese Weise das Gewissen des Lesers zu bewegen vermag. Dabei geht es aber jedes Mal weniger um ein konkretes Ereignis als um ein Problem allgemeiner Natur.

Auffallend ist im »Tagebuch 1966–1971« ein neues grafisches Bild des Textes. In diesem mosaikartigen Gebilde werden nun nicht nur verschiedene Ausdrucksmodi miteinander verflochten, sondern diese werden wiederum in verschiedenen Lettern gesetzt, sodass der Leser dazu neigen mag, in dieser Struktur eine innere Logik zu suchen. Zwar hat man am Anfang der Lektüre den Eindruck, dass es sich um eine konsequent eingesetzte Ordnung handelt, in der jede Schriftart einen anderen Block signalisiert. Diese zumindest für einen kurzen Augenblick Ruhe stiftende Sicherheit wird aber schnell zerstört. Damit wird auch der erste Leseeindruck untergraben. Auf diese Verunsicherung des Lesers – die der Methode des Tagebuchs I ähnelt – zielen auch Ausschnitte aus Pressetexten, die im Gegensatz zu der üblichen Praxis nicht mehr als Sicherheit stiftende und Ordnung schaffende Belege dienen. Sie werfen eher Fragen auf, illustrieren Reflexionen der anderen Abschnitte. Das Tagebuch-Ich hinterfragt sogar ihre Rolle und stellt unsere Gutgläubigkeit und den unkritischen Umgang mit der aufgezwungenen Sicht der Ereignisse bloß: »Wenn es keine Kioske gäbe, wo man täglich den großen Überblick kaufen kann, ich weiß es wirklich nicht, wie unsereiner sich diese Welt vorstellen würde.« (TbII, 97) Die in dem Satz anklingende Ironie darf dem Leser nicht entgehen, zumal Frisch Ergebnisse seiner sorgfältigen Recherchen mit den oft propagandaartigen Kommentaren in den Zeitungen zusammenstellt. »Zeitung gelesen, nachher das Gefühl: Es geschieht eigentlich nichts. (…) Die TV-Nachrichten abends bestätigen, dass nichts geschehen ist: Am Suez ist wieder geschossen worden, Tote; die Vietnam-Konferenz in Genf. Das alles weiß man. (…) Es geschieht nichts, wenigstens nichts, wovon ich überhaupt keine Ahnung habe –«. (TbII, 275) Hier wird nicht nur Kritik an, wie es Frisch selbst nennt, »gepolsterter Kleinbürgerlichkeit« (TbII, 293) geübt, sondern es wird der Versuch unternommen, den Leser aus dieser gleichgültigen Haltung herauszureißen – nicht zuletzt dadurch, dass ihm in den Tagebüchern eine aktive Rolle zugeschrieben wird. Der Inhalt des Tagebuchs und mit ihm die politische

Realität der 1960er und Anfang der 1970er Jahre erscheinen nicht mehr wie Fernsehbilder, sondern als Teil unserer Realität.

Wie im Tagebuch I wird auch im zweiten Band keine kohärente Biografie eines Tagebuch-Ichs geliefert, sondern es werden eher gewisse Erfahrungsmuster gezeigt, die diesmal mithilfe erfundener – in Gestalt der fiktionalen Textpartien – wie dokumentarischer Beispiele – in Form der Zeitungsberichte – gestaltet werden. Auch wenn die Einzelteile des Mosaiks manchmal voneinander abweichen, handelt es sich im Fall der beiden Tagebücher immer um eine ähnliche Textstruktur. Dementsprechend stellen nicht nur poetologische Reflexionen Max Frischs eine stimmige Poetik des Tagebuchs als literarischer Form her, die beiden Tagebuchbände scheinen diese theoretischen Überlegungen vielmehr bereits in die Praxis umgesetzt zu haben.

»Entwürfe zu einem dritten Tagebuch«?

Wenn sich in den beiden Tagebüchern eine mosaikartige Struktur feststellen lässt, in der das Diarische mit dem Fiktionalen verflochten wird, um die Illusion einer ›wahren‹ Geschichte zu vernichten, sollten wir eine vergleichbare Konstruktion in dem von Peter von Matt herausgegebenen Band »Entwürfe zu einem dritten Tagebuch« wiedererkennen. Der Titel darf als ein klares Signal für den Leser verstanden werden, dass es sich um die Fortsetzung der zu Frischs Lebzeiten veröffentlichten Tagebücher handelt. Zwar deutet die Überschrift darauf hin, dass wir es nicht mit einem fertigen Produkt zu tun haben, sondern mit einem Text, der irgendwann im Prozess der Herstellung abgebrochen wurde. Im Nachwort wird aber ausdrücklich betont, dass die veröffentlichten Texte keine zufällig verfassten Notizen sind, sondern von Frisch selbst als Tagebuch III niedergeschrieben wurden. »Sie haben alle einen Prozess der Reduktion und Verdichtung hinter sich«, bekräftigt von Matt, »und nehmen ihren Platz ein im Themengefüge des geplanten Ganzen.«[15] Die Loseblattsammlung, die von Frisch tatsächlich als »Tagebuch III« überschrieben wird – siehe den Herausgeberbericht –, darf insoweit als Stoffreservoir für ein geplantes Tagebuch verstanden werden. In den Notaten – wieder ohne Zeit- und Ortsangaben – findet der Leser Reflexionen über Amerika, dem Frisch seine Hassliebe erklärt. Erinnerungen an tote Freunde und Familienmitglieder stehen neben Gedanken zum Altern und zum eigenen Tod. Beschreibungen der körperlichen und geistigen Schwäche mischen sich mit politischen Betrachtungen, die in diesem Band deutlich hinter das Private treten. Viele Aufzeichnungen beziehen sich auf den krebskranken Peter Noll, mit dem Frisch befreundet war, dessen langsamer und bewusster Tod auf den Tagebuchblättern beschrieben wird. Frisch verrät diesmal viele intime Einzelheiten aus seinem eigenen Leben.

So stößt der Leser auf sein Bekenntnis zum Alkoholismus und auf Gedanken über die geschlechtliche Impotenz. Überraschend wirken darüber hinaus auch Textstellen, in denen belanglose Sachverhalte beschrieben werden, die in dem von Matt beschriebenen Prozess der Reduktion hätten getilgt werden müssen, wie etwa die Notiz über eine kaputte Tiefkühltruhe und »Gestank von Aas im Keller« (TbIII, 108). Der an die durchdachte Komposition – um nicht zu sagen Architektur – des Textes gewohnte Frisch-Leser dürfte an diesen Stellen irritiert reagieren.

Die Notate – von ganz wenigen Ausnahmen abgesehen – umfassen nicht mehr als eine Seite, manchmal sogar nur einen einzigen Satz, dem schwer ein universeller Sinn oder aber eine Art Lebenspointe zugeschrieben werden kann. Das Unvollendete erscheint in diesem Zusammenhang nicht als eine bewusste Protesthaltung gegen die Geschlossenheit der Form, nicht als Ausdruck eines Weltbildes wie im Falle von Tagebuch I und II, sondern als eine Unzulänglichkeit des Textes, in dem der Ich-Erzähler seine spontanen, an den Tag gebundenen Reflexionen wiedergibt. Der autobiografische Charakter der Aufzeichnungen ist an keiner Stelle des Textes zu hinterfragen. Autobiografisches wird nicht mehr mit fiktionalen Textstellen verflochten, sodass der Leser sich in die Lage des Ich-Erzählers (das heißt in die Max Frischs) ohne Schwierigkeiten hineinversetzen darf. Vergeblich suchen wir also nach der für Frisch charakteristischen Struktur des Tagebuchs. Zwar dürfen wir annehmen, dass die Aufzeichnungen bearbeitet wurden, was die abgedruckten Auszüge aus dem Typoskript mit Streichungen und Korrekturen von Frisch beweisen sollen. Hier fehlt aber ein wichtiges Element, das es erst legitimieren würde, von den Tagebuch*entwürfen* zu sprechen, nämlich der Eingriff in die innere Struktur des Textes, die darauf hinausläuft, dass das Tagebuch als ein durchdachtes Mosaik erscheint und als Ganzes wahrgenommen werden soll. Die Arbeitsmethode Frischs an seinen Tagebüchern generell beschränkt sich jedoch nicht ausschließlich auf stilistische Korrekturen. »Auffällig an Frischs Arbeit am Text ist«, erkennt Jan Bürger anlässlich der Marbacher Ausstellung »Max Frisch: Das Tagebuch«, »dass er stark in die Komposition und den Umfang des Textes eingreift und es nicht bei kleinen Satz- und Wortkorrekturen belässt. (…) Er liest den Text immer auch im Hinblick auf die Struktur (…).«[16] Im Falle des 2010 erschienenen »dritten« Bandes kann man aber nur schwer von einer »Struktur« sprechen, sodass die Kennzeichnung »Entwürfe« nicht ohne Vorbehalte akzeptiert werden kann. Zu tun haben wir es wahrscheinlich mit einem Stoff für einen weiteren Band der Tagebücher, dem es allerdings an Form fehlt.

Auffallend ist der monologische Charakter des »dritten« Tagebuchs. Der Ich-Erzähler führt eine Art Selbstgespräch, was typisch für ein *Journal intime* ist. An keiner Stelle wird der Rezipient erwähnt, geschweige denn angesprochen. So bleibt die Rolle des Lesers nicht nur ungeschrieben, sondern unbestimmt. Das schließt wiederum seine Aktivierung aus. Es kann beim Leser kein Spielbewusstsein mehr erzeugt werden, weil erstens der Dialogpartner fehlt und zweitens in diesem intimen Journal die für Frisch typischen, provozierend wirkenden Geschichten fehlen. Es gibt hier keinen Platz mehr für eine Verwirrung des Lesers, für eine Anspielung auf eine literarische Tradition und ihre gleichzeitige Brechung. Der Text weicht kaum von der konventionalen Folie ab. Vor Augen haben wir nichts anderes als private Aufzeichnungen eines alternden Schriftstellers, die zwar als Tagebuch bezeichnet werden dürfen, aber formal gesehen nicht in eine Reihe mit »Tagebuch 1946–1949« und »Tagebuch 1966–1971« gehören. Es wundert also kaum, dass der Architekt Frisch diesen strukturlosen Text vernichtet hat. Während die Tagebücher neben seinen Dramen und Romanen als gleichberechtigte literarische Form betrachtet werden dürfen, erscheint »Entwürfe zu einem dritten Tagebuch« in der Gestalt, die überliefert wurde, eher als eine Art Begleiterscheinung des Schaffensprozesses, als eine Art Ventil für Alltagsspannungen.

1 Iris Radisch: »Lob der Müdigkeit«, in: »Die Zeit«, 8.4.2010, S. 1. http://www.zeit.de/2010/Max-Frisch (zuletzt aufgerufen am 7.5.2013). — 2 Max Frisch: »Entwürfe zu einem dritten Tagebuch«, hg. von Peter von Matt, Berlin 2011, S. 2. (Im fortlaufenden Text als TbIII zitiert). — 3 Max Frisch: »Tagebuch 1946–1949«, Frankfurt / M. 1950. (Im fortlaufenden Text als TbI zitiert). — 4 Max Frisch: »Tagebuch 1966–1971«, Frankfurt / M. 1972. (Im fortlaufenden Text als TbII zitiert). — 5 Horst Steinmetz: »Max Frisch. Tagebuch, Drama, Roman«, Göttingen 1973, S. 8. — 6 Vgl. Elisabeth W. Bruss: »Die Autobiographie als literarischer Akt«, in: Günter Niggl (Hg.): »Die Autobiographie. Zu Form und Geschichte einer literarischen Gattung«, Darmstadt 1989, S. 274. — 7 Horst Bienek: »Werkstattgespräche mit Schriftstellern«, München 1965, S. 32. — 8 Vgl. Meike Heinrich-Korpys: »Tagebuch und Fiktionalität. Signalstrukturen des literarischen Tagebuchs am Beispiel der Tagebücher von Max Frisch«, St. Ingbert 2003, S. 227. — 9 Vgl. Heinz Ludwig Arnold: »Gespräch mit Max Frisch«, in: Ders.: »Gespräche mit Schriftstellern«, München 1975, S. 219. — 10 Marcel Reich-Ranicki: »Der Dichter der Angst«, in: Ders.: »Max Frisch. Aufsätze«, Frankfurt / M. 1994, S. 18 f. — 11 Vgl. Steinmetz: »Max Frisch. Tagebuch, Drama, Roman«, a. a. O., S. 17. — 12 Vgl. ebd., S. 9 f. — 13 Walter Schmitz: »Max Frisch. Das Spätwerk (1962–1982). Eine Einführung«, Tübingen 1985, S. 76. — 14 Ebd. — 15 Peter von Matt: »Nachwort«, in: Frisch: »Entwürfe zu einem dritten Tagebuch«, a. a. O, S. 185. — 16 Jan Bürger: »Max Frisch. Das Tagebuch«, Marbach a. N. 2011, S. 54 ff.

Edwin Zahn

Max Frischs Amerika in Farbe

Einsichten in die Realitäten Amerikas anhand der »Entwürfe zu einem dritten Tagebuch«

Das literarische Bild Amerikas

Ein auf geografischer Unkenntnis beruhender Zufall führte die Alte Welt nach Amerika. Seither übt der fremde Kontinent auf Europäer eine gewaltige Anziehungskraft aus, ist aus der Geschichte Europas und damit der der deutschsprachigen Literatur nicht mehr wegzudenken. Bewusstseinsgeschichte und Literaturgeschichte greifen hierbei schon früh ineinander: Das erste Echo auf die Entdeckung Amerikas findet sich in der deutschen Literatur bereits 1494 im »Narrenschiff« des Straßburger Dichters Sebastian Brant, 1497 wurde dann der sogenannte »Kolumbusbrief« ins Deutsche übertragen, seither riss der Informationsstrom über die Neue Welt jenseits des Atlantiks nicht mehr ab[1] – gängige Amerikatopoi, wie die literarische Glorifizierung der Ursprünglichkeit und Weite nordamerikanischer Landschaft oder die zur Zeit der frischschen »Entwürfe zu einem dritten Tagebuch« gängige Vorstellung von Amerika als arroganter Supermacht im hegemonialen Rüstungswettstreit mit der damaligen Sowjetunion, zeugen hiervon.

So wurde Literatur im Wechselspiel historischer Prämissen zum Vermittlungsträger für das, was seit der Entdeckung Amerikas in die Neue Welt hineinprojiziert wurde[2]: Amerikadarstellungen gespickt mit klischeehaften Bildern und nationalcharakterologischen Stereotypen, wobei je nach epochenspezifischem Zeitgeist und der jeweils vorherrschenden Amerikawahrnehmung der Alten Welt die literarischen Bilder von utopischen Zügen oder von horrorartigen Zukunftsvisionen dominiert wurden – ein Auf und Ab zwischen amerikanophilem Wunschbild und amerikanophobem Alptraum. Das eigentlich Entscheidende waren hierbei stets die Entwicklungen im alten Europa selbst: geistige Tendenzen, politische wie auch wirtschaftliche Vorgänge, aus welchen sich das Urteil über die Neue Welt formte.[3] Das literarische Amerika erscheint demnach als ein Kontrasterlebnis zwischen Eigenem und Fremdem, ist polarisierend angelegt und entstammt einer dichotomisierenden Denkweise mit Oppositionsbild: Europa versus Amerika[4] – literarische Amerikabilder sagen daher oft mehr über ihren Verfasser und die gängige Amerikamode aus als über den Gegenstand selbst.

Max Frischs Amerika in Farbe –
Einsichten in die Realitäten Amerikas

Max Frisch stand diese auf Gegensätzlichem basierende Art der Darstellung von der Neuen Welt fern, was in Anbetracht des Kalten Krieges samt Antagonismus Ost und West aus heutiger Sicht umso bemerkenswerter erscheinen muss, umfasst doch Frischs literarisches Amerikabild nahezu den gesamten Zeitraum dieser vom Hegemonialstreben der Supermächte UdSSR und USA geprägten Periode. Gerade die frühen 1980er Jahre, in denen die »Entwürfe zu einem dritten Tagebuch« entstanden, waren für viele Linksintellektuelle vom Rückschritt in dichotomisierende Denkweisen geprägt: Die vorübergehenden Zeichen einer wirklichen Trendwende, die durch die Niederlage der USA in Vietnam 1975 verstärkt wurde, verblassten angesichts der Wahl des Republikaners Ronald Reagan zum 40. Präsidenten der USA.[5] Mit der Reagan-Administration verflogen die noch im »Tagebuch 1966–1971« als positiv konstatierten Selbstzweifel gänzlich – »Was man aus Vietnam weiß, bleibt ein Schock (…). Was es vor zwanzig Jahren nicht gegeben hat: Skepsis, dass Amerika auf dem rechten Weg ist. Nur in der Reklame und in den offiziellen Reden, die ja auch Reklame sind, findet sich jener Ton zuversichtlicher Selbstgerechtigkeit, nicht mehr im privaten Gespräch. Amerika hat Angst. (…) Ich meine im Ernst, es habe sich zum Guten verändert (…). (…) die Angst vor sich selbst macht sie als einzelne humaner.«[6] – und die Hoffnung, dass Amerika in eine Phase der Reflexion eintreten und aus der Bürgerrechts- und Antikriegsbewegung schöpferische Impulse aufnehmen würde, blieb Illusion.[7] Im Gegenteil, die Reagan-Regierung verschärfte die Position Amerikas im Ost-West-Konflikt und gab jegliche Entspannungspolitik auf. Vor allem der atomare Rüstungswettstreit zwischen der UdSSR und den USA wurde so forciert, und ein Nuklearkrieg drohte. Die dadurch verschuldete Hysterie entfachte zunehmenden Amerikahass – literarische Produkte der Zeit zeugen hiervon.

Trotz dieser doppelten Prämisse dichotomisierenden Denkens – nationalcharakterologische Klischees gängiger Amerikaphantastereien sowie stereotype Feindbilder, wie sie in den 1980ern in Anbetracht einer drohenden atomaren Apokalypse reaktiviert wurden – skizzierte Max Frisch in seinem Gesamtwerk über Jahrzehnte hinweg ein Land und dessen Menschen differenziert, jenseits von schablonenartigen Vorstellungen und ideologietreuen Urteilen: *Amerika in Farbe* meint ein differenziertes Landesgemälde mit all seinen feinen Nuancen, im Kontrast zu weitverbreiteten schwarz-weißmalerischen stereotypen Bildern der Neuen Welt und gängigen Klischees des Kalten Krieges. Max Frisch malte mit seiner Literatur ein buntes Amerikagemälde.

Max Frischs Amerika-Biografie –
die Neue Welt als roter Faden in Leben und Werk

Der Schweizer Autor reiste in Europa, notierte Erlebnisse in der Tschechoslowakei, in Russland, aber nur die Reminiszenzen seiner Aufenthalte in den Vereinigten Staaten und Mexiko durchziehen wie ein Leitmotiv sein Werk.[8] Betrachtet man das gesamte literarisierte Amerika Max Frischs, so sticht der Aspekt umfangreicher eigener Erfahrung mit dem schriftstellerisch fokussierten Objekt aussagekräftig hervor. Er reiste ein Leben lang, war ein Mensch der Bewegung und lernte hierbei, für die Periode des Kalten Krieges durchaus nicht selbstverständlich, auch die Welt hinter dem sogenannten Eisernen Vorhang kennen. Über diese Reisen hinaus lebte er in verschiedenen Kulturräumen, pendelte zwischen den geografischen Lebensmittelpunkten Zürich, Rom, Berzona, Berlin und New York – Frischs Lebensentwurf eines Weltbürgertums in und zwischen Kulturen unter den Voraussetzungen einer Pluralisierung kultureller Bezüge[9] als Garantie innerer Freiheit und individueller Entfaltung[10] entsprach ganz dem Ideal des »globalen Menschen«[11], wie er es bereits 1953 in »Unsere Arroganz gegenüber Amerika« postulierte[12]: »Der Typus des globalen Menschen aber wird erst geboren, und zwar wie mich dünkt, vor allem in Amerika, das, wie gesagt, nicht ein Land ist, sondern ein Kontinent, nicht von einem Volk bewohnt, sondern von einer Völkerwanderung.«[13] Der Dichter erkannte, dass gerade die Weiträumigkeit des Landes auch den Menschen eine Weite gegeben hatte, die zu erleben ihm wichtig war,[14] und konnte sich als Individualist und Weltbürger an diesen Möglichkeiten der USA zur Entfaltung des Einzelnen begeistern – es war nicht so sehr die politische oder wirtschaftliche Struktur, das Ethnologische oder Geografische der USA, das Frisch vor allen Dingen begeisterte, als vielmehr das Soziale in Form des humanen Elements in Gestalt innerer Freiheit und Gelassenheit: »Frisch sah (…) vor allem im einzelnen amerikanischen Bürger das Positive eines ungleich stärkeren Weltbürgertums, als es im durchschnittlichen Europäer entwickelt ist, und erkannte von hier aus seine größere Hilfsbereitschaft und Aufgeschlossenheit für die Nöte der Menschheit im allgemeinen.«[15] So waren dem Schweizer die USA zur zweiten Heimat geworden, er verfügte regelrecht über eine Amerika-Biografie, welche auch mit seinem Schaffen korrelierte – der rote Faden Amerika durchzog demnach Leben und auch literarisches Werk, Vesna Kondrič Horvat bestätigt diesen Zusammenhang von Amerika-Biografie und literarischem Amerikabild bei Frisch: »Da er ziemlich viel Zeit in den USA verbrachte, verwundert es nicht, dass auch dieses Land kritisch bewundert und zum Schauplatz einiger seiner Werke gemacht wurde.«[16]

Bereits frühe Texte Max Frischs zeugen von der Faszination einer für den jungen Schriftsteller noch fremden Welt Amerika samt seiner Traumfabrik

Hollywood – »Er liebt die Greta Garbo« –, aber auch von einer hegemonialen Supermacht in der dichotomen Sphäre des Kalten Krieges, welche sich vor allem in den Besatzungszonen des ausgebombten Nachkriegsdeutschlands manifestierte – »Death is so permanent. Notizen einer kleinen deutschen Reise«, »Tagebuch 1946–1949« –, und so war Max Frisch einer der ersten deutschsprachigen Autoren, der nach dem Zweiten Weltkrieg die USA bereiste. Dank eines Rockefeller Grant for Drama überquerte er 1951 zum ersten Mal den Atlantik und erkundete von Mai 1951 bis April 1952 Amerika und Mexiko.[17] Hierbei gewonnene Eindrücke vom Fremden skizzierte der Reisende als Radioreporter *on the road* für Magazinsendungen wie »Echo der Zeit« und »Wir in der Zeit«[18] oder als eigene Programmpunkte für das Schweizer Radio im Stile kleinerer Textformen[19] – »Ein Dichter macht Geschäfte (Eliot)«, »Amerikanisches Picknick«, »Kinderlager«, »Karamu«, »Feriencamp«, »Mein amerikanisches Haus«, »Der Lord und die Neger«, »Kleiner Brief aus San Franzisko«, »Keep smiling«, »Orchideen und Aasgeier. Ein Reisealbum aus Mexiko«, »Begegnung mit Negern. Notizen«, »Amerikanische Höllgrotten«, »Amerikanisches Theater«, »College Theater in USA/ Hollywood/Humor-Illustrierte«[20] – und im Anschluss an seine Rückkehr nach Europa in Essays und Zeitungsartikeln – »Amerika«, »Amerikanisches Picknick«, »Der Lord und die verzückten Neger«, »Orchideen und Aasgeier. Ein Reisealbum aus Mexico. Oktober/November 1951«, »Glossen zum amerikanischen Theater«, »Unsere Arroganz gegenüber Amerika«, »Begegnung mit Negern. Eindrücke aus Amerika«. Sein Schreiben wurde von diesem ersten Aufenthalt derart stark geprägt, dass sich auch deutliche Spuren des Amerikas jener Zeit im »Stiller« finden lassen. Frisch schrieb eine Rohversion noch in den Staaten. Weitere Reisen folgten: 1956 auf Einladung zur International Design Conference in Aspen, Colorado, wo er als gelernter Architekt mit einem Referat über städtebauliche Fragen teilnahm – »Why don't we have the cities we need?« – und darüber hinaus Visionen von der neuen Stadt des begehbaren Raums textlich verarbeitete – »Eine Chance der modernen Architektur – vertan! Brief von Max Frisch aus der Ciudad Universitaria de Mexico«, »Fort Worth. Die Stadt der Zukunft in Texas«. Per Schiff von Rom über Neapel überquerte Frisch hierfür den atlantischen Ozean, um die USA, Mexiko und Kuba beziehungsweise Havanna zu bereisen – der Schriftsteller sammelte hierbei vor allem Erlebnismaterial für seinen »Homo faber«.[21] 1960 auf Einladung der Swiss Society und 1963 kamen weitere Amerikaaufenthalte hinzu.[22] In den folgenden Jahren reagierte Frisch in seiner zunehmend funktionalisierten Position als politischer Schriftsteller auf die imperialistischen Machtbestrebungen der US-amerikanischen Außenpolitik und dem damit einhergehenden Völkermord in Vietnam sowie die in den USA innenpolitisch geführten Debatten um das brutale Walten einer Staatsmacht gegenüber einer gegen das Establishment gerichteten

friedlichen Opposition oder den Mord am afroamerikanischen Bürgerrecht-
ler Dr. Martin Luther King, Jr. durch Textualisierung von Wirklichkeit und
Geschichte – »Inschrift für einen Brunnen. (Zürich, Rosengasse)«, »Schriftsteller, Johnson und Vietnam«, »Demokratie ohne Opposition?«, »Politik
durch Mord«. 1970 traf der Schweizer beim Lunch im Weißen Haus Henry
A. Kissinger – der Empfang fand wie die Versuche unmittelbar zuvor, Wirklichkeit und Geschichte textlich zu verarbeiten, im »Tagebuch 1966–1971«
literarischen Eingang. 1971 und 1972 betätigte sich Frisch als Gastdozent
für Literaturwissenschaft an der Columbia University, New York.[23] Im Jahr
darauf, 1973, hatte ihn die Verlegerin Helen Wolff zu einer Vortragsreise
eingeladen[24] – der Literat lernte Alice Locke-Carey kennen, die beiden ver-
brachten ein gemeinsames Wochenende in Montauk, dem kleinen Küsten-
ort an der Spitze Long Islands, auf welchem Hintergrund auch die gleichna-
mige Erzählung »Montauk« angesiedelt ist.[25] Nach kritischer Reflexion über
die Mechanismen des Kalten Krieges – »Wir hoffen. Rede zur Verleihung des
Friedenspreises des deutschen Buchhandels 1976« – bereiste Frisch erneut
die USA: Im Juni 1980 kam es zu einem Wiedertreffen mit Alice. Mit ihr
mochte Frisch in den Staaten, vor allem in New York City, sesshafter werden
und erwarb in SoHo einen Loft[26] – nach Frischs Freund und Schrift-
stellerkollege Peter Bichsel der »Versuch, die Schweiz hinter sich zu lassen
und sich New York als Heimat anzueignen«.[27] Hier begann Frisch im Frühjahr 1982 nochmals ein literarisches Tagebuch-Projekt, also wie bereits bei
vielen seiner vorangegangenen Werke unmittelbar vor dem Horizont der
USA. Doch blieb sein drittes Tagebuch, wie auch in den 1950er Jahren »Stiller«, in Manuskriptform stehen – »Stiller« wurde Frischs Durchbruchs-
roman, die letzten literarischen Tagebuchnotizen erst postum als »Entwürfe
zu einem dritten Tagebuch« veröffentlicht. Frisch legte das Projekt nach
rund einem Jahr kommentarlos zur Seite[28] und zog 1983 mit dem Ende der
Beziehung zu Alice wieder zurück in seine Geburtsstadt Zürich. Die Frisch-
Forschung vermutet, dass das Ende dieser Arbeit im Zusammenhang mit
dem Ende der Liebesbeziehung stand, zumal der US-Amerikanerin das Tagebuch ausdrücklich galt und sie zu den fiktionalisierten Hauptfiguren der
prosaischen Miniaturreflexionen gehört.[29] Nachdem sich der im polarisierenden Kalten Krieg mahnende Kritiker Max Frisch in Anbetracht der aktuellen Realitäten des hegemonialen Rüstungswettstreits mit final drohender
nuklearer Apokalypse nochmals resigniert geäußert hatte – »Am Ende der
Aufklärung steht das goldene Kalb«, »›America‹ über alles? Lesung zur Verleihung des Neustadt-Prize« –, reiste er im Mai 1989, anlässlich seines
78. Geburtstags, noch einmal nach Amerika, diesmal in Begleitung seiner
letzten Lebensgefährtin Karin Pilliod, um ihr sein New York zu zeigen.[30]
    Der ständige Wechsel von Kulturräumen wirkte auf das Leben und Werk
des Schweizers. Max Frisch konnte Eindrücke und somit schriftstellerisches

Material unmittelbar vor Ort sammeln, sein literarisches Bild der Neuen
Welt wurde dadurch von den realen Gegebenheiten der USA geprägt, wurde
nuancenreich. Dank seiner Weltenbummelei auch hinter dem Eisernen
Vorhang und seiner Amerika-Biografie verfügte er über interkulturelle
beziehungsweise transkulturelle Kompetenz[31] – nach Kondrič Horvat die
spezifische Fähigkeit, scheinbar als gegenteilig einzustufende Werte in Einklang zu bringen[32]. Durch dieses praktisch gewonnene kulturelle Einfüh-
lungsvermögen skizzierte Frisch Amerika nicht in absoluten und polarisierenden Kategorien wie Alte Welt versus Neue Welt, West versus Ost, oder
allgemeiner formuliert, das Eigene versus das Fremde. Im Gegenteil, Frischs
Literatur, explizit das transatlantische Gemälde, will internalisierte Stereotype, klischeebehaftete Bilder als solche entlarven und Differenzkategorien
dadurch untergraben. In der zweiten seiner Anfang November 1981 am
City College of New York gehaltenen Poetikvorlesungen, »THE WRITER
AND HIS PARTNERS / THE FUNKTION OF LITERATURE IN
SOCIETY«[33], machte Frisch deutlich: »Was Literatur leistet: Sie übernimmt
keine Klischees (oder sie denunziert das Klischee).«[34] Der klischeedurch-
wachsene Antagonismus zwischen beiden politischen Ideologien zur Zeit
des Kalten Krieges galt dem »globalen Menschen«[35] Frisch als überholt.
Weder der pseudoliberale American Way of Life des Westen noch der ver-
kappte Sozialismus des Osten kamen für ihn in Frage: »Es gibt nicht nur die
Alternative ›entweder Wallstreet oder Kreml‹ – wenn's nur das gibt, können
wir aufhören –, sondern es kann ja sein, daß der Menschheit noch etwas
anderes einfällt außer den Lehren beider Ideologien.«[36] Die kritiklose
Gefolgschaft, wie sie von beiden politischen Systemen gefordert wurde, lag
ihm fern. Max Frisch entschied sich, in alle Richtungen kritisch zu bleiben,
also zwischen den Stühlen zu sitzen, und verschrieb sich einer »KUNST
ALS GEGEN-POSITION ZUR MACHT«[37]. Er postulierte im von ihm
selbst aufgesetzten Manifest der Poesie: »Die POESIE unterwandert unser
ideologisiertes Bewusstsein und insofern ist sie subversiv in jedem gesellschaftlichen System. (…) Wie Walter Benjamin es sagt: Die Kunst als Statt-
halter der Utopie.«[38] So ist Frischs »KUNST ALS GEGENPOSITION
ZUR MACHT«[39] als Warnung vor dem »verhängnisvollen Denken in onto-
logischen Kategorien der eigenen und der fremden Kultur«[40] zu verstehen
und einer differenzierten Weltsicht förderlich. Sich positionieren zu müssen, der Zwang, Stellung zu beziehen, war für das Schaffen des Schriftstellers Frisch kein Dilemma geworden, sondern vielmehr der Anlass dazu,
sich auch in seinem Werk bewusst dagegenzustellen und in Anbetracht der
allgegenwärtigen Systemkonkurrenz bei sich zu bleiben und entgegen der
vorherrschenden Feindbilder zu schreiben, denn: »Voraussetzung für den
Frieden wäre der Abbau der Feindbilder. (…) Eine friedensfähige Gesellschaft wäre eine Gesellschaft, die ohne Feindbilder auskommt.«[41] Das Posi-

tive wie das Negative in beiden Welten, im Eigenen wie im Fremden, das war es, was der Schriftsteller Frisch sah und was ihn davon abhielt, im Zeichen allgegenwärtiger Oppositionen zu dozieren.

»Entwürfe zu einem dritten Tagebuch« –
das »Lebensabendhaus« als letzte US-amerikanische Utopie

Das letzte Viertel der »Entwürfe zu einem dritten Tagebuch« durchzieht die phantastische Vorstellung des Tagebuch-Ichs von einer Villa für seinen geruhsamen Lebensabend – das »Lebensabendhaus«[42], die letzte US-amerikanische Utopie.

Ausgangspunkt dieser »Lebensabendhaus«-Vision ist der Nordosten Amerikas, New England, jene Gegend, wo einst die Pilgerväter, die den atlantischen Ozean auf der »Mayflower« überquert hatten, mit all ihren Hoffnungen in der Neuen Welt landeten – das »Lebensabendhaus« ist somit in einem für die amerikanische Geschichte äußerst bedeutenden, symbolträchtigen Landstrich angesiedelt. Auf einer Fahrt mit seiner amerikanischen Freundin erblickte das Tagebuch-Ich das Urbild dieser Villa: »Unsere herbstliche Fahrt durch New England (vor zwei Jahren) war melancholisch, aber dort habe ich es zum ersten Mal gesehen. Im Vorbeifahren. Ein Pferd graste in der Wiese. Wenn sie zu Besuch kommt, könnte Alice reiten.«[43] Nun imaginiert das Tagebuch-Ich es sich – der Versuch, sich eine Heimatstatt schriftlich zu skizzieren, ein »Lebensabendhaus«, bewohnt von einem »alten Einsiedler«[44], das so exakt wird, wie keine Utopie es vermöchte[45]: »CAFE FANELLI (…) Ich hocke an der Bar (Alice hat ihre Probe in der Loft) und ich zeichne den Grundriss der hölzernen Villa mit den dreizehn Zimmern (…) so ein älteres Haus, meinetwegen aus Holz (weiß gestrichen) wie die Häuser in New England, eine ehemalige Villa mit dreizehn Zimmern etwa und einer Veranda. Ausblick gegen Norden: Wald (aber nicht lauter Tannen) und ferner Hügel. Gegen Süden schaut man über Wiesen mit einem schwachen Gefälle, Bäume in Gruppen da und dort, kein Park, der absichtlich angelegt ist. Rasen gibt es nur gerade vor dem Haus, wo man im Schatten einer alten Buche sitzt. Keine Kieswege.«[46] Das Ich erdichtet unverfälschte Natur: ein originärer Mischwald, kein absichtlich angelegter Park, keine Kieswege, und Rasen soll es »nur gerade vor dem Haus«[47] geben. Hier klingt das europäisch geprägte rousseauistische Naturkonzept literarischer Amerikabilder an: Erlösung von europäischen Zivilisationsschäden, gesucht in der unberührten Wildnis Nordamerikas, eine Form des bürgerlich zivilisationsüberdrüssigen Eskapismus, gemeint ist der alte »Einsiedler« auf der Suche nach Natürlichem[48]. Es handelt sich lediglich um ein Konzept, selbst in der erdichteten Beschreibung dieser vermeintlich ursprünglichen Natur.

Zwar sieht man im winterlichen Schnee manchmal »Trittspuren von Wild«[49], aber die »Bären sind ausgestorben«[50]. Ein recht lapidar hingeworfener Satz, der vom Tagebuch-Ich nachgeschoben wird, doch mit welchem Inhalt? Die unberührte Natur, wie sie viele Europäer seit den Tagen der Entdeckung der Neuen Welt mit Amerika assoziierten, ist als bloßer Topos jedweder Wunschvorstellungen entlarvt – Max Frisch gelingt es, mithilfe des Verlusts der romantischen Naturvorstellung von der Wildnis Amerikas und des Verzichts auf polarisierende Kategorien wie Alte Welt versus Neue Welt oder eigene versus fremde Landschaft internalisierte naive Amerikavorstellungen, literaturgeschichtlich alte Amerikatopoi zu enthüllen und so ein durchaus realistisches Landschaftsgemälde zu skizzieren: Raumbilder beziehungsweise Raumvorstellungen basierend auf einem modernen interkulturellen Ansatz *in Farbe*. Nochmals mit Frischs Worten: »Was Literatur leistet: Sie übernimmt keine Klischees (oder sie denunziert das Klischee).«[51]

»Entwürfe zu einem dritten Tagebuch« –
»THE SYSTEM IS GREAT!« und »PROTEST FOR SURVIVAL«

»I HATE IT
I LOVE IT
I HATE IT
I DON`T KNOW
I LOVE IT
etc.
New York als Wallfahrtsort sozusagen (Visum INDEFINITELY) über drei Jahrzehnte hin – und jetzt besitze ich dort eine sogenannte Loft, endlich so weit eingerichtet, dass man darin wohnen kann, hocke draußen auf der eisernen Feuertreppe im fünften Stock und kann es mir nicht verhehlen: Wie dieses Amerika mich ankotzt!
LOVE IT OR LEAVE!«[52]
– ein von Max Frisch ambivalent skizziertes oszillierendes Amerikabild, Amerika in Farbe oder purer Amerikahass? Die Kritikermehrheit schreibt dem Autor der »Entwürfe zu einem dritten Tagebuch« den dem allgemeinen Tenor folgenden Antiamerikanismus im Zeichen der drohenden nuklearen Apokalypse zu. Ein gleich zweifaches Missverständnis: Zum einen der Irrtum, Max Frisch als Autor sei eins zu eins mit dem Erzähler seines Werkes gleichzusetzen – dieses ist als literarisches Tagebuch lediglich die Fiktion einer Niederschrift der Individualität, Erlebtes wird hierbei zu Gedichtetem. Und zum anderen eine auf ungenaues Lesen zurückzuführende vereinfachte Interpretation – »LOVE IT OR LEAVE!« und der Bericht vom neuerdings eigenen Loft im »Wallfahrtsort« New York, wo das Tagebuch-Ich

auch bleibt, dem Slogan nach kann von Amerikahass also keine Rede sein. Darüber hinaus heißt es im Text: »Wie dieses Amerika mich ankotzt!« Das Ich wählt statt des Artikels das Demonstrativpronomen, spricht explizit von *diesem* Amerika, vom »Zorn auf dieses Amerika«, damit nicht generell von den USA, wodurch differenziert wird: »dieses Amerika«, jener Teil der USA, der das Ich »ankotzt«, aber auch positive Tendenzen werden in einem gesamtgesellschaftlichen Kontext und auf der individuellen Ebene des Tage-buch-Ichs verhandelt.

Im polarisierenden Amerika unter der Reagan-Regierung gerät das Ich über die wieder aufblühende Arroganz der Großmacht USA in Rage. Gerade der niedere Charakter einer arroganten Zuversicht um jeden Preis missfällt dem Erzähler nicht nur am US-amerikanischen Staatsoberhaupt und seiner Politik, sondern auch im persönlichen Umgang mit Amerikanern – dank »KNOW HOW«[53] wird alles richtig gemacht, und das amerikanische Lieb-lingswort ist »POWER«[54], »THE SYSTEM IS GREAT!«[55], Selbstzweifel scheinen im Gesellschaftssystem der USA keinen Platz zu haben. Im dicho-tomisierenden Kalten Krieg steht man schnell im Verdacht des Andersden-kens und somit gegen das System zu sein. Das Tagebuch-Ich gerät über dieses Klima bisweilen an den Rand der Verzweiflung: »Wutanfall in Gesell-schaft, weil die Frage, ob ich denn, wenn ich Kritik übe an den USA, die UDSSR für ein Ideal halte – ich kann nicht mehr, SORRY (…) ich doziere, dass wir doch zwischen zwei Übeln nicht nur das vermeintlich bessere wäh-len sollen, sondern den Entwurf eines Nicht-Übels zu wagen haben, eine Utopie, ja, aber eine verbindliche –«[56]. Auf der Suche nach Alternativen abseits der Hegemonie USA und UdSSR fühlt sich der Wahl-New Yorker isoliert. Häufig erlebt er seinen Alltag in den Straßen der Metropole voll melancholischer Einsamkeit: »Auf der Straße vor dem Haus die schwarzen Kehrichtsäcke, die glänzen, auch wenn sie nicht nass sind. Ich habe die grünen, die nur im Regen glänzen (…) mein Kehrichtsack, der grüne, allein auf der Straße (…) draußen die leeren Straßen scheinen nass, über den Dächern ist immer ein Schimmer, so dass man die Silhouette der Silos sieht, und aus kleinen Kaminen da und dort wirbelt Rauch –«[57]. Müllsäcke als Allegorie auf das Alleinsein des Skeptikers in den Massen, und doch ist da »über den Dächern« Manhattans auch »immer ein Schimmer«[58].

Der »PROTEST FOR SURVIVAL«[59], ein Demonstrationszug gegen den nuklearen Wettstreit im New Yorker Central Park, ist ein solcher »Schim-mer« des anderen Amerika. Hier, in der gewaltigen Menschenansammlung von Systemkritikern, fühlt sich das Ich nicht mehr als Außenseiter der US-Bevölkerung: »PROTEST FOR SURVIVAL. Siebenhunderttausend Leute im Central Park, ein sommerlicher Tag, ich marschiere vier Stunden lang und wundere mich, wie friedsam solche Demonstrationen hier sind, alle wohlgelaunt, nicht unernst, aber ohne politische Drohung. Manche Parolen sind witzig.«[60] Die Gewaltlosigkeit der Demonstration, wie sie in den 1980ern vor allem in den USA immer noch der jugendlichen Protestbewegung der Hippies galt, wird explizit betont. Doch ist der Protest nicht nur ein friedlicher Aufmarsch von Blumenkindern, sondern in einem gesamtgesellschaftlichen Kontext verortet – die verschiedensten Gruppen mit ihren diversen Interessen nehmen daran teil. Amerika ist demnach keineswegs durchweg arrogant, sondern auch selbstkritisch: »Eine Zeit lang geht neben mir eine jüngere Frau, die einen Psalm vor sich hinsingt. Eine andere, die schwanger ist, trägt ein Pappschild mit der Inschrift: LET MY BABY LIVE. Da und dort wird gesungen. Anderswo stehen alte Damen und Herren am Straßenrand, alle ordentlich mit Frisuren und Krawatten, aber auch mit Pappschildern, es sind Rentner, die nicht der Rüstung wegen zu kurz kommen wollen. Die Polizei braucht nirgends zu prügeln. (…) Vietnam-Veteranen unter ihrem Transparent: WE DONT WANT TO BE FOOLED AGAIN. Ein junger Mann, der eine böse Karikatur des Präsidenten als Cowboy-Darsteller herum trägt, bleibt unbehelligt. Es kommt, so weit ich gesehen habe, zu keinen Streitgesprächen, auch nicht zu Verbrüderungen zwischen Homosexuellen (laut Transparent) und Katholiken (laut Transparent) und man wird nicht gefragt: DO YOU TRUST THE SOVIETS? (…) meilenlang voller Volk mit Transparenten, ja, das ist schon sehr eindrucksvoll …«[61]

Das literarische Bild Amerikas der »Entwürfe zu einem dritten Tagebuch« ist somit exemplarisch für das oszillierende Amerikabild des Schweizer Autors und beispielhaft für das Vorgehen, die Arbeitstechnik, Negatives, »THE SYSTEM IS GREAT!«, wie auch Positives, der »PROTEST FOR SURVIVAL«, dem Leser zu erschreiben – ein *Amerika in Farbe.*

1 Volker Meid: »Francisci, Happel und Pocahontas. Amerikanisches in der deutschen Literatur des 17. Jahrhunderts«, in: Sigrid Bauschinger / Horst Denkler / Wilfried Malsch (Hg.): »Amerika in der deutschen Literatur. Neue Welt – Nordamerika – USA«, Stuttgart 1975, S. 17–27, hier S. 17. — **2** Manfred Durzak: »Das Amerika-Bild in der deutschen Gegenwartsliteratur. Historische Voraussetzungen und aktuelle Beispiele«, Stuttgart, Berlin, Köln, Mainz 1979, S. 7. — **3** Hildegard Meyer: »Nord-Amerika im Urteil des Deutschen Schrifttums bis zur Mitte des 19. Jahrhunderts. Eine Untersuchung über Kürnbergers ›Amerika-Müden‹«, Hamburg 1929, S. 5. — **4** Vesna Kondrič Horvat: »Transkulturelle Ansätze in Max Frischs ›Homo faber‹«, in: Wojciech Kunicki (Hg.): »Breslau und die Welt. Festschrift für Prof. Dr. Irena Swiatlowska-Preňedota«, Dresden 2009, S. 351–357, hier S. 351. — **5** Manfred Henningsen: »Der Mythos Amerika«, Frankfurt / M. 2009, S. 66 f. — **6** Zitiert nach Max Frisch: »Tagebuch 1966–1971«, in: Ders.: »Gesammelte Werke in zeitlicher Folge«, hg. von Hans Mayer unter Mitwirkung von Walter Schmitz, Frankfurt / M. 1986, Bd. 6, S. 5–404, hier S. 290 f. — **7** Henningsen: »Der Mythos Amerika«, a. a. O., S. 67. — **8** Volker Hage: »Nachbemerkung«, in: Ders. (Hg.): »Max Frisch in Amerika«, Frankfurt / M.

1995, S. 145–147, hier S. 147. — **9** Thomas Keller: »Einleitung: Ein Leben in und zwischen verschiedenen Kulturen führen«, in: Bernd Thum / Ders. (Hg.): »Interkulturelle Lebensläufe«, Tübingen 1998, S. 1–29, hier S. 1. — **10** Klaus Colberg: »Bildnis des Westens. Individualist, Schweizer, Weltbürger. Begegnung mit dem schweizerischen Dichter Max Frisch«, in: »Ruhr-Nachrichten«, Ausgabe Dortmund, 11.7.1964. — **11** Zitiert nach Max Frisch: »Unsere Arroganz gegenüber Amerika«, in: Ders.: »Gesammelte Werke in zeitlicher Folge«, a. a. O., Bd. 3, S. 222–229, hier S. 229. — **12** Walter Hinderer: »'Ein Gefühl der Fremde'. Amerikaperspektiven bei Max Frisch«, in: Bauschinger / Denkler / Malsch (Hg.): »Amerika in der deutschen Literatur«, a. a. O., S. 353–367, hier S. 355. — **13** Zitiert nach Frisch: »Unsere Arroganz gegenüber Amerika«, a. a. O., S. 229. — **14** Carol Petersen: »Max Frisch«, Berlin 1978, S. 60 f. — **15** Ebd. S. 62. — **16** Kondrič Horvat: »Transkulturelle Ansätze in Max Frischs 'Homo faber'«, a. a. O., S. 351. — **17** Caspar Kemper: »'Es war ein wichtiges Jahr …'. Die erste Amerika Reise von Max Frisch 1951–52«, Zürich 2000, S. 2. — **18** Iris Drögekamp / Hans Burkhard: »Max Frisch im deutschsprachigen Rundfunk. Eine Radiographie«, in: Luis Bolliger / Walter Obschlager / Julian Schütt (Hg.) : »jetzt: max frisch«, Frankfurt / M. 2001, S. 316–333, hier S. 321. — **19** Stephan Krass: »Unser Mann in Amerika. Max Frisch und das Radio (8.3.2003)«, in: NZZ Online, URL: http://www.nzz.ch/2003/03/08/li/article8ORW2.html (zuletzt aufgerufen am 24.7.2013). — **20** Nicht alle gelieferten Tonbänder wurden für Sendungen verwendet. Genaue Produktions- und Sendedaten sind heute nicht vollständig rekonstruierbar. Vgl. Drögekamp / Burkhard: »Max Frisch im deutschsprachigen Rundfunk«, a. a. O., S. 321 f. — **21** Karin Tantow / Lutz Tantow: »Max Frisch. Ein Klassiker der Moderne«, München 1994, S. 240. — **22** Kemper: »'Es war ein wichtiges Jahr …'«, a. a. O., S. 24. — **23** Rolf Kieser: »Land's End. Max Frischs Abschied von New York«, in: Bolliger / Obschlager / Schütt (Hg.): »jetzt: max frisch«, a. a. O., S. 231–239, hier S. 236. — **24** Urs Birchner: »Max Frisch 1956–1991. Mit Ausnahme der Freundschaft«, Zürich 2000, S. 194. — **25** Ebd., S. 195. — **26** Ebd., S. 215 ff. — **27** Peter Bichsel: »Einmal muss das Fest ja kommen«, in: Max Frisch: »Schwarzes Quadrat. Zwei Poetikvorlesungen«, hg. von Daniel de Vin unter Mitarbeit von Walter Obschlager, Frankfurt / M. 2008, S. 83–93, hier S. 83. — **28** Volker Hage: »Eine Villa, ein Pferd, eine Frau«, in: »Der Spiegel« (2010), H. 14, S. 122 f., hier S. 122. — **29** Judith von Sternberg: »'Es langweilt mich jeder Satz'. Nach dem Gefecht ein feines Buch: Max Frischs 'Entwürfe zu einem dritten Tagebuch'«, in: »Frankfurter Rundschau«, 13.4.2010. — **30** Bichsel: »Einmal muss das Fest ja kommen«, a. a. O., S. 90. — **31** Kondrič Horvat: »Transkulturelle Ansätze in Max Frischs 'Homo faber'«, a. a. O., S. 351 f. — **32** Ebd., S. 352. — **33** Max Frisch: »Zweite Vorlesung. THE WRITER AND HIS PARTNERS / THE FUNKTION OF LITERATURE IN SOCIETY«, in: Ders.: »Schwarzes Quadrat«, a.a.O, S. 47–75, hier S. 47. — **34** Ebd., S. 67 f. — **35** Zitiert nach Frisch: »Unsere Arroganz gegenüber Amerika«, a. a. O., S. 229. — **36** Max Frisch zitiert nach Peter André Bloch / Rudolf Bussmann: »Gespräch mit Max Frisch«, in: Peter André Bloch und Edwin Hubacher zusammen mit einer Arbeitsgruppe des Deutschen Seminars der Universität Basel (Hg.): »Der Schriftsteller in unserer Zeit. Schweizer Autoren bestimmen ihre Rolle in der Gesellschaft. Eine Dokumentation zu Sprache und Literatur der Gegenwart«, Bern 1972, S. 17–35, hier S. 26. — **37** Frisch: »Zweite Vorlesung«, a. a. O., S. 71. — **38** Ebd., S. 73 ff. — **39** Ebd., S. 71. — **40** Kondrič Horvat: »Transkulturelle Ansätze in Max Frischs 'Homo faber'«, a. a. O., S. 352. — **41** Zitiert nach Max Frisch: »Wir hoffen. Rede zur Verleihung des Friedenspreises des deutschen Buchhandels 1976«, in: Ders.: »Gesammelte Werke in zeitlicher Folge«, a. a. O., Bd. 7, S. 7–24, hier S. 15 ff. — **42** Max Frisch: »Entwürfe zu einem dritten Tagebuch«, Berlin 2010, S. 172. — **43** Ebd. — **44** Ebd., S. 146. — **45** Martin Lüdke: »Kein Verlass auf Impotenz«, in: »Schweizer Monatshefte. Zeitschrift für Politik Wirtschaft Kultur« (2010), H. 977, S. 62. — **46** Frisch: »Entwürfe zu einem dritten Tagebuch«, a. a. O., S. 142 ff. — **47** Ebd., S. 144. — **48** Burkhardt Krause: »Landscaft, Landschaft, Landscape: Die eigene und die fremde Landschaft. Anmerkungen zum 'deutschen' und nordamerikanischen Landschaftsverständnis«, in: Ders. / Ulrich Scheck (Hg.): »Natur, Räume, Landschaften. 2. Internationales Kingstoner Symposium«, München 1996, S. 25–72, hier S. 26 f. — **49** Frisch: »Entwürfe zu einem dritten Tagebuch«, a.a.O., S. 144. — **50** Ebd. — **51** Max Frisch zitiert nach Bloch/Bussmann: »Gespräch mit Max Frisch«, a.a.O., S. 67 f. — **52** Frisch: »Entwürfe zu einem dritten Tagebuch«, a.a.O., S. 7. Die folgenden Zitate finden sich ebd. — **53** Ebd., S. 9. — **54** Ebd. — **55** Ebd., S. 132. — **56** Ebd., S. 143. — **57** Ebd., S. 40 ff. — **58** Ebd., S. 42. — **59** Ebd., S. 92. — **60** Ebd. — **61** Ebd., S. 92 f.

Li Mollet

Ein paar Schritte mit Max Frisch

Man kann es so sehen
dass sie seinen Atem regiert
die Lust und den Traum
bei Tag und bei Nacht lauert sie
die innere Aufruhr
und wieder sucht Max einen Abschied
im Schatten des Unaussprechlichen
ich rieche die Dämmerung
die sternenlose Nacht
wenn der Anlass ein Verborgenes wäre
das im Vermächtnis des Abwesenden rührte
wenn der Anlass ein Vergehen wäre
das wieder an der Gegenwart rüttelte.
Wird Alice der Name für eine Schuld?[1]
Der Koffer steht in der Nähe der Tür
aufstehen und weggehen
die Hand erhoben zum Gruß.

Wie weiter?
Warum weiter?
[Max] sollte Briefe schreiben —[2]
Max schreibt einen Brief
der heute *noch nicht fertig [wird]*
(trotz der langen Nachtarbeit)[3]
das Wörterbuch in die Hand nehmen
und dies und das übersetzen
in die andere Sprache übersetzen
dies und das lassen, zum Beispiel
den Tang und das Geschiebe
[u]nd es wird ein andrer Brief.[4]

Jahre davor und immer wieder
packt Max die politische Welt bei den Hörnern
er anerkennt das Wirkliche
klagt das Wahrscheinliche an, das Mögliche ein

und hält die Tür einen Spalt breit offen
er meißelt seinen Namen ins Archiv
dort gewesen und da gekannt
verehrt und verachtet und geschätzt
später wird für ihn ein Ginkgo[5] gewachsen sein
die Krone wirft ihren Schatten nordwärts.

Lebensabend im Haus im Tessin
und es stört Max nicht
dass man [...] den Friedhof sieht,
der hinter dem Haus liegt;[6]
er steht anderswo verlegen
am Grab seiner Mutter.
Sicher sind die Toten nicht dort
wo ihr Name in Stein geschrieben ist.[7]
Auch wenn wir alles wüssten,
[d]ie Toten sind schwierig,[8]
unverbunden mit der Gegenwart
spazieren sie jederzeit durch meinen Kopf.

Auf seinem Tisch liegen Zeitungen
Max schaut auch immer wieder fern
Fussball am liebsten, Tennis auch, Kunst kaum.[9]
Auf meinem Tisch liegen ein Apfel und einige Bücher
vor dem Fenster tropfendes Weiß
am Fuß des Hügels künstliches Eis
und eine kreisende Bewegung
Ameisenprozession linksherum
die Malerei an der Wand macht
Unerreichbares gegenwärtig
in der Art einer Liebesbezeugung.

Wenn ich nicht manches kennen würde
das Vergleichen machte keinen Sinn
gerade jetzt spielt niemand Trompete
niemand klappert mit Geschirr
niemand stapft mit schweren Schuhen
ich vermisse keinen Ton.
Max ist *[m]anchmal [...] gerne allein.*[10]
Wäre nicht *[d]as sture Gesumme einer dicken Fliege*
an der oberen Fensterscheibe[11]
sie stört, *aber [er] steh[t] nicht auf*

um das Fenster zu öffnen;
die Stille wäre genau so öde.[12]
Und wie geht's?, fragt eine Stimme
es geht – was denn sonst –
Max lässt es klingeln.

Wonach drängt es [Max]?[13]
[Er] mäh[t] den Rasen.[14]
Auch mir greift die Nützlichkeit in die Hand
ich könnte Fenster putzen
den Vorplatz wischen
oder alles stehen lassen
auf der Bühne einer standardisierten Tastatur
hüpfen meine Finger über die Buchstaben
mal wird getupft, gespreizt und flach gelegt
dabei entstehen Wörter und Sätze
die mich suchen
was wissen die Finger von diesem Sachverhalt?
Ein fast unüberwindlicher Ekel
vor der Schreibmaschine,
Versuche mit Handschrift,
einmal auch mit dem Tonband,
aber das hilft nicht –
Muss ich etwas zu sagen haben?[15]

Auch ich werfe wieder die Fragen in die Luft
der Wind tut das seine
fegt die Papiere vom Tisch
die Blätter vom Baum
Max ist *auf Erfahrungen angewiesen,*
die [ihn] begrifflich hilflos machen
und von daher narrativ.[16]
Wenn ich wüsste
wie eine Geschichte eine Geschichte wird
was jemand versteht
wenn etwas erzählt wird
wenn er zuhört, wenn sie liest.

Kleinigkeiten rütteln an der Aufmerksamkeit
Augenspiel und Vergegenwärtigung
Dächer, Türme, ein Fluss und Brücken
dahinter wäre New York

der Nordpol oder der Mond.
Was soll ich in Paris?
Ich kann es mir vorstellen –[17]
Wenn etwas nach innen spiegelt
tauchen neue Ideen neben den alten auf
in der Zeit des seltenen Lächelns
das gesellige Leben nicht vergessen
Max kann Wein einkaufen und kochen
wenn es noch nicht zu spät wäre.

In der hölzernen Villa irgendwo in der rötlichen Heide
Ausblick gegen Norden: Wald
(aber nicht lauter Tannen) und fernere Hügel.[18]
Es gibt *Apfelbäume, Kirschbäume auch*
oder Birken, Erlen und so weiter.[19]
Max steht auf der Veranda
die verwitterten Säulen und Fensterläden
müssen neu gestrichen werden
Max nimmt Farbe und besteigt einen Stuhl
er stellt sich auf die Fußspitzen
erreicht *gerade noch das Kapitäl*
und den Querbalken,[20]
und der Himmel, den [Max] von der Veranda aus [sieht],
ist Himmel über Meer ...[21]
Möglicherweise ein Sund oder ein See
ich könnte jemand danach fragen.
In der Wiese *grast [...] ein Pferd*[22]
zwischen den Bäumen
Wo ist das Pferd im Winter?[23]

Der Belanglosigkeit sind keine Grenzen gesetzt
wenn dieser Verdacht nicht immer schon ein Urteil wäre
das auch dem Verdacht unterliegt
ich gerate in eine Montagmorgenlaune
während [Max] in der Bibliothek steh[t],
die Hände in den Hosentaschen.[24]
[D]as Gefühl, etwas erwartet zu haben, aber was?[25]
Es gibt Tage, die fallen wie Regen in mich hinein
die Tränen sind kaum aufzuhalten
wenn ich einmal damit begonnen habe
und es gibt Tage, die füllen sich mit Heiterkeit und Lachen
sähe Max den Fisch am Himmel

er ließe ihn schwimmen
ich räume dem Wünschen viel Platz ein.

Die Nachsicht nicht zu vergessen
Gymnastik jeden Morgen. Oder fast jeden Morgen.
Die eine oder andere Übung
geht eigentlich schon nicht mehr. Gib's zu.[26]
Ich kann mich zusammen falten
eine Pirouette drehen
aber der Reißverschluss am Rücken
ist eine ächzende Herausforderung
– lassen wir das – man kann immer dies oder jenes tun
zum Beispiel, auf regennasser Erde gehen
den Kreuzen, Pfeilen, Rillen
von anderen Schuhsohlen folgen
da ein buntes Bonbonpapier
dort eine zerknüllte Zeitung am Wegrand
wer Widerworte sucht oder Sekundenstolpersteine
ich rutsche, halte mich an der wilden Rose
die ihre Zweige zu mir hinstreckt
das Rot versickert im blätterreichen Boden.

Auf der Schwelle balancieren
den Augenblick am Zipfel packen
[Max] kann vollkommen glücklich sein.[27]
Dort wo Skeptiker zu jeder Zeit ihr Glück suchen
in den Bergen, am See
beim Picnic mit Fendant
beim Gehen, *wenn es nichts zu sagen gibt:*
Am Schönsten ist dieses Glück zu zweit
wenn sie hundert Schritte vor [Max] wandert,
und […] vor sich hinsingt,
oder wenn *sie zwischen Lärchen davon reitet,*
Max setzt sich auf einen bemoosten Stein
er liest eine Zeitung
befühlt *die Rinde verschiedener Bäume*
deren Zermürben in der Hand
bis *sie zwischen den Lärchen zurückkommt im Trab,*
ihr geknotetes Haar hat sich […] aufgelöst und weht offen.

Immer wieder wacht Max
neben *eine[r] Schöne[n] Seele*[28] auf

[d]ie Frau, die schläft, ist eine andere.
[Er] bleib[t] derselbe.[29]
Was Max möchte, verharrt im Schatten des Zweifels
er genießt es manchmal
mal da und mal dort zu sein
manchmal [ist es] nur umständlich
(wo sind die Bücher, die man grad braucht,
oder Notizen, ein Dokument usw.)[30]
das Vermisste *als Zeichen*
eines verfehlten Lebenslaufes.[31]
Man kann das richtige Leben im falschen
oder das falsche im richtigen beklagen.

Über die Anfälligkeit nachdenken
wenn sich mir eine alte Redewendung
auf die Zunge schiebt
jemand oder etwas steht vor der Türe
geklingelt hat es noch nicht
im Knäuel digitaler Spuren
gab die Scham schon lange ihren Abschied
man hat alles zu sagen, man sagt alles.

Die *Werkstatt* wird *eine Wohnung ohne Wände,*[32]
Max gewöhnt sich an das Tapsen des Hundes über ihm
weniger an *die laute Rock-Musik von unten.*[33]
Kriecht dann Humor oder Ironie ins Haus
gelingt das Lachen
vor dem Haus die schwarzen Kehrichtsäcke,
die glänzen, auch wenn sie nicht nass sind.[34]
Man kann sich vorstellen, dass alles liegen bliebe
ab und zu würden die Säcke geöffnet
und für notwendig aber nicht hinreichend erklärt.

Es gibt viele Gründe zu erschrecken
Max erschrickt über *[seine] zunehmende Nachlässigkeit*
gegenüber Freunden
[seine] zunehmende Gleichgültigkeit
gegenüber öffentlichen Ereignissen,
[seine] zunehmende Freiheit ...[35]

Schreiben ist ein anderes Unternehmen geworden,
ein Gespräch mit Zeitgenossen und nichts weiter.[36]

Es langweilt mich jeder Satz, den ich geschrieben [habe],
es hilft auch nicht, dass ich Wörter umtausche in meinem Turm,
und das ist es, was ich tagelang mache;
ich tausche Wörter gegen Wörter.[37]
Das Handwerk des Schreibens verplempert Stunden
es beleuchtet das Denkbare, vermisst das Prekäre
weist dem Zufall die Tür.
Was ist bloss mit den Wörtern los?
Ich schüttle Sätze,
wie man eine kaputte Uhr schüttelt,
und nehme sie auseinander;
darüber vergeht die Zeit,
die sie nicht anzeigt.[38]

Ich hebe meine Hand in der Art von Polizisten
die andere zum Innehalten auffordern –
wie immer ohne Gewähr –
die Zeit kann lang oder kurz sein
der Augenblick eine Ewigkeit
die Unendlichkeit ein paar Pulsschläge
dort zwischen tadac und tadac
Geduld und Gleichgültigkeit
kann ich Wörter in Nebelwände kritzeln
und haarfeine Saiten spannen
ihnen Resonanz verleihen
ich folge dem Klang des Vokals
dem Geräusch des Konsonanten.

Max schüttelt den Kopf
seine Brillengläser sind etwas getrübt
er steht auf, geht zur Tür.
Wenn Gäste da sind
so [ist er] nicht der Mittelpunkt;
oft reden sie noch Stunden lang
wenn [er] zu Bett [geht].[39]
Ein letzter Blick durchs innere Fenster
Das Pferd ist noch da! –
[Max ist] beruhigt.[40]

1 Alle kursiv gesetzten Zitate stammen aus Max Frisch: »Entwürfe zu einem dritten Tagebuch«, Berlin 2010. Der Nachweis erfolgt mit einfacher Seitenangabe, hier S. 158. — **2** S. 149. — **3** S. 66. — **4** Ebd. — **5** Frischs langjährige Privatsekretärin Rosemarie Primault pflanzte den Baum kurz nach seinem Tod in ihrem Männedörfler Vorgarten. Der Ginkgo kann 40 Meter hoch wachsen und 4000 Jahre alt werden. 2009 wurde der Baum nach Boldern verpflanzt. Vgl. Rosemarie Primault: »Max Frisch – Boldern – Männedorf«, in: »boldern!«, Werkstattheft der Tagung »Max Frisch. Muss ich mich mit der Schweiz beschäftigen?«, hg. von W. Lüssi, 2010, S. 34. — **6** S. 19. — **7** S. 45. — **8** S. 60. — **9** S. 147. — **10** S. 60. — **11** S. 16. — **12** Ebd. — **13** S. 27. — **14** S. 67. — **15** S. 16. — **16** S. 176. — **17** S. 173. — **18** S. 144. — **19** Ebd. — **20** S. 155. — **21** Ebd. — **22** S. 172. — **23** S. 162. — **24** S. 146. — **25** S. 150. — **26** S. 69. — **27** S. 112. Dort auch die folgenden Zitate. — **28** S. 113. — **29** S. 42. — **30** S. 74. — **31** Ebd. — **32** S. 44. — **33** Ebd. — **34** S. 40. — **35** S. 85. — **36** S. 30. — **37** S. 101. — **38** S. 29. — **39** S. 145. — **40** S. 167.

Max Frisch, geboren am 15.5.1911 in Zürich als jüngstes Kind eines Architekten, studierte nach dem Besuch des Kantonalen Realgymnasiums Germanistik an der Universität Zürich (1931–1933) und Architektur an der Eidgenössischen Technischen Hochschule in Zürich (1936–1941). Ab 1931 freier Mitarbeiter u. a. bei der »Neuen Zürcher Zeitung«, Balkan- und Deutschlandreisen. Während der Kriegsjahre wurde er mehrfach zum Militärdienst eingezogen. Nach Erhalt des Architektendiploms 1942 Einrichtung eines Architekturbüros in Zürich. Ab 1946 zahlreiche Reisen zunächst in Europa, später auch in anderen Teilen der Welt. 1947 Begegnung mit Peter Suhrkamp und Bertolt Brecht. 1951/52 erster längerer USA-Aufenthalt. 1954 Auflösung des Architekturbüros und Trennung von Constanze von Meyenburg, mit der er seit 1942 verheiratet war. Danach freier Schriftsteller mit wechselnden Wohnsitzen in Männedorf, Rom (1960–1965, mit Ingeborg Bachmann), Berzona (Tessin), Berlin und New York. 1968 Heirat mit Marianne Oellers, Scheidung 1979. 1971 Vorlesungen an der Columbia University in New York, 1975 kurze Reise nach China, 1977 Rede auf dem Parteitag der SPD. Gründung der Max-Frisch-Stiftung (1980) und des Max-Frisch-Archivs (1981) an der ETH Zürich. Mitglied der Deutschen Akademie für Sprache und Dichtung, Darmstadt, der Akademie der Künste Berlin, der Bayerischen Akademie der Schönen Künste, Ehrenmitglied der American Academy of Arts and Sciences. Max Frisch starb am 4.4.1991 in Zürich.

Zahlreiche Ehrungen und Auszeichnungen, u. a. Conrad-Ferdinand-Meyer-Preis der Stadt Zürich (1938); Dramenpreis der Welti-Stiftung (1944); Ehrengabe der Schweizerischen Schillerstiftung (1950); Wilhelm-Raabe-Preis (1955); Schiller-Preis der Schweizerischen Schillerstiftung (1955); Welti-Preis für das Drama (1956); Charles-Veillon-Preis (1957); Georg-Büchner-Preis (1958); Literaturpreis der Stadt Zürich (1958); Großer Kunstpreis der Stadt Düsseldorf (1962); Schiller-Gedächtnispreis des Landes Baden-Württemberg (1965); Literaturpreis der Stadt Jerusalem (1965); Großer Schiller-Preis der Schweizerischen Schillerstiftung (1974); Friedenspreis des Deutschen Buchhandels (1976); Commonwealth Award for Distinguished Service in Literature (1985); Commandeur dans l'ordre des arts et des lettres (1985); Neustadt International Prize for Literature, USA (1986); Heinrich-Heine-Preis (1989).

*

Monika Albrecht, Dr. phil.; unterrichtet seit Herbst 2013 am Institut für Geistes- und Kulturwissenschaften der Universität Vechta, davor Lehrtätigkeit in England, den USA und Irland. Ausgewählte Publikationen: »›Europa ist nicht die Welt‹. (Post)Kolonialismus in Literatur und Geschichte der west-deutschen Nachkriegszeit« (2008), »Doppelter Standard und postkoloniale Regelpoetik: Eine kritische Revision Postkolonialer Studien«, in: Herbert Uerlings / Iulia-Karin Patrut (Hg.): »Postkolonialismus und Kanon« (2012), »›Kolonialphantasien‹ im postkolonialen Deutschland. Zur kritischen Revision einer Denkfigur der deutschen Postkolonialen Studien« (2012).

Roman Bucheli, geboren 1960; studierte Germanistik, Philosophie und Wirtschaftsgeschichte in Fribourg und Zürich; Promotion mit einer Arbeit über den Schweizer Lyriker Alexander Xaver Gwerder; seit 1999 Literaturredakteur bei der »Neuen Zürcher Zeitung«. 2006 gab er den Sammelband »Wohin geht das Gedicht« mit poetologischen Aufsätzen von Charles Simic, Adam Zagajewski u. a. heraus. Er lebt in Zürich.

Sophie Bunge, freie Mitarbeiterin im Lektorat des Suhrkamp Verlages. Sie arbeitet derzeit an ihrer Masterthesis im Fach Kulturwissenschaft an der Humboldt-Universität zu Berlin und ist als wissenschaftliche Hilfskraft bei Iris Därmann und Joseph Vogl tätig.

Christa Grimm, Studium in Altenburg, Berlin und Leipzig; Arbeit als Lehrerin für Deutsch und Musik; ab 1969 Aspirantur am Institut für Germanistik in Leipzig, Promotion über Peter Weiss, Begegnungen mit Peter und Gunilla Weiss; seit 1975 Vorlesungen und Seminare zur deutschen Literatur vom 18. Jahrhundert bis zur Gegenwart, speziell Schweizer Literatur, zahlreiche Lehrveranstaltungen und Vorträge im In- und Ausland. Publikationen u. a. zu Gerhard Altenbourg, Gottfried Keller und zu Max Frisch (»Max Frisch«, in: »Schweizer Literaturgeschichte. Die deutschsprachige Literatur im 20. Jahrhundert«, hg. von Klaus Pezold, 2007).

Klaus Haberkamm, arbeitete am Germanistischen Institut der Westfälischen Wilhelms-Universität Münster und am Department of German der Johns Hopkins University, Baltimore / USA; Forschungsschwerpunkte: Literatur des 17. Jahrhunderts, besonders Grimmelshausen, und des 20. Jahrhunderts, besonders Max Frisch. Zuletzt Veröffentlichungen über Liselotte von der Pfalz und Kelemen Mikes, Georg Rodolf Weckherlin sowie Arthur Schnitzler.

Yahya Elsaghe, geboren 1960; seit 2001 Ordinarius für Neuere deutsche Literatur an der Universität Bern; Studium der klassischen und deutschen Philologie in Zürich, München, Freiburg i. Br.; verschiedene Forschungs- und Lehrtätigkeiten an UC Berkeley, University of Queensland, FU Berlin, zuletzt SNF-Förderprofessur an der Universität Zürich. Aufsätze zur deutschen Literatur von Christian Reuter bis W. G. Sebald; Bücher über Goethe, Hölderlin, Thomas Mann und Max Frisch, zuletzt: »Krankheit und Matriarchat. Thomas Manns ›Betrogene‹ im Kontext« (2010), »Max Frisch und das zweite Gebot. Relektüren von ›Andorra‹ und ›Homo faber‹« (2013).

Vesna Kondrič Horvat, geboren 1961; Professorin für deutsche Literatur an der Philosophischen Fakultät der Universität Maribor in Slowenien; ihre Magisterarbeit (Dissertation nach deutschem Recht) schrieb sie über Max Frisch (1993), die Dissertation (Habilitationsschrift) über die Prosa deutschsprachiger Autorinnen in der Schweiz nach 1945 (1997); Forschungsschwerpunkte: Schweizer Literatur, Literatur des 20. Jahrhunderts, Literatur von Frauen, Literaturdidaktik, Jugendliteratur, Germanistik als Kulturwissenschaft, interkulturelle Germanistik, Transkulturalität. Zahlreiche wissenschaftliche und publizistische Veröffentlichungen, zuletzt erschienen »Franz Kafka und Robert Walser im Dialog« (Hg., 2010) und »Gluscht. Anthologie der Schweizer Gegenwartsliteratur« (2013).

Li Mollet, geboren 1947; stammt aus dem schweizerischen Mittelland, arbeitete u. a. als Postbeamtin, Bankangestellte, Sekretärin, Blockflötenlehrerin und als Volksschullehrerin für fremdsprachige Kinder; sie studierte Erziehungswissenschaften und Philosophie und übernahm Lehraufträge an einer Fachhochschule und an Gymnasien; sie lebte in der Romandie, in Großbritannien, den USA und heute in Bern. Zuletzt erschienen: »nichts leichter als das« (2003), »ich bin's, Salome« (2009), »sondern« (2012).

Katharina Müller-Roselius, studierte Germanistik, Romanistik und Erziehungswissenschaft; z. Z. wissenschaftliche Mitarbeiterin am Fachbereich Erziehungswissenschaft der Universität Marburg. Veröffentlichungen u. a.: »Max Frisch: Gebilde Literatur – literarische Bildung« (2008), »Bildung – Empirischer Zugang und theoretischer Widerstreit« (hg. mit U. Hericks, 2013).

Klaus Müller-Salget, geboren 1940; Promotion 1970 (»Alfred Döblin. Werk und Entwicklung«), Habilitation 1980 (»Erzählungen für das Volk«); emeritierter Ordinarius für Neuere deutsche Sprache und Literatur an der Universität Innsbruck. Mitherausgeber der Kleist-Ausgabe im Deutschen Klassiker Verlag und des Kleist-Jahrbuchs; Monografie »Heinrich von Kleist«

(2002; 2., durchges. u. überarb. Aufl. 2011). Zu Max Frisch erschienen zahlreiche Aufsätze, die Artikel in »Reclams Romanlexikon« (1999), das Bändchen »Max Frisch« in der Reihe »Literaturwissen für Schule und Studium« (1996 u. ö.) sowie »Erläuterungen und Dokumente« zu »Homo faber« (1987; überarb. u. erw. Neuausg. 2008).

Katarzyna Norkowska, geboren 1979; 2008 Promotion, seitdem wissenschaftliche Mitarbeiterin am Lehrstuhl für Germanistik der Nikolaus-Kopernikus-Universität, Toruń (Thorn); Forschungsschwerpunkte: Gottfried Benn, Generationenforschung, Autobiografik, ostdeutsche Literatur nach 1989. Veröffentlichungen u. a.: »Ein vereinnahmter Klassiker? Das Goethe-Bild im Werk Gottfried Benns« (2009), »Adoleszenz im Zeichen eines politischen Umbruchs. Der Einfluss der ›Wende‹ auf die Identitätsbildung junger ostdeutscher AutorInnen«, in: Gansel / Zimniak (Hg.): »Zwischenzeit, Grenzüberschreitung, Aufstörung. Bilder der Adoleszenz in der deutschsprachigen Literatur« (2011); »Der Dichter in der Uniform. Gottfried Benns Verhältnis zum Militär«, in: »Benn-Forum« (2013).

Eszter Pabis, geboren 1976; studierte Germanistik und Anglistik an der Universität Debrecen (Ungarn), anschließend absolvierte sie Forschungsaufenthalte an den Universitäten Greifswald, Konstanz und Zürich; sie promovierte 2004 über Max Frisch und ist derzeit Assistenzprofessorin des Instituts für Germanistik an der Universität Debrecen; Forschungsschwerpunkte: Gedächtnistheorie, Identitätskonzepte, *nation and narration*, Schweizer Gegenwartsliteratur und interkulturelle Fremdheitsforschung. Zahlreiche Publikationen, darunter eine Monografie zu Max Frisch (»Die Schweiz als Erzählung. Nationale und narrative Identitätskonstruktionen in Max Frischs Stiller, Wilhelm Tell für die Schule und Dienstbüchlein«, 2010).

Nadine Jessica Schmidt, geboren 1982; Studium der Literatur, Kultur- und Medienwissenschaften an der Universität Siegen; seit 2009 wissenschaftliche Mitarbeiterin am Lehrstuhl von Hermann Korte, »Didaktik der deutschen Sprache und Literatur« (Literaturdidaktik); derzeit Dissertationsprojekt zum Thema »Literarische Konstruktionen von Authentizität. Studien zum autobiographischen Erzählen in der deutschsprachigen Gegenwartsliteratur«.

Franziska Schößler, geboren 1964; seit 2004 Professorin für Neuere deutsche Literaturwissenschaft an der Universität Trier; Studium der Germanistik, Philosophie und Kunstgeschichte in Bonn und Freiburg (1984–1990), Studienaufenthalte in Paris, London, Brisbane; Dissertation über Adalbert Stifter (1994), Habilitation über Goethes »Lehr- und Wanderjahre« (2001, erschienen 2002), beides an der Universität Freiburg; 2002–2004 Oberassistentin an der Universität Bielefeld; Forschungsschwerpunkte: Ökonomie und Literatur (mit Schwerpunkt Antisemitismusforschung), Drama und Theater (mit Schwerpunkt Gegenwartsdramatik), kulturwissenschaftliche Literaturtheorie, Gender Studies. Veröffentlichungen u. a.: »Literaturwissenschaft als Kulturwissenschaft. Eine Einführung« (2006), »Börsenfieber und Kaufrausch. Ökonomie, Judentum und Weiblichkeit bei Theodor Fontane, Heinrich Mann, Thomas Mann, Arthur Schnitzler und Émile Zola« (2009).

Thomas Strässle; lehrt Neuere deutsche und vergleichende Literaturwissenschaft an der Universität Zürich und leitet an der Hochschule der Künste Bern das transdisziplinäre Y Institut; Jurymitglied beim Schweizer Buchpreis und Präsident der Max-Frisch-Stiftung. Jüngste Publikationen: »Salz. Eine Literaturgeschichte« (2009) und »Gelassenheit. Über eine andere Haltung zur Welt« (2013); als Herausgeber: »Max Frisch: Aus dem Berliner Journal« (2014).

Edwin Zahn, geboren 1982; Studium auf Lehramt an Gymnasien in den Fächern Germanistik und Geografie in Karlsruhe am KIT; Deutsch- und Geografielehrer am Schiller-Gymnasium in Offenburg; Promotionsvorhaben über »Max Frischs ›Amerika in Farbe‹ – Einsichten in die Realitäten Amerikas im Zeitalter der Reproduzierbarkeit«; 2011 Teilnahme am Max-Frisch-Symposium an der Universität von Ljubljana im Cankarjevem domu mit dem Beitrag »Frischeva ›Amerika v barvah‹: diferencirani vpogledi v ameriške resničnosti«, der in »Air Beletrina« (2012) veröffentlicht wurde.

Bisher sind in der Reihe TEXT+KRITIK erschienen:

Bisher sind in der Reihe TEXT+KRITIK erschienen:

Bisher sind in der Reihe TEXT+KRITIK erschienen:

(Sonderbände
s. nächste Seite)

Bisher sind in der Reihe TEXT+KRITIK erschienen:

Franz Stadler (Hrsg.)

Robert Neumann
Mit eigener Feder

Aufsätze. Briefe.
Nachlassmaterialien.

928 Seiten, fest gebunden,
zahlr. s/w-Abb.
€ 49.90
ISBN 978-3-7065-5081-9

Der Österreicher Robert Neumann (1897–1975) war in den Jahren bis 1933 als Parodist („Mit fremden Federn") und Verfasser neusachlicher Romane („Die Macht") äußerst erfolgreich. Im Londoner Exil (von 1934 bis 1958) bewährte er sich als hilfsbereiter Organisator des österreichischen Exil-P.E.N., und es gelang ihm, sich als ein von der Kritik geachteter englischsprachiger Schriftsteller durchzusetzen. In seiner „dritten Karriere", nach seiner Rückkehr auf den Kontinent (1958), erwies sich der Romancier Neumann auch als antifaschistischer Dokumentarist („Ausflüchte unseres Gewissens"), als autobiographischer Zeitzeuge („Ein leichtes Leben") – und als ein satirisch-temperamentvoller und streitbarer Publizist, der sich mit den „Spezis" der Gruppe 47 ebenso anlegte wie mit „Kalten Kriegern" und katholischen Sittenwächtern.

Diese kommentierte Studienausgabe stützt sich auf den bislang unerschlossenen Nachlass Neumanns. Die Auswahl enthält Briefe, Aufsätze und biographische Materialien, die nicht nur Leben und Werk Neumanns erhellen. Die Auswahl orientiert sich an Bruchlinien, an Kontroversen, die in ihrer Summe auch einige „deftige" Perioden literarisch-politischer Diskussionen von der Mitte der 1920er-Jahre bis zu den 1970er-Jahren facettenreich spiegeln. Neumanns Beiträge für die Österreich-Sendungen der BBC in den Kriegsjahren und seine Korrespondenzen als Vizepräsident des International P.E.N. (ab 1951) sind von besonderem zeitgeschichtlichen Interesse.

www.studienverlag.at

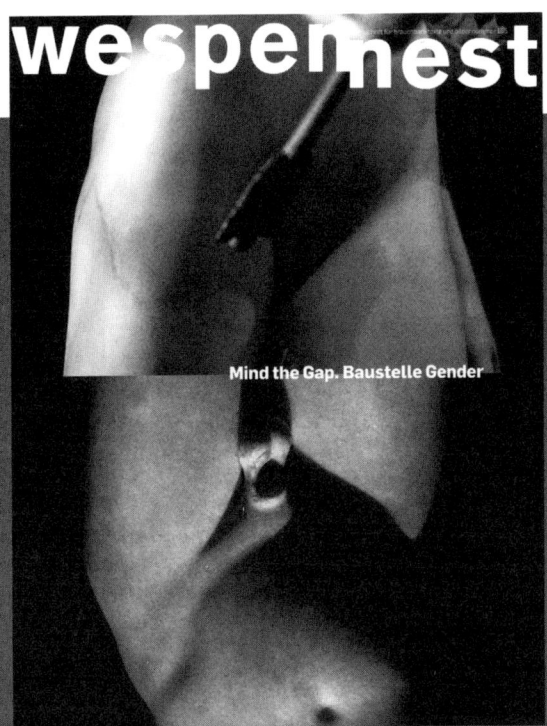

böhlau

SPRACHE IM
TECHNISCHEN ZEITALTER

HERAUSGEGEBEN VON
JOACHIM SARTORIUS UND NORBERT MILLER

Mit der „Sprache im technischen Zeitalter" erscheint eine der bedeutendsten und traditionsreichsten deutschsprachigen Literaturzeitschriften seit diesem Jahr im Böhlau Verlag. Seit Walter Höllerer sie 1961 ins Leben rief, ist „SpritZ" ein „Zentralort der Selbstverständigung zeitgenössischer Literatur" (J. Kalka). Viermal jährlich vermittelt sie mit literarischen Texten und Essays und anspruchsvollen Fotografien einen Überblick über das literarische und kulturelle Geschehen der Gegenwart.

HEFT 207, JG. 51, 3 (2013)
2013. 123 S. 9 S/W-ABB. BR.
ISBN 978-3-412-22190-4

HEFT 206, JG. 51, 2 (2013)
2013. 147 S. 15 S/W-ABB. BR.
ISBN 978-3-412-22189-8

HEFT 205, JG. 51, 1 (2013)
2013. 125 S. 13 S/W-ABB. BR.
ISBN 978-3-412-21092-2

ERSCHEINUNGSWEISE:
VIERTELJÄHRLICH
ISSN 0038-8475
EINZELHEFT: € 14,00 [D] | € 14,40 [A]
JAHRGANG: € 40,00 [D] | € 41,20 [A]
STUDIERENDE: € 32,00 [D] | € 32,90 [A]

ERSCHEINT SEIT: 1961

BÖHLAU VERLAG, URSULAPLATZ I, D-50668 KÖLN, T:+49 221 913 90-0
INFO@BOEHLAU-VERLAG.COM, WWW.BOEHLAU-VERLAG.COM | WIEN KÖLN WEIMAR

TEXT + KRITIK
Begründet von Heinz Ludwig Arnold

TEXT+KRITIK

Zeitschrift für Literatur · Begründet von Heinz Ludwig Arnold · I/14

201
Ulrike Draesner

AUCH ALS

eBook

Heft 201
ULRIKE DRAESNER
Gastherausgeberinnen: Susanna Brogi, Anna Ertel
und Evi Zemanek
etwa 100 Seiten, ca. € 22,–
ISBN 978-3-86916-341-3
Erscheint im Januar 2014

Ulrike Draesner ist eine der vielseitigsten Autorinnen der
deutschsprachigen Gegenwartsliteratur: Seit ihrem Lyrik-Debüt
»gedächtnisschleifen« (1995) hat sie ein umfang- und facetten-
reiches Werk vorgelegt, das Romane, Erzählungen, Gedicht-
bände, Essays und Übersetzungen umfasst. Das Heft widmet
sich verschiedenen Aspekten von Draesners Werk in Prosa und
Lyrik. Es enthält zudem ein für die Poetik der Autorin aufschlussreiches Gespräch mit dem Schriftstellerkollegen Jan Wagner
sowie eine Auswahlbibliografie.

et+k

edition text + kritik   Levelingstraße 6 a   info@etk-muenchen.de
81673 München   www.etk-muenchen.de